軍医・石井四郎

Kenneth L.Port
ケネス・L・ポート
阿部 海［訳］

731部隊「謎の男」の知られざる真実

Deciphering the History of Japanese War Atrocities:
The Story of Doctor and General Shiro Ishii

花伝社

軍医・石井四郎——731部隊「謎の男」の知られざる真実◆目　次

凡例

・訳者による文中の補足は［ ］、訳注は〔 〕で示した。
・原書にある［ ］は、【 】で示した。
・原書で日本語になっているものは、太字で示した。

序文

二〇一一年の冬に、石井四郎の決定的な伝記を執筆しようと決意した時、私には、それが新しい日本語の語彙を覚え、古い文献を調べ、真実の物語につなぎ合わせるだけだと素朴にも思われた。この研究をすることが、鏡の迷宮をゆっくりと歩き回るようなものだとは思いもしなかったのである。ページをめくるたびに、誰かがまったく中身のない主張をしてくる。私は、それらの主張が実際には誤りだと結論を下すためだけに何時間も費やすのであった。日本人、アメリカ人、中国人を問わず、どの書き手も、第二次世界大戦中の日本軍による生物兵器の研究、使用のテーマに関して、自らの著作に秘められた意味を持たせているようである。ある人々は、それが実際以上の悪だと信じさせたい。また、ある人々は、それが許容され、忘れられるようにしたい。この物語は、その生々しい細部において十分ひどいもので、それは誇張に値せず、間違いなく、曖昧化し、隠蔽し、葬り去ることにも値しない。

この問題に関して、著名で尊敬すべき多くの学者らが私に先行する。たぶん、［この主題について］最も多くの著作を執筆している常石敬一は、七三一部隊の恐怖、その医師ら、彼らの犯した許しがたい道徳的逸脱について、生涯にわたり調査、研究を続けてきた。最も確かなのは、石井四郎と七三一部隊の医師らが、世界のメンゲレ博士以外に思いも及ばぬような悍ましいことを人体に対して行なったことである。(1) 石井は、メンゲレがただ夢想できただけのことを、実際に成し遂げている。常石敬一は、生物兵器の研究と、石井四郎の指揮下にあった医師らの行いを多く世界に伝えた。

シェルダン・ハリス博士は、常石の著作に忠実に従い、高い評価を得た「死の工場」を著した。彼は、常石と同様に、中国の平房で石井の指揮下に行われた研究が、アメリカの主導で隠蔽されたことを、疑う余地なく証明しようと彼の生涯の研究を費やした。アメリカはこの秘密を入手し、その見返りに石井と彼の指揮下にあった医師らに戦争犯罪での訴追からの免責を付与した。シェルダン・ハリス文書（フーヴァー研究所アーカイブ所蔵）によって、そのことが明示されている。ハリスの著作はこれを論じてはいる。しかし、ハリス文書の方は、この共謀の深層へと導くはるかに興味深い証拠をはっきりと示している。

七三一部隊の物語は、他の人々を魅了し引き込んできた。「ニューズウィーク日本版」元ニューヨーク支局長で熟練作家の青木冨貴子は、七三一部隊に関する驚くべき本を執筆している。彼女は、膨大な時間と労力を費やし、千葉県にある石井の出生地、加茂の人々と親交を結んだ。その際、彼女は石井が敗戦直後の時期に作成したメモを発見している。文章は短く、ほとんどはある種の暗号で書かれてはいるが、このメモには石井が終戦直後の時期にいかなる幻想を抱いていたかが描かれており興味深い。

二人の人物がこのメモを所有している。青木冨貴子と常石敬一である。青木は、筆者への回答を拒否し、常石は、筆者が最初に青木の許可を得ずにそのコピーを参照［したいと願い出ると］、彼女が言う「フリーランサーの規約」なるものを引き合いに出して拒絶した。常石によれば、メモを発見したフリーランサー（青木）の許可を得ることなく、それを第三者と共有することはこの規約に違反するそうである。青木、常石両氏がこのメモの写真を公開し、自由に引用しているため、それを実際に手に入れることは余計である。むしろ、このことが如実に示すものは、七三一部隊と石井四郎について調査、執筆する人々が、日本のナショナリストらからの発見、［彼らとの］接触、報復の可能性を避けるため、どれほど厳しく注意しているかということである。

青木は、七三一部隊についてほとんど石井が部屋で話してでもいるかのように語る。しかしながら、彼女がこの語りで成し遂げたものについては完全に明らかであるわけではない。彼女は孤立した生活を送っているようで、筆者が何度連絡を取ろうとしても拒否している。私は、何度も直接彼女に宛てて手紙を書いてみた。出版社［の関係者］が、彼女宛に手紙を書くよう依頼してもみた（手紙が出されたことは確認されている）。家族への接触も試してみた。青木は、外部と絶縁していると言ってもよい。彼女は、石井四郎に関する真実が語られないよう望む日本の超国家主義者らからの報復を恐れているかのようである。

受賞歴のある著名な作家、森村誠一は、『悪魔の飽食』を執筆した。この本では、主として戦後の七三一部隊とその日本医療への影響が語られる。

二人のイギリス人ジャーナリスト、ピーター・ウィリアムズ＆デヴィッド・ウォレスは『七三一部隊』を執筆した。エド・レジスは『悪魔の生物学』を書いた。ハル・ゴールドは『七三一部隊』を著した。他にも挙げれば切りがない。いずれも、生物兵器をマスターしようとする日本軍の企てに焦点を合わせたものである。本書では、戦時中の日本軍の生物兵器の研究、使用における立役者、石井四郎の真実で正確な物語が語られる。文脈や正確な歴史的観点から見ると、石井の研究と彼の存在とは、主任微生物学者に報告するメンゲレの研究班に匹敵するであろう。

あいにくなことに、石井と占領軍の物語を小説化した作品が少なくとも三冊ある。デヴィッド・ピース著「占領都市」、ルイス・パーデュー著「スレートワイパー」、ハル・ゴールド著「ニュートラル・ウォー」などである。いずれの作品も、どこが真実でどこがフィクションなのか示されることのない、サスペンスと陰謀に満ちた驚くべき物語である。確かに、これらの小説では、実在した人物の実際の名前や若干の出来事の実際の日付が使われていることから、部分的には事実に基づいている。しかしながら、結局のところ、これらの作品はフィクションで、真の物語を伝えるのに役立つわけではない。さらに悪いことに、学術的な著述家らが、フィクション化された物語の諸断片を事実として語り継ぐことがある。これら半虚構の著述家らが語る「事実」が、実際の事実として学術的記録のなかで語り継がれ、歴史的記録が恐ろしく歪曲されてしまうのである。その上、これらフィクション化された話の作者らは、七三一部隊の実話を出版している（ハル・ゴールド）か、そういった背景を持っていたようである。言い換えると、まるで彼らが実話を書くことに挫折感を覚え、疲れてフィクションに切り替えるよう決めたかのようである。こうした虚構化された話の作者が、なぜ自分たちの物語に多くの事実を織り交ぜたのか、他に説明はつかなさそうである。

他にもある。通常、歴史的事実を扱う著作では、このような文献レビューは必要ないはずである。しかしながら、法学者として私がこの鏡の迷宮を歩いていると、多くの人々が石井四郎にまつわる微妙に（時には極端に）異なる話をするのである。誰もが、他人の持たぬ何らかの事実を持っている。各人が事実の証拠の諸断片を利用して、より壮大な結論を推定する。法学者として、私は、各々の事実に対する非常に重要な問いかけを行った。［それは、その事実が］合理的な疑いを超えて客観的に検証可能で正確なものか？　つまり、若干の事実についての誰かの意見に基づくものか、それとも事実［そのもの］か［という問いかけである。］私は、本書の調査をするうち、先行する多くの研究者らが、善意でこの区別を曖昧にしているのではと考えるようになった。七三一部隊と石井四郎のどちらか、あるいは双方について研究、執筆する一部の最も専門的な人々は、正確な事実を報告するのでなく、ある視点を論じているに過ぎない。

本書で、私は実際の事実に基づくよう最善を尽くしている。世界に知られる最悪の怪物らの一人、石井四郎の生涯のように極度に感情が絡む問題を研究する場合、一つの情報源に注意するだけでは（たとえある主張が依拠する情報源が検証されたとしても）十分ではない。この分野の最良の研究者らでも、作者が他の作者を頼り、その作者がさらに他の作者を頼り、最後は間違っていたということが多々ある。石井四郎について伝えられる物語の多くは、正確でないか単に人を惑わすだけのものである。

本書は、石井やその部下の狂的な医師らの研究を擁護するものでは決してない。彼らを擁護することはない。しかしながら、この物語を正確に理解してこそ歴史に値する。それは、本来の姿で十分に邪悪なものである。故意にであれ偶然にであれ、［この物語を］歪曲、変形、粉飾する理由はない。

本書は、石井四郎の生涯の真の物語に迫る試みである。石井は、第二次世界大戦中に、今日の医学的規範からは想像すらできないような戦争犯罪を犯している。彼は実際に占領軍に自らの秘密を売り渡し、極東国際軍事裁判（ニュルンベルク裁判の日本版）が開廷する前に法の網を逃れた。一九五九年、彼は喉頭癌と赤痢によって六五歳〔六七歳〕の生涯を閉じた。終戦から約一四年後のことである。戦後亡くなるまで、彼は東京の新宿の閑静な住宅地、若松町の裏通りで、妻と娘と共に静かな余生を送った。そこで、彼は自分のことを善行もなした人物と特徴づけ、その幻想に人々が関心を向けるようにした。先に挙げた著述家らの多くが、その物語を信じた。本書で初めて証明されるように、石井は生涯にわたって病的な嘘つきで、社会病質者であった。彼は大勢の人々を魅了し、貴賤を問わず彼らをカリスマのオーラに包み込んだ。彼は自らの認識を満足させる物語を創出することに一生懸命であった。確かに、それは幻想で、本書はそのことを明らかにする。

これは、一人の人間が生物兵器の研究と使用によって歴史の流れを変えようとし、大失敗した物語である。当然、生物兵器は、自然界にある病原菌、細菌、ウイルスを、敵を殺害するために兵器化するものである。生物兵器は、化学物質を使用して敵を殺害し、敵の士気を挫く化学兵器とは区別される。生物兵器の概念全体は、医学的現実の文脈で捉えられるべきである。恐ろしいことだが、ほぼ全ての生物兵器にはかなりの潜伏期間がある。化学兵器とは対照的に、生物兵器では、それに接触しただけで即死したり、活動力が失われたりすることはない。通常、生物兵器の効果が現れるまでには、一週間かそれ以上の時間がかかる。しかしながら、ここが重要なのだが、生物兵器には自然界の物質が使われるため、化学兵器よりも生物兵器の方がはるかに否認可能性が高くなる。後述するように、この否認可能性は、石井四郎が選択した人生の軌跡に大きな役割を果たした。

戦時中の石井四郎の活動が、ドイツにおけるメンゲレ博士の活動に大きな影を投げかけているとしても、石井は、世界で、とりわけ日本で急速に忘却されつつある。彼については、もはや高校の歴史の授業で教えられることはない。あるいは、(教えられるとしても)それは非常に表面的なことで、日本の若者のほとんどはその名前すら知らない。アメリカでは、石井四郎や戦時中に彼が引き起こした大虐殺については誰も知らない。

当然だが、中国人は忘れていない。石井四郎の、唯一のでなくとも、主な被害者として、彼らは、世界が石井の行いを忘れないよう細心の注意を払っている。中国の哈爾浜近郊にある平房には、いくつかの資料館や図書館がある。そこでは哈爾浜市社会科学院・侵華日軍第七三一部隊罪証陳列館の副館長、楊彦君のような研究者が、世界がそれを忘却しないように勤勉に活動している。楊は資料を収集し、ツアーを案内し、石井の指揮下に七三一部隊で行われたことを、どんな国籍の人々にも分かるように手助けしている。外国の教育者らが七三一部隊施設の跡地を見学するツアーは、極めて参考になる。教育者らは七三一部隊の真の物語、日米両政府が等しく忘却を願う物語について学ぶのである。楊や哈爾浜社会科学院の他の職員、そして私に先行してこのテーマに取り組んできた研究者全員の力を借りて、我々は忘却が生じないよう努めなければならない。

謝辞

二年以上にわたる本書のための調査と執筆で、このプロジェクトに貢献した人々と、それを拒否した人々の双方に、言及に値する人々が多数いる。多くの日本人が、身の危険を感じてこのプロジェクトへの関与を拒否したということは、保守的な超国家主義者らの第二次世界大戦に関する視点と、日本社会の他のすべての人々との対立を多分に物語っている。保守的な超国家主義者らの第二次世界大戦についての考え方は、アジアを白人の植民地支配から解放するために戦争が行われたというものである。この意見によれば、あらゆる戦争の残虐行為は、ただ「勝者の裁き」の例に過ぎない。彼らは、もし日本が勝利を収めていたら、日本人が広島、長崎への核攻撃を承認した戦犯者としてトルーマンを裁いていただろう、と主張する。

具体的に、このプロジェクトは青木冨貴子と常石敬一の著作から多くの洞察を得た。電子メール、手紙、電話、そして出版社側への問い合わせなど十数回の企てにもかかわらず、青木は、［筆者との］あらゆる接触を拒否した。常石教授は、その生涯を七三一部隊の研究に費やしてきたが、私のプロジェクトには関心がなく、協力は拒否すると主張した。常石は、私のことをひどく疑い、「フリーランサーの倫理」という造語を引き合いに出し、自らの著書の執筆で依拠した文献の提供を拒否するほどであった。
日本人の友人二名が、資料を探し、遺品を見つけ、日本文化の複雑な事情を理解するために不可欠な助言を与える重要な貢献をしてくれた。両者とも、本書に氏名を掲載することを許可してくれなかった。

存命の日本人の学者、評論家らは、このプロジェクトに名前を貸すことを拒否している。一般市民もそうである（が、実際には、重要な手助けをすることを非常に喜んでいる）。今日、日本社会には、とても興味深い隠された意味がある。超国家主義右翼らが、社会に生きる他の人々を脅迫しているのである。日本社会は、一般的に彼らに怯えている。彼らの触手がどこまで達しているかは語れない。確かに、彼らは、非常に優秀で協力的な二人が、私にきちんと謝辞を述べることを許さないようにしたし、日本人の学者、評論家らの表現の自由が本書で役割を果たすことを妨げた。

石井四郎の物語に関連して、私に名前の使用を許可してくれた人々は、（一名の例外を除くと）全員中国人とアメリカ人であった。セイラ・バーガー、ルーカス・ヤッラ、カイル・オドワイヤー、ステファニィ・ヒルストーム、そして現在、サンタクララ大学で学ぶ、私に名前の使用を許可してくれた唯一の日本人であるカネコ・ミワが、ウィリアム・ミッチェル法科大学院の学生で私の研究助手になってくれた。娘のエミリーとエリーは、多忙な学生生活の合間に、私のために調べ物をしてくれた。結局、このプロジェクトの全ての功績は、二〇一〇年冬の朝のコーヒーから、東京、哈爾浜におけるこのプロジェクトのための調査の終了まで着想を与え続けてくれた妻のポーラ・ポートにある。彼女には感謝の気持ちでいっぱいである。

私はまた、故シェルダン・ハリス教授の思い出にも恩を受けている。私は、スタンフォード大学のフーヴァー研究所から、彼の文書を利用する許可を得た。ハリス教授が成し遂げ、証明しようとした多くの著作を読み、［それらに］依拠することで、私は正義と真実の追求に全人生を捧げた人物への強い感謝の念を抱いた。ハリス教授のご冥福をお祈りする。

私はまた、このプロジェクトに大きな励ましと関心を寄せてくださったマカレスター大学のユエヒム・タム教授にも感謝する。タム教授は、戦時中の日本軍の残虐行為に関する研究、執筆に長い年月を費やしてきた。彼は、中国の哈爾浜市平房区にある七三一部隊罪証展示館の驚くほど親切な人々を紹介してくれた。

また、七三一部隊と石井四郎の残虐行為を明るみに出すために支援し、勤勉に活動してくれた哈爾浜市社会科学院、中国侵略日本軍第七三一部隊罪証陳列館の金成民館長、楊彦君副館長、そして哈爾浜市社会科学院のハイチュン・バオ、マオ・シャオ・ヂァンに最も感謝する。ルージャ・リュウ氏は、熟達した翻訳サービスを提供してくれた。

ニールス・シャウマンが、ウィリアム・ミッチェル法科大学院の副学部長であった頃に、このプロジェクトのために尽力してくれたことに感謝する。私にとってだけ残念なことであるが、その後、彼はカリフォルニア州サンディエゴにあるカリフォルニア西部法科大学院の学長兼学部長に就任した。

言うまでもなく、石井四郎に関する議論を刺激し、寛容に接してくれたさらに多くの人々がいる。その全員に感謝する。

第一章　はじめに

石井とその同僚の医師らは、歴史の流れを変える直前にまで達していた。結局、石井はそれに失敗している。しかしながら、彼が成功していたら、占領は全く異なる様相を呈していたはずである。日米関係は、「世界で最も重要な二国間関係で、それは他に類をみない」(2)ということにはなっていなかったろう。そして、天皇は裁判にかけられ、戦犯者として処刑されていたはずである。

石井は、一九四五年八月に、日本本土に侵攻してくる可能性のある米軍、連合国軍に対して生物兵器を放つことができなかった。同時に、彼は満州北部のソ連軍に対しても生物兵器を放つことができなかった。米軍の軍事計画担当者らは、日本本土への直接的な侵攻の必要から、そうした攻撃に対する準備を整えていた。広島、長崎への原爆投下は戦争終結を早め、石井が画策した細菌攻撃を無用のものにした。しかしながら、あの時、アメリカが戦争を終結させることができなかったら、歴史の流れと、第二次世界大戦、そしてその余波の物語全体は変わっていたはずである。

石井の裁判は開かれなかった。アメリカ人とＳＣＡＰ（連合国軍最高司令部）が、ダグラス・マッカーサー元帥とトルーマン大統領の権限で裁判が開かれないよう共謀したのである。アメリカ人が信じたものが、来るべきソ連との戦争であったため、一九四六年の極東国際軍事裁判で訴追された二八名のA級戦犯者らと共に石井四郎を裁き、有罪を宣告し、処刑するよりも、彼をアメリカの友人として迎え入れることの方がより好都合だと考えられた。

本書では、［石井の］裁判が開かれていたら、何が発見されていたかを調査する。本書は、フィクション、仮定、推測ではなく、事実の話である。これは、一人の日本人戦犯者を裁くか裁かないかということより、はるかに大きな結果をもたらす話である。石井四郎の触手は広範囲に伸びている。その研究のほとんどはショッキングである。石井について明かされたこと、そして彼とアメリカの関係について明かされたことはショッキングである。それから、戦後七〇年近くの間、世界がこのように欺瞞され続けてきたことはショッキングである。

確かに、石井四郎を純然たる悪と決めつけても差し支えはない。彼の人道に対する罪は、ナチスの最悪の加害者らさえはるかに凌駕する。上述のように、アメリカとその同盟諸国は、石井が大規模な生物兵器の研究(3)、配備、使用を行っていたことを知っていたが、彼が訴追されることはなかった。一九五九年、彼は、終戦と自ら［が行なった］犯罪から一五年近くを生き延び、喉頭癌と赤痢によって穏やかな、しかし恐ろしい死を遂げた。彼の物語は、信じがたい皮肉に満ちている。彼が、自らの犠牲者全員と、ほとんどの共犯者らより確実に長生きしたということは、そうした皮肉の一つである。

石井四郎を研究することは骨が折れる。石井は、卑劣な人体実験を行った。彼とその部下の医師らは、人間の生体解剖を行った。彼らは、［人の］片方の肺を切除している。そして、その人物が死なずに残った肺をどれだけ切除できるかを見極めるために、ゆっくりともう片方の肺を切除していった。まともな医療施設から数百マイルも離れた中国に侵攻していた日本軍にとって、この情報は貴重なものと正当化されたかもしれないが、現代の医療倫理と道徳の理解に鑑みると、石井の行いは、前世紀の人間の知る最悪の蛮行と呼ばれるにふさわしい。

より重要なのは、アメリカが石井の行いを知っていたことである。アメリカは、連合国軍最高司令官、ダグラス・マッカーサー元帥を通して、石井とその犯罪を隠蔽するために共謀した。アメリカは、[日本人の]生存者らから石井の行いについて具体的な報告を受け、数時間にわたり石井にインタビューし、したがって彼が何を行ったかを熟知していていた。それにもかかわらず、アメリカは、生物兵器の使用と展開能力とに関するより大量の研究、情報を得ることと引き換えにそれを隠蔽した。ソ連も、ハバロフスクで独自の戦争犯罪法廷を開いている。ソ連側は恐ろしい結論に至り、それをSCAPに伝えた。それは、あてにならない情報かソ連のプロパガンダとして、公式には全て退けられた。ソ連はマッカーサー元帥に、石井を戦争犯罪で裁くためソ連側に引き渡すよう精力的に働きかけた。それにもかかわらず、マッカーサーは協力を拒み、しばらくの間、石井の居所について白《しら》を切った。

マッカーサーがついに態度を軟化させ、ソ連側に、当時新宿の若松町に住んでいた石井にインタビューすることを許可した時、彼はソ連当局者らが、アメリカ人の立ち会い人なしに石井にインタビューすることを許可しなかった。これらの立会人らは、ある質問には答え、他の質問には答えぬよう石井に指示したはずである。内実は、アメリカが、ソ連のかけた戦争犯罪の容疑から石井四郎を守ったのである。

こうしたことが生じたのは、石井が、当時ごく少数者のみが持っていた生物兵器、人体実験、化学兵器などに関する知識を持っている、とマッカーサーが考えたからである。当時のマッカーサーと米軍司令部が、次にアメリカが直面する大規模な戦争が対ソ戦だろうと考えていたのは、その後の歴史の伝えるところである。アメリカは生物戦、化学戦に関する知り得る限りのあらゆる情報を確保する必要があり、それは迅速に行われる必要があった。この点で、アメリカは石井を救世主と考えたのである。アメリカは、石井と彼の未起訴共犯者らに戦犯者としての訴追の免責を与えた。そして、それと引き換えに、彼は自らの持つ情報をアメリカと共有したのである(4)。

ソ連が、石井の持つあらゆる情報に既に通じていたというのは大きな皮肉である。石井とその情報は、アメリカに実際の利益をもたらさなかった。ソ連は、石井が家族や他の医師らと共に日本へ帰国する時に、中国の哈爾浜に置き去りにした七三一部隊の医師、高級将校一二名を捕虜にし、戦犯者として裁判にかけていた。これらの医師らは、自分たちの持つ生物戦、化学戦に関する知識をソ連側に伝えたに違いない。なぜなら、彼らは裁判を受け、有罪を宣告され、長期服役を命じられたにもかかわらず、結審後約二年で日本に送還されているからである。彼らは、スターリン体制が最も過酷だったかもしれぬ時代に、このような手ぬるい待遇を得るため、ソ連当局者らに一体何を差し出したのであろうか?〔確かに、ハバロフスク軍事裁判［一九四九年一二月二五～三〇日］の被告人らの中で、比較的罪の軽かった菊池則光上等兵が一九五一年に、久留島祐司実験手が一九五二年に釈放され帰国している。だが大部分の被告人らは、釈放され帰国するために一九五六年の日ソ国交回復を待たねばならなかった。そのため、この「結審後約二年」という年数は、彼らには当てはまらない〕

朝鮮戦争中、米軍が中国、北朝鮮で生物兵器を使用したことを記録した六〇〇ページに及ぶ調査報告書が、欧米では忘れられている。この生物兵器の使用は、石井四郎が七三一部隊で試み、使用した方法論の跡を密接に辿っていた。実際に、この国際科学委員会によるこの調査では、石井が生物兵器の使用のことでアメリカ人を支援し、教育するために、三回に分けて朝鮮を訪問したと結論づけられている。[5]これは、イギリス、スウェーデン、フランス、イタリア、ブラジル、ソ連の科学者らが作成したレポートである。このレポートには説得力があり、それはプロパガンダを回避する専門的な方法で作成されている。しかしながら、それはもっぱら目撃証言に依拠するに過ぎない。

多くの人々がこの極めて論争的な主張を研究し、同様の騒々しさで反対の結論に達してきた。米軍は、一九五二年に同じように徹底的な調査を行い、驚くなかれ反対の結論に達している。朝鮮、中国で生物兵器は使用されておらず、またこの調査にとってより重要なことだが、米軍は石井四郎を朝鮮へ連れて行ってはおらず、実際に彼はそこにいなかった。[6]

国際科学委員会の調査報告書は、もっぱら目撃者証言に基づいていた。米軍人四人が、生物兵器による攻撃を目撃したと証言した。後に、この証言は撤回された。したがって、朝鮮戦争で生物攻撃が行われたかどうかを決定的に判断することはできない。

これはこの調査で得られた教訓の一つである。誰を信頼し、何が信じられるか知ることは難しい。多くの学者、ジャーナリストらが、世界から隠された中国の平房で起こったことについて、興味深く、互いに対立する諸説を唱えている。本書では、読者が誰を信じるか判断できるよう、競り合う諸説を比較、分析している。石井が朝鮮戦争中に疑惑の生物兵器攻撃に共謀したかどうかという問題には、恐らく決定的な答えは出ないであろう。しかしながら、このことは石井が事実であれフィクションであれ、過去現在を問わず影響を及ぼし続けていることを示す。

戦後、石井は東京の自宅に定住した。鉄筋コンクリート造のこの建物には、「掩体壕」がよりふさわしい表現である。一九五九年、彼は穏やかな最後を迎えた。しかしながら、その遺産は生き続けている。アメリカが、石井の戦争犯罪を隠蔽しようと共謀したことから、彼らがその忘却を望んでいるとしても、それは生き続けている。日本政府が、世界の諸国家に等しく受け入れられるよう、戦時中の日本の指導者らの役割が忘却されることを望んでいるとしても、それは生き続けている。中国人は、確かにそれが記憶されるよう求めている。結局、石井の数えきれぬほどの犠牲者のほとんどが中国人であった。

石井とその行いに関する情報を入手するのは困難である。彼は、広島〔長崎〕への原爆投下の直後に、自らの犯罪の証拠を含む記録の一切を隠滅し、施設全体を破壊するよう命じた。以下に述べられるように、石井は七三一部隊とその記録の隠滅に全面的に成功したわけではない。

石井について書かれた本を研究するのは困難である。七〇年以上も昔のことを論ずるというだけでなく、石井が何をいつ行い、その結果どうなったかということを検討するための情報源が一つもないのである。本書は、この溝を埋める企てである。

当然ながら、本書の内容には議論の余地がある。本書を執筆するにあたって、私は文書化された事実に依拠した。哈爾浜郊外の平房にあった石井の本拠地、七三一部隊の被害者の子孫または後継者らの話は、人類の克服力を示す驚くべき証拠ではあるが、それも結局は物語である。物語は物語であり、事実ではない。本書は、事実を基にして書かれている。石井の研究の意味については意見の分かれるところであるが、事実はそうでない。

七三一部隊は、第二次世界大戦中に、種々の疾病の効果や兵器化について研究するために、日本が中国全土に設置した数多くの研究施設の一つであった。七三一部隊は、日本軍が主に中国人を使って人体実験を行なったことを明らかにする上での火種になった。当初、七三一部隊は「防疫給水部」と呼ばれ、その目的は［中国を］侵略する日本兵が利用する浄水を供給することであった。七三一部隊には、他にもいくつかの名称があった。一九四〇年の一時期、それは単に「石井部隊」と呼ばれていた。石井が自らの故郷、加茂の出身者を、医師以外の職種に多数採用していたため、時にそれは「加茂部隊」とも呼ばれた。七三一部隊という通称号が割り当てられたのは、一九四一年のことである。七三一という数字は、日本軍が平房を呼ぶ名称だったと言われている。戦時中、大東亜共栄圏の全域で、日本軍は占領した土地に名称を与え、それらに数字を付した。平房に付された数字は七三一であった。このようにして、七三一部隊の通称号ができあがったのである。(7)

本書に含まれる事実の一部は、読むに堪えない。石井が外国人の命（とりわけ中国人の命）をいかに軽んじたかということにはただ驚かされるばかりである。彼らが耐えた扱い（ほとんどは死ぬまで）を、軽んじるわけにはいなかい。石井がしたように、他の人間を扱うことに弁解の余地はない。日本が戦争中だったことは、たとえそれが一部の日本人の主張であっても、言い訳にはならない。

読者諸氏には、本書を読み始めるにあたって自分を強く保つよう推奨する。石井の行いには気分が悪くなる。七三一部隊の他の医師らの行いには気分が悪くなる。アメリカが、世界から石井とその活動を隠蔽しようと工作し、その後、石井の情報をソ連に対して利用できたという事実には気分が悪くなる。

手短に言えば、この物語は語るにも書くにも堪えられぬもので、読むにも堪えられぬものと思われるだけである。しかしながら、アメリカと日本は、石井とその行いの一切の忘却という望みを叶《かな》えつつあるようである。アメリカでも日本でも、第二次世界大戦に関する教科書で、石井について教えられることはない。石井四郎が忘却されるなら、それはメンゲレ博士が忘却され、歴史の教科書から削除されるよりひどいことであろう。

したがって、これは軍医・中将、石井四郎の物語であり、第二次世界大戦における最悪の戦争犯罪で、石井四郎が法の網を逃れるようアメリカが果たした役割である。これは重要である。なぜなら、アーナ・パリスが指摘するように、このことは、日本が集団的に過去を無視することを許してしまうからである(8)。ナチス・ドイツがニュルンベルグ国際軍事裁判で裁きを受け、その犯罪の全てが世界の目に晒されたのとは異なり、石井は証拠書類一切を隠滅し、自らが悪事を働いた施設の一部を破壊した。その上、石井は、太平洋戦争の軍事作戦で他の戦犯者らに下された裁きを免れている。一九八二年、石井の娘は、石井の部下らが誰も戦争犯罪で裁かれなかったのは驚くべきことではないか、と問うている。彼女は、父親の戦犯容疑を晴そうと発言しているのだが、実際には、彼女の言う通りである。石井と他の七三一部隊の加害者らが行ったこと、彼らが法の網を逃れたことには、ただただ呆然とさせられるだけである。

本書は、軍医、石井四郎の物語で、彼がいかに法の網を逃れたかを描く。また、彼が生きていた間、あるいは死後も、彼の周囲に渦巻いてきた重要な出来事を追う。

第二章　生い立ち

石井四郎は、一八九二年に、千葉県の旧加茂村、現在の芝山町の裕福な家庭に生を受けた。彼は一家の四男であった。兄の剛男〔後に平房の特別班班長〕、三男〔後に平房の監獄管理責任者〕は、四郎と共に平房の七三一部隊に勤務した。姉二人は夭折している。

四郎の父親は、日本の「華族」の血筋であった。〔石井四郎の父親、桂は、繭の仲買で成功し、高利貸を営んだ。彼は、借りた金を返せぬ村人らから田畑を取り上げ、高利貸し地主に転じた。その資産を味噌、酒醸造、生糸、繭の仲買等の事業に投じたが、四郎が海外出張を行った頃に家運は傾き、石井家は没落したと伝えられる。屋号は「カネカ」。しかし、石井桂が、「華族」の血筋だったという主張は事実に反する〕「華族」とは、かつての「大名」または「公家」（朝廷に仕える貴族・上級官人）だった約一五〇〇人の集団である。これは日本の貴族階級である。「華族」は、天皇、皇族の真下の階級で、他のあらゆる国民に対しては上位の階級であった。日本語で「華族」とは、「華の血統」を意味する。一八八四年まで正式、法的に承認されなかったが、一八六八年の明治維新以降、「華族」は日本の統治で重要な役割を果たすようになる。(9)

一八八四年に華族令が公布されると、新たな一団が「華族」に加わった。これらの新たな人々は下級武士で、日本の近代化に勲功を立てた。実際には、三種類の「華族」がいた。かつての「公家」

だった「公家華族」、かつての「大名」だった「大名華族」、勲功を立てることによって新たに「華族」となった「新華族」である。[10]

一八六八年以前、日本は外国による干渉や植民地化の企て一切を拒んでいた。明治時代に直接先行する江戸時代（一六〇〇年～一八六八年）には、日本は鎖国をし、諸外国との衝突は避けられていた。一八六八年に、日本がアメリカの軍事的圧力により開国し近代化を開始すると、公認された身分としての「大名」は廃止された。[11] しかしながら、「有力者」としての彼らの役割は、「華族」の名の下に維持された。一八八四年まで法的に承認されなかったが、一八六九年に、華族のカテゴリーが非公式に創設され、それまでの「大名」、「公家」の双方は、この階級に組み込まれた。[12]

多くの人々は、明治時代のことを、日本人が近代化と西洋の基準のみを規範的により優れた道と理解した歴史上の特別な時期だったかのように教え、書いている。最も立派な学者らの一部は、「華族」について言及すらしていない。[13] 少なくとも、「華族」階級が創設された当初は、これは真実でなかった。むしろ、日本は植民地化を避けるため、明治時代に大転換を遂げたのである。[14] 彼らが日本社会を、より西洋的な外観に作り変えなければならなかったというなら、それはそれでよい。しかしながら、日本が一朝一夕に身分と封建制を一掃したと考えることは、歴史ついての誤謬である。

「華族」には、かつての「大名」の特権が多分に残存していた。[15]「華族」には、天皇と皇室に特別な通路が開かれていた。彼らは、国の行事に客人として参加した。最も重要なことに、「華族」には婚姻の義務と機会があった。「華族」の子供は、皇室の子供の遊び相手であった。[16] したがって、「華族」は天皇の肉親ではないが、「皇室に」限りなく近い存在であった。

このことは、石井四郎の父親が、かつての「大名」の一人だったことから重要である。したがって、平民らは、四郎の父親に対し、またその延長で四郎に対しても多大な敬意を払った。彼らは四郎の父親に、その土地を耕作する特権のために支払いをした。一八七三年の地租改正では、農民らに土地の所有権が与えられるよう企てられた[17]。しかし、大部分の評論家らは、この租税制度改革を農民の大規模な搾取と理解している[18]。これらの平民らは、姓を持たなかったはずである。彼らは、ただ名を持っていただけである。彼らは、姓を持つに値しなかった。「華族」は、小城や屋敷に住んでいた。各々の屋敷は、大きさが異なった。石井家の屋敷が完全に接収されてしまったため、その屋敷がどれほどの規模のものだったか示す証拠はない。しかしながら、分かっていることがある。一八六九年の明治維新により「大名」制度が廃止された時、四七人の「大名」が日本全土を所有していた[19]。四郎の父親は、彼の祖父の「大名」領地の利権を受け継いだ人物であった。石井家の領地は相当なものだったはずである。第二次世界大戦の終結時、生活に窮するにつれて、このことは重要な意味を持ち、石井は生き延びるため、さらには生物兵器の研究資金を調達するために、私有地を売り払い収入源を得た。

「華族」は、日本の国家行政で寡頭勢力を支援した。ほとんどの国法は、一八六八年の明治維新直後には整備されていなかった。民法が実際に公布されたのは、一八九八年である。つまり、日本が基礎的な民法を持つまでに、国家として三〇年間存在したことになる。この中間期、かつて「大名」だった「華族」が、主に日本を管理した。この時期、明治天皇の権威において日本を統治していた寡頭勢力は、「華族」の支援なしにはうまく日本を統治できなかったはずである。「華族」は勅語を聞き、それを実行した。例えば、教育勅語は民法が制定されるかなり以前に公布されている。「華族」が義務教育を求める声を聞いた時、教育は義務化された。それは、寡頭勢力が義務教育を求めたからというだけでなく、「華族」がそれを実現する立場にあったからである。

明治時代は、「華族」なしに比較的穏やかな成功を収めてはいなかったはずである。僅か数十年のうちに、日本は封建社会から産業社会へと変貌を遂げた。西洋が一〇〇年かけて成し遂げたことを、日本は三〇年足らずのうちに達成したのである。この意味で、明治維新は目を見張るような成功であった。この成功は、「華族」が、天皇の権威において寡頭勢力に与えた非公式なガバナンスなしには起こらなかったろう。「華族」によって、寡頭勢力の夢であった産業化された資本主義国としての日本が認められた。一八六八年に封建制が終結した時、混乱が生じることはなかった。農民らが家族を扶養するため奮闘するなか、若干の抗議行動が起こりはしたが、基本的には封建制から資本制へと穏やかに移行した。「華族」が、天皇の名の下にこれを実現させたのである。

このように明治維新には、何の不思議も変哲もなかった。それは、「将軍」から天皇への秩序立った権力の移行であった。歴史家らは、それを「維新」と呼ぶ。天皇の名で権力が復活したからである。一六〇〇年に、天皇は日本の国家を単独で支配する力を失った。したがって、「維新」という言葉を使用するなら、事態が軽視されてしまうように思われる。私は、「革命」という言葉を選ぶ。なぜなら、こちらの方が、起こった事柄をより正確に描き出すからである。寡頭勢力は、この革命で権力を掌握し、明治天皇の名の下にあらゆることを行った。だが、彼らは日本を植民地化する手前だと思われた侵略的な欧米列強に対し、天皇を権力のより高い地位につける以外には、自分たちが求める目的も、目標も、決められたモデルも持たなかった。一部の人々は、「革命」という言葉が誤解を招くと述べる。私はこの言葉の方を好むが、それは文字通りの反乱だったからである。人々は死んだ。「将軍」は、力によってその権力をもぎ取られた。[20]そのため、これは革命であり維新ではなかった。「華族」が、日本人が神と考えた天皇から一歩の距離にあったので、彼らを管理、抑制する民法はなかった。したがって、華族は、かつての領地に対して多大な権力と支配力を発揮した。彼らは「大名」という肩書きは失ったにしても、三〇年間、「華族」として自分たちの社会的地位をほぼ維持した。

一九四七年に、もともとアメリカ人が起草し、日本に強いた新憲法により「華族」は廃止されたと日本では報告されているが、[21]実際には「華族」は生き続けている。霞会館という新睦団体が、霞が関（東京の行政の中心地）に本館、京都（日本の精神的な中心地）に支所を構え、ひっそりと存在している。現在、約八九〇名の会員を擁するこの親睦団体は、旧「華族」の会員にのみ開かれている。新たに加わった「新華族」は、年々その数を増やしてきた。日本が太平洋戦争に勝利していたら、彼らがアジアを統治していたであろう。一九九〇年に昭仁天皇が即位した時、あるいは一九九三年にその息子の徳仁皇太子が小和田雅子と結婚した時には、彼らが着付けを行っている。[22]彼らは、日本中どこでも、八〇歳以上の会員なら赤色の、九〇歳以上の会員なら金色の桜のバッジを常に身に付けている。日本の社会と政治の影に隠れているため、彼らは秘密結社のように思われるが、少しも秘密ではない。霞会館の予算全体、活動内容は全て公開されており、誰もが気になるところである。[23]

実際に、霞会館は東京都心の千代田区にある所有地に、三五階建ての巨大で近代的なオフィスビルを建設しており、そこはちょうどその前身の所在地で、日本特許庁に隣接している。霞会館は、このビルの賃借人からテナント料の支払いを受け続けている。彼らは、このビルの二フロアを自分たちが利用するために確保している。会員以外の入場は許可されていない。外を通り過ぎるだけでは、そこに日本の貴族がいるとは思いも及ばない[24]。

霞会館は、よく記録を残している[25]。彼らは、「華族」の会員名簿に載っている人物を報告する出版物を定期的に刊行している。一九九三年に徳仁皇太子が結婚した時、多くの人々は、彼が「民間出身者」と結婚すると誤って述べている。これは正しくない。皇太子妃、雅子は、ハーグの国際司法裁判所所長、小和田恆の娘である。通常、彼は「元外交官」と紹介される[26]。しかし、実際には霞会館により管理される会員名簿に氏名が記載された「華族」である[27]。したがって、皇太子妃、雅子は平民とは程遠い人物である。彼女は「華族」の娘で、「平民とは」全く別の階級の人々に属す。彼女は天皇の直系血族にあたるのではないかもしれない。しかし、「華族」の娘として、小和田雅子は、彼女が「民間出身者」と呼ばれる時に示される農民や労働者からはかけ離れている。

霞会館は、定款第三条で、彼らの目的を「この法人は、政治、経済、社会、文化等各方面にわたって国際的な視野から調査研究し、日本固有の伝統的な精神文化を後世に伝え、持って健全な国民の育成及び社会福祉の増進に寄与することを目的とする」としている[28]。霞会館は、自らの団体を単なる観察型、不参加型団体と認識しているのではない。実際に、この団体は現在の日本社会の形成に貢献することを意図し、その役割を果たしている。彼らは、一九四七年の新憲法制定で特権を失った。しかし、「大名」と「公家」が「華族」階級に転じたように、霞会館もただ改名しただけで、一九四七年の華族制度廃止以前のように継続した。

例えば、霞会館の理事長は北白川道久という人物である。彼は、北白川家の現当主で、旧皇族である。彼は、二〇〇七年まで、東芝の重役として勤務した。〔北白川道久は、一九六〇年に学習院大学卒業後、東京芝浦電気に入社、東芝国際交流財団専務などを歴任し、二〇〇〇年に定年退職している〕彼は皇室の一員として、日本の政治に大きな支配力を発揮してきた。企業の重役として、彼は完璧な現在の「華族」である。ただのサラリーマンに思われるが、舞台裏から権威と権力を行使できる人物である。(29) 霞会館の他の会員八九〇名も、非常に類似した家系である。一二億ドルに値する資産を所有するこの団体が、影響力を持たぬとは考えがたい。

石井四郎は、一八九二年六月二五日、千葉県加茂村で、このような特権と機会に恵まれた世界に生を受けた。彼の父親の名前は小さな謎である。彼の名前にあてる漢字が「桂」であることは分かっている。しかしながら、この漢字は「ケイ」または「カツラ」と二種類の読み方がある。日本人が、とりわけ当時、誰かを名で呼ぶことはなく、石井の父親はかつての「大名」の息子として姓だけで呼ばれていたはずである。したがって、正確な発音は分からないかもしれない。かつての「大名」として、石井の父親は「大名華族」となった。つまり彼は、天皇に容易に接近できる日本全国の最強の一五〇人の一人であった。

加茂地方の人々は、石井四郎の父親のことを記憶している。彼はその屋敷と同様に体格のよい堂々たる人物であった。村人らは、彼のことを立派な人と同時に怖い人としても記憶している。彼は綺麗好きな人で、しばしば自宅玄関の周囲を熱心に掃く姿が見られた。掃除しながら、学校から帰宅する子供らを怒鳴る声もよく聞かれた。彼は体格がよかったため、恐らく近所の人々を怖がらせたはずである。[30]石井四郎の身長は父親譲りで、彼が三人の兄を圧倒したのは明らかである。

他方、石井四郎の母親、千代は対照的に小柄であった。村人らは、彼女のことを愛情を込めて思い出す。小柄だが、ある隣人の目には「立派な人物」と映っていた。[31]「餅」つきの時、彼女は使用人がご近所さんにお裾分けするようにした。当然、大奥様が、自ら餅を分けるような時代ではなかった。彼女はいつも使用人に餅を持たせ、近所の家々に配っていたはずである。

石井千代は、江戸時代の陪臣の身分の出身であった。彼女の名前は、それだけで家柄のよさを暗示する。彼女は、上田藩の「大名」に直接従える藩医の娘であった。江戸時代の「大名」の藩医であれば、彼は、かなり高い身分にあったはずである。上田藩は、日本の中部地方に位置する、現在の長野県上田市にあった江戸時代の藩である。一九世紀後半、徒歩が唯一の交通手段だった頃に、日本の中部地方の藩から関東地方のもう一つの藩にどのような経路を辿って移動したのか記録は残っていない。近代的な道路が整備された今日、人がこの距離を歩くと二五時間以上はかかるはずである。一九世紀後半には、この徒歩による移動は、数週間とは言わないまでも数日はかかったであろう。彼女は、上田藩の八人から一〇人の農民が担ぐ駕籠で運ばれたはずである。駕籠は無制限に担げるものではないので、旅が終わるまでには何日もかかったであろう。一九世紀後半、駕籠で大阪から東京に移動する場合、当時日本で最も交通量の多かった有名な東海道を通って五三日はかかった。上田藩から加茂への道はさらに交通量が少なく、桂との婚礼のために千代が加茂に駕籠で辿り着くには、一月かそれ以上はかかったと考えて間違いない。

石井四郎は、母方の祖父の後を継いで医者になった。千代の父親が医者だったため、息子らの一人が医者になるよう期待するのは、当時、ただ当たり前のことだったはずである。

石井家の長男、彪雄《とらお》は、[32] 石井四郎が一二歳頃の一九〇四年に、日露戦争で戦死している。生き残った兄、剛男《たけお》、三男《みつお》は、四郎と共に中国に派遣された。石井剛男は陸軍嘱託、三男は陸軍技師となった。[33]〔実際、石井家には「進《すすむ》」という五男もいた。彼は、千葉県香取郡多古町の地主の家に婿養子に出され、苗字を変更している。この家が男子の後継者に恵まれなかったため、彼は徴兵から免れた〕

加茂村は時間の中に閉じ込められている。地域全体は、芝山町に吸収されてきた。石井家の私有地はもはや残ってはいないが、周辺にはかつてを偲ばせる土地がある。この土地は、水田に囲まれ、近隣の畑の上に聳え立っている。芝山の一角には、六世紀以降のものと言われる古墳が密集している。現在も農民らは、かつて常にそうだったように水田で仕事をしている。これら田畑に見られる機械化の乏しさは、自動車で僅か九〇分の距離にある東京の近代的な都市生活とは対照的である。[34]

芝山町はその周辺で栽培される米で有名な他に、成田市にある新東京国際空港に隣接してもいる。南東向きの主滑走路は、長距離国際線の［ボーイング］７４７型機、７７７型機の飛行経路に直結している。実際に、空港建設の時、この用途のために芝山や隣の三里塚の一部が収用された。

一九六六年七月四日、三里塚と芝山の農民らは、新聞報道で、佐藤内閣が彼らの農場を新空港の建設場所として選んだことを知る。東京から約六〇キロも離れており、ここは空港建設などとても考えられない場所であった。交通インフラが大幅に改善された今日でも、東京都心からの旅行者のほとんどは、空港に至るのに三時間を必要とする。プランナーらは、この収用が日本国民全体、とりわけ急進的な左翼の学生運動に与える衝撃的な影響を考慮しなかった。このような事情から、農民、学生、政党が、「三里塚芝山連合空港反対同盟」(以下に「同盟」と略記する)を結成した。同盟は三方面からアプローチした。彼らは、メディア、土地占拠、法廷闘争で空港建設に反対した。

当初の計画案では、この空港には滑走路三本が建設される予定であった。四〇〇〇メーターの滑走路二本を並行に建設し、横風の吹く日の着陸用に、それら二本の滑走路を横切る二五〇〇メーターのより短い滑走路を建設する予定であった。最初の滑走路と旅客ターミナルは、一九七一年に完成する予定であった。同盟が占拠運動により手間取らせたため、完成はどんどん先延ばしされていった。成田空港は最終的に一九七八年三月三〇日に開港するはずだったが、一九七八年三月二六日に、同盟が空港構内を攻撃したために開港は再び先延ばしとなった。火炎瓶を投げ、飛行場周辺で炎上する車を走らせ、同盟は完成した管制塔を一時占拠、ほとんどの航空交通管制装置を破壊し、空港の開港を二ヶ月間も先送りさせた。一九七八年五月二〇日に、空港建設の第一段階が完了した。

ようやく空港が開港し、予定されていた三本の滑走路のうち最初の滑走路が建設され、第一段階が終結したが、空港建設の最後の二段階を続行することは、政府側が全ての訴訟に勝訴し、追い出しをより困難にするよう塹壕を掘り、バリケードを築いていた反対派を物理的に一掃できたとしても、あまりに無茶なことだったようである。予想通り、その後一五年以上にわたり新規の建設は行われなかった。

一九七八年に空港は開港したが、同盟が根を上げることはなかった。一九九〇年代前半まで、成田空港は包囲攻撃下にあるかのようであった。空港全体は乗り越えがたい柵、見張り台、暴動鎮圧のため完全武装した機動隊員らによって取り囲まれていた。空港の利用者らは、空港から三キロほど離れた駅でバスに乗り換え、空港構内へ移動することを求められた。機動隊員らはそのバスを定期的に停車させ、乗客全員に下車を求め、身体検査、荷物検査をし、旅券の再提出求めた（乗客は、五分ほど前の乗車時に検査されていた）。

今では、より近代的な第二ターミナルが完成し、鉄道も空港まで乗り入れ、反対派はほぼ追い出されており、人々は通常、平穏無事に空港に出入りしている。しかしながら、来る日も来る日も、機動隊員らが空港とその周辺地域への侵入者に備える姿がいまだに見られる。

その後の内閣は、過去の教訓から反対派を強制排除するのではなく、戦略として彼らとの交渉を試みてきた。その結果、第二滑走路は予定より三〇〇メーターほど短縮され、八〇〇メーターほど西へ位置を移動させられた。しかしながら、抗議活動は穏やかな形で継続しており、地域住民らは補償金の受け取りと退去を拒否している。このテーマに関するある記事によると、計三六名、犬五匹、猫八匹からなる八世帯、そして日々この地域に通勤する従業員一四名が、新しく建設された滑走路による影響を受けているという。[35] 飛行機は、退去と補償金を拒否する住民らの家屋の僅か五〇メーターほど上空を通過する。二〇〇二年四月一七日には、第二滑走路が正式に開通した。当時の国土交通大臣、扇千景は、開通の式典で、空港建設をめぐる衝突のことを「血、汗、涙の物語」[36]と呼んだ。

同盟は、空港建設のために収用された土地は神聖なものだと主張する。数世代にわたり農民らが、この土地を有機野菜栽培のための肥沃な農地に転じてきた。彼らは、日本の他の地域の土壌を、自分たち独自の用途に合わせるには二〇年かそれ以上の年月がかかると主張する。そのため、彼らにとって補償額は十分なものではない。

同盟は、自分たちの主張を伝えるために極端な手段に打って出た。その一つが、到着する飛行機の飛行経路に向かって伸びる高い櫓を、空港との境界に建設するやり方であった。櫓の撤去を命じられた時、彼らはこれが補償なき財産収奪だと主張し、政府を相手取って訴訟を起こした(37)。

芝山町は、日本の全国民にとって政治的に重要な意味がある。リベラルは、芝山と聞くと、皆が嫌悪する空港建設のために土地を収用する度を越した保守政府を思い浮かべる。保守派にとって、芝山は、道理をわきまえない左翼と彼らが衝突を引き起こすためにする極端な行動の一例である。それでも、石井四郎は、堂々たる空港以外は何世紀も同じままのこの村に生を受けた。保守政府が、石井の出生地付近を、この議論の絶えない空港の建設地に選んだのは興味深い偶然である。芝山は、堂々たる国際空港が目と鼻の先に位置する、時間の中に閉じ込められた村である。

「ニューズウィーク日本版」元ニューヨーク支局長、青木冨貴子が、この集落にまだ住んでいた村人を見つけ、取材したことはさらなる驚きであった。村人らの一部は、血縁の有無にかかわらず、石井姓を名乗る。青木の調査で、石井四郎の少年時代の石井家に関しては、依然としてよく知られていないということが分かってきた。

石井四郎は豪邸に育った。彼の血筋は何世代にも遡る。芝山では、石井姓はありふれている。血縁関係なき村人らは、例えば私財を投じて浄水池を建設するなどして石井家に奉公し、石井姓を受けたようである。石井家の屋敷はもはやなく、それがどうなったか誰も知らないようだが、村人らの話では、どうやら大屋敷だったようである。〔加茂の石井家の屋敷は、「無人で失火しては不安だし、または、過激派に放火される」等の理由から、戦後に親戚、村人によって解体された、という話がある〕屋敷には表門と裏門があり、火災や直接攻撃などの様々な災難に耐えられるようしっかりと整備されていた。

石井四郎が幼少期を過ごした屋敷は賑やかであった。周囲には多くの使用人がいた。四郎の父親と話すため多くの村人が屋敷を訪れたが、それは貴族の一員であるために支払う代価であった。「華族」の一員として、彼の父親は数百人もの小作人から租税を受ける立場にあった。[38] 通常、租税の支払いの際には、領主の屋敷を訪問することが慣わしであったろう。そのような訳で、石井桂は多忙な人物であった。こうした租税は、日本の改革に役立った一八七三年の地租改正によって改善されたろうが、旧領主が旧小作人との関係を保ち、前者が後者を支配することは、搾取的なものではないまでも、伝統文化のままであった。

さらに、石井家の屋敷は江戸街道に面していた。東京へ行くために北から来ると、石井家の屋敷を通過しなければならず、そのことは天皇にとっての石井家の価値をより一層際立たせたと当時言われた。石井家の屋敷では、東京への主要な接近者が監視され、天皇に迫る難局を伝えるため見張りもできた。この屋敷は、驚くべきものだったと伝えられている。[39] 屋敷には多くの板戸や出入り口があり、一部は酒造や生糸・繭の仲買に利用された。

そのような家庭で、そのような両親に育てられ、石井は早熟な青年になった。彼はいつでもご都合主義者で、何らかの仕方で自分を利するのでない人々は、他の子供らでも相手にしなかった。一九〇四年に、石井家の長男が二六歳の若さで戦死した時、四郎は一二歳であった。四郎とは一四歳ほど年が離れていたが、長男の死は石井家にとって重大な損失であった。石井家の跡取りの長男が亡くなったのである。

石井彪雄は、一九〇四年一一月三一日の松樹山の堡塁をめぐる戦闘で戦死した。この山脈は、朝鮮半島の北西に位置する不毛の地で、遼東半島にそびえ立つ山脈の一部である。石井彪雄は、八月二四日から九月四日にかけての遼陽会戦で生き残っている。遼陽では、彼の部隊にいた約二三〇〇〇人（この土地にいた日本人全体の四分の一近く）の日本兵が死傷した。しかしながら、この会戦は、ロシア軍が彼らの占領していた満州から攻めてくるなか、日本軍が旅順港閉鎖を食い止めることに成功したために日露戦争の転換点となった。日露戦争の発端となった日本軍の攻撃は、卑劣かつ陰険で、真珠湾攻撃への除幕と言われているが、遼陽会戦により、日本が強国と見なされるようになったことが証明された。本戦を生き延びたが、その約五週間後に戦死するとは踏んだり蹴ったりである。石井彪雄の墓石には、「明治三七年一一月三一日於松樹山戦死」としか表記されていない。これ以上の情報提供はなく、彼の生涯を証明する記録証拠も残っていない。それは、戦死者を崇める言葉もない寂しい墓である。彪雄の遺骨は祖国へ帰ることはなかった。彼の訃報が加茂の石井家に届くまでに一月近くが経過した。近所の人々でさえ、人としての彼の記憶がなかった。彼は二六歳であった。

石井四郎は、幼少期でさえ、歴史のふちにいるような驚くべき生き方をしていた。彼は、並外れた記憶力を持っていた。書物を隅々まで読むというより、丸ごと暗記したと言われている。[40] 石井四郎は自惚れ、恐らく心の傷ついた青年で、「華族」の四男として特権的な生活を営んでいたはずである。長男でなかったため、彼には跡取り息子の重圧はなかった。彼は、ほとんど天才的な自らの記憶力と想起力ゆえに自惚れていた。そして、たぶん彼は兄を遠い異国の戦争で、本戦ではない戦闘で失ったことで心に傷を負っていたはずである。

石井家は、古い封建的習慣と大正後期から昭和初期に至るより近代的習慣を手際よく融合させることができたが、彼らは自らの存在を示す記録をほとんど残していない。石井家の屋敷は、とうの昔になくなっている。屋敷がどうなったか、誰も知らないようである。成田空港の建設のために、石井家の私有地の一部は収用された。実際には、彼らの存在を示す唯一の記念碑は、石井家の墓石だけである。

石井家の墓石は、現在の芝山町の交通量は多いが狭隘な二車線道路から一〇〇メーター以内の共同墓地のなかにある。この墓石を見つけ出すのは容易でない。それは高谷橋の隣のバス停、加茂の近くにある。高谷川は川幅が僅か数フィートなので、どちらかというと周辺の水田のための排水溝である。橋はよく管理されているが、バス停はそうでない。バス停は、朽ちたベンチの上に錆びた日除けがあるだけである。橋、川、バス停には標識がない。地元住民らと話すことで、初めてその名称を知ることができる。地元住民であれば、誰でもこのバス停が「加茂」の目印だと知っている。後に述べるように、戦前から終戦直後にかけて、加茂は石井にとって極めて重要な役割を果たし、大きな意味を持っていた。

寺の敷地内や近辺には墓石が多く見られる。墓石は寺の住職が管理しており、墓石付近には死者を敬い霊魂を弔うために花や果物が供えられている。石井家の墓石は、小高い丘の頂にある森のなかの共同墓地にある。寺は見あたらないが、石井家の墓石をはじめいくつかの墓石は明らかに手入れされている。石井家の墓石は、五〇フィートほどの高さの小山の頂にある。墓石は、車では通れぬ狭隘だが舗装された道を曲がったところにある。墓所区画は、周囲の竹や他の植物の繁殖からは守られてい

上：石井家の墓所への道
左下：加茂のバス停
右下：高谷橋

るようである。他の墓所区画は、石井家の墓所区画と同様に明らかに管理されている。みずみずしい花が供えられ、萎びた花は捨てられている。墓所区画を取り囲む灌木の茂みは荒れ放題である。すぐ周辺の地域には、他にも忘れ去られた過去の墓石が多数散らばっている。もう一つの名家は平山家のようである。石井家の墓所区画のある小丘全体が、さらなる考古学的調査の必要を訴えているかのようである。

石井家の墓所区画は、一二フィート×一二フィートほどで、石井家の家系図に属す複数の個人の墓石からなる。中心には、日本語で「石井家」と彫られた高い石碑がある。石井家の墓石は他の墓石よりも新しいようで、明治時代のより古い墓石の多くに囲まれている。これは奇妙である。なぜなら、最新の墓石は石井四郎の祖父母に捧げられており、もちろん彼らは後にこの墓石が置かれる前に亡くなっているからである。大きくより新しい墓石には、石井伊八（四郎の祖父）、石井奈加子（四郎の祖母）の墓碑銘が刻まれ、彼らの高貴さを示すために死後に新たな称号が与えられている。村人らは、これが石井四郎本人かその父親の墓石だと信じているが、実は彼の祖父母の墓石である。石井四郎の父親、石井桂が、一九〇二年一一月に、この墓石を建てた。それは、この全域で最大の墓

石井家の墓石

石の一つで、石井家のこの地域全体に対する権力と影響を明示している。

石井桂の墓石は、この同じ区画内の彼の両親の墓石のすぐ近くにある。墓碑によると、彼は一九三三年一二月一九日に没したとなっている。享年八九歳であった。一九〇七年一一月二四日に、四郎の姉、福子が二六歳で没するというさらなる碑文がある。四郎の母親、千代は一九四九年一〇月一八日に、九六歳で没している。

その隣には、日露戦争で戦死した四郎の兄、石井彪雄の墓石がある。彪雄にも、彼の両親と同様、死後さらに別の高貴な死を表す特別な称号が与えられている。さらには、墓石の裏側には以下のように記されている。「明治三七年一一月三一日於松樹山戦死」。その他は、彼の別の兄、剛男、三男の墓石である。剛男は一九五六年七月四日、七一歳で没し、三男は一九四八年一〇月一七日、六三歳で亡くなっている。

最後の標柱には「若松町」と記されている。石井四郎の東京の住居が新宿の若松町だったことから、彼の霊魂が祀られているという印象を受ける。しかしながら、この標柱の裏側には「イタリア戦線」〔この「イタリア戦線」“Italian Campaign”が何を意味するかは不明〕と刻まれており、石井四郎とは何の関係もないことを示している。

結局、石井家の墓には石井四郎、妻の清子、娘の春海の名前がない。そこには、石井家の息子、娘の全員が祀られているのだから、これは極めて異常なことである。石井四郎の存在を示すものは、若松町〔河田町〕の月桂寺にある小さな墓石だけである。そこに石井夫妻が祀られている。しかしながら、後に詳述するが、この墓石には「石井誠一」〔これは偽名ではなく、石井四郎の長男の名前である〕という偽名が刻まれている。だが、それは明らかに石井四郎の墓である。この墓石は、実在する唯一の崇拝または非難の象徴である。それは、新宿の賑やかな通りから離れた小さな寺のよくは知られていない秘密である。繁栄した石井家のなかでも、石井四郎は、崇拝されても嫌悪されても、最も有名な人物であった。にもかかわらず、彼が加茂の見事な墓に祀られることはなかった。彼は若松町の裏通りにある、知る人も少なく目立たぬ小さな寺に隠されたのである。

加茂の墓には、石井家の全員、四郎の祖父母、両親、兄、姉、そしてイタリア戦線で言及される人物等が葬られている。そこには、三世代にわたる家族全員が葬られている。石井四郎が葬られていないことだけが目立っている。彼が世に解き放ったものを考えると、それですべてよいのかもしれない。保守的なナショナリストらにとっての崇拝の対象も、その他の人々にとっての非難の対象も、石井四郎の存在を示すものは残っていない。旧石井邸は、いつ、なぜ、どのように解体されたのか記録もなしに取り壊されてしまった。この付近には長距離機が離着陸するため、成田空港によってこの場での生活は非常に騒々しいものになった。かつての石井家の私有地の一部は、成田空港建設のために、実際には収用されたようである。

石井四郎の人生は、その物語が語られぬのなら、公的な記憶から容易《たやす》く失われてしまうであろう。東京には、彼の存在に敬意を表するやや平凡な場所が二ヶ所あるだけである。石井の霊魂を祀る墓石はない。（彼の遺骨は東京の月桂寺に葬られている）。地元の僅かな米農家の農民らだけが、石井家の墓石を記憶している。石井四郎が忘れられるなら、日本政治の極右にとっては思い通りというところであろう。戦時中に日本軍が犯した残虐行為は、ついには忘れられるかもしれない。

現代の日本人は、誰よりも過去に恐れを抱いている。どのように陰惨なことでも、一人または少数の諸個人の行いを、社会全体に当てはめることは適切ではない。ともかく、石井四郎は怪物である。彼は数千人を殺害し、さらに数えきれないほどの殺人に責任がある。石井の犠牲者になった多くは、中国人や連合国軍捕虜であった。しかし、多くの日本人も、彼の犠牲者であった。石井が完璧な濾水機を開発したと傲慢にも信じたため、それを頼り、水系感染症にかかり病死した日本兵全員（中国、南太平洋の全日本軍、数百万人）に、彼は責任があるとも言える。

恐怖が事細かに伝えられなければならない。彼の物語を忘れてはならない。また、彼は責任を取らねばならない。石井四郎の物語の忘却は、ナチスが犯した残虐行為の忘却に等しい。ヨーゼフ・メンゲレは、中国の平房で、石井の指揮下にあった多くの医師らの一人に過ぎないであろう。そのため、世界が石井四郎を忘れるということがあってはならない。やはり、石井四郎は、第二次世界大戦の生み出した極限の怪物で、最悪の戦犯者の一人であった。

第三章　学業

石井四郎の幼少期に関する情報は乏しいが、大学に始まる彼の受けた教育に関する情報はより多く入手できる。石井は、その後の自らの人生を左右する決定として京都帝国大学に入学した。京都帝大で、石井は生涯を共にする人々と出会い親交を持っただけでなく、妻となる女性にも巡り合っている。石井は女たらしで、女遊びに莫大な金額を注ぎ込んだと伝えられているが[41]、妻の清子は、一九五九年に死去するまで彼と人生を共にした。

一九一六年、石井四郎は京都帝国大学に入学した。彼は、一九二〇年に［大学を］卒業するとすぐに軍医となった。彼は、一九二二年〔一九二二年〕に陸軍に入隊し、陸軍二等軍医〔中尉相当官〕として近衛歩兵第三連隊に配属されている。彼は、二年間、軍医として東京第一衛戍病院〔現在の国立国際医療研究センター〕に勤務した[42]。

石井は、その僅か二年後の一九二四年に「細菌学、血清学、予防医学、病理学」の分野で博士号を取得するため京都帝大に復学した。石井が大学に戻った年、彼が嗜眠性脳炎と推定した疾病が全国に猛威をふるった。九月までに、三三〇〇名以上がこの疾病により命を落とした。当時、その原因は不明であった。京都帝大の医学者らは、この疾病を理解するために、長い時間をかけて熱心に研究した。

石井四郎は、この疾病を克服したと報告している。また、当時石井と親交があり、後の戦争犯罪で共犯者となった人々もこの話を補強している。にもかかわらず、後述するように、それは彼がついた数多くの嘘の一つで、生物兵器研究での彼の役割を研究してきた日本の歴史家らですらそれを暴くことはなかった。

京都帝大では、清野謙次が研究班の班長であった。病理班も微生物班も清野に報告した。脳炎が発生した当時、清野はその頃の石井四郎について書いている。

> 大正十三年の夏を樺太旅行で送って帰って見ると、一滴の雨も降ら無かった内地の夏は非常に暑い。其内に新聞紙は奇妙な眠り病が各地に流行する由を伝えた。就中、香川県は最も激烈らしい。研究すると好いと思ったが、費用の見込みが付かぬから形勢を観望して居った。石井四郎君は快男児である。八月末に僕の所へ来て、斯かる不明の病気を研究せずに放置するのは、我が大学の恥であると云う。御尤もな次第だから、それなら一つ大学を動かして見ろ、必要なら助勢すると云った。同君及同君に共鳴する若い連中は、奮起して教授を動かした。而して教授会は之を可決した。(43)

つまり、石井四郎がこの調査を取り上げてもらうよう京都帝大の教授らに懇願したのである。今日と同じように、当時も教授職は上位下達の階層関係であった。石井四郎は「**助教授**」であった。〔京都帝大復学後の石井の立場は、「大学院生」で「助教授」ではなかった〕他の人々は、清野謙次と同様に教授であった。「助教授」は、多かれ少なかれ、「教授」の指示で動き、その逆はない。とりわけこの時代、助教授がこれほど積極的に調査の支援を求めるのは極めて異例なことであった。当時の教授らは、石井四郎が自らの特殊な理論や計画のために働きかけるのではなく、言われた通りに動くことを期待していた。

石井四郎は、自らの論文に取り組むよう教授らに懇願する少し前に大失態をさらしている。研究室にいた時、彼は細菌の入ったフラスコを落として割ってしまったのである。フラスコに何の細菌が入っていて、何らかの害が生じたのか記録では明らかでない。研究室ではフラスコを落としたり割ったりというのはもちろんよくあることだが、研究者であればそのようなことはしなかったし、ましてや細菌入りのフラスコを落としたり割ったりということはなかった。石井四郎はこの失敗で恥をかいたのか、研究室に来なくなった。彼は研究室にまったく姿を見せなくなった。[44] この失敗は、他の人であれば別の進路を探すよう問われるほどひどいものだったようである。助教授は、安易にこの種の失敗を犯さなかった。これを犯したということは、微生物学者の職に適していないことを意味した。そのような時に、謎の疾病が流行したのである。そしてこの文脈で、石井四郎は、彼が嗜眠性脳炎だと考えた疾病の原因と治療法を発見するよう自らを傾注した。逆風のなか、彼はこの新たな挑戦のため立ち上がったのである。彼は、汚名を晴らそうとしていたようである。

教授らが石井の調査方針に同意した後、彼らは研究班を結成し仕事に取りかかった。しかしながら、まもなく自分たちには調査資金が不足していることが明らかとなった。彼らは京都帝大に請願書を提出し、大学側から約四八〇〇円を受け取ったが、まだ約一二〇〇円が不足していた。[45] 石井四郎が、これを自腹で補ったのである。清野教授の後任として病理学教授に就任した森茂樹教授は、戦後の清野の通夜の席で、石井四郎が驚くべき人物だったことを回想している。森は、「国の為」なら、石井がほぼ何でもするだろうと主張している。[46] そして、彼はそうしたのである。

清野教授の通夜席で、石井はこの疾病の調査に全力を投じたと述べている。

> 細菌班とウイルス班に分けまして、渡辺辺《ほとり》さんと共に、この、朝から晩までシャンベラン〔シャンベラン型濾水機〕を渡しまして、遂に動物試験に成功して、東京に於ける学会に発表して、あらゆる反駁をそこに受けたんでありますが、とうとうまあウイルスであるということが承認されまして……[47]

清野は回想録で、石井が「屢《しばしば》第一線に起《た》って大いなる材料を収穫した」と述べている。石井の頭のなかでは、これは明らかに自分の最も大切な功績の一つであった。自分の失敗のために医学界から追放されたのけ者から、短期間で国民的な英雄に転じたことは、明らかに石井四郎に達成感を与えた。戦後、彼は書簡や通夜席での演説など様々に異なる形で、自分の考えた疾病の原因が嗜眠性脳炎だったと説明している。

ただし、彼が疾病の原因を発見したのでもないし、その疾病が嗜眠性脳炎だったのでもない。この脳炎がウイルスによって引き起こされたと特定し、証明する石井の奮闘に関するこの物語全体は、戦後、彼の共犯者らが、石井（と自分たち）のことを絶対的な怪物でないと見せかけるためにでっちあげたただの作り話に過ぎない。石井が調査していたと信じた嗜眠性脳炎の原因、脳炎の特徴は、今日まで謎のままである。原因については諸説ある。この疾病が自己免疫の問題だとする説がある。一九一八年の世界的なインフルエンザの大流行と関係しているという説もある。石井が調査した疾病の発生が、一九一八年のインフルエンザの大流行と時期を同じくして起こったのは、実際に奇妙である。インフルエンザの大流行と同じように、石井が調査していた脳炎の世界的な流行も、彼が自らの調査を開始した頃には下火になり、ついには消滅した。さらに奇妙なのは、石井の主張を最もよく保証した人物が、当時の彼の研究仲間、渡辺辺《ほとり》だったことである。渡辺は七三一部隊の隊員で、一九四〇年一〇月二五日に、新京でオートバイ事故で死亡している。(48)

嗜眠性脳炎の原因がウイルス性であることを発見したという石井四郎の主張は、まったくの作り話でなくとも、少なくとも誤解を招く主張だということは、むしろ明白である。まず、戦後になって石井四郎が使用した日本語の「**ウイルス**」という語は、一九二四年にはなかった。ウイルスは、一八九八年にロシアとデンマークで、感染性病原体として発見されたばかりであった。(49) 一九二四年当時、科学者らは、ウイルスが細菌に類似した感染性病原体で、培地の中で別々に培養できるとまだ信じていた。(50) 一八九二年、後にタバコモザイクウイルスとして知られるようになるウイルスが、濾過機を通過させても感染力が維持されることが示された最初の病原体であった。(51) 一八九八年、オランダの微生物学者、マルティヌス・ウィレム・ベイエリンクは、濾過された液体培地に残る病原体が、微生物ではなく他の病原体だという結論を下した。(52) 彼の理論は、より高性能な顕微鏡が開発されるまで議論の余地あるものにとどまった。(53) ほとんどの科学者らは、濾過後に残る病原体を別種の細菌と考えていた。(54)

石井四郎は、濾過された血液中に何らかの疾病を引き起こす病原体が残ることを適切に認識していたが、それを何と呼ぶか分からなかった。彼は、この病原体を特定するため「**病毒**」という用語を使用した。

石井が「ウイルス」という日本語の単語を使用するようになるのは、戦後のことである。一九二四年、大学院生の微生物学者、石井四郎は、「**濾過性微生体**」という微生物または一九二四年当時理解されていなかった何かを意味する曖昧な語を使用していた。一九二四年に、他に広く使われた語は「**病毒**」である。例えば、天然痘がウイルス性だということは知られていたが、一九二四年当時は、原因となるウイルスは特定されておらず、解明されていなかった。この種のウイルスは「病毒」と呼ばれた。これもまた、単に「中毒疾患」を意味する曖昧な単語で、分からない病気を説明するために使用された総称である。文字通りには「疾病」や「毒」を意味する漢字である。この語のもう一つの意味は、単に「悪いもの」である。一九二四年当時、石井の辞書に「ウイルス」という概念は入っておらず、自分の知らないものを発見するのは彼にとってさぞ難しかったろう。こういった事情は理解し難いが、それは今日の辞書で「病毒」が単に「ウイルス」とだけ訳されているからである。しかしながら、一九二四年当時、「病毒」という言葉は日本語で「ウイルス」を意味していなかった。なぜなら、ウイルスという語は知られておらず、ウイルスの正確な性質も分かっていなかったからである。

石井四郎が嗜眠性脳炎の原因を突き止めることで、実際に日本に貢献したというこの大きな主張はよくて誇張、悪くて虚偽である。この発見に関して医学誌に掲載された文献は、実際には、石井四郎と彼の死んだ共同研究者、渡辺辺が著した論文だけである。石井四郎は、高く評価された現代医学誌、

「日新医学」で、嗜眠性脳炎が「細菌学的または血清学的原因」によって引き起こされると独自に発表している。石井四郎が、双球菌の調査に乗り出したのはこの時であった。

石井は博士論文を著し、一九二七年に、当時、清野謙次が指導していた京都帝国大学病理学部に提出した。口頭試験が行われたのか、あるいはそれが必須だったかすら記録に残っていない。にもかかわらず、京都大学は原稿を保管している。この博士論文は充実している。約九五ページの分量で、深刻かつ意義ある論文である。一九二四年に四国の香川県で発生した脳炎の調査が、微生物学者、石井四郎の大きな進展だった、と多くの学者らまたは石井自身さえも語っているが、論文そのものは流行性脳炎（別名・嗜眠性脳炎）を取り上げている。しかしながら、この論文では、当時知られていた「ウイルス」という用語の使用については一切触れられていない。実際、博士論文では、一九二四年に石井が調査していた脳炎をはじめとする疾病の細菌性の原因に焦点が当てられており、彼はそれが博士論文の刺激になったと明言している。

博士論文「グラム陽性双球菌に就ての研究」（「ぐらむ陽性雙球菌ニ就テノ研究・毒性竝ニ病原性ニ關スル研究」）では、その題名から察して、石井の研究方向が、疾病のウイルス性の原因にではなく、細菌性の原因に向けられていたことが示されているようである。というのも、やはり石井は、博士論文の一九二七年にも、香川県での調査の一九二四年にも、ウイルスについてほとんど理解していなかっただろうからである。一九一六年に、簡野博士が、香川県の脳炎の病原体がグラム陽性双球菌だと主張した。(55)

而シテ大正十三年十一月京都医学会席上ニ於テ本菌ヲ供覧シ、以テ余ガぐらむ陽性双球菌ニ関スル研究ノ一端ヲ発表スルニ及ンデ、爾来金子、中院、高木諸博士ニヨリテ、相継デぐらむ陽性双球菌ノ発見報告ヲ聴ク、余ハ未ダ是等諸家ノ詳細ナル研究報告ヲ読ムノ機会ニ接セズト雖而カモ病原性ヲ有スルぐらむ陽性双球菌ノ存在ハ、今ヤ決シテ否定シ得ザルコト明白ナリ(56)。

つまり、石井は脳炎発生の原因が細菌にあるとかたく信じていたのである。彼は、この論文の後半で、原因［である病原体］が目に見えず、濾過できるものだと主張している。驚くべきことに、石井は、高木の研究を知っていると認めている。以下に明らかになるように、一九二四年の夏に香川県の疾病の原因となったウイルスを特定し、命名した人物は、石井ではなく高木であった。

石井が、動物や人を病気にする病原体が「目に見えず」、「濾過できる」と認めていた点は重要である。今日、電子顕微鏡によりウイルスは一九二四年のように目に見えないものではない。その上、石井は、病原体が「濾過できるもの」だと見ていた。石井の研究に接した多くの学識者らは、これによって微生物学者としての彼の無能さが示されている思った。そして、まともな学識としての石井の博士論文の評価を下げたのである。一九二七年当時、英語でも日本語でも、微生物学者らが「濾過できる」“filterable”と述べたところは、液体から病原体を濾過できるという意味ではなく、濾過しても病原体は液体中に残るという意味であった。つまり、石井は注目すべきものを発見していたのである。香川県で脳炎を引き起こした病原体は当時の顕微鏡では見えず、「濾過しようとする企てをすり抜けた」。ウイルスの特定、同定、命名までには程遠かったが、病原体が見えないこと、濾過しようとする企てをすり抜けることを認識する概念は重要であった。これは石井による科学への大きな貢献で、後の人々は、疾病自体を突き止めるのでなく、疾病の重要な性質を見出すことに言及した。

実際に、石井の学問的関心をめぐる混乱はここから始まっている。石井は、自らが香川県で発見した疾病が、原因不明かつ治療法も確立されていない嗜眠性脳炎だと考えたようである。七三一部隊の最も重要な記録者の一人、常石敬一教授でさえ、石井が調査していた疾病が嗜眠性脳炎だと誤解していた。一九二四年に香川県で発生し数千人の命を奪った疾病は、実際には、蚊が媒介するウイルス性の疾病、日本脳炎Bだったことが今日では分かっている[57]。当時の石井の論文や著作から、彼がこの疾病がウイルス性だと知らなかったことは明白である。彼は、研究と教育から、あらゆる疾病には何らかの細菌学的な原因があるはずだと学んだ。

実際に、石井の論文では、当時未知の病だったこの疾病に感染した患者らに関するいくつかの症例研究が紹介されている。彼は、七歳の患者一名、六〇歳以上の患者数名選んでいる。患者各人は、生命兆候も白血球数も正常で、高熱の他に疾病の外的兆候はないようであった。一見すると、これは嗜眠性脳炎でなく、日本脳炎Bに共通する症状である。

その上、石井の論文では日本脳炎Bについて一切言及がない。石井が自らの論文で脳炎に言及する時、彼はそれを「流行性脳炎」と呼んでいるだけである。石井の論文の結論は、以下のように始まる。

大正十三年夏秋ノ交、香川県地方ニ於ケル流行性脳炎研究ノ為、該地方ニ出動セル京都帝国大学医学部研究班ノ一員トシテ研鑽中、偶々患者並ニ死体ヨリ分離シ得タルぐらむ陽性双球菌ニ就テ、帰学後更ニ研究ヲ持続シ、爾来茲ニ三ヶ年ノ日子ヲ閲シテ、細菌学的並ニ生物学的研究、血清学的研究、毒性並ニ病原性研究細菌検索及ビ組織学的研究ニ亘リ、略々当初ノ目的ヲ完了スルコトヲ得タリ。(58)

つまり、石井の博士論文の結論は、流行性脳炎がウイルスによって引き起こされることを、実際にはグラム陽性双球菌によって教えられたというもののように思われる。

石井の博士論文と、彼が共同執筆した他の五篇の論文を詳細に分析すると、彼がこの脳炎が原因不明だと気づき、その原因が細菌ではないと確認していたことが分かる。彼は、その原因が目に見えないが濾過できると考えていた。つまり、それは、当時の顕微鏡では目で見ることができず、濾過しようとする企てをすり抜けたのである。

他の五篇の論文のレビューは以下の通りである。

一、**「血液学的所見」**(一九二四年一二月五日)

石井と永井は、この論文で流行性脳炎の患者の血液学的調査を報告している。この観察により、流行性脳炎を腸チフス(発熱を伴う)から区別することはできたが、流行性脳脊髄膜炎からは区別できないことが判明したと結論づけられた。この論文ではまた、この血液学的調査により、病原体につながるものは発見されなかったと結論づけられた。

二、**「動物試験及病原問題ニ関スル研究」**(一九二四年一二月一〇日)

香川県の流行性脳炎の病原体には、(1)球菌、桿菌、原虫(2)**濾過性病毒**の二説がある。石井は(1)の論評を別稿で予定しており、したがってこの論文では、濾過性病毒に焦点を合わせている。結論では、調査により香川県で発生した流行性脳炎の病原体が、一世代を超えてもその効果を維持すること、また濾過された無菌の液体が動物にも感染することが示された。したがって、この病原体は単に感染力があるだけでなく、濾過できるものである。つまり、それは濾過しようとする企てをすり抜けてしまうのである。

三、「**暗視野鏡査所見**」(一九二四年一二月一一日)

結論として、この論文では、暗視野検鏡調査によって流行性脳炎の患者、感染した動物、死体から発見されたスピロヘータ・フィラメントが、関連のない調査で既に発見されていたものと同じだったため、この疾病の病原体でなかったことが明らかにされた。

四、「**流行性脳炎ノ病理解剖**」(一九二四年一二月二〇日)〔このタイトルの論文は、一九二五年四月四日付の「日新医学」に掲載された石井の諸論文の中には見当たらない。〕

この論文では、香川県の死体八体に関する病理解剖的調査が報告されている。香川県の流行性脳炎が、病理学的にエコノモ型脳炎(嗜眠性脳炎)に分類されないと結論づけられている。しかしながら、病理解剖的に、それは概してエコノモ型脳炎と同じ種類のものである。

五、「流行性脳炎ノ動物試験、特ニ其病理解剖学的所見」（一九二四年一二月二五日）

この論文では、流行性脳炎の患者の脳脊髄液、血清、死体の脳脊髄液、脳抽出物を動物に注射して行った実験について報告されている。感染した動物は、一般的には患者と類似した結果を示した。

〔一九二五年四月四日付「日新医学」に掲載された石井の論文（共著五篇、単著一篇）は、「**血液学的所見**」石井四郎・永井静、「**病理学的所見**」石井四郎・森茂樹・小林甫・佐伯信男、「**流行性脳炎ノ動物試験、特ニ其病理解剖学的所見**」石井四郎・森茂樹・小林甫・佐伯信男・渡辺辺、「**暗視野鏡査所見**」石井四郎・木村廉、「**細菌学的並ニ血清学的所見**」石井四郎、「**動物試験及病原問題ニ関スル研究**」石井四郎・渡辺辺以上の六篇である〕

石井は、自らの論文で報告した調査に基づき、香川県での流行性脳炎の原因となった病原体が、エコノモ型脳炎の原因となった病原体と同一物ではないと判断した。香川県の患者は、エコノモ型脳炎の患者と類似した一連の症状を示した。石井は、自らがその症状の原因として血液や脳脊髄液の中に検出した細菌を除外し濾過しても、液体に感染力が残ることを突き止めた。しかしながら、石井が香川県で流行性脳炎を引き起こした病原体を特定または同定したという形跡はない。

退役後、石井は、香川県で発生した流行性脳炎がウイルス性だと見極めたのが自分だと何度も述べている。[59] しかしながら、一九二四年当時、彼は明らかにウイルスがいかなるものか分かっていなかった。一九二七年、彼は九五ページに及ぶ博士論文を提出している。この論文は、もともとはインクとある種の羽ペンを使って手書きで書かれたようである。この論文で、石井は、グラム陽性双球菌によって、流行性脳炎の原因がウイルス性だと教えられたと示唆しているようだが、それが細菌性でないと結んでいる。最も重要なのは、当時の彼が、自らが一九二四年に調査した脳炎の正確な型を同定さえできていなかったことである。石井はそれが流行性脳炎だと思っていたが、実際には日本脳炎Bであった。つまり、石井が記憶に残る注目すべき功績を残したという主張は偽りである。彼は、一九二四年に香川県で流行していた疾病の病理学的原因が、目に見えず、濾過しようとする企てをすり抜けてしまうと断定したに過ぎない。石井が、正統な微生物学者として短期間に行った重大な発見はこれだけである。実際、石井の博士論文の結論は、自ら調査した脳炎が、細菌によって引き起こされたと仮定したことで自分が誤っていたというものである。これは、彼が脳炎の適切な型を命名し、それを引き起こしたウイルスを断定的に特定し、命名したという物語からは乖離している。

事実上（石井の説明に反し）、脳炎は様々なウイルスまたは感染によって引き起こされる脳の炎症である。脳炎には、概して二種類の主要な型がある。日本脳炎Bは、しばしば「夏の脳炎」とも呼ばれ、蚊が媒介するフラビウイルスによって引き起こされる急性脳炎である。感染後二週間以内に、頭痛、身体の痛み、疲労感、悪寒、高熱などの典型的な症状が現れる。軽症の場合は、しばしばインフルエンザのような疾病と間違われる。さらに重症になると激しい頭痛、手足の脱力感（通常は片方だけ）、錯乱状態、倦怠感、癲癇発作、さらには昏睡状態に陥ることもある。症例の約三〇パーセントが死に至る。死亡しない重症の場合、患者には重度の脳障害や麻痺状態が残ることもある。日本では一九二四年、一九三五年、一九四八年、それ以降にも、日本脳炎Bの記録的な感染発生が起こり、東洋諸国では引き続き起こっている。(60)

嗜眠性脳炎は、しばしば「流行性脳炎」（石井が研究していたと主張する疾病）とも呼ばれ、現在でも原因は不明である。それは様々な症状を示し、一九一六年から翌年までウィーンに起こった流行がなければ発見されなかったであろう。症状の重複が多いにもかかわらず、目立った臨床パターンが三つ認められた。第一のパターンは、しばしば「睡眠病」と呼ばれ、頭痛、発熱、上気道炎など様々な症状で始まる。患者は次第にうとうとと眠くなり、やがて深い眠りに入っていく。患者を眠りから覚ますのは容易である。しかしながら、刺激がなくなると患者はすぐまた深い眠りに戻り、そこから昏睡状態に陥り、最終的に死ぬこともしばしばである。第二のパターンは運動過多と呼ばれ、しばしば筋群の痙攣や引き攣りを示す。典型的な初発症状は、首や背中の激しい痛み、筋肉の脱力感、不眠である。第三の、最も特殊なパターンは、しばしばパーキンソン病の患者に見られる動作緩慢の要素を示す(61)。

一九二四年に香川県で発生した脳炎は、微生物学者らを驚愕させた。この疾病は、もともと脳脊髄膜炎の一種と考えられていた。しかしながら、症状がこの疾病とうまく一致せず、そのため嗜眠性脳炎（現在も一般に流行性脳炎と呼ばれている）と分類された。この診断もまた、症状とよく一致しなかった。つまり、石井は流行性脳炎としても知られる嗜眠性脳炎を調査していると思っていた（少なくとも主張していた）が、実は日本脳炎Bを調査していたのである。石井が移った後、一九二四年末から、日本ではこの脳炎の型をB型と称するようになった。というのは、それが嗜眠性脳炎やA型脳炎とは症状や強度で異なっていたからである。一九二五年に東京帝国大学の微生物学者、高木逸磨が疾病を兎に感染させることで、このウイルスの株を特定したと文献に記されている。彼は、それを

「日本脳炎ウイルス」"virus of encephalitis japonica"と命名した。これが実際に一九二四年に香川県で発生し、本当のところは石井が調査していた日本脳炎Bという疾病であった。石井は一九五九年の死期まで、それが嗜眠性脳炎だと信じていたようである。しかしながら、高木によるその後の調査と証明された研究から、今では、石井が研究していた疾病が日本脳炎Bで、嗜眠性脳炎でなかったことが分かっている。石井は疾病もその原因も誤解していたが、戦後には嗜眠性脳炎のウイルスを特定したのが自分だと豪語した。今日まで、嗜眠性脳炎の原因となったウイルスを特定した人物はいない。石井の逆の主張は、ただのハッタリである。

誤解のないように言っておくと、一九二四年の夏から秋にかけて、石井が調査していた脳炎の型が、細菌によって引き起こされたのではないという彼の説明は、実際に正しい。この脳炎を「嗜眠性脳炎」または「流行性脳炎」と呼ぶことは誤りである。石井が疾病がウイルスによって引き起こされることを発見した研究者で、このウイルスを特定した人物だと述べるのも誤りである。石井は、疾病がグラム陽性双球菌によって引き起こされるわけではないことに気づいていただけである。石井ではなく高木こそが、一九二四年に香川県で病気を引き起こした脳炎の原因であるウイルスを特定した本当の日本人微生物学者であった。後になって、石井は自分がウイルスを特定したと主張しているが、それはただの誤りである。後になって、石井は自分が嗜眠性脳炎を調査していたと主張しているが、それもただの誤りである。石井が、博士号級の微生物学者がしない誤りをしただけか、それとも彼が嘘つきか不誠実だったかは明らかでない。

明らかなのは、石井が京都帝国大学の研究班の一員だったことである。彼が研究班の一員だったことは、文献で一致している。彼らは、一九二四年に香川県で数千人の命を奪った脳炎の型を研究した。現在日本脳炎Bとして知られるこの疾病は、一九二七年には終息し、限られた場合にのみ再発生し、再び数千人の死者を出すことはなかった。石井は、一九二四年の疾病の発生に強く刺激され、いくつもの論文と九〇ページにも及ぶ博士論文さえ執筆している。多くの人々が、石井がこの調査の一部に私財を投じたというエピソードを伝えている。[62]

しかしながら、以降の微生物学の調査論文や研究で、石井のこの研究が引用されたことはない。石井の調査に関するその後の批評や論評がないため、彼がこの脳炎がウイルスによって引き起こされることを発見したとする彼自身の主張を独自に検証することはできない。通常、科学的発見は他の人々によって検証され、そうでなければ退けられる。国際的な医学界は、石井の科学的結論を完全にではなくともほとんど退けるか、明らかに無視しているようである。

石井が調査していた時代、この脳炎が細菌性であれウイルス性であれ、既知の治療法は確立されていなかった。一方、石井四郎は京都帝大の研究班で、「各大学が行つているのに京都大学丈がいねむつてると京都大学が眠り大学になるから」と主張したと伝えられている。[63] 清野謙次博士は、「第一此病原体の培養は非常に困難だから、動物感染に重きを置くことである」と述べている。[64] これは、まさに高木が行ったことである。彼は兎を研究材料として使用し、それによって日本脳炎Bが蚊に媒介され引き起こされることを突き止めた。[65]

他の諸大学では、この脳炎の原因が細菌性だと考えられていた。しかしながら、様々な細菌に関連する治療法が効果を上げず、京大班は、疾病の原因が細菌性ではないかもしれないと気づくようになった。京大研究班は動物実験を行っただけでなく、室内実験により適した動物を作る動物飼育も行っていた。その結果、石井の研究班は、十分な量のウイルスを抽出できた。石井は、この成果について詳細に書き、それを「日新医学」の「動物試験及病原問題ニ関スル研究」、「流行性脳炎ノ動物試験、特ニ其病理解剖学的所見」という異なる二論文の内に公表している。この時、京大研究班はこの件を熱心に調査している。

しかしながら、主任病理学者で、そのため京大研究班の班長となった**清野謙次**博士（一八八五年〜一九五五年）は、原則的に、研究者各人が互いに競い合うことを求めた。彼は、それが最速で結果につながるだろうと考えたのである。実際、後に清野は、「素晴らしい成果」を達成したと主張している。彼は、三つの理由から、自分がこの「成果」（彼の著作は曖昧で、この成果が何であったか特定されていない）に達したと信じた。第一に、彼は、この疾病が非常に複雑で、研究者が動物を実験材料に使用しなければならない点に気づいたと述べている。第二は、京大研究班が、県庁関係者や地元医師会の医師らと協働したことである。彼は、京大研究班単独では成功しなかったろうと主張している。彼らは「大成功」を共同で実現した。第三は、京大研究班が、疾病が最も猛威を振るった香川県に研究所を設けたことである[66]。

一九二五年四月刊行の「日新医学」の論文を見ると、依然として、清野が、自分たちが日本脳炎Bでなく嗜眠性脳炎を研究していたと信じていたことが明らかである。つまり、高木が一九二五年に日本脳炎Bを発見、特定、分類した。しかし、当時、日本の微生物学の第一線に立つ大学で、病理学の第一人者だった清野は、明らかにそのことを知らなかった。これは、日本の学会のタコツボ化によって説明できるかもしれない。清野や石井のような京都帝国大学の学部の研究者らが、東京帝国大学の研究者だった高木に実際に接触するのは極めて異例なことだったろう。しかしながら、高木はこの疾病について論文を発表しており、当時の日本の有力な研究機関の第一線で活躍していた病理学者らはこれを読んでいたはずである(67)。

清野は受賞歴のある病理学者であった(68)。一九二二年、彼は「生体染色法の応用による組織球性細胞系」の発見で帝国学士院賞を受賞した(69)。また「網状内皮細胞系」(RES)の概念を確立している(70)。清野は、免疫学の分野で先駆的な発見をした。清野による網状内皮細胞系の確認は、現代の免疫学研究への扉を開いた。人体が自然に異物を排除する仕組みを発見したことで、研究者らはウイルスや細菌に対する人体の自然な反応を補うことで疾病の治療法を開発できるようになった。ドイツのフライブルク大学のルートヴィヒ・アショフ教授、クプファー教授と共に、清野は生体染色法の応用で組織球性細胞系を発見することに成功、それによって免疫学に革命を起こした(71)。このように清野、アショフ教授、クプファー教授は、細胞とその機能の初期理解に達したが、それは今日でも依然として行われている免疫学の研究に計り知れぬほど貴重な貢献をした。

したがって、清野を学士院賞で評価することは、彼の学問への驚くべき貢献を示すことであった。実際に、一九三七年に日本文化勲章が制定されるまで、学士院賞が日本で最高の学術賞であった。帝国学士院賞の二人目の受賞者は高峰譲吉である(72)。この人物は、喘息に対する最初の有効な気管支拡張剤、アドレナリンというホルモンの一種を特定、精製した。清野の通夜の席で、石井は清野について[以下のように]語っている。

ここ（平房）で真剣に研究をしたのであります。その時に先生が一番力を入れてくれたのが人的要素であります。（略）その都度簡潔に御報告をしますと、今度は、次は、とどこまでも先生が拍車をかけられまして、段々に、最後に大東亜の全面にわたつて、この民族線防禦の第一次完成をみたのであります。[73]

つまり、清野は、戦前戦後の日本医学研究の第一人者だったのである。しかしながら、彼は、当時の著作で、実際には高木が日本脳炎Bを解明した（疾病がウイルスによって引き起こされると見極めた）のに、石井が嗜眠性脳炎を解明したと誤解していたようである。これはまったく信じ難いことである。当時の第一線の研究機関の一つに属し、たいへんな尊敬を集めた受賞歴ある微生物学者の清野が、いかにしてこのような重大な発見で誤りを犯したのか？　現代科学が依然として嗜眠性脳炎または流行性脳炎の原因について結論に達していないというのに、なぜ清野のような重要な学者らが、その原因を突き止めたという石井の不合理な主張を額面通りに受け入れているように見えるかは明らかでない。

清野は驚くべき偉大な学者、三分野に熟達した著述家であった。彼は、病理学にとどまらず、人類学者、考古学者でもあった。彼は、これらの分野で日本の先住民と信じられたアイヌの存在で複雑化していた日本人の起源に関する研究、調査によって名声を得た。ほとんどの学者らは、日本民族がどこかから日本列島へやって来て、白人がアメリカ先住民を西部へ追いやったようにアイヌを圧倒し、北部へ追いやったと信じている。[74] 日本人の起源については、様々な説が唱えられてきた。彼らが、中国、朝鮮、モンゴル、マレーシア、インドから日本へ渡ってきたとする説があり、またインドネシアやアラスカから渡ってきたという説すらある。[75] 一九二〇年代の有力説は、日本人とアイヌの双方が居住し、相互に対立していたとするものである。

清野の説は、当時画期的で、先史時代に第三の民族、日本原人がいたというものである。現在の日本人は、この人種に最もよく類似する。アイヌは、何らかの変種、除外可能な混血種である。つまり、アイヌではなく、現在の日本人がこの原日本民族の血筋を継いでおり、したがって日本列島の自然な継承者である。清野によれば、この種族は、「ホモサピエンス・ニホンバシエンス」と呼ばれる。[76] 清野の協力のもとに発掘された遺骨は、東京の田町付近で発掘された。だが、彼は、そこから近い日本橋が、外国人にも日本人にもより親しみやすい名称だと考えた。日本橋は、日本の首都で最重要都市の東京の文化的中心だとも考えられた。したがって、彼はこの発見をホモサピエンス属ニホンバシエンスと命名したのである。[77]

ほとんどの人は、アイヌが日本列島の真の先住民だったと考えるが、清野はこの説を受け入れることを拒否した。清野は、東京の田町で発掘された石器時代の人骨を研究し、原日本民族がいたという結論を下した。日本原人の骨は、より新しいものなら、より最近の日本人に類似しているように思われる。それは、より遡ると、さらにいくつかの要素に分かれるようである。したがって、清野説によれば、日本人は日本に起源を持つことになる。彼らは、どこか知らない場所から日本に渡来し、定住し、アイヌを圧倒し、彼らを北方へ追いやったのではない。日本人は、最初は日本原人として、後に日本人として常に日本に住んでいた。そして、これは清野によれば、日本の創世神話に信憑性を与えるという。

この創世神話によれば、天照大神が男の子を生み、統治するために彼を地上に送り込んだという。これが、日本における最初の天皇であった。イザナギ、イザナミが、前もって天沼矛《あめのぬぼこ》を海に浸した。その矛から滴り落ちる塩の雫が日本列島となった。もし日本人がどこか知らない場所から日本に渡来してきたなら、この神話は意味をなさぬように思われる。神話が意味をなすには、日本人がずっと日本に住んでいなければならなかったのである。清野の研究により、科学と創世神話の双方を信じることができるようになった。清野によれば、日本人の起源に関して科学と宗教は一致しているという。清野の説は、いまだに日本人の起源に関する一見解を説明するために引用される。(78) 実際に、清野は日本人よりもヨーロッパ人の方が猿に近いと主張し続けた。

反対に欧州人が日本人よりも猿或いは動物に近い点に着目して見ると之も亦多々ある。顔面部に於て彼等は眉間部が著しく隆起して居ること、鬚髯《しゅぜん》が多いのみならず、全身に亙って多毛なること、上肢と胴との釣合に於いて西洋人が割合に腕の長いこと等種々の点で目立つ。解剖学的の細部にも此種の差異は少なくない。例えば日本人の脳髄の重量は欧州人のそれとあまり異なって居らぬのであるが、日本人の体重は軽く、身長は小である。それで体重に対する脳重の比は、欧州人よりも大となり、脳髄に於いて日本人は欧州人よりも優れて居る。(略) また日本人の指先きは細く出来て居り、欧州人は女性なりとも手指が太くして其関節は節くれだって居るのも、此

種部類中に数う可きであろう。（略）
人種の体臭は脂腺の発達に関係し、頭臭、腋臭《わきが》で著名となる。そして脂腺の発達の著しき者は耳垢腺の発達も多くは又盛んなので、耳垢は乾燥せず、粘ついて居る。此体臭は、日本人を初めとして蒙古人に乏しく、馬来人も少ない方であるが、欧州人には可なり強い。そして之は生殖作用と一定の関係があるもので、動物に於ては麝香《じゃこう》に迄発達して居るのがある。[79]

清野は膨大な量を執筆した。例えば、彼は一九四四年に「日本人種論の変遷史」を出版している[80]。これは、彼の出版経験の最初でも最後でもなかった。実際、彼は二五冊以上の研究書を出版している。ほんの一部を紹介してみよう。一九二八年、彼は、「日本石器時代人研究[81]」という影響力の強い本を執筆した。一九四二年に、「南方民族の生態[82]」を、一九四三年には、「スマトラ研究[83]」を執筆した。一九四四年、「太平洋に於ける民族文化の交流[84]」を出版した。そして一九五四年には、「日本人考古学・人類学史」上下巻[85]を出版した。彼は、学生時代にドイツに留学していた。彼は膨大な量を書いているが、その著作を全て揃えている図書館はない。京都大学の図書館に一部の限られた蔵書が残っているが、彼の個人的な蔵書や論文の所在はいまだ大きな謎のままである。今のところ、それらは失われたと考えられている。

清野は極めて熟達した人物、著述家であった。彼は、生涯をかけて多くの分野を研究した。彼が「学問人」だったと言っても間違いはない。好奇心旺盛な彼は、ドイツやスマトラ島など遠く離れた場所に足を伸ばした。〔清野がスマトラを訪れたかどうかは不明〕敗戦後の極めて困難な時期、日本が焼け野原になるなか、彼は依然として日本人の起源のような難問について研究、学習、執筆していた。

けれども清野は、どういうわけか、石井が一九二四年に香川県で何か重要な貢献をしたと勘違いしていたようである。戦後、彼は石井がいかに才能があり、有能で知的だったか繰り返し述べている。清野は、一九二四年に香川県で感染が流行した疾病が嗜眠性脳炎で、石井が疾病をウイルス性と見抜き、これで彼が偉人になったとする物語をはっきりと直接支持したわけではない。だが、彼はそれがまったくの作り話だと真実を語ったわけでもない。この話は、石井が清野と一緒に、戦前の日本で人々に何か重要な貢献をしたという意見に役立つ。そのため、戦時中に起こったことは、「戦争だったから」として彼らは許されるべきだという話になる。この話で面倒なのは、石井四郎がそれを作り上げたということである。清野は、この物語が作り話であることを知っていたに違いない。彼が、作り話だと知らなかったということは、まったくあり得ない。清野を彼と同じくらいの学識者、熟達者と考え、そして石井四郎が単独でこの作り話とその維持に責任を負っていると考えるのでは辻褄が合わない。清野は、本当のことを知っていたに違いない。高木の学識が、三〇年間も無視されるはずがないのである。清野があれだけ多くの学問分野に通じていながら、石井が一九二四年に香川県で調査した疾病が日本脳炎Bで、それが一九二五年に高木が特定したウイルスによって引き起こされると決定的に証明した一連の研究を知らず、むしろ石井がこの発見をし、この件で何らかの功績があると信じていたというのでは辻褄が合わない。当時、第一線の医学部で先頭に立って活躍していた病理学者が、他の数多くの研究を知りながら、この研究を全く読まずに過ごしていたということはあり得ない。彼は、こうした作り話を信じるにはあまりに賢く博識で、〔研究〕に従事し過ぎていた。

しかしながら、この物語は効力を発揮してきた。戦時中の生物兵器について研究する学者全員が、石井が一九二四年に香川県で嗜眠性脳炎を研究し、ウイルスが疾病を引き起こすと見極めることで学問に役立つ驚くべき大発見をしたと信じているようである。戦時中の生物兵器の研究、開発について第一線に立つ学者、常石教授は、真しやかにこの物語を繰り返す。戦時中の生物兵器について第一線で活躍した歴史家、学者、シェルダン・ハリスは、唯一の情報源として常石に依拠しつつ、真しやかにこの物語を繰り返す。

はっきりさせておこう。この話は誤りである。石井が、ウイルスが嗜眠性脳炎を引き起こすことを発見したというのはあり得ない。というのも、一九二四年当時、石井はそもそもウイルスが何か分かっておらず、彼が研究したと報告する疾病は、嗜眠性脳炎と異なる疾病だったからである。

むしろ、東京帝国大学の高木の方がはるかに成功していた。石井は博士論文で、高木も同様にこの疾病を研究していたと知りながら、その「詳細ナル研究報告ヲ読ムノ機会ニ接セズ」と認めている。高木は、血液、脳組織、髄液を採取し、それを溶液の中に入れた。その後、彼はこの溶液を動物に注射してどの動物が死ぬかを観察し、死ぬ前の症状を研究したのである。高木は、自分がウイルスを扱っていることを知っていた。なぜなら、彼はこの疾病を、フォン・エコノモ〔コンスタンチン・フライヘル・フォン・エコノモ、一八七六〜一九三一年、オーストリアの精神科医、神経学者〕の疾病〔エコノモ脳炎、嗜眠性脳炎〕と比較する必要があると書いているからである。だが、それに比較されるウイルスはなかった。[86] 清野は、当時の日本の第一線の研究機関の主任病理学者だったため、作り話を実際に信じることはできなかった。彼は、途方もなく学識のある思索家で、著述家であった。一九二四年に香川県で発生した疾病が嗜眠性脳炎（細菌が引き起こすのではない）でなく、日本脳炎B（ウイルスが引き起こす）だと高木が見極めた事実を、清野が誤解するとはどうしても信じられない。それより、石井が何か重要な発見をしたことを清野が知っていたという方がありそうである。つまり、石井は、濾過後に濾液の中にウイルスが残ることを知っていたのである。これは重要な発見であった。しかしながら、戦後に人々が、石井が何らかのウイルスや疾病の原因を発見したと述べるのはまったくの誤りである。

したがって、この話はフィクションである。我々は、清野がこの話を虚構でなく事実として語り直した理由を推測できるだけである。当然ながら、戦時中、彼は石井の側近中の側近で、七三一部隊の研究活動に密接に関わっていた。清野は平房に過ごした。彼は石井の側近として、石井が七三一部隊に付けた呼び名、「秘中の秘[87]」のことを知っていたに違いない。清野は、平房での石井の搾取を間違いなく知っていた。京都帝国大学の病理学者として、清野は後に戦犯者の嫌疑をかけられぬよう、石井とは十分な距離を置いていた。しかしながら、彼はこの物語から計り知れないほど利益を得る立場にあった。そして、この話が虚偽と証明されれば、さらに多くの損失を被る立場にあった。以下に明らかになるように、石井、清野をはじめ七三一部隊に参加した軍医ら全員が、戦犯者としての訴追を免れたのである。戦後、清野と他の軍医らは日本に帰国し、一流の医療機関の名誉職に就いた。したがって、七三一部隊が当時も現在も象徴するあらゆる悪に照らし、石井が何らかの善行をなしたとする話は極めて都合のよいものであった。清野（と他の軍医ら）は、真実や和解より個人にとっての好都合を選んだようである。その結果、清野と他の軍医らは、個人としても医師としても名声を手にした。そして、彼らは、戦時中に自分たちが石井と共に行ったことでいかなる報いも受けなかったのである。

ともかく一九二六年に、石井は京都帝国大学での学業を終了し、翌年には博士号を取得している。彼の博士学位審査についての記録や言及は残っていない。もしその記録が残っていれば、石井が自ら主張するように、かつて彼が何か善行をなしたのか、それとも全てが作り話だったのか分析するのに極めて役立つはずである。分かっているのは、京都帝国大学の木村廉教授が、石井の博士論文の指導教官だったことである。(88) 木村は、石井の雰囲気に呑まれることはなかった。彼は同時代の人々との付き合い方では批判的で、石井が好戦的愛国者の女たらしで、たびたび芸妓置屋や料亭を訪れていたと報告している。(89) 石井の博士論文の指導教官だったとはいえ、木村は明らかに石井のことをよく思っていなかった。これは稀なことであった。御大、清野謙次をはじめ、石井に接したほとんどの人々が騙されている。木村は違っていた。

一九二八年、木村は、清野の後任として京都帝国大学の病理学の長を引き継ぎ、一九五六年までその任に当たった。木村自身は、非常に教養ある人物であった。なかでも、彼は一九五九年に、腸内細菌によるビタミンＢ１の分解で、権威ある日本学士院賞を受賞している。彼はまた、日本で最初に電子顕微鏡を設置してもいる。(90)

木村が、石井に対して批判的な数少ない同時代人の一人だったとしても、石井、清野、木村は、戦前、戦中は極めて親密〔な間柄に〕あった。一九二四年から二八年まで、彼らは京都帝国大学病理学部〔病理学教室〕で緊密に協働した。彼らの関係は、後に石井機関と知られ、さらに大勢の人々を巻き込んでいく。石井が七三一部隊で行えたことは、大部分が、清野、木村をはじめ石井機関の人々との長いつき合いで可能となった。

したがって、清野が石井を褒めそやし、木村が彼とその身のこなしを批判しても、どちらも信憑性のある確実な論評としては空虚なのである。清野も木村も、石井機関のために尽力しており、批判または戦争犯罪の責任は彼らに当てはまる。そのため清野が石井を褒め、木村が彼を非難しても驚くようなことではない。どちらの論評も、石井機関の責任を免れるよう、事後に石井四郎と距離を置こうとした人々がした空虚かつ利己的な主張である。

石井は研究室への行き帰り、一年間「毎日のように」[91]、当時の京都帝国大学総長、荒木寅三郎の官舎を訪問した。この訪問の一つの成果は、彼が博士号を授与された一九二七年に、荒木博士の娘、清子と結婚したことである。清子は完全な京女と言われ、石井は東男であった[92]。清子は、神々しいほどの京美人であった。石井は、東京の貴族の息子であった。清子は、京都の知識人の娘であった。今日でも、東京の男性の多数が、日本の真なる美は京都の女性の魅力に表されると感じている。そのため、石井は、当初から清子にぞっこん惚れ込んだのである。

石井四郎、清子の長女、春海は一九二五年生まれだが、結婚は一九二七年と報告されている。こうした正確な日付が信用されない理由は複数あり、複雑である。結婚や出生は、必ずしも実際の年月日で公式記録に登録または報告されたわけではない。さらに、当時の日本人は年齢を一歳の誕生日から数えた。いずれにせよ、石井四郎、清子の結婚、春海の出生は、これらの出来事の背後にある正確な事実に疑問を抱かせる。当時の日本の出生記録は、子の両親が生まれた土地の区役所で管理されている。石井家の場合、それは千葉県の加茂であるはずだ。これは「戸籍制度」と呼ばれ、万人の誕生と死亡が管理されている[93]。筆者が石井四郎と血縁関係にないため、彼の戸籍を閲覧することはできない。

またしても状況証拠に頼ることになる。一九八二年、「ジャパン・タイムズ」紙は、石井四郎の長女、春海にインタビューしている。このインタビューで、彼女は自らの年齢を五七歳だと主張している。同じ記事の別の箇所に、彼女は自分とアーヴォ・トンプソンの写真を提供した。写真の彼女は、一九四六年当時、二一歳だと紹介されている。（その後、「ジャパン・タイムズ」紙はその写真を撤回、その女性が石井四郎の娘ではなく妻の清子だと訂正している。）彼女はまた、一九四五年に二〇歳で哈爾浜に戻った時、父親の私設秘書をしていたとも述べている[94]。これらの言及は全て、彼女が一九二五年に生まれたことを示している。これは春海の両親の結婚の二年前、石井が大学院で研究するために京都へ移った年〔石井が京都帝国大学大学院に派遣されたのは一九二四年〕である。これらの正確な日付を証明または確認することはできない。なぜなら、戸籍を調査できないからである。しかしながら、分かっている他の事実と結びつけると、これらの出来事の正確な日付が疑わしく見えてくる。

例えば、この記事で、春海は自分が七人兄弟の一人だとも述べている。他の子供らが戦争を生き延びた記録はない。石井四郎とその家族が哈爾浜に到着した時に撮影された写真や哈爾浜の自宅で撮影された写真が、一部残っている。確かに、これらの写真には他の子供ら（七人でない）が写っているようである。しかしながら、石井の他の子供らの記録は途絶えている。月桂寺の墓石には、子供や生存者を示唆するものは何も刻まれていない。〔月桂寺の墓石には、石井家の長男、誠一の名が刻まれている。石井四郎の子供らは、以下の通りである。上から、春海、誠一、信子、恭二、寅三郎、トシ子。「七人目の子供」につい

ては不明である〕

石井春海の「証言」は、大部分が疑わしい。それは証明されておらず、証明できない。彼女の生年月日すら分からないようである。「ジャパン・タイムズ」紙のインタビューに答えて、彼女は自分の父親が悪事を犯していない最大の証拠は、彼が戦犯者として裁判にかけられなかった事実だと述べている[95]。そのような訳で、彼女の意見にどれほどの重みを与えるべきか決めることはできない。確かに、彼女は極めて偏っている。

石井が毎日のように総長宅を訪れたもう一つの成果は、彼が京都帝国大学で極めて権威ある人物に取り入ったことである。それは、荒木が娘婿でなく養子をもらったと言われるほどの間柄であった[96]。つまり、人々は、石井の大胆さ、そして他の人々が試みては挫折する機嫌取りをやってのける彼の見事な才能に驚いた。また、こうした権威への迎合は、木村博士のような他の教授らを明らかに激怒させ、石井は悪口を言われるほどであった。古今の、とりわけ戦前の日本で、誰かの悪口を言うのは至難の業である。常石が一九九五年に出版した七三一部隊に関する本のなかで、木村がインタビューに応じ、石井への非難が引用されているところなどは、それを物語っている。

木村は、石井を派手な女たらしと非難したが、もちろん彼は七三一部隊の件で責任を取らなかったし、真実との和解の道を歩むこともなかった。木村は、石井を不当に非難しつつ、自らの行いについては責任を取ること避けた。

石井は、一九二六年に京都帝国大学大学院への派遣を終了すると、京都衛戍《えいじゅ》病院に配属され、一九二七年には博士論文を提出し、博士号を授与されるまでそこに在籍した。

石井は、一九二八年に海外に出張したと後に主張している。これも、すべて石井の言う通りであればだが。筆者を除くその後の研究者ら全員が、この話を真実だと信じているのは遺憾である。よく言えば、この出張はほぼ完全に謎に包まれている。最悪の場合、それは石井による数多くの作り話の一つかもしれない。石井自身によれば、彼は、生物兵器を保有または研究しているように思われる自分に思いつく限りの国々を訪問したという。一九二八年ということであれば、リストに記載された国々にはただ驚かされるばかりである。それはシンガポール、セイロン、エジプト、ギリシャ、トルコ、イタリア、フランス、スイス、ドイツ、オーストリア、ハンガリー、チェコスロバキア、ベルギー、オランダ、デンマーク、スウェーデン、ノルウェー、フィンランド、ポーランド、ソ連、エストニア、ラトビア、東プロイセン、ハワイ、カナダ、アメリカ本土である。(97)

ウィリアムズ&ウォレスは、七三一部隊に関する彼らの著書で、石井が大使館または領事館関係者らからの紹介状を持っていたと主張しているが(98)、彼らの著書には、その主張を裏付けるだけの証拠書類がなく、また、彼らは説明を求める質問に応じない。シェルダン・ハリスは、石井がマサチューセッツ工科大学で生物兵器の研究を行ったこともあり、少なくとも一九三〇年には、アメリカの生物兵器研究の状況を見極めるためにボストンにいたという主張を証明しているようである(99)。青木ほか多数は、石井がジュネーブ議定書を確認し、どの国が生物兵器の研究を行っているか情報を収集するために二二カ国へ出張したと主張している(100)。常石は、二二カ国を訪問した海外出張に関して、他人の伝える手垢付きの話を繰り返している。

一九二八年から三〇年までの石井の海外出張については、さらに多くの変化に富んだ主張がある。

S・S・マジェスティック号

この話の全ては、石井が一九四六年の占領初期に、トンプソン〔獣医〕中佐に自分がこの旅に出たと語ったところに端を発する。[101] その後、北野政次がこの出張を裏付け、石井の出張費が途中で私費から公費に切り替わったと説明している。[102] 彼が訪れたとされる最後の国は、アメリカ合衆国であった。したがって、どうやら石井の渡米費用は日本政府が負担したことになるようである。

しかしながら、一九三〇年の石井の出張で残っている唯一の記録は、一九三〇年二月一八日付の「S・S・マジェスティック号」の乗船名簿だけで、それは石井がトンプソンに伝えた話とも、ハリスが繰り返した話とも、青木や清野が繰り返した話ともまったく食い違う。この記録では、石井の出張について魅惑的な話が伝えられる。この記録から、憶測でないいくつかの事実を識別することができる。石井は、フランスのシェールブールから遠洋定期船、「S・S・マジェスティック号」に乗船しニューヨークへと向かった。「S・S・マジェスティック号」は、一九三〇年二月一二日にフランスから出帆、同年二月一八日にドック入りしている。この書類の情報は、一部はタイプ打ちで、一部は手書きで記されている。一九三〇年二月一八日に、アメリカの入国審査官が手書き部分を記した。タイプ打ちされた部分は船内でか、あるいはフランスに出帆する前にあらかじめ準備されていたようである。石井の名前の左横には、タイプ文字で「外交官」と記されている。しかしながら、審査官はこれをぐちゃぐちゃに消している。書類には、石井［の年齢］が三七歳で、日本の千葉県から来たと記されている。石井は日本語の読み書きができ（どうも英語はできなかったようだ）、職業は「軍医」と記されている。したがって、この石井四郎という記入が、実は別人のものである可能性は極めて低い。石井に関して既に知られる全情報から、乗船名簿の人物が本書の主人公、石井四郎であることが示されている。

書類にはまた、石井が出港の僅か一週間前の一九三〇年二月五日に査証を申請したこと、彼のそれまでの居住地がドイツのベルリンだったことが記されている。この欄に記入するには、旅行者はその土地に一年以上居住することが必要だと（英語で）明記されている。石井の査証番号は１６８９である。

「直近の親族の氏名及び住所」の欄に、石井はタイプ文字で、"Wife. Mrs. Ishii c/o Rektor T. Araki. Mejiromachi Tokyo"［妻、石井夫人、ｃ／ｏ 総長 荒木寅三郎方、東京［府］目白町］と記入したか、記入させている。（"Rector"は総長を意味するデンマーク語の単語である。）そこには、石井が出張費を私費で賄ったこと、また、彼がかつてアメリカを訪問したことはないことが示されている。

乗船名簿にある、アメリカにいる親戚か友人と落ち合うかという質問に、石井は「日本への乗り換え」と記入している。「渡米の目的」と記された欄には、渡航者がしばらくアメリカに滞在した後帰

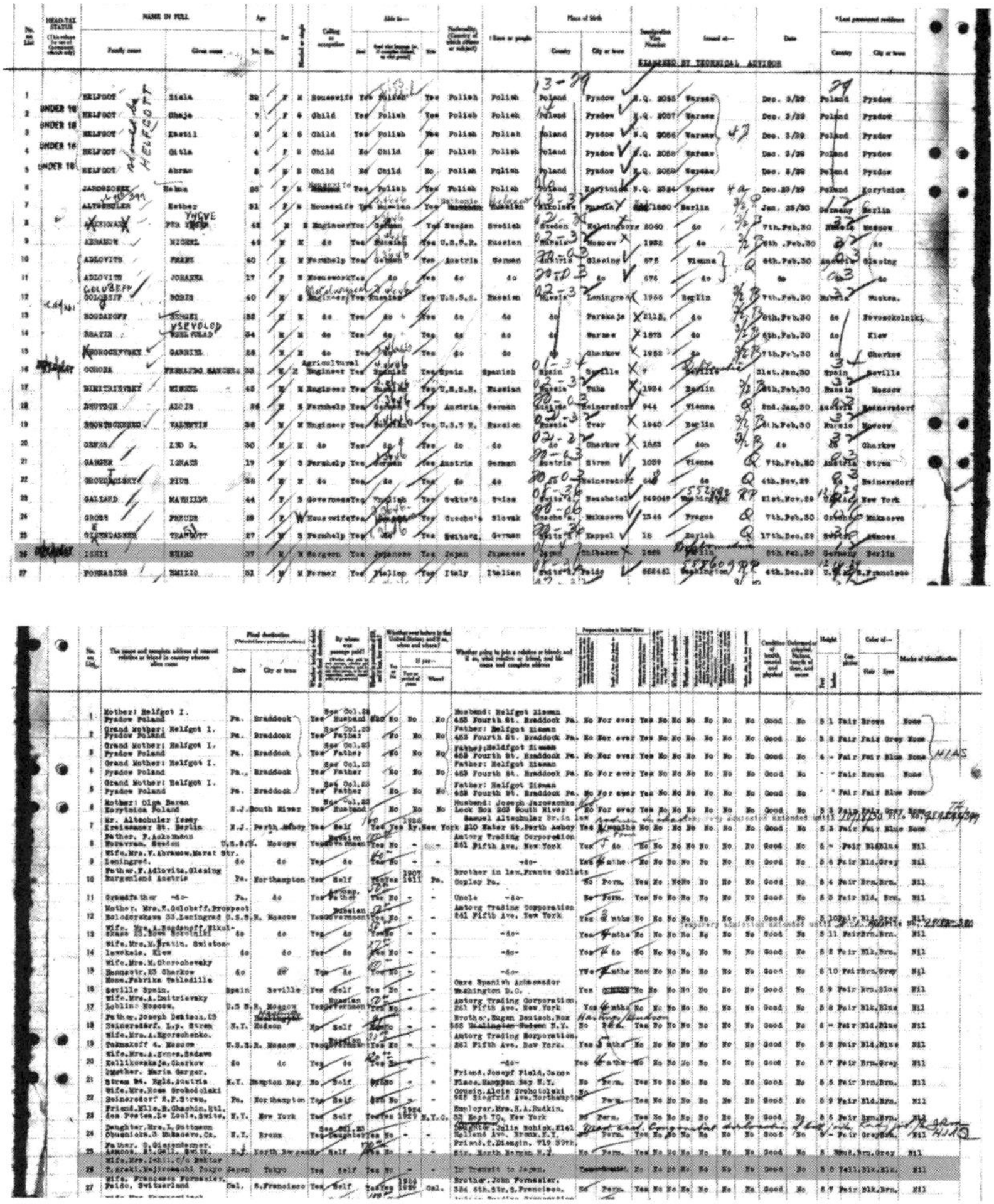

S・S・マジェスティック号の乗船名簿（石井の乗船が、強調表示されている）

国するつもりかどうか、また滞在期間を尋ねる欄がある。石井は最初の質問に「イエス」（帰国するつもりだ）と回答し、次の質問には「一ヶ月」と答えている。審査官はまた、これらのタイプされた欄の両方を強い線引きで消している。外国人の石井がアメリカ市民になるつもりか尋ねる欄に、彼は「ノー」と回答している。

書類には、石井の健康状態が良好で、障害や傷跡はないと結ばれている。この乗船名簿には、多くのことがかなり決定的に伝えられている。石井は、アメリカ合衆国に入国しなかったのである。彼はニューヨークへ渡航したが、入国を許可されなかった。彼は、日本行きの船に乗り換えたのである。フランスで書類を書き、タイプした人物に、彼が自分を外交官だと信じ込ませたことが暗示されている。しかしながら、アメリカの入国審査官はその資格を否認し、「外交官という」記入をぐちゃぐちゃに消している。どうも石井は、自分の外交官としての資格を証明するために必要な添付書類を持っていなかったようである。つまり、彼は外交官だと主張しつつ、実はそうでなかったのである。

石井の二二カ国の海外出張について、彼のドイツ、フランス二カ国への訪問を証明する証拠書類はある。彼が訪問したと主張する一部の国々へは、ベルリンから列車に乗って容易に行くことができたが、他の国々へはほとんど行けなかったはずである。しかしながら、彼の出張のその他の足跡を記録した証明書類はない。

例えば、石井はフィンランド、エストニア、ラトビア、ポーランドを訪問したと主張している。彼が、実際にこれらの国々を訪問したとする証拠書類はないが、この理屈には興味深い穴がある。フィンランドからエストニア、ラトビアを通ってポーランドへ行くには、リトアニアを経由しなければ無理だったはずである。石井はリトアニアを訪問したと主張しておらず、彼がリトアニアを訪れたことを示す記録もない[103]。しかしながら、当時のリトアニア軍は、少なくともエストニア軍及びラトビア軍並みに発展していた。したがって、軍事的に生物兵器研究を追跡するのに、リトアニアを避けラトビアやエストニアへ行くというのでは辻褄が合わない。石井の話は、ただの物語にしか思われない。石井の広範囲に及ぶ海外出張の主張を裏付ける証拠書類は、彼がドイツからフランスを経由してニューヨークへ行ったことを示す一九三〇年の乗船名簿の他にはない。戦後の日本で、トンプソン［獣医］中佐のインタビューに応じた時の石井の主張が、彼の海外出張に関する唯一の記録である。

清野は、この海外出張に関する石井の話を補強している。しかしながら、清野が学問の三分野に極めて通じた人物であっても、石井に関する彼の証言は非常に疑わしい。清野には、石井の様々な話が信頼されるよう補強することで得られるものがあまりにも多かった。そして、最も重要なのは、一九五二年までの占領期間中、彼には失うものが極めて多かったということである。実際に、彼は自分の命を賭して交渉していると感じていたかもしれない。他のA級戦犯者ら全員は死刑宣告を受けた。もし清野がA級戦犯者として裁かれ、有罪判決を受けていたら、彼もまた石井と七三一部隊に関与したことの代償を自分の命で償っていたはずである。したがって、彼には石井の作り話を補強するために強い動機があった。

石井は、少なくとも一九二九年秋冬から三〇年一月までベルリンを拠点にしていたようである。「S・S・マジェスティック号」の乗船名簿では、最後の居住地の記載が、当地に一年かそれ以上滞在した場合にのみ求められた。確かに、石井がどの程度英語を理解したか不明なため、彼が誤解していたということもあり得る。しかしながら、誰かがこの書類に記入したようである。つまり、書類は英語でタイプされている。これは、準備した人物が、直接または書面で受け取った情報に基づいて作成された書類のようである。一九三〇年の船で、乗客約四〇〇人中アメリカ人以外の乗客が三〇人以上いたことから、何らかのインタビューがあったとする方がはるかにありそうである。乗船名簿に他の日本人に関する記載がないため、日本人の乗客は明らかに石井一人であった。また、彼は書類の他の箇所で、英語でなく日本語を話し書くと主張している。そのため、この複雑な記入を信頼するのは難しい。しかしながら、石井がベルリンで過ごしたことを理解するために、これを信頼する必要はない。船はフランスのシェールブールから出港している。したがって、石井が、自ら訪れたと主張する二二カ国中の二カ国、フランスとドイツにいたと結論づけることができる。他の国々への渡航に関するデータはない。

アメリカとカナダを訪れた、という石井の主張は作り話である。彼は、明らかに［これら二国を］訪れていない。彼はニューヨークの港まで辿り着いたが、数々の主張に反しそこまでが限界であった。彼が、ボストンのマサチューセッツ工科大学で生物兵器を研究したとする話に関しては、そういうことはまったくあり得ない。マサチューセッツ工科大学には、石井が訪問したという記録がない。学長報告書、つまり大学内のあらゆる活動を要約したかなり網羅的な年次報告書では、一九二八年から三一年までの数年間に石井四郎に関する言及はない。一九二六年から一九三五年までのマサチューセッツ工科大学の会計報告書では、一九二九年の同大学への通学費用（学費、家賃、食費）は一一〇〇ドルとされているが、石井四郎については触れられていない[104]。同じように、マサチューセッツ工科大学のキャンパスで起こった重要な出来事全てを誇らしげに記録している雑誌、「テクノロジー・レビュー」誌にも、一九二八年から三二年まで、石井四郎に関する言及はない。

さらに情報公開法によって文書を請求すると、一九九一年七月一一日付で陸軍省が、「石井はアメリカのフォート・デトリックを訪問していない」とはっきり回答してきた。[105] したがって、石井はニューヨークの港を出ておらず、間違いなくボストンにも辿り着かなかったという結論になる。

石井は、「S・S・マジェスティック号」の船上で記入した乗船名簿に、近親者が妻でその住所が目白町の父親方だとしている。今日、目白町を地図上に探しても見つからない。一九三二年、目白町は三つの新しい町に分割され、全てが東京市の一部になった。したがって、石井がこの乗船名簿を記入した一九三〇年には、厳密に言うと、短期間ではあれ、目白町という名称の町があったことになる。[106] とはいえ、この町は東京にあり、戸山と陸軍軍医学校付近にあった。また、それは石井が戦前から戦後にかけて居を構えた若松町に極めて近かった。石井の妻は、東京で父親と同居していたということになる。

当時、石井の岳父は京都帝国大学の総長であった。今でこそ東京に住み京都で仕事をすることは考えられる（新幹線を利用すれば、二時間ちょっとで二都間を移動できる）が、一九三〇年当時、そういったことはできなかった。一九三〇年当時、東京・京都間をつなぐ実際的な交通手段は列車だけで、移動には数日を要した。したがって、これも石井の奇妙な誤達である。もし彼女が自分の父親と暮らしていたなら、それは東京ではなく京都だったに違いない。もし彼女が東京に住んでいたなら、父親と同居していなかったに違いない。しかしながら、もし彼女が未婚の母親として東京で一人暮らしをしていたなら、それは極めて奇妙な状況だったはずである。彼女の第一子は、一九二五年または石井が海外へ出発したとされる三年前に生まれたであろう。恐らく、清子は夫の留守中に子供を連れて実家へ戻ったろうし、それが普通の状況である。しかしながら、石井四郎は、乗船名簿の近親者の欄に東京の住所を記入し（娘についての言及はない）、妻はその父親と同居していると記している。もしかしたら、荒木は二年間の休暇を取り、東京へ移ったのかもしれない。もしかしたら、住所は荒木名義だったかもしれないが、東京で実際に清子と暮らした人物は彼女の母親だったかもしれない（これも通常の状況であろう）。しかし、それなら、なぜ東京に住まなければならなかったかの説明にならない。彼女が、石井の海外出張中に両親と暮らすつもりだったなら、赤ん坊を連れて京都の実家に戻ればよいだけの話ではないだろうか？　石井が、故国から約一〇〇〇〇マイルも離れた場所で、この乗船名簿に虚偽を記入した理由はまったく理解しがたい。〔そうすることで、〕彼が何を得られたかはまったく理解しがたい。しかしながら、石井は、この件でも明らかに嘘をついている。ここで問題なのは、石井が不在だった間の清子の実際の生活状況ではない。ここで問題なのは、とりわけ危機にさらされているように見えない時に、石井が実直だったか嘘つきだったかということである。この乗船名簿によって、石井には、その人生の初期から、はっきりした理由もなく作り話をする傾向があったことが証明される。もし彼が、故国から遠く離れた場所で記入した、誰も見ないはずの（まして九〇年近く経過した後にアメリカの研究者が見るような）乗船名簿のことで自発的に嘘をつくなら、彼はより重要な事柄が危うくなった時には嘘をつくのを厭わなかったはずである。

石井は日本への帰国途中、ニューヨークに一月滞在することを希望したようである。審査官がここを強い線引きで消しているため、拒否されたようである。どうやら石井は、ニューヨークの港を出なかったようである。日本行きの船を待つ間、彼が何をしたかを示す記録はない。当然、一九三〇年二月に、たった二、三時間で次の船に乗り換えることはなかったはずである。乗り継ぎ待ちの時間は長かったろう。彼が待ち時間に何を食べ、どこで眠り、何をしたかを示す記録はない。確かなことは、彼がアメリカへの入国を拒否され、日本行きの船に乗り換えたことである。

この乗船名簿一枚を除くと、石井の主張するこの二年間の出張についてはほぼ何も分からない。当時、石井は陸軍から休暇や免除を受けていなかった。彼は軍医のままであった。通常、軍人がこうした出張を行う場合、各国の対応する連絡係と連携するものである。(同盟国なら)軍事施設を見学し、軍備に関する大まかな説明を受け、一般的には友好国の名の下に歓迎される。まず派遣する国がこの出張について知っており、それに出資するのである。軍人は、石井が出張の全期間そうしていたと伝えているように、自腹を切って出張費を支払うことはない。清野を信じるなら、石井の出張費は途中で「私費から」公費に切り替わったという。

石井の出張について、はっきりと結論づけることは極めて難しい。石井の出張の記録が僅かなため、彼が占領期にインタビューを受けた際にトンプソンに嘘をついただけか、当時の石井の出張を知ると主張する他の人々に嘘をついただけではないかという疑問が生じる。一九五二年、清野は、石井の出張について語っている(107)。清野は、石井が何を学んできたか知った時、彼自身が石井に経費の半分を返済するよう指示したと語っている。乗船名簿から考えられる一つの結論は、石井が二年間ドイツに暮らし、アメリカ行きの船に乗船するためだけに北フランスに立ち寄り、それから帰国したというものである。

もちろん、清野は非常に狡猾な人物である。彼もまた、一九二四年に香川県で見事な発見をした、という石井の主張を裏付けている。石井の博士論文や当時の学術論文を研究すれば、これがその頃の日本の最も博識かつ熟達した学者らの一人による誇張（完全な虚偽ではないにせよ）だということが分かる。したがって、少なくとも、石井が、実際にこの出張を行ったという考えを裏付ける証拠と同じくらい、石井のこの出張を完全に否定する現実的な証拠もある。

石井は世界中を旅しながら目に見える足跡を残していない。彼がアメリカに入国しようとし、拒否された時の「1689」という査証番号が残っているだけである。新聞記事もない。支払いの記録もない。フランスからニューヨークへの渡航を示す乗船名簿一枚を除いて、石井は出張したとしても、実際には幽霊のようにそうしたのである。当然、それも日本政府には有益であったろう。結局、石井はこれらの国々での生物兵器研究の本質を突き止めるという自らに課した任務に就いていた。石井が本質的にこれを一種のスパイ活動として行ったと見なすのは、必ずしも想像力による拡大解釈というわけでもない。彼は、一九二八年から三〇年にかけて世界中で進行していた生物兵器研究の「実際」状況を調査するためにこの出張を行なった述べている。彼自身が狡賢く、人を誤導する名手であった。彼は、乗船名簿に自分が外交官だと記しているが、審査官はこの主張を否認しているようである。したがって、石井がマサチューセッツ工科大学の門を叩き質問しても、生物兵器の真なる「実際」状況が分かるとは期待できなかった。彼は自らの結論が信頼に足ることを確かめるため、秘密の仕方で調べなければならなかった。石井のその後の人生は、この生物兵器への執念と、日本軍が生物兵器を使いこなすなら戦闘で大きな優位に立つはずだという確信を証明することであった。

石井が秘密の条件下にこの出張をし、日本政府も、それが成功しなかった場合にそうしたものはなかったと否認するために公然とは支援しなかった、という一つの結論が成り立つ。しかしながら、この話にも証拠がない。通常、この種の出張が計画される場合、当人が特定の国に滞在することを説明する何らかの身分証明書が作成される。石井は、外交官だという見え透いた嘘以外に隠れ蓑を持たなかった。

もう一つ考えられる結論は、石井が、一九二八年から三〇年にかけて生物兵器研究の世界的な状況を自ら把握するために私人として出張しただけだというものである。しかしながら、これもまた辻褄が合わない。なぜ嘱託軍医に、私的な研究旅行のための二年間の休暇が与えられるのだろう？　そして最も重要なのは、石井四郎という名の日本人（あるいは他に彼のものと思われる偽名）[108]が、当時必要だったはずの査証を取得してアメリカやカナダに入国したことを示す入国の記録がないことである。

しかしながら、伝説は溢れている。現存する唯一の証拠がフランスからニューヨークへの渡航の乗船名簿だけなので、学者らは、狡賢い社会的病質者に関する自分たちの理解に合うような伝説を作り出すよう促されているかのようである。一般的に、ないものを証明することは無理だが、私は、石井がアメリカにいた証拠を無駄に探してしまった。多くの学者らが、石井が一九二九年から一九三〇年にかけて渡米したと主張している。それぞれの主張は、それ以前の学者の主張に遡れるだけである。そして、全ては一つの源泉に至る。それは、石井が一九四六年にアーヴォ・トンプソン［獣医］中佐に自分の経歴を渡した際、彼自身が話をしたという事実である。我々が知る確実なものは、「トンプソン・レポート」と乗船名簿だけである。これらの学者らは、「S・S・マジェスティック号」の乗船名簿を引用しておらず、それがあると気づいた形跡もない。

石井が、一九二九年か三〇年にボストンのマサチューセッツ工科大学で生物兵器の研究を行なったなら、記録が残っているはずである。記録文書が残っているはずである。彼のアメリカへの入国を示す記録が残っているはずである。そうしたものが残っていない以上、トンプソンにした話が、またもや石井四郎による誤導だったという結論になる。

確かに、石井は生物兵器の研究状況を見極めようと世界各地へ出張したと述べている。彼がこの半架空の出張から何を学んだのか、それは出張そのものと同様に謎に包まれている。だが、その後、彼は、[生物兵器の]技術状況に関する狂信的な訴えをするようになる。こうした訴えが続き、日本軍の司令部は石井に同調するようけしかけられ、生物兵器に多額の経費を投じるようになった。石井は、少なくともかなりの部分で生物兵器の視察旅行を偽造し、その成果を偽造したようである。こうした偽造により、まさに石井が働きかけたたくらみ通りの結果が出た。[つまり、]生物兵器への経費は増額され、石井はこの研究、開発の責任者になったのである。

他の学者は、この乗船名簿に言及していない。七三一部隊に関する学者ら全員、数名を例に出すならハリス、青木、常石などは、石井がフランスからアメリカへ渡航したこの証拠を知らないようである。青木富貴子は、石井四郎の海外出張の神話に最も近づき、[以下のように]書いている。

石井の旅は軍医学校の「外地留学」とは別種のものだった。「外地留学」なら、森林太郎のように、留学先から医学報告を頻繁に発表するのが目的である。しかし、石井はそんな論文を残していない。

後年、同期の北野政次はアメリカ軍にこう語っている。

「はじめは私費留学生として渡欧、後半は公費に切り替わったのです」

陸軍という組織のなかでは考えられない洋行であり、なぜ、そんな旅が可能だったのか。

その答えを探っていくと、石井の欧米旅行に先立つ三年前の一九二五年（大正一四）年、化学兵器と細菌兵器の使用を禁止した「ジュネーヴ議定書」が締結されていたことが見えてくる。(109)

確かに、動機はジュネーヴ議定書にあるが、これでは石井の架空の海外出張について何の回答にもなっていない。

当初、ジュネーヴ議定書は、一九二五年六月一七日にフランス、アメリカ、日本をはじめとした三八カ国によって調印された。この議定書では、「窒息性ガス、毒性ガス又はこれらに類するガス及びこれらと類似のすべての液体、物質又は考案の戦争での使用」が禁止された。また、「戦争での細菌学的手段」も禁止された。ジュネーヴ議定書は、万国をそれらの国々がはっきりと同意せずとも拘束する慣習国際法となった。この条約は、生物兵器に関する最初の重要な多国間協定である。これは加盟国が生物兵器を導入しないこと、あるいは戦時に生物兵器を先制使用しないことで合意した「先制不使用」条約として知られてきた。当初、加盟国は他国からの生物兵器の先制使用に対して、報復を目的とした生物兵器の使用権は議定書に留保していた。しかし、今日それは撤回されている。

一九二五年当時、議定書では、生物兵器の生産、保有、そして最も注目すべきことに研究には触れられていなかった。これが石井の生物兵器についての関心だったことは明白である。石井は、ジュネーヴ議定書により世界の生物兵器研究が停滞すれば、それは議定書を無視し、生物兵器計画を実施する国にとって絶好の機会になると考えた。もし、ただ一国（日本）だけが生物兵器の高度な計画を研究し展開させたら、その国は他のあらゆる国々に対して軍事的に優位に立つであろう。もしその一国（日本）が、主要な敵国（中国、ロシア）よりもはるかに小さく人口が少なければ、生物兵器はその国に比類なき軍事的好機と軍事的優位を与えるはずである。

しかしながら、日本がこの最も危険な道に踏み出す前に、万国の生物兵器の研究と能力の実態を秘密裏に見極めておく必要があった。当然ながら、例えば中国が生物兵器の能力を持たないと突き止めるだけでは十分でなかったはずである。もちろん、中国はただ第三国から生物兵器を入手し、それを日本に対して使用することもできた。もし日本が危険を冒してこの道を歩むなら、まず最初にジュネーヴ議定書によって世界のその他の国々の研究、開発能力が遅れを取っているという安心感を深めておく必要があったはずである[110]。

日本は、一九二七年にジュネーヴ議定書に署名したが、批准はしなかった。このことは、生物兵器に関する大きな洞察を石井に与えたし、石井に関する大きな洞察を我々に与える。石井は、世界が一致して生物兵器を禁止しようとしたことに驚かされた。彼は、なぜ世界が軍事的な矢筒から一本だけでなく数本の矢を手放そうとするのか不思議に思った。石井は、ジュネーヴ議定書によって、世界が効果的な戦争を遂行する能力を著しく妨げられるはずだと考えた[111]。石井にとって、これは絶好の機会であった。なぜ世界の国々は、効果的な戦争を行わないよう同意したのだろうか？

答えはもちろん人間性で、石井はそれをほとんど持ち合わせていなかった。彼は、明らかにこれが世界の弱さで、自分の弱さではないと見ていた。三八カ国（当時の先進国の大部分）がこの重要な戦争手段の使用を禁止する条約に署名したが、生物兵器がそれほど恐ろしいものなら、石井は自分が生物兵器を保有するだけでなく、それを使いこなさねばならないと考えた。

そう考えると、石井の出張は謎めいていない。石井は、日本が生物兵器を研究、開発する唯一の国（あるいは唯一の重要な国）だということを秘密裏に見極めておく必要があった。もちろん、一九二八年当時、日本にも生物兵器の研究はなく、それを開発する能力も持ち合わせていなかった。日本が生物兵器を積極的に追求する最初の国なら、石井は日本が本当にその最初の国かどうか秘密裏に突き止めておく必要があった。彼は軍事交流や駐在武官の相互訪問等を事前に手配できなかった。それは、もしかするとこちらの手の内を明かすことになりかねない。むしろ石井は、生物兵器の研究、開発状況に関する情報を収集し、自分が何をしているか誰にも知らせないよう、出張を謎で覆い隠す必要があった。[112]

謎めいているのは、いかにして彼が自らの存在を示す乗船名簿一部だけを残し、幽霊のごとくこの出張を成し遂げたかということである。そして、もし彼が他に足跡を残さないほどひどく用心深い人物だったなら、なぜこの乗船名簿を残したかということである。

石井の出張について決定的なことはほとんど言えない。乗船名簿によって、彼が一九二九年にドイツに滞在し、フランスでアメリカ行きの船に乗ったことが示されている。一九三〇年にドイツからフランスへ行くのに、彼には渡航書類が必要で、フランスへの入国が許可されていたはずである。乗船名簿によって、彼が一九三〇年二月に、日本へ向けて、ニューヨークで乗り換えたことが決定的に明らかにされている。石井がアメリカ、カナダ、その他の国に入国したことを示す記録がないため、彼が他の国を訪れたという唯一の報告は、一九四七年に自らの履歴書を提出した際に、石井自身がアーヴォ・トンンプソンに答えたところだけである。清野、北野は、両者共にこの出張を補強している。しかし、彼らが、この物語にあまりに多くを投じて過ぎているため、信頼はできない。

いずれにせよ石井は、彼が訪れたと主張するこれら全ての国々を訪れても大したものを学べなかったはずである。一九二八年当時、生物兵器の積極的で先進的な研究、実験を行う国はなかった。たとえ石井が、実際にこの謎に包まれた二二カ国への出張を行なっていたとしても、事実上、発見はほとんどなかった。

石井の帰国は、その出張と同様に伝説的である。彼は、この出張のために日本政府から資金援助を受けようとしたようである。彼が全額の資金援助を受けられなかったことが伝えられている。しかしながら、石井と軍部は、何らかの明確な理解を共有していたに違いない。一九二八年当時、軍人が割り当てられた任務地を離れ、二年間も世界中を旅することなどできなかったはずである。もし軍人が許可なくそうしたことをすれば、彼は無許可離隊と呼ばれ、帰国後は禁固刑を含む処罰の対象となったろう。したがって、石井が世界中の生物兵器研究の状況を見極めるよう二年間の出張を命じられたことを示す記録や指令書はないが、もし彼が実際にこの二年間の事実調査の任務に就いたなら、それは少なくとも軍組織内の上官の知るところだったと考えてもよいだろう。

一九三〇年四月の帰国後、石井は何の処罰も受けなかった。実際は、正反対だったようである。石井は、出張中の二年間の費用の全額を自腹を切って支払っていた。より正確に言えば、一九二八年に日本を出るまで、石井は軍医としての僅かな給与以外に収入源がなかったので、「華族」で裕福な地主だった彼の父親、石井桂が四郎に出張費を工面したというのが最もありそうなところである。

石井はヨーロッパ分の出張費を自腹を切って支払い、日本政府が出張の後半分を支払ったと帰国後に報告されている。[113] 職人の月給が八〇円か九〇円だった当時、石井は自らの研究費として六〇〇〇円を必要とした。[114] これは、二〇一二年の数字にドル換算すると約三三〇〇〇ドルに相当する。生意気で厚かましい石井は、父親に自分の研究費を支えるよう、「山を売ってもいいから」[115]と語ったと報告されている。これは、すべて生物兵器をマスターしようとする彼のひたむきな努力であった。石井家の旧私有地周辺に住む村人らによれば、父親は、四郎の「教育費」（彼らはそう呼んだ）に充てるため手持ちの山や田畑をずいぶん処分したようだが、それでも追いつかなかった。[116]

石井に支払われたとされる不思議な海外出張の経費の半分も謎に包まれている。石井への支援がどの予算または資金から出ていたか誰も知らない。その資金の出所に関する情報がないため、伝説もその隙間を埋めてきた。ただの軍事費であったという説がある。この資金が、天皇だけが管理した機密費から直接出ていたという説もある。[117]

当時、石井の父親は「華族」だったので、この皇室との関係はあり得ないことではない。何世代にもわたり、石井家は天皇の権威の源泉であった。天皇は、石井四郎と彼の関心事を知っていたはずである。天皇は、直接、間接に石井四郎の出張について容易に知ることができたはずで、天皇がこのように石井四郎を支援したことは想像に難くない。天皇が、石井と七三一部隊、そしてそこで起きたあらゆる恐ろしい事柄を支援したかどうかは、以下に追及する別問題である。しかしながら、繰り返すと、天皇が石井の海外出張費を支払ったという主張を裏付けるデータはない。もし石井の他に誰かが出張費を支払っていたなら、誰が支払っていたか示すデータはない。我々は再び憶測に頼らざるを得ず、その結果、評論家らはこの隙間を埋めることに余念がない。

　昭和天皇が、哈爾浜の七三一部隊で起きたことを支援したかどうかをはっきりと証明する文書は残っていない。しかしながら、戦時中の天皇の責任についてかなり権威ある研究書を著したハーバート・ビックスは、以下のような結論を下している。

> 陸軍参謀総長が、生物戦を担当した関東軍七三一部隊に発令した大本営の詳細な「指令」は、原則として天皇に見せられていた……現存する記録文書では、昭和天皇と細菌戦は直接結びつけられていない。しかし、科学者気質の几帳面な人物で、自分がはっきり理解できないことは疑い、事前に吟味することなしに御璽《ぎょじ》を押すことを拒否する人物として、恐らく彼は自らが裁可した命令の意味を知っていたであろう[118]。

　また、日本の学者らは、一般に昭和天皇が生物兵器の使用を裁可したと信じている[119]。

　石井が帰国した時、日本では、生物兵器の概念がはるかに理解されるようになっていた。日本では、一九三三年に、レオン・フォックス少佐〔本書ではハリス「死の工場」でも「少佐」となっているが、正確にはレオン・フォックス「大佐」である〕の「細菌戦・戦争における生物剤の使用」という論文が紹介された。[120] 思いがけないことに、生物兵器への投資を主張したのは石井だけではなかったのである。

実際に、石井と日本政府が、フォックスの論文によって行動するよう刺激されたことを示す証拠がある。ジュネーヴ議定書を無視し、生物兵器の理解、開発、使用を推し進める世界があることは、生物兵器への投資を単独で推進していた石井にとって非常に有利になった。したがって、フォックスのこの論文を踏まえると、日本が重要な生物兵器の研究、開発に従事しなければ、取り残されることが石井には明白になった。当時、石井は、世界中の生物兵器の知識について報告を行なっており、自分の出張とフォックスのこの論文とによって、生物兵器が恐るべきものであることが証明されたと報告している。石井は、日本政府が生物兵器に投資するという彼の願望に、ようやく牽引力を見出しつつあった。帰国すると石井は、世界では生物兵器の研究が非常に進んでおり、もし日本が生物兵器の研究に取り組まないなら、日本は滅亡しかねないという信念を広め、意図的に結論を偽ったとする主張もある。[121]

帰国後の一九三〇年八月、石井は陸軍三等軍医正〔少佐相当官〕に進級した。二年間無断で自分の持ち場を離れても、彼は処罰されなかった。彼は、新宿の戸山に移転したばかりの陸軍軍医学校防疫部に配属された。戸山は、石井が戦後も居を構えた若松町から、実際には、僅かばかり北にある。この二ヵ所を行き来する人々もいる。軍医学校は戸山にあった。石井は、若松町に居を構えていた。軍医学校は、彼の自宅から楽に歩いて行ける距離にあったはずである。それは、今も昔も坂の多い場所にあり、小さな店や古風なレストランが数多くある。彼が戦後もこの住居を維持したのは、まったく注目すべきことである。以下に説明されるように、この住居を表現するには「掩体壕」という言葉がより適しているはずである。

帰国後、彼は陸軍内で進級しただけでなく、陸軍指導部からさらなる尊敬を集めるようになった。石井は、日本の軍事的な未来が生物兵器の研究、実地試験、使用の能力と密接に結びついているという意見の強い主唱者となった。すぐに小泉親彦大佐〔最終階級は陸軍軍医中将〕が、主な支持者の一人となった。石井と小泉がどのように、なぜ知り合ったかは定かでない。小泉は、化学兵器に通じていると考えられていた。彼は、化学兵器開発の極めて熱心な支持者であった。石井は化学兵器でなく、生物兵器の使用だけを追求した。当然ながら、化学戦は有害な化学物質の兵器としての使用である。生物兵器は、細菌や自然界に生じる疾病を兵器化することで成り立つ[122]。

小泉は生化学者〔衛生学者〕で、陸軍軍医団に所属していた。彼も欧州を視察し、第一次世界大戦で化学兵器によってもたらされた荒廃を目の当たりにした。実際に、彼は化学兵器がやがて有効性の上で従来の兵器を凌駕するはずだと予測していた。当然、彼はいかに迅速かつ容易に敵兵を殺害するかを有効性と定義した。しかしながら、第一次世界大戦後の一九一九年に帰国すると、彼の創始した化学兵器計画は、陸軍技術審査部の彼のもとから陸軍科学研究所に移された。陸軍軍医団の一員では、この種の研究を行うには地位が低すぎることを彼は伝えられた[123]。

小泉は、石井が生物兵器の利点を語るのを聞くと、すっかりその気になった。さらに、その数年間に、小泉自身が大佐に進級していた。石井の帰国後まもない一九三四年、小泉は陸軍軍医総監となった。彼は一九四一年に厚生大臣に就任し、一九四四年までその職にとどまった。戦後、彼は戦犯容疑者として出頭を命じられたが、連合国軍の取り調べや裁判を拒否し、一九四五年九月九日に割腹自殺を遂げている。(124) 石井は、小泉のなかに、生物兵器を製造しようとする彼の取り組みを本当に変えることのできる力強い協力者を見た。

もう一人の協力者は、後に陸軍省軍務局長となった永田鉄山大佐であった。永田は、非常に力強い人物であった。彼は陸軍内の**統制派**の名目上の中心人物となった。一九三〇年代、陸軍内には主要な二派閥があった。一方に統制派、他方に**皇道派**があった。これは、単なる権力のための政治闘争ではなかった。(125) これは、日本の未来を決定する命懸けの企てであった。

両派閥とも、軍こそが日本の将来を決すると信じていたが、そこへ至る道で激しく意見が食い違った。皇道派は武士道という古《いにしえ》の理想に訴えることを進むべき道と考え、ひどく超国家主義的であった。彼らは日本の過去は輝かしく、親孝行や名誉といった日本の伝統理念が認められるなら、日本はその政治体制を軍主導の全体主義国家へ転化させられるし、そうすべきと信じていた。(126)

これは、多くの理由から異常なことであった。まず、皇道派は主として徳川時代の日本の古い生活様式を知らぬ下級将校らの集団であった。つまり、明治以降に生まれた青年将校らは、日本が実質的に封建的な国家に戻ることを激しく望んだのである。アメリカ風に言うと、若い世代は上の世代より保守的であった。

次に、この皇道派が奇妙だったのは、それが経済不況から生まれたからである。日本は、明治期を通して大きな経済成長を遂げた。一九二〇年代、特に第一次世界大戦の終結後、日本は厳しい不況に見舞われた。皇道派は、武士道で日本を導く軍国主義的で拡張主義的な政府を求めた[127]。

統制派とは皇道派がつけた蔑称で、それは政治的により穏健で、超国家主義を統制し、妨げようとする上級将校らの一団を意味した。永田大佐は、東條英機将軍や他の傑出した日本軍人ら同様、この統制派の中心人物であった。これもまた奇妙な皮肉である。西郷隆盛の信奉者は、皇道派の指導者であるべきである。永田によれば、日本は経済も軍事も総力戦体制にすべきだが、それは国家の有事に限られる。皇道派は、日本が即時総力戦体制に突入すべきだと考えていた。この食い違いから、永田は多くの皇道派青年将校らと直接かつ個人的に対立することになった。

一九三〇年代、日本政府と軍部の関係は悪化した。一九三一年九月、日本軍は満州事変として知られる事件を起こした[128]。これは、奉天近郊の鉄道線路付近で起きた爆薬の小爆発であった。爆発による実際の被害はなく、数分後には列車が爆発現場を通過した。しかしながら、この「事件」には、日本軍にとっての重要な意味があった。

関東軍はこの事件を満州への全面侵攻の口実にし、それは最終的に満州の占領に帰着した[129]。さらに重要なのは、満州事変、そして満州侵攻でさえ、東京の日本政府が許可または命令したのではないということである[130]。そうでなく、これは関東軍の独断的行動で、政府は軍部に追いつこうと急いだ。

東京では、日本軍からあらゆる政治的「統制」を取り除こうとした複数のクーデター未遂事件が鎮圧された。一九三一年、青年将校らの一団が、日本の政治的統制を軍から除去しようとクーデターを開始した。様々な「研究会」が、様々なクーデター計画を立案、実行するため組織された[131]。なかでも桜会は、日本軍が、「政府の政策」と一致しないとし、軍の自由な活動のために立憲政体を破壊しようと企てた「三月事件」、「十月事件」への道を切り拓いた[132]。

この目標を達成するため、軍部のなかには統制派と皇道派という二派閥が誕生した。皇道派は即時かつ完全な分離を求め、統制派はこれを時間をかけて徐々に成し遂げるよう望んだ[133]。

統制派の中心人物である永田は、一九三五年の相沢事件で、五一歳で暗殺された[134]。この事件は、両派閥の終わりの始まりとなった。しかし、最後は皇道派が実際に勝利を収めた。相沢事件は、陸軍首脳部内の過熱した政治的対立の絶頂であった。これは、一九三四年に陸軍将校二名に率いられた陸軍士官学校の士官候補生五名の一団が、荒木貞夫陸軍大臣の解任〔辞任〕に対抗して日本政府の転覆を企てたところに始まる。〔陸軍士官学校事件〕荒木は、皇道派の強力な擁護者であった[135]。

荒木貞夫は、石井四郎の妻の叔父にあたる。〔荒木貞夫と荒木寅三郎の間に血縁関係はない。これは原著者による誤認で、事実に反する〕石井が京都帝国大学総長の荒木寅三郎の娘婿となり、その娘の夫となるほど彼に取り入っていたのだから、石井が荒木貞夫に取り入ることに成功したのは驚くことでない。荒木貞夫が、一九三一年の九ヵ月間、陸軍大臣を務めたことを考えると、これは確かに有力者の知り合いであった。実際に、戦後アメリカ軍が作成したあるレポートでは、石井が、荒木貞夫から「際限なき支援」を受けていたと報告されている[136]。荒木貞夫が陸軍大臣に就任したのは、石井の謎に包まれた独仏出張からの帰国後の僅か一四ヶ月後であった。これもまた、日本政府の生物兵器への関心と尽力を促進した。石井四郎が、一九三二年、中国の平房に七三一部隊となる組織を設立するよう命じられたのは、荒木貞夫の陸軍大臣としての在任中であった。

荒木貞夫は、陸軍大臣として極めて好戦的な人物であった。彼はソ連の専門家で、「北進論」政策を唱えており、日本軍は満州を侵略、占領した時に、最終的にこの政策を実行した(137)。荒木は陸軍大臣として、皇道派の認める多くの政策を担当した。例えば、彼は尉官級の将校らにフランス式のサーベルでなく、日本刀の着用を義務付けることを新たな方針とした。一八七六年に日本刀は禁止され、一八八九年までには陸軍将校らにはフランス式サーベルが支給された。一九三〇年代まで、日本では伝統的な日本刀を制作する鍛冶屋は廃れていた。荒木貞夫には、東京都心にある靖国神社の敷地内に鍛錬場を開設し、自力で日本刀の鍛冶産業を復興させた功績がある。靖国神社は、何世紀にもわたって天皇を守るために戦死した数百万人の日本人を崇め祀る神社である。一九四五年まで、この鍛錬場では八〇〇〇本以上の伝統的な日本刀が制作された(138)。

荒木が解任される〔辞任する〕と、皇道派将校の一部がクーデターを企てた。共謀者らの一人から情報が漏洩し、計画は実行に移される前に上官に伝わった。一九三四年一一月、陸軍士官学校の中隊長は、このクーデター計画に責任のある七名を憲兵隊（秘密警察）に逮捕させた。皇道派は、中隊長の辻政信大尉が、皇道派の同調者らの一掃を企て、自分たちを罠にかけたと考えるようになった。その報復として、相沢三郎中佐が、永田の軍務局長室に入り、軍刀を抜いて劇的な武士道の仕方で永田に刺突を加え即死させた(139)。その罪で、相沢は銃殺刑に処せられた(140)のである。

一九三六年二月二六日、この激しい政治的陰謀事件はいわゆる二・二六事件によって決定的な結末を迎えた。当時、満州への派遣を間近に控えていた皇道派第一師団の陸軍青年将校らが、日本の有力な政治家を暗殺するクーデターを企てた。これらの将校らに忠実な一五〇〇人近い下士官兵らが、国会議事堂と閣僚の多くの私邸を占拠した。岡田啓介首相は、反乱軍が代わりに彼の義弟を殺害したため暗殺を免れた。反乱軍が首相官邸を攻撃した時、近くの警察署に警報が鳴り響いた。その後、警察が駆けつけた。首相を警護した警察官四人は殺害されたが、反乱軍が、駆けつけた警察官の武装解除と逮捕に対処したため、岡田は裏口からすぐの小屋に隠れる時間を得た。〔この時、岡田は首相官邸の女中部屋に匿われていた〕混乱のなか、反乱軍は松尾伝蔵大佐を岡田と誤認し殺害した。その後、反乱軍は首相官邸から撤退した。[141]

この時に殺害された人物に、高橋是清もいる。高橋は、実際に二・二六事件の最初の死者であった。一八七四年、後に日本初の商標の歴史について広範囲に執筆した高橋は、新しい商標の制定を提唱した。[142]最初、高橋は翻訳者として文部省に勤務したが、その後一八八一年に農商務省が設立されると、農商務省工務局の一員として最初の商標登録制度の規定を起草した。一八八四年、彼は農商務省工務局商標登録所の初代所長に任命された。その後、高橋是清は大蔵大臣となり、一九二一年に当時の原首相が暗殺されると、後継の首相に就任した。彼は指導者としては全く無力な人物で、八ヶ月で辞任した。

高橋は軍と対立し、軍事予算を抑制しようとしたため暗殺された。[143]彼は卓越した天才、日本の金融市場の有力者で、一九一三年から三六年に亡くなるまでの間、大蔵大臣として多くの任期を務めた。高橋は、最悪の世界恐慌から日本を救ったことで功績が認められている。彼は、大恐慌の初期に日本を金本位制に移行させ、景気回復の初期には金本位制を停止した。これは他の財政政策と共に、外国に比較して日本では大恐慌の影響が弱く、短期間にとどまった主な理由と認められている。高橋の財政政策の一つは、軍事支出が、長期的には日本経済にほとんど有益な効果をもたらさないとして、軍事予算を抑制することであった[144]。そのため、彼は暗殺されたのである。

高橋は魅力的な人生を送った。幕府絵師の私生児として生まれ、その後仙台藩の足軽の家に里子に出され養子となった。彼は絵師の私生児から出発して首相となり、尊敬される大蔵大臣になったのだから、真に非凡な人物だったに違いない。高橋の肖像は、一九五一年に五〇円紙幣に採用されている。彼の少年時代の邸宅は保存されており、〔それは〕東京西部の小金井公園内にある江戸東京たてもの園の一部になっている[145]。

悲劇的なことに、一九三六年二月二六日の早朝、青年将校らの一団、とりわけ皇道派の将校らが彼の邸宅に押し入り、眠っているところを射殺した。また、青年将校らは毛布に包まれた高橋に対して、刀によって無数の致命傷を与えた。高橋は五〇年以上にわたり果敢に自国に奉仕した後、名誉と武士道の掟を信条とする男らの手にかかり、目覚めることなく、音も立てずに死んだ[146]。

二・二六事件が鎮圧されるまでには数日かかった。この陰謀に関与した将校一三名と民間人二名が処刑された[147]。天皇はひどく動揺したと言われている。兵士らは命令に従っただけで、何が起こっているか分かっていないように思われた。反乱軍には、六本木を拠点とする歩兵第一連隊、麻布を拠点とする歩兵第三連隊、赤坂を拠点とする近衛歩兵第三連隊があり、いずれも第一師団に所属していた。被告人には弁護人がつかず、上告する権利もない短期間〔一審制〕の非公開な裁判の後[148]、将校らは有罪判決を受け処刑された。一三五八名の兵士（と一部の下士官）は、ただ命令に従っただけという理由で釈放された。これらの兵士らは、一九三六年五月に即刻満州へ派遣された。死傷率の割合は不明だが、それは甚大なものだったろう。

その後、日本では、この事件と二・二六事件の他の暗殺事件によって深刻な後退が認められた。その結果、皇道派、統制派の二派閥は、ほぼ消滅した。しかしながら、日本が戦争に備えるべきかどうか、それをいつ行うべきかという議論は長くは続かなかった。その後まもなく、日本は社会と経済の全体で総力戦体制となり、一九三七年には中国をあからさまに侵略した。この時、新たな政令が布告された。この政令[149]によれば、閣僚である軍人三人のうち、少なくとも一人が同意しなければ、その後の政令には拘束力は与えられなかった。一九三七年一〇月、日本は、実質上の軍事独裁となった。

実質的に、この激しい政治的陰謀の結果、日本は軍国主義化した。それはまさに皇道派が運動を起こした目的であった。金属のスクラップ、それから石油を禁輸されると、日本には一九四一年一二月七日に真珠湾を攻撃する以外に選択肢はないように思われた[150]。当時、国家を総力戦体制にし、真珠湾を攻撃するまでの万事は、日本を救うために行われた。この時、日本政府が追求したレトリックはすべて宿命論的なものであった。積極的に断固として行動しないなら、日本は独立した国民国家として消滅するであろう[151]。

石井にとって、日本が総力戦体制となることは直接的に好都合であった。中国侵攻は、一九三七年に開始された。その時点で、石井は哈爾浜に五年ほど滞在していた。一九三七年まで、石井は秘密裏に活動しなければならなかった。一九三七年に関東軍が哈爾浜を正式に占領すると、石井はより自由に活動できるようになった。その上、一九三七年までに、生物兵器研究は日本の陸軍省の支援を受けるに足る十分な将来性を示していた[152]。

石井四郎が、一九三六年二月二六日にどこにいたかは不明である。この時まで、七三一部隊は正式に存在していた(153)。彼は一年のうち三ヵ月を日本に滞在し、平房へ赴き人体実験を行う新しい医師を募集した。しかしながら、日本史で決定的なこの瞬間に、石井がどこにいたかは定かでない。二つの可能性がある。第一は、彼が満州の平房に住んでおり、そのため東京の事件から遠く離れていたというものである。第二は、彼がクーデター未遂の時に、東京の若松町にいたというものである。当時の石井の居所や、彼がクーデター未遂で演じたであろう役割を正確に示す記録はないが、状況証拠を使用すれば、少なくとも石井のシンパシーを描き出すことはできる。

石井は、東郷平八郎海軍大将の熱烈な信奉者であった。東郷海軍大将とその兄弟は、西郷隆盛の熱烈な信奉者であった。西郷は明治の寡頭制から離脱し、「武士道」とそれに伴う万事からなる日本の古《いにしえ》の習慣に従うよう主張した(154)。これで石井は皇道派の方に引っ張られる。しかしながら、一九三〇年代の石井の最も重要な協力者の一人は、統制派の中心人物、永田であった。したがって、これで石井は反対方向の統制派に引っ張られる。

石井の性格は、自らの利益のために万人を争い合わせ漁夫の利を占めるというもので、彼が断固としてどちらか一方の側に立つとは考えにくい。それどころか、あらゆる政治的な事柄と同様に、彼はただ誰が勝利するか見守り、それから勝者に取り入るのであった。二・二六事件の期間に、石井がいかなる行動を取ったかは、彼の立場を確認する資料が残っていない以上不明である。しかしながら、石井について分かっていることを考えると、これが最もありそうな行動である。

石井は抜け目のない起業家であった。彼は数々の発明で複数の特許を申請し、取得している。このことは、彼の並外れた権利意識の高さを示している。石井の特許出願書類には、彼がただ一人の発明者として記載されている。これで、石井が一人で生物兵器を開発したという彼の主張も説明がつくかもしれない。

最も興味深いのは、彼がこれら全ての特許を、満州やその他アジア諸国でなく日本で取得したということである。今も当時も、あらゆる特許権は厳格に領土的なものである。つまり石井は、日本で特許を取得し、日本国内での発明の特許権を得たのである。しかし、彼は国外で特許権を得たのではない。一九三七年に日本の傀儡国家、満州国と改名された満州で、石井は特許権を持たなかった。彼は、特許保護が必要なあらゆる国で特許を申請し、特許状を受け取らねばならなかったはずである。日本国外で特許権がなければ、誰もが石井が日本でした発明を罰されず模倣できた。

奇妙なことに、そうではなかった。日本での石井の特許権は、大東亜共栄圏全域で尊重されたのである。大東亜共栄圏とは、日本がその征服と、欧米の植民地主義者に取って代わるという目的を定義するためつけた遠回しの名称である。[155] 石井による発明のなかには、例えば濾水機と称された特許のように、既存の器具を改良しただけのものもあった。[156]〔「濾水器用応急停水装置」〕

これは濾水機というより、濾水機内の「応急停水装置」の特許である。この特許明細書には、濾過装置が陶器製であること以外、それに関する言及はない。この発明は、汚水が貯水器に流れ込むのを止め、過剰な量の汚水が装置に入り込み、詰まらすことを防止するものである。伸縮式の停水装置は薄い金属製で、既に水で満たされている。一度に過剰な量の水が入って来ると、それ［停水装置］が伸びて、弁が下向きに動き、精製水の入ったタンクへの入り口を止める。螺旋状の導管は、水の速度を抑えるためにこの形状になっており、止水装置が完全に伸びる前に汚水がタンクに流れ込むことはない。

石井によるもう一つの発明は、細菌培養缶である[157]。この器具は、小さな穴があったりなかったりする薄い壁で区切られている。内壁には薄い培地層がある。この器具は、試験管の代わりにビール瓶を使用することで、大量の細菌を素早く生産できるようにしたものである。この培養缶によって、大型の試験管の数百倍もの細菌を培養することができた。特許明細書には、それが伝染病や国家の緊急事態が発生した場合に必要だとも記されている。しかしながら、特許明細書では、この器具に使用する培養液とそれを温める手順は、一般的な仕方と同じだとも記されている。

一九四一年、石井は輸血用乾燥血漿の製造法を発明し、特許を取得した[158]。石井はまた、以下のような重要性の異なる他の七種の特許を申請している。

（1）低空飛行する飛行機からの投下に耐え、［複数の］より小型の携帯用の水容器に分解される防疫給水袋[159]。〔浄水を入れる袋。「投下防疫給水袋」〕
（2）上記の（1）を改良し、低空飛行する飛行機から衛生用品を投下できるようにしたもの[160]。〔「衛生材料投下籠」〕
（3）上記の（1）を改良した別の特許品：衛生用品を投下できる袋[161]。〔「衛生材料投下袋」〕
（4）細菌濾過管の製造法[162]。
（5）粉末ブイヨン用の培地の大量製造法[163]。
（6）粉末ブイヨン用の培地の大量製造法。〔「培地用粉末肉汁の大量製造法」〕基本的には（5）と同じだが、ここでは（5）の「ブイヨン」の代わりに「肉汁」という語が使用されている。[164]
（7）乾燥痘苗〔乾燥ワクチン〕の製造法。[165]

石井が、さらに多くの特許を持っていたという話がある。また、彼が、人々を拷問するために使った器具の特許を取得していたとする話もある。[166] これは真実ではない。石井は、拷問で優位に立つために日本の特許法を利用したのではない。彼は、戦闘での日本兵への医療または給水設備の条件を改善するために多くの器具を登録したのである。

恐らく帝国陸軍または海軍にとって、石井式濾水機として知られるようになった彼の発想以上に重要なものはなかったはずである。[167] 複数の主張とは矛盾するが[168]、実際に石井がこの濾水機を「発明」したのではない。陶器製の濾水機は、パスツール＆シャンベラン式濾水機の改造品であった。〔ベルケフェルドV型濾水機の改造品だったという説もある〕石井自身は、この濾水機の発明

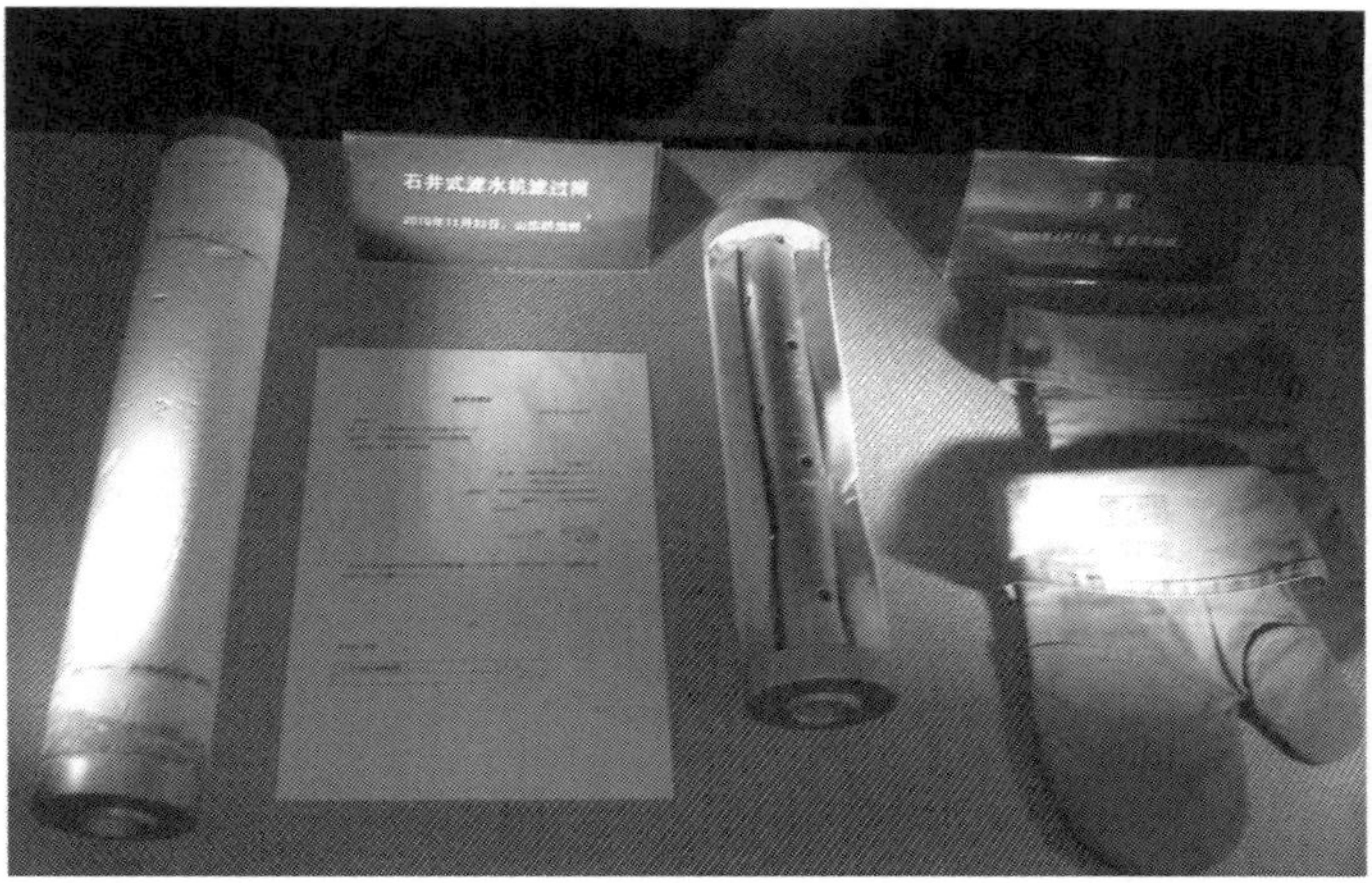

石井の携帯濾水機

者だと主張したことはない。彼は、むしろ一九二七年の博士論文で、発明者をパスツールとシャンベランとしている[169]。この事実から、多くの評論家らは、石井が人類にした唯一の貢献がこの濾水機だと言明することを妨げられない。当然ながら、石井が濾水機を発明したのでなく、それが機能しなかったことを別にすればだが。

石井式濾水機は、実際にAからEまで五つサイズがあった。Aは最も大型の濾水機で、トラックの荷台に載せていた。他のいくつかの濾水機は人が持ち運びでき、濾水機Eは個人が使用するものであった。濾水機の重量を減らすため、様々な濾過部品に実験が行われた。戦場での水の輸送には犬も使用されたが、受け入れられるものではなかった[170]。

一八八四年、フランスの微生物学者、シャルル・シャンベランは、今日、シャンベラン式またはシャンベラン&パストゥール式濾水機として知られる濾水機を発明した。この濾水機は、細菌よりも小さな細孔を持ち、したがって、彼は濾水機に溶液を通し、溶液から細菌を完全に除去できた。石井はこれを知っており、博士論文でこのプロセスに言及している。ウイルスを発見した証拠として、ロシア人の微生物学者、ドミトリー・イワノフスキーのような研究者らは、この濾水機を使用してタバコモザイクウイルスとして知られるようになるものを発見した[171]。一九〇〇年、ウォルター・リードが黄熱病を研究した時、彼はウイルスと人間の疾病との間に、最初の関連を見出した[172]。

当時、石井に利用できた顕微鏡では、ほとんどのウイルスが小さすぎて見れなかった。そのため、彼は現在知られるこの病原体の存在を、「超視性濾過性病原体」と呼んだ。つまり、それは濾液に残るが、見ることができなかったのである。

石井は、日本兵らが消費する浄水を追求する初期に、既存の濾水機を改造した。彼は、日本で関連器具の特許を多数取得している。彼が満州国で特許を取得したことを示す記録はない。これは、恐らく日本人が満州国（旧満州）を付け加えられた県と考え、日本の法を満州国に適用していたため、日本での特許が満州国でも有効だったからであろう。

濾水に関する彼の最も重要な特許は、一九三三年一一月四日に発行された特許番号１０３５４８である。石井はこの発明を強烈に信じていた。彼は、自分の濾水機を日本軍の標準濾水機として採用するよう求めたが、司令官がそれを拒否すると、彼は司令官宅に押し入り、自らの言い分を主張したと言われるほどである。[173] 司令官が彼の求めを再度拒否すると、石井はコップに放尿し、それを濾水機に通し、その結果できた液体を飲んだと言われている。もちろん要点は、石井式濾水機が尿を飲料水に濾過する優れものだということであった。司令官は、すぐに石井式濾水機を、陸軍の標準濾水器機として採用する指令を出した。

一九三三年三月一〇日、昭和天皇が石井の新型濾水機を視察するため、東京の陸軍軍医学校を訪問した。石井は離れ業を繰り返し、天皇の前でも同じように濾水機に放尿し、その結果できた液体を飲んだという話がある。[174] 石井四郎に関する他の多くの逸話と同じように、これも根も葉もない誇張だと思われる。後述されるように、石井式濾水機ではウイルスは除去されず、石井はそのことを知っていた。つまり、もしこの話が正しければ、石井は濾水機でウイルスは除去されないと知りながら、ただそれを売るためだけに不純物混じりの水を飲んでいたことになる。この話はいくつかの異なる仕方で語られており、文書で十分に裏付けられていない。そのため、私はこれも真実を偽造するための作り話だと推測している。石井は駆り立てられた男で、生物兵器の名の下に、日本の軍事的優位を追求するためになら何でも行ったろう。

戦後一九五六年に、「秋山浩」[175]という筆名を使用した人物が「特殊部隊七三一」と題された本を書いている。精読してみると、この本を書いた人物は、七三一部隊の給水をめぐる事実や状況にかなり通じているようである。その後の石井四郎に関する話ではほぼ無視されているようだが、この秋山浩は以下のように書いている。

> この濾水機は、海水のほかはどんな泥水でも濾化《まま》できるほど優秀なもので、たった一つ、人体には無害な、あるヴィールスを通過させるだけだときいた。

いずれにせよ、濾水機を大量生産し、それを太平洋や中国の戦域のいたるところに駐留するあらゆる陸軍部隊に配布するという決定が下された。誰も「人体には無害な、あるヴィールス」を心配していないようであった。

その後、東京の戸山の陸軍軍医学校のすぐ近くあった日本特殊工業株式会社[176]が濾水機を製造したが、日本滞在中の石井はこの辺りに住んでいた。石井は、濾水機の製造、販売、そしてこの会社からの賄賂で大金を手にしたようである。この会社は、戦争のほぼ全期間、石井の特許の使用許可を独占した。[177]各濾水機には番号が付けられた。数千台に及ぶ濾水機が製造され、中国、南太平洋全域に送り届けられた。以下は、中国の哈爾浜にある七三一部隊罪証陳列館で発見された濾水機の描写の一つである。

石井式濾水機

二枚目の写真では、容器の磁器の釉薬部分に穴が空いており、そこに水を通すことで「濾過」していたことがはっきりと見て取れる。

石井式濾水機は、帝国陸軍では大成功だったかもしれない。しかしながら、実際の濾水機としてのその効率はかなりいかがわしいものであった。その後、石井式濾水機は日本兵らに清潔な飲料水を供給するために大東亜共栄圏各地に送り届けられた。日本兵らは、未知の疾病にかかり続けた。当時の石井の知識から、彼がウイルスを理解していなかったことは明らかである。彼は、ウイルスが濾過されないことを知らなかった。実際に、戦後に石井が自分の濾水機を自慢した時も、彼は濾水機によってウイルスではなく、細菌だけが濾過されていたことに気がついていなかったようである。つまり、第二次世界大戦での石井の役割を研究する上で辿り着くもう一つの事実は、彼が濾水機を開発し、特許を取得し、日本陸軍の上層部にそれを広く採用するよう働きかけ、実際にそうなったにもかかわらず、濾水機によってウイルスは取り除かれていなかったということである。そのため、石井式濾水機によって、一見驚くほどきれいで澄みきった水が作り出されたが、感染症は取り除かれていなかった。

石井式濾水機はかなり粗雑な器具である。そして、平房の七三一部隊罪証陳列館には、これらの器具の見本が多数展示されている[178]。濾水機は、陶製の鉢からなる。陶製の鉢の高さは約一八インチで、横幅は一二インチから一四インチである。鉢の両面には釉薬がかかっている。鉢の底には三個から五個の穴が開いており、釉薬が剥がれ陶製の鉢が露出している。石井は鉢の中に汚水を注ぎ、陶製の鉢を貫通する釉薬部分に開いた穴から水が滴り落ちるのを待った。石井のいくつかの特許は、鉢が詰まらないよう保つため、鉢への汚水の流れを制御する装置に関するものであった。

この濾過プロセスを経るときれいな水ができたが、もちろんそれは浄水ではなかった。最も呆れる事実は、石井がそれを知っていたことである。彼は自らの研究計画において微生物学研究の大躍進を遂げ、それにより当時日本有数の医学教育機関（京都帝国大学医学部）で微生物学〔医学〕の博士号を取得した。彼は自分の研究していた脳炎を引き起こす病原体が、それを濾過しようとする企てをすり抜けると判断した。つまり、少なくとも一九二四年に自分が研究していた脳炎について、彼は濾水機が機能しないことを知っていたのである。ある未知の病原体が濾過作用をすり抜けられたなら、他の病原体も同様だと判断するのは大した結論ではなかったろう。つまり、石井は、石井式濾水機が「病毒」（石井が戦前の日本で使用した用語で、現在では「ウイルス」と訳されるが、当時は「未知の疾病を引き起こす病原体」を意味していた）による疾病を予防する性能がないことを知っていたか、知っているはずであった。これにより、太平洋の戦域で疾病による死者を出したことでの石井の責任が著しく高められる。

　不運にも、太平洋で連合国軍との戦争に従事した多くの日本兵は、自分たちが石井式濾水機で濾過された浄水を飲んでいると信じ込んでいた。アメリカの対日戦争研究の第一人者、ジョン・ダワーは、実際の戦闘で出た戦死者は「全体の」三分の一に過ぎず、大多数が病と飢餓によるものだったと推定している。[179] 戦時中、二〇〇万人以上の日本人が亡くなった。それは、一三〇万人以上の日本人が、戦傷以外で亡くなったことを意味する。餓死者は多かったが、予防できたはずの感染症による死者も多かった。これらの疾病を予防する最も重要な方法は、浄水を飲むことだったはずである。石井が石井式濾水機に放尿し、その結果できた清潔でないが浄水らしき液体を飲んだ時、軍司令部や天皇さえも彼の証明を信じたかのようであった。[180] この話はしばしば事実として語られるが、石井自身が自分の尿から「病毒」が濾過されないことを知っていたため、この話はさらに空想的なものに思われる。

　実際に、石井は間違っていた。博士号級の微生物学者であれば、より多くを期待されるかもしれない。特に戦後も一九五〇年代になると微生物学の研究が進み、科学者はウイルスをより深く理解するようになった。[181] ウイルスは微小である。それは細胞のＤＮＡレベルで存在するほど微小である。[182] これは戦後に得られた知識だが、博士号級の微生物学者がこうした知識の発展を知っていると期待するのは無理な話ではないだろう。数百万人もの死者を出した石井の罪責を問うのに、戦後に得られた知識を遡って適用する必要はない。石井は、「病毒」が濾水機をすり抜けることを知っており、それを証明した。彼は、石井式濾水機が「病毒」を濾過しないことを知っていた。石井は「病毒」が何か知らなかったが、それが疾病を引き起こす病原体であることを知っていた。そのため、石井式濾水機の発明によって、自分がしたことはすべて善だとする彼の後の主張が、より一層不愉快なものになるのだ。石井式濾水機と石井自身は、これまで考えられてきた以上に第二次世界大戦の死者に責任があったかもしれない。

石井は、石井式濾水機によって、戦時中の多くの日本兵らの死に責任があったかもしれない。しかしながら、彼は、いかに自分が石井式濾水機を日本陸軍の標準濾水機にできたか、自分が濾水機の発明でいかに多くの人命を救ったか、戦後もその自慢をやめなかった。当然ながら、全ては不誠実な嘘である。石井は、彼自身が以前から認めていたように、濾水機を発明したのでなく、単にパストゥールとシャンベランが発明した濾水機を改造しただけである。その上、これまで見てきたように、石井式濾水機でウイルスは濾過されなかった。ウイルスは濾液に残った。石井式濾水機によっては、濾過した液体から細菌を除去できただけである。

不純な水を飲んだために死んだ日本兵の不明な死者数に、石井が責任を負っているというのが本当のところである。死者数は一〇〇万人以上かもしれず、それは中国軍や連合国軍と戦った日本兵全体の六分の一以上に相当する。これは圧倒的な数字である。つまり、一九五六年に「秋山」が指摘した「あるヴィールス」は、実際にはあらゆるウイルスであった。

石井が濾水機のことで責任を取らず、それを自慢し続けた事実は、ただ二つの仕方でのみ説明がつく。第一の説明は、石井が真実を知るため時間と労力を費やしたことがないかもしれないというものである。彼はウイルスがいかに活動するかに無知で、自分が引き起こした危害も知らずに生きていたのかもしれない。石井が医学の博士号を取得し、生物兵器の学習、理解、（細菌学の）兵器化、実用化に彼の人生の二〇年を捧げたことを考えると、天皇が降伏した一九四五年八月一五日に、彼がその関心をただ捨て去ったとは考えられない。そしてもちろん、石井は一九二五年当時ですら、「病毒」がそれを液体から濾過しようとする企てをすり抜けることを知っていた。

第二のはるかに妥当な説明は、石井が石井に過ぎなかったというものである。石井は、自分についてこうだと信じ込みたいことを立証するためなら、幻想的な嘘をも捏造した。石井はその嘘を宣伝し、彼を取り巻く人々もその嘘を支持した。なぜなら、石井に反論したり、彼の機嫌を損ねたりすれば、彼らは失うものが大きかったからである。精神分析医は、このタイプの個人を表現するのに、妄想癖や社会的病質という語を使用する。石井四郎は、著しい自己愛的傾向を持つ、妄想癖のある、社会的病質的な、嘘つきの典型に当てはまる。(183)

石井は、誰かに役立つものを発明したのではない。実際に、石井式濾水機は、多くの日本兵らの死に責任があるかもしれない。濾水機が多少なりとも役に立ったという考えを広めるのは、ただ妄想的なだけである。これは、適切に問うなら解明される石井の物語の一部である。

したがって、戦時中の石井の影響とその結果出た死者数は、これまで考えられてきたところをはるかに上回るかもしれない。ほとんどの人は、七三一部隊の直接の死者数を三〇〇〇人から一〇〇〇〇人としている。(184)ほとんどの記録が終戦時に破棄されたため、真実を証明するのは難しい。確かに、石井の日本兵らへの影響と彼の濾水機が引き起こした不慮の死は、七三一部隊や中国各地に散在した他の生物兵器研究所の犠牲者数を大幅に上回っていた。つまり、石井は、歴史家が考えるところをはるかに上回る害をもたらしたのである。彼は平房での人体実験で三〇〇〇人から一〇〇〇〇人に及ぶ中国人を殺害しただけではない。彼はまた、生物兵器の展開の犠牲者となった中国人数千人も殺害している。その上、石井は、石井式濾水機から知らずに汚水を飲んで死んだ一〇〇万人に及ぶ日本兵らにも責任がある。

一方、二・二六事件の約六ヶ月後、そしてこのクーデター未遂の中心人物らの処刑から僅か二ヶ月後の一九三六年八月、昭和天皇が、後に七三一部隊として知られるようになる「関東軍防疫部」を正式に発足させる軍令陸甲第七号を令達している。(185)この軍令は、梅津美治郎中将と、満州地域の最高司令官〔関東軍参謀長〕だった板垣征四郎中将の意見書に基づいて令達された。「関東軍防疫部」の新設にかかった初年度の経費は一一〇万円であった。一九四〇年までに、その予算は一〇〇〇万円を超えていた。(186)

第四章　陸軍にて

一九三二年は、石井にとって重大な年であった。この年、石井は東京の戸山にある陸軍軍医学校に防疫研究室を開設するよう指示された[187]。そこは新宿にあり、後に石井が掩体壕風の自宅を建てた若松町のすぐ近くにある。当時、彼は平房の七三一部隊の開設も監督していた。その後、彼は、毎年一年のうちの九ヵ月を平房に過ごし、残りの三ヵ月を東京で七三一部隊のための資金交渉や新しい人材の呼び込みに費やした。彼は平房の七三一部隊の開設を指揮しつつ、防疫研究室の役職も兼務した。全てが明らかではないが、その後の彼の陸軍における役職の全ては、平房での将校と防疫研究室での医師の兼務だったようである。

石井が一九三二年の春に見た哈爾浜は、今とは著しく異なる街であった。哈爾浜は、一八二八年に、シベリア鉄道とウラジオストクを結ぶ東清鉄道の重要な連絡線として建設された[188]。哈爾浜の人口は、第一次世界大戦頃までに一〇万人を超えるほど成長し、中国系とロシア系住民の半々であった[189]。満州北部の最も重要な商業的中心地として、中国人またはロシア人のアイデンティティの争いは、数十年間にわたってこの都市の対立点のままだったろう。「パイオニア・フリンジ[190]」の戦略都市と称され、推計は相反するが、一九三〇年までの人口は、日本人三九一〇人、朝鮮人一四二二人、その他の外国人六九九八七人（主にロシア人）、中国人三〇九二五三人というのが最良の情報である。[191]

アイザック・シャピロはその回想録で、[192] 彼が一九二〇年代の哈爾浜に育ったことを生き生きと事細かに描いている。彼の両親は、熟達した音楽家であった。彼の家族はユダヤ系だったので、彼らは迫害を避けるため哈爾浜へと逃れた。哈爾浜で、彼らはロシア人の生活を送った。ロシア語を話し、ロシア料理を食べ、ロシア人の居留地で生き延び、育った。一九二〇年代、哈爾浜は国際的な都市で、育つには平穏な場所であった。

国際的な都市であることに加え、あるいはそれゆえにか、哈爾浜は文化の多様性に富んでいた。競馬が毎週のように開催された。[193] 人々は船遊び、水浴、そしてピクニックのため松花江《スンガリ》に群をなした。一九三二年には、「哈爾浜デイリーニュース」の四分の一は演劇、キャバレー、映画、ボードビルの広告で占められていた。[194]

ロシア人と中国人は、至る所で緊張関係にあった。最終的に、一九二〇年に新しい公司事宜の鮑貴《ほうき》卿《けい》が、東進鉄道に関係するロシア人の軍事的、政治的指導者全員を追放した。[195] それまで、ロシアは太平洋の港、ウラジオストクを広大な国家の首都、モスクワと鉄道で結ぶため満州のこの地域を支配していた。ロシアの陸海軍は、この交通網の欠如から、一九〇五年の日露戦争で日本軍に敗れた。[196] したがって、哈爾浜は重要な連絡線と見なされていた。

しかしながら、鮑貴卿はこの関係を主従の関係から、中国とロシアによって共有されながらも、中国が管理する商業鉄道へと転換させることができた。それまで、ロシア人の軍事的、政治的指導者だけが鉄道を管理していた。[197] したがって、これはいわゆる満州の「中国化」[198] ということで、中国人にとって極めて重要な成果であった。

このロシア人に対する新たな支配により虐待がもたらされた。中国人による「残虐行為」について数多くの奇妙な話が伝えられている。例えば、中国人の警官が、ロシア人の乗客を乗せた馬車を引き留めた話が伝えられている。中国人の警官は、女性一人を馬車から降ろし、彼女に接吻した。(199) 髪の手入れを非難された中国人が、ロシア人女性を鞭で打った話もある。(200) 当然、こうした話の信憑性は判断しがたい。それは、ただ日本人が犯した残虐行為よりも中国人が行った残虐行為の方がマシだと際立たせる例として伝えられているだけかもしれない。

石井四郎は、一九三二年に関東軍の陸軍三等軍医正〔少佐相当官〕として哈爾浜に到着した。その後、石井は占領軍関係者に提出した履歴書の中で、当時、自分が東京の陸軍軍医学校に軍医として勤務したと主張しているが、(201) これも彼の作り話である。実際に、彼は七三一部隊となる組織の部隊長を務めていたのである。石井は、七三一部隊の開設と東京の陸軍軍医学校の防疫研究室の医師を兼務していたので、これはせいぜい欺瞞というところである。

謎めいた二年間の海外出張から帰国した僅か二年後、石井は満州へ派遣された。(202) 彼は、関東軍第四師団に配属され、悪名高き七三一部隊となる関東軍防疫班の責任者となった。関東軍は、中国での駐留日本軍に相当し、当然ながら手強かった。関東軍は、一九一九年から一九四五年まで、中国での日本の全権益を支配する主な軍隊であった。(203) 一九四一年まで、関東軍には百万人以上の日本兵が勤務し、高度に訓練され、有能かつ意欲的な軍隊であった。(204) 一九四〇年代、日本軍が南太平洋で大東亜共栄圏を防衛したため、戦力と能力は低下したが、石井がこの軍隊に配属された一九三二年当時、それは本当に手強かった。事実、この関東軍は後に中国全体を敵に回し、日本で**大東亜戦争**[205]、時に第二次日中戦争と呼ばれる戦争で勝利を収めている[206]。いずれにせよ、日本の保守主義者らは、この戦争を米英の侵略から東アジアを解放する戦争と見ていた[207]。

一九三七年までは、東京の政府が関東軍を建前上統制していた。一九三六年二月二六日のクーデター未遂事件の翌年、関東軍は、東京に本部を置く軍司令部の指揮下に入った。関東軍は、日露戦争（一九〇四年～一九〇五年）で日本がロシアを打ち負かした後、一九一九年に創設された。この戦争で、日本はロシアから切除した満州の領有権を獲得した。日本には、新たに獲得したこの戦利品を管理するため、満州に駐留する軍隊を創設する必要があった。こうして関東軍は創設されたのである。

日露戦争を終結させた講和条約〔ポーツマス条約〕は、一九〇五年にアメリカ合衆国大統領、セオドア・ルーズベルトの斡旋で締結された。よく知られていないのは、講和条約の斡旋の誘いが日本側からルーズベルトにあったことである[208]。ルーズベルトは、結局一九〇六年に、彼の尽力によりノーベル平和賞を受賞している。彼は日本の奮闘に驚嘆し、日本の金子堅太郎に、「トラファルガーの勝利もスペインの無敵艦隊の撃沈も、日露戦争の勝利ほど完全で圧倒的なものでなかった」という手紙を送っている[209]。

「関東《クアントウン》」は、実際にはこの軍隊を示す中国語の発音である。日本語では、「**関東軍**《かんとうぐん》」と呼ばれる。どちらの言語でも、それは「東の門の軍」、「関所の東の軍」を意味し、その名称は満州北部の関東州に由来する。日本はこの地域を満州国と呼ぶようになり、傀儡国家として統治した。一九四五年、満州国も関東州も消滅した。

興味深いことに、関東というのは東京があり、日本の総人口の約三分の一が暮らす本州の地名でもある。日本語の「関東」は東京と同義語である。関東軍は、もとは中国の広大な領土を占領し、そこにロシア軍を寄せ付けないよう派遣された。結局、関東軍は中国全土を侵略することに使用された。また、それはソ連を侵略するために使用される予定であった。したがって、関東軍の命名の考えうる一解釈としては、東京にちなんで名付けられた「東京軍」と考えることもできる。しかし、皮肉にも、それは東京の政府に統制されていなかった。

一九三二年二月に、関東軍は満州の占領を完了した。日本は、その後の五年間は中国に宣戦布告しなかった。この満州の占領と満州国への改称は、日清戦争（一八九四年～一八九五年）で日本が受け取った戦利品に基づく当然の権利の問題として行われた。日本が中国全土に侵攻した一九三七年、東京大学の学者、家永三郎が、日本の中国侵攻を記述した高校の教科書で「**侵略**」という言葉を使用した[210]。日本政府は教科書の審査方針に従い「侵略」という言葉を削除し、まるで当然のように「進出」に置き換えるように家永に求めた[211]。予想されるように、これは複数の訴訟[212]と抗議を引き起こした。

〔家永三朗は東京教育大学の歴史学者。実際に、家永教科書裁判が起こったのは戦後の話である。一九六五年、第一次訴訟、一九六七年、第二次訴訟、一九八四年、第三次訴訟〕

満州の占領が完了した時、石井は自らの物語の目標のため、自由に生物兵器の研究を行えるようになった。この僅か二年前、石井は自分の研究について、英米では既に生物兵器が研究されており、日本がアジアの支配国家となる運命に達するには英米に追いつく必要がある、と日本軍最高司令部を説得している。さらに石井と日本軍最高司令部は、支配者とならなければ自分たちが欧米に支配され、植民地化されるだろうと信じ込んだ。これは当時もその後も、指導的地位につく多くの日本人が、世界での日本の役割について抱く妄想である。つまり、日本人が超国家主義者らの忠告に耳を傾けないなら、日本は消滅するはずだというものである。現在でも、二〇一一年三月一一日の地震と津波で、日本は復興できぬ大惨事に見舞われていると予想する人々がいる。日本の政治的指導者の心の奥には、いつも自分たちが日本という国家の存亡をかけて奮闘しているという思いがある。この妄想によって、石井は、生物兵器を研究し、最終的にそれを使用するという、彼が長年抱いた関心を燃え上がらせた。

一九三二年二月に満州の占領が成し遂げられると、石井は本格的な研究を開始することができた。哈爾浜が占領される少し前、石井はそこに防疫部を創設するため二〇万円を受け取っている。[213] これは莫大な金額であった。二〇一一年のドルに換算すると、約一五〇万ドルになる。

シェルダン・ハリスらは、この資金が昭和天皇の管理していた機密費に由来すると報告している。[214] この説を立証する検証可能なデータがないため、ハリスらが何を根拠にこの発言をしているか定かでない。昭和天皇が哈爾浜の根拠地創設に直接資金を提供していたなら、彼はそこで起こったことに責任を負う戦犯者として非難に値するであろう。しかしながら、この資金の流れや求められた目的の正確な評価は極めて難しい。石井の部隊の名称が示すように、この部隊には正当な目的があった。実際に、もともと七三一部隊は、日本兵らが様々な感染症に直面した際に使用する抗体や解毒剤を研究していた。[215] 石井は、戦地の日本兵らに浄化された飲料水を作り提供する任務を負っていた。したがって、昭和天皇が哈爾浜のこの防疫部隊に直接資金を提供していたとしても、彼がその資金の用途やこの部隊のさらに大きな目的に気づいていたかを示す証拠はない。

関東軍は、生物兵器の研究に積極的に関与した。指導部は、いずれ自分たちが満州でソ連軍と対峙するだろうと心得ていた。彼らは、ソ連に対して軍事的優位に立てるなら何でも発見しようと熱心であった。中国人は、人々が関東軍から七三一部隊や他の細菌戦部隊に「移送」（「特別移送扱い」）されたことを示す当時の文書を保管している。[216] この文書には、実際に七三一部隊で死に追いやられた多くの人々が記録されている。これらの全ては、戦闘でソ連に対し優位に立つために行われた。

関東軍が解決しようと熱心だったもう一つの問題は、一九三二年に中国人同様に日本兵らも多数死亡させた伝染病であった。

この時、石井はこの防疫部を「東郷部隊」と名付けている。[217] 彼は、一九〇五年に終結した日露戦争の立役者、東郷平八郎海軍大将に取り憑かれていた。石井は、東郷を偶像化していた。彼らは、どちらも侍の家の四男であった。二人とも、「武士道」や皇軍精神で鍛錬されていた。東郷は、生まれながら軍事の天才であった。東郷平八郎元帥は、対馬沖海戦でロシア軍を打ち負かし、一九〇五年の日露戦争に終止符を打った。[218]

東郷の幼名は仲五郎《なかごろう》であった。彼は、一八四八年一月二七日に「大名」、島津斉彬《なりあきら》の統治する薩摩藩に生まれた。薩摩藩（現在の鹿児島県）は皇道を尊び、日本における外国の影響または存在が望ましくないと信じる人々には非常に重要な意味があった。薩摩藩は、西郷隆盛の根拠地であった。西郷は、明治維新をもたらした近代化勢力に抗い、自ら設置を支援した当の政府と決裂した。一八七七年、彼はその政府と内戦を戦い、近代化の努力に対して軍事的に対抗した。西郷は、剣だけで武装した彼の信奉者らと共に、明治政府の銃で武装した近代兵らに対する不毛な戦争を戦った。[219] これは日本映画や文学に見られる典型的な争い、重要なメタファーで、日本が近代化しようとしながらも、古の伝統に忠実たろうとする時に起こる。トム・クルーズ主演の映画「ラスト・サムライ」は、侍と兵士の対立を描くことで、この争いをよくとらえている。当然、侍は死する定めにあるが、それで彼らが戦をやめるわけではない。

東郷は少年時代に「厳格な武士の教育[220]」を授けられた。彼は、一四歳で日本の習慣に従い「元服」[221]し、成人を示すため平八郎と改名した[222]。東郷は、薩摩藩の戦いで、一五歳にして戦争の英雄になっている。この戦いは、薩英戦争としても知られ、一八六三年に、薩摩藩で、イギリス戦艦が薩摩の城下に対して行ったものである[223]。

東郷は、一八七〇年一〇月に海軍に入隊して見習い士官になる前、「薩摩藩の海軍士官[224]」として数多くの戦いに従えている。東郷が初めて正式に大日本帝国海軍に出仕したのは、一八七一年一月三一日〔正確には一八七〇年〕で、乗組見習士官として軍艦「龍驤《りゅうじょう》」に乗船した時のことである[225]。大日本帝国による海軍の上級戦略家集団を育成する計画の一環として、東郷はイギリスの文化、言語、海軍戦術を学ぶため渡英するよう選ばれた。イギリス人が、日本人留学生をイギリス戦艦に接近できないよう妨害したにもかかわらず、東郷はテムズ航海訓練学校を通してイギリス戦艦に接近し、貴重な経験を積むようやってのけた[226]。

東郷の七年間に及ぶイギリス留学の後半、西郷は、当時東京で流布されていた日本経済改善のための朝鮮出兵案に反対していた[227]。その結果、西郷隆盛と薩摩藩の士官らは職を辞し、自分たちが設置を支援した当の政府と戦争することになった。

西南戦争の時、東郷は在英中であった。彼は、西郷隆盛が反乱を起こしたことを知ると、帰国を申し出た。西郷は東郷に対して、彼が日本の中央政府（当時、西郷が対立していた）によってイギリスへと派遣されていることを伝えた。その命令に逆らい、早まって日本へ帰国しようものなら面子を失う。そのため、西郷は、東郷にイギリスに留まり、政府から命じられた学業を終了するよう勧めた。当時、東郷は［以下のように］述べている。

> 兄弟始め一門皆賊軍となりたること、朝廷に対し奉り洵に恐懼《きょうく》に堪えざる次第なるも、従来の事情より推察して、西郷先生にして起たば一門悉くなるべしとは予て推測せる所、今更如何とも致し方なし。切めては自分丈なりとも、益々海軍の技を修め、後日何かのお役に立ちて皇恩に報い奉るの決心なれば、上命あるまでは断じて帰朝など願い出でず。[228]

西郷が、自ら設置を支援した政府に対して内乱を起こそうと決意した時、彼が自らの陣営で戦うために信奉者ら全員を故郷に呼び寄せようとしたと予想されるかもしれない。東郷が西郷のもとへ馳せ参じることは、ともかくも起こらなかった。渡英せず日本に留まった東郷の兄は、薩摩藩士族と共に、明治政府の徴収兵（西郷は「汚物の兵」と呼んだ[229]）と戦って死んだ。もちろん新政府軍の兵士が打ち勝った。そして、西郷隆盛は戦死した士族らを弔うため、鹿児島城で「切腹」したのである。西郷は敗れ、反乱は鎮圧された。[230]

東郷は、天皇と大日本帝国海軍に仕えるため生き残り、殊勲を立てた。しかしながら、東郷が薩摩の出身者だということを誰も忘れなかったし、西郷の帰国するなという言伝《ことずて》がなければ、東郷は間違いなく日本に帰国し、兄と同じように戦死していただろう。したがって、東郷が薩摩の出身者であることは非常に重要である。石井は、東郷を偶像化していただけでなく、西郷に指導された西南戦争にも心酔していた。それ故に、石井の東郷への愛情は深かった。

東郷は、一八七八年五月二二日にイギリスから帰国し、海軍中尉に進級している(231)。同年一二月には海軍大尉となり、翌年一二月には海軍少佐となった。一八八三年には、三五歳にして自らの艦船の艦長〔天城副長〕となり、一八八八年には総艦長となった。東郷は、五〇年近くにわたる日本海軍での勤務で、自らの幅広い教養を役立て、数えきれぬ海戦を成功させることで元帥府の一員〔元帥海軍大将〕に上り詰めた。しかしながら、とりわけある戦争の勝利で、東郷は名を世に知らしめ、軍事的尊敬を集め、そして何にもまして天皇から注目されることになった。ロシア帝国の敗戦である。この戦争は、ロシアが、「約束の時期に、軍を満州から撤兵させれなかった」ことに端を発し、三年後に、日本海で三〇艘以上のロシア艦船が撃沈、打ち負かされた二日間の戦闘で終結した。東郷は、その軍事的な専門知識と見事な指揮の双方で知られた。東郷は、その勝利のすぐ後、回復しつつあったロシア海軍のロジェストヴェンスキー中将の枕元へ行き、［以下のように］述べた。

> 勝敗は兵家の常にして必ずしも恥づるに足らず。要は其の本分を尽せるか否かにあるのみ。今回の海戦に於て、貴艦隊の将士が、二日に亘れる勇戦の状は感嘆措く能はざる所にして、殊に貴官が重傷を負はるるまで敢然として大任を尽されたるに対し、小官は衷心より敬意を表すると同時

に、最も痛惜に堪へざるなり。当病院は俘虜収容所にあらざれば、諸事不自由ならんも、願くは自重自愛せられ、一日も速に快癒せられんことを祈る。[232]

東郷は、ロシアに対する大勝利を収めた後も現役勤務を続け、より外交的な役割を担った。彼は、イギリス、スコットランド、アメリカを旅して回り、バッキンガム宮殿では国王夫妻と正餐を共にし、マウント・バーノンのジョージ・ワシントンの墓を訪れ、アナポリスの海軍兵学校を視察した。彼は行く先々で歓待と尊敬の念をもって迎えられ、表彰された。また東郷を讃える宴が催され、彼の名を冠した団体が結成された。

東郷は、一九二一年に七五歳で軍務、公務から正式に退いた。[233] 彼は一九一四年以来膀胱結石を患い、一九二七年には手術を受けたが、一九三三年には咽頭癌という予期せぬ診断を受けた。東郷の健康は診断後の一年間で悪化の一途をたどり、彼は一九三四年五月三〇日に自分の寝床で息を引き取った。一九三四年四月二九日に発された彼の最後の言葉は、「最後まで休みたいだけだ。私の思いは、我が天皇」（ため息）「と薔薇へ向いている」というものであった。[234]

東郷元帥の訃報が広がり、帝国内外の各地から数千通の弔電が彼の邸宅に届くと、その敷地内に臨時の郵便局を開設せねばならぬほどであった。[235] ボルトン・イヤーズ＝モンセル初代海軍卿、コーデル・ハル米国務長官、ルイ・バルトゥー仏外務大臣からの弔電によって、東郷元帥がいかに世界でよく知られ、彼の死がいかに万国で悼まれたかが示された。[236]

したがって、石井は偉大な海軍大将への完全な敬意から、防疫班を「東郷部隊」と呼んだのである。

石井は、自らを東郷と密に同一視した。東郷は、一九三六年に七三一部隊が創設される僅か二年前に死去している。彼は海外を旅して回った。彼は「武士道」と、天皇への絶対的な敬意、献身を自分のものにしていた。石井は、明らかに自分が、名は違えど精神的には、東郷の後継者だと考えていた。

哈爾浜で最初に防疫班の建設地に選ばれたのは、産業区域の南崗区にある宣化街と文廟街の交差する一区画全体であった。この場所は、小さな建物数軒と廃墟になった清酒工場からなっていた。防疫班は、その無害な名称にもかかわらず、すぐに世間から隠したい行いに及んだようである。石井は無防備な中国人を捕らえたり、中国の刑務所から被験者を連れてきたりして実験を開始した。彼らの一部は逃亡した。石井は、彼らが最終的に逃亡することを恐れた。

したがって、石井は、一九三二年八月までに計画を変更した。まず最初に、彼は哈爾浜の南東約一〇〇キロの背陰河沿の寒村、背陰河《ベイインホー》に研究施設を設置しようとした[237]。石井とその一党は、無防備な村へ乗り込み、捕らえられるか殺害される前に三日の時間を住民に与えるというビラを貼った[238]。三日後、関東軍の部隊が戻って来た時、村には誰もいなくなっていた。それから関東軍は、一棟の建物を除く村全体を焼き払った。石井はその一棟を、再建を監督する間の一時的な管理事務所として使用した[239]。

この場所に、中国人の奴隷労働力〔現地の農民〕を使って中馬捕虜収容所〔通称「中馬城」〕が建設された。これらの中国人は、劣悪な環境で健康を害するほどの長時間労働に従事させられ、栄養失調となり、過労で疲れ、たいていは虐待された[240]。最後に、彼らは、その後、同国人を収容することになる堂々たる収容所を建設した。この収容所は一〇フィート近い高さの土塀に囲まれ、その上部には有刺鉄線が張り巡らされていた。収容所には巨大な監視塔が四基あり、それらから収容所を囲む七五フィートの制限区域を常時監視できた。[241]

石井の医療スタッフは、一九三二年秋に、満州北部の背陰河にあった防疫班で組織的な人体実験を開始した。[242] 一九三二年末から一九三四年秋まで、石井は中馬収容所をはじめとする背陰河の施設を管理した。この間、石井による人体実験は活発なペースで続けられた。石井はこの時期、炭疽菌、鼻疽菌、ペスト菌に焦点を合わせていた。[243] 石井は早くも一九三二年には、ソ連のような寒冷な環境でもうまく展開できる細菌兵器として炭疽菌を研究していた。実際、背陰河の複合施設には、炭疽菌研究専用の建物が一棟あった。

石井の人体実験に使われたほとんどの被験者は、四〇歳以下の男性で、政治犯や抗日運動家であった。[244] 一部の人々は、不審がられただけで憲兵に捕まった。[245] これらの無防備な中国人捕虜らに対して、筆舌に尽くし難い身の毛のよだつ数々の実験が行われた。

選ばれた捕虜の一団は、三日から五日おきに五〇〇ccを採血された。これらの捕虜らは、毒殺されるか銃殺されるまで身体が次第に衰弱する様を観察された。死後は多数の死体が解剖され、さまざまな臓器や身体の諸部分が研究へと回された。死体の諸部分は、すべての研究価値が尽きると、実験室に併設された火葬場で焼却された。[246]

一九三四年秋、石井は、東京の関東軍参謀本部の遠藤三郎が背陰河を訪れるよう招き、自らの研究を日本の政府高官に伝えようと施設を視察させた。[247] 遠藤は、後に関東軍作戦主任参謀、少将となった。遠藤は、しばらく生物兵器に懐疑的であった。石井は謎めいた海外出張に出発する前の一九二七年に、生物兵器の効力について参謀本部を説得しようとして大失敗している。遠藤は、この時から石井のことをよく覚えていた。戦後に遠藤は、「当時、石井は良く参謀本部に顔を見せており、各参謀に対して細菌戦の重要性を説いて廻ってい」たと主張している[248]。

遠藤に生物兵器の進歩と将来性を確信させようと、彼の背陰河視察が計画された。遠藤は、その伝記で、自分が一九三四年には大佐で、東京の陸軍大学校の教官に過ぎなかったと記している。いかなる経緯で、なぜ陸軍大学校の大佐が満州を訪問する必要があったか定かでない。まるで彼が視察旅行に出て、感心させられる必要があったかのようである。遠藤の視察は、七三一部隊に関するほぼ全ての本で、一九三四年にあった重要な訪問と扱われている。遠藤が石井の協力者でなかったので、この視察が石井のまた別の作り話だとは考えがたい。しかしながら、文献には、一九三四年に背陰河を視察した人物として遠藤の名前が挙げられている[249]。その理由は、文献に彼が遠藤中将と記されているからではないだろうか。彼は決して中将ではなかった。彼が少将の階級に昇進したのは一九四〇年になってからだ。一九三四年、彼は遠藤三郎大佐であった。

したがって、文献では「遠藤三郎中将[250]」の背陰河視察に大きな重点が置かれているが、一九三四年に、「同名で、」そうした肩書きの人物はいなかった。この明らかな作り話から、誰が何を得るかは不明である。しかしながら、遠藤三郎中将が一九三四年に背陰河を視察したという主張は、実際の事実ではない。遠藤が一九三四年に背陰河を視察したとすれば、それは東京の陸軍大学校の大佐としてであった。なぜ東京の陸軍大学校の一大佐が、以降数十年にわたり文献で論評されるほど大きな関心を惹くようになったのか理由はまったく分からない。

遠藤が訪問したとされるすぐ後、中馬収容所で大規模な脱獄事件が発生した。李という名の捕虜に率いられた捕虜約一〇人が脱獄を首尾よくやり遂げたのである。〔シェルダン・ハリス、松村高夫は、脱獄した捕虜の人数を一六人としている〕二〇人ほどの捕虜が外部にいた李に合流しようとして射殺された[251]。

この脱獄事件は、中馬収容所が厳重管理されていると信じていた石井にとってかなりの衝撃だったに違いない。その上、元捕虜らが民間人に混じり、収容所内で目撃した恐怖を伝えることは明らかに受け入れがたかった。一九三四年秋、哈爾浜周辺には、日本人でも中国人でもない人々がまだ多く住んでいた。迫害を逃れるため、ソ連から避難してきたロシア系ユダヤ人が、まだ相当数いた。彼らは、欧米をはじめ外部世界との接触があった。石井にとって、自らの生物兵器の研究計画が外部に漏れるかもしれないことは圧倒的な衝撃だったに違いない。いかなる犠牲を払っても、それを阻止しなければならなかった。

したがって、石井は防疫班のための新しい根拠地を要求した。一九三五年夏に根拠地が移転する前、中馬収容所ではもう一つの事件が起こっている。不可解なことに、火薬庫が爆発し、施設に深刻な被害がもたらされたのである[252]。これは事故だったかもしれないし、中国人による破壊工作だったかもしれない。しかしながら、この事件によって唯一際立たされたことは、石井の非道な活動が秘密のままにとどまり、日本軍のソ連に対する推定上の優位が確実にされるためには、より隔離され、厳重警戒された場所が必要だということであった。

同じく不可解なことに、この大規模な爆発と事後処理の結果、石井は二等軍医正〔中佐相当官〕に進級している。ほぼ同時期、人体実験の実際の映像が、日本軍最高司令部に定期的に公開されるようになった。それは、彼らに生物兵器の可能性と共に、石井の「愛国心」の程度を理解させるためであった。[253]

一九三六年八月、石井は、「**関東軍防疫部**」と呼ばれる新しく創設された部隊の部長に任命された。彼の以前の防疫班がどうなったかは定かでない。新しい「防疫部」に統合されたようである。いずれにせよ、この新部隊が創設された時、かつての防疫班は関東軍にとっての不可欠な一部として組み込まれ、それを示すため新しい名称が与えられた。防疫部は正式な部隊となり、天皇自身がこの部隊や他部隊に、生物兵器の研究、訓練、使用を裁可したとする説がある。[254] 七三一部隊という通称号が割り当てられるのは実際には後のことだが、これが後の七三一部隊の正式な発足である。この新部隊の創設の式典で、石井は以下のように挨拶している。

医者としてのわれわれの天賦は、各種の病源微生体に挑戦し、われわれの体内に侵入する道を防ぎ、一たん侵入したならば、これが醸す各種の症状を究め、その苦痛を軽減し、体内にある人類の敵を撲滅し、早急なる治方を図るのが任務である。しかし今、われわれが始めようとする研究は、全くこれと相反するもので、医師の立場として、いささか苦痛である。しかしながら科学者として、自然科学の真理の探究に努め、未知の世界の究明発見というこの上もない喜びと、軍人としての立場からは、対敵協力兵器の完成という二重の喜びを以って、この研究を進めてもらいたい。[255]

実際に七三一部隊は、給水部隊の一つに過ぎなかった。他にも、北京部隊（[甲]一八五五部隊）、南京部隊（［栄］一六四四部隊）、広東部隊（［波］八六〇四部隊）、新京の一〇〇部隊（長春部隊）、シンガポール部隊（［岡］九四二〇部隊）が創設された。これらの諸部隊は、いずれも石井式濾水機を用いた水の浄化をはっきりとした目的の一つに掲げていた。しかしながら、それらはまた、生物兵器の開発というはるかに非道な目的も持っていた。石井は、この派遣隊全体を指揮していたようである。日本は、自国の統治下にあった中国の領土に計一八カ所の浄水センターを持ち、そのうち三カ所は中国北部と満州にあった。石井四郎がそれら全てを指揮していた。

給水部隊としての七三一部隊は、日本軍の前線部隊に同行し、飲料水を供給する機動部隊を目指した。水源を確保できぬ場合、彼らは既にある水源を濾過するか、浄水を部隊へ輸送した。七三一部隊では、石井の指揮下に、水の浄化も行われていたようである。

石井がほとんどの時間を過ごしたのは、防疫給水部本部である。この本部は、関東軍第二師団の師団長の麾下《きか》にあった。石井が七三一部隊に携わったほとんどの期間、植田謙吉大将、梅津美治郎大将がことに当たった。これら諸部隊で水の浄化以外の活動が行われていた第一の証拠は、全ての部隊が医療部の司令官から司令を受けていたことである。つまり、陸軍はこれら諸部隊を医療的性格の部隊と理解していた。部隊全体が「医療的」だと識別されるには、浄水の供給以外に何かが行われている必要があった。

七三一部隊には、防疫斥候謀略調査班もあった。この班は、最前線での伝染病の情報収集、中国人による細菌兵器、毒物兵器の使用と戦略についての報告、新鮮な水源の発見を任務とした。ここは、極めて物議を醸すところである。戦時中に、中国人が、日本軍に対して細菌兵器または生物兵器を使

七三一部隊罪証陳列館が作成した七三一部隊[複合施設]の空中写真

用したという主張を立証するデータはないが、日本人は中国人が戦闘で生物兵器を使用すると予想していた。戦時中の中国の戦域における、生物兵器の研究、使用をはじめとした日本軍の行いに対して、中国人はしばしば純粋な怒りを表明する。実際に、中国も日本人に対し生物兵器を使用したなら、[中国人を]日本軍の一方的な被害者だとする中国側の主張は弱まるであろう。

今日、平房には七三一部隊の犠牲者らを追悼する記念館がある。この記念館には、石井とその人体実験に関する品々が展示されている。[256] 七三一部隊のもともとの施設の多数が、ほぼそのままの形で残っている。文献では、七三一部隊の施設は完全に隠滅されたことになっているが、それは違う。この記念館には、石井式濾水機と共に、石井が中国人の拷問や解剖に使用した道具の数々が展示されている。

相当数の中国人の学者らが、石井の遺品の目録を作成、記録、展示することに彼らの生涯を捧げてきた。そして、[器材の数は]多かった。この記念館の館長は、遺品の一部を紹介する書籍を編集した。この記念館には年間二五〇〇〇〇人の来館者しかなく、その大半が日本人である。また哈爾浜の郊外にあり、外国人にとっては主要な目的地でないため、この記念館、その内容、それが記念する恐怖は、日本と中国以外ではよく知られていない[257]。

この記念館は、現在の平房周辺に広がる残存する六区画、かつての七三一部隊の広大な［複合］施設から成る。七三一部隊施設の大部分は、一九四五年八月に石井の部下らにより隠滅された。しかし、いくつかの重要な施設は今も残っている。一号棟は破壊を免れ、一九四五年当時のままの外観を保っている。その他の敷地は、巨大な石炭火力発電所、焼却炉二炉、鼠の飼育棟、パイロットがいた建物、ワクチンや他の関連品目の製造に利用されていた建物の一部、七三一部隊の隊員の兵舎だった建物からなる。

最も印象的な建物は一号棟である。石井の事務室、外壁、多数の内壁、全ての窓、扉が一九四五年当時のまま残っている。この棟は、七三一部隊罪証陳列館の主な建物である。ここには、石井の生物、化学兵器の研究をはじめ様々な日本軍の残虐行為の証拠が展示されている。一号棟の二階にある石井の事務室は、彼がそこにいた時代のまま残っている。この事務室のすぐ外には、石井が使用していたはずのトイレがある。それは破壊を免れ、一九四五年当時のままの外観を保っている。このトイレから、石井が二階の事務室へと行き来するため使用した専用階段に通じている。この階段の一段々々は異常に高い。この記念館の館長は、この階段が当時の日本人の基準からすると長身で、六フィート近くあった石井のため特別に建設されたと説明する。つまり、石井は七三一部隊を、事務室に通じる階段の蹴上げの高さまで自分の細部に合わせて建設させていたのである。

石炭火力発電所は巨大な建物である。一九四五年に、建物の大部分が破壊された。しかしながら、三基あった煙突のうち二基が残っている。館長は、「彼らは、石井が七三一部隊での軍事計画の規模

左：石井専用の階段　右：発電所跡

を示す証拠を首尾よく破壊したと信じている」と説明する。石井の事務室は、七三一部隊の軍事計画を知る手懸かりを与えない。しかし、発電所はそれを与える。そのため、建物は破壊されたのである。明らかに、誰かが付属していた煙突も破壊しようとしたが、成功しなかった。煙突は、今でも七三一部隊の複合施設［跡地］に聳え立っている。

およそ一七エーカーからなるこの広大な複合施設［跡地］には、今では複数の家屋、店が並び、七三一部隊［跡地］の上には道路が交差している。七三一部隊罪証陳列館は、かつての複合施設を復元しようとしている。しかしながら、記念館の目的のために住民らから家屋や店を取り上げるのはなかなか難しい。

破壊を免れた最も恐ろしい建物は、鼠の繁殖に利用された小さな建物である。建物の長さは約一〇〇フィート、深さは二〇フィートである。建物の床は、一辺が二フィート、深さ三フィートの諸個室からなり、セメント製で鼠は逃げられない。この一階建の建物の床全体が、これら諸個室からなる。人間が鼠の番をするには、この個室のセメント製の縁を歩かねばならなかったはずである。一九八五年、建物は［かつて］七三一部隊に雇われていた人々の記憶に基づき再建された[258]。

焼却の煙突二基の遺構は一〇〇ヤード近く離れている。そのうちの一基を使って、七三一部隊の人間の犠牲者に関する証拠や、七三一部隊の目的のために犠牲になった動物が焼かれたと考えられている。もう一基を使って、七三一部隊が実験した生物、化学兵器により誤って犠牲者になった日本人将校、民間人の遺体が特別に火葬されたと考えられている。この説を立証する証拠書類はない。森村誠一は、七三一部隊の元隊員を何人も取材しており、彼らはこれが事実だと報告している[259]。

謝罪と不戦平和の誓い

この記念館とその館員らの狙いの一つに、とりわけ七三一部隊と戦時中に石井四郎の手によって中国人が受けた被害について国際的な認識を高めることが挙げられる。それが、日本政府に対して七三一部隊のことで謝罪を促す効果はなかった。しかし、二〇一〇年に、日本の有志者の募金により石碑が建てられた。それは、「謝罪と不戦平和の誓い」と大きな文字で記された、高さ二〇フィートの印象的な黒い石碑である。

この記念館には、中国人による生物兵器の研究、配備、使用の可能性や企てについて示すものは展示されていない。

にもかかわらず、日本軍が、七三一部隊を謀略調査班と共に組織していたことは事実である。日本軍は、生物兵器の攻撃に対する防衛を計画していた。日本軍は、自軍が生物兵器攻撃をした場合、中国やソ連からの報復があるはずだと考えていたようである。また、中国やソ連の生物兵器開発を具体的に知っていたようである。戦後、日本人は、確かにそう主張している。それは彼らの勝手な思い込みで、信憑性は低いが、いずれにしても検証される必要のある主張である。中国も生物兵器の配備、使用に関与していたかどうかということに関する学術的研究は、今までのところなされていない。仮にそうなら、被害者と加害者に関する全構図は変化するはずである。日本軍による生物兵器の使用を擁護するつもりはさらさらない。しかし、彼らが純粋な攻撃手段でなく、防衛手段として生物兵器を研究したという日本側の主張を、誰一人調査していないことは奇妙に思える。むしろ、SCAP関係者らは、終戦直後の時期には、日本軍が防衛目的で生物兵器の研究、開発に従事していたという考えを鵜呑みにしていた。

繰り返すと、中国人が生物兵器に関する何らかの能力を発展させたという主張はない。だが、日本側は、自分たちが防衛目的で生物兵器の開発を行なったと主張している。そして、SCAP関係者らは、中国側の行いについてそれ以上明らかな調査をせず、ただ当然のようにこの話を受け入れたのである。

石井が、七三一部隊で中国人に加えた恐怖は想像を絶し、また恐怖を通り越している。それゆえに、この記念館の中国人館員、学識者らは、この話を広く語り継いでもらいたいと熱望している。七三一部隊での石井四郎の直接的で意図的な犠牲者数は、戦時中の欧州でのナチスに比較するとはるかに少ないが、以下に明らかになるように、石井とその部下の医師らの行いははるかにひどいものであった。ナチの残虐行為は、よく知られている。石井の手で中国人が被った恐怖は、中国国外ではほぼ忘れられている。日本でさえ、石井の話を知る者は少数である。十分な教育を受けた弁護士や医師ですら、石井四郎について僅かに知るか何も知らないかである。しかし、中国の研究家、七三一部隊に関する書籍、資料の発行者らは、三〇年以上もこの話を語り継いできた。世界では、彼らがホロコーストよりひどい犠牲者だったことが理解されていない。なぜこうなっているか分からない。白人世界が、アジア人世界に対してあまり同情しないからであろうか[260]？　欧米人が、この話の伝えられる言語をほとんど話せないからであろうか？　それとも、中国人がどの程度の被害者で、彼ら自身がどの程度生物兵器を使用した加害者だったか不明だからであろうか？

いずれにせよ、日本軍は、中国側が生物兵器を使用するとはっきり予想し、それに対処するため装備を整えていた。実際に予想していたのか、それとも否認しやすくするように挿入されたものかは分からない。しかしながら、七三一部隊には、他国による日本に対する生物兵器使用を探知することを主な任務とした一班があった。また別の班、病原検査防疫班は、予防接種の提供を主な任務とし、病原検査や防疫措置も実施していた。毒物検知水質検査班は、中国での生物兵器の使用を探知するための装備を整えており、水源を調査し、給水検査も行った。消毒検診班は、日本軍関係者を消毒したろうし、死体の検死、死後研究を行なった。この班はまた、表向には、中国人の衛生にも配慮しているようであった。しかし、それは日本兵が中国人から伝染病に感染することを防ぐ狙いからであった。

浄水製造班は、給水部隊としての七三一部隊の本来の任務を担ったはずである。だが、そうではなかった。それは、班レベルで組織されていた。浄水製造班は、日本兵らが無菌の消毒された水を飲めるよう浄水場を建設した。この班は飲料水を提供するため、いくつかの石井式濾水機から一機を使用した。様々な疾病を伝える病原体を除去した浄水を提供するよう、多大な注意が払われた。だが、ウイルスは微小で、DNAレベルで水分子に付着する。そのため、石井式濾水機で水からウイルスを濾過できなかったことは悲劇的な皮肉である。そのような訳で、石井式濾水機によってきれいな水が与えられはしたが、それはウイルス性の疾病を除去していなかった。また、彼は濾水機に放尿し、その結果できた液体を飲むことを誇り自信を持っていたが、実際には、濾水機がウイルスのない水を製造していたわけではなかった。戦時中ずっと、日本兵らは、石井式濾水機を通した飲料水を飲んでいると信じていた。だが、そうではなかった。石井は、早くも博士論文の研究をしていた一九二五年に、液体から濾過されぬ病原体があることを知っていたので、実際には、彼は濾水機が機能しないことを知っていたに違いない。

浄水補給班は、前線部隊に現物の水を補給するだけであった。この班は、主に水の輸送を任務としていた。修理資材班は、水の輸送に使用される資材の修理、補修を任務としていた。これはかなり困難な任務だったろう。哈爾浜は東京から一〇〇〇マイルも離れてはいないが、[当時は]一〇〇万マイルの距離に等しく感じられたかもしれない。七三一部隊は日本からの補給を受けたが、そのためには朝鮮半島と中国を経由する長く曲がりくねった鉄道ルートを経なければならなかった。一九三六年当時の日本では、空輸という概念はいまだその初期段階にあった。締め釘、ネジ、親ネジなどの一切は、中国の列車から借用するか、はるばる日本から送るしかなかった。

戦場指導班は、日本兵らに感染症を避けるための指導をした。これはとても重要な任務で、石井自身が、七三一部隊の新兵を前にして［以下のような］演説を行っている。

……行く先ざきでは十分に健康に気を配り、いやしくも衛生兵たる者、病気になってはならぬ。ましてや伝染病に於いてをや、そして弾丸飛雨の最中に於いても絶対に死んではならぬ。生きて生きて生き抜いて日本のために、日本の将来のために働き抜いてもらいたい(261)。

最後に、戦場研究班が戦場の状況調査を行った。この班には、細菌や毒物に対する予防策の研究だけでなく、熱、寒さ、栄養失調の研究も含まれていた。

石井の七三一部隊の組織をこのように説明したのは、七三一部隊が最小限の給水機能を備えた細菌戦部隊として組織されていた点を強調するためである。七三一部隊は、少なくとも組織的には、実際に浄水を供給するより、日本兵らが伝染病レベルの感染症に遭遇することを阻止する方にはるかに関心を持っていた。また、様々な班や部の名称や任務から、日本軍は、中国やソ連が生物兵器を使用すると予想していたようである。

当然だが、敵が可能な限り最悪の残虐行為を仕掛けてくるだろうと予想することは、とりわけ自軍が既にこうした残虐行為に手を染めている場合、戦争の過程では自然な成り行きとなる。日本政府が、石井と他の医師ら［への研究費］という形で生物兵器に多額の投資をしていたので、彼らが敵も同様に生物兵器を保有していると恐怖を抱いたのは当然だったはずである。中国での戦争が最も激しかった時期、日本軍にはこのような部隊が一八個あった。これらの部隊では、表向きには、水の浄化と輸送が任務とされたが、程度の差はあれ生物兵器の研究、開発も行われていた。七三一部隊に比較的に近い中国北部には、こうした部隊が三個あった。

一九三六年秋、石井は自らの真の夢を実現した。彼は七三一部隊を哈爾浜から一四マイルほど離れた平房へと移転させ、[262]絶対的な秘密厳守で本格的に活動を開始した。平房は、農民らが暮らす八つから一〇程の集落〔ハリス『死の工場』では、「六つの村の集まり」となっている〕からなる地域であった。一九三六年九月のとある日、石井とその部下らは平房に到着した。彼らは、数週間かけて七三一部隊に最適な場所を探した。石井は、誰にも邪魔されず、脱獄者らが生き残る見込みのない場所を求めた。平房で、彼は住民全員が三日以内に村を立ち退くか、それとも問答無用で射殺されるか求める通知を出した。当然、平房からは全住民が逃げ出すことになった。

四つの村の計五四六世帯が立ち退かされた。彼らのうちの一部は、公正な市場価格の五分の一または三分の一という小額の補償を受けた。約三四〇世帯が親戚と同居することになった。残りの二〇〇世帯は、平房から三マイルほど離れた場所に地下住居を建設した。地下に手で掘られた洞窟に住んでいた彼らは、冬から春先にかけて寒さで息を引き取ることも珍しくなかった。[263]

一九三六年一一月七日、陸軍軍医学校創立五〇周年記念日に、石井とその同僚らは、医学界の大勢の人々に医療物資の空中投下が実現できることを示した。[264]こうしたことは、それまでに成し遂げられたことがなかった。そして、軍部は、飛行機が果たす重要な役割を理解し始めたばかりであった。当然、これは真珠湾攻撃の五年以上前のことで、戦闘や様々な支援で飛行機の果たす役割は完全には証明されていなかった。地上の兵士らを支援する医療物資を得るために、空中投下が可能だと医療関係者に証明する実演が必要であった。

これは、実質的には、ウィリアム・ミッチェル司令官（後に大将に任命、さらに後に自ら指揮した空軍を批判して軍法会議にかけられた人物）によってなされた証明の日本版であった。彼は、「S・S・オストフリースラント」のような、第一次世界大戦後にドイツから引き渡された賠償艦を攻撃し撃沈させ、飛行機が艦船を攻撃しても成功することを証明した[265]。

一九三七年八月、石井は毒ガス爆弾の開発、配備によって最も明白な国際法違反を犯している。これは、一九二五年に作成されたジュネーヴ議定書に真っ向から違反していた。日本はこの議定書の署名国だったが、それを批准していなかった。しかしながら、この協定が国際的に広く支持され、その公布から一〇年以上の年月が経過した当時、世界の最も先進的な国々で受容されていたことを考えると、この議定書は慣習国際法の水準に達していたことになる。この原則下では、慣習がこのように広く受容される水準に達すると、万国がそれに拘束されるようになる。議定書を批准していないからといって、議定書違反が許されるわけではない。そういう訳で、石井四郎は、毒ガス爆弾の配備によって慣習国際法に違反したのである。

一九三七年一二月一四日、南に約二〇〇〇キロ離れた南京の占領が完了した。南京は、中国の首都であった。蒋介石将軍は、南京のほとんどの精鋭部隊の撤退を命じ、首都は下級兵らによって防衛されていた。しかしながら、これら下級兵らの軍隊は激しく抵抗し、侵攻してきた日本軍の精鋭部隊を寄せ付けず、蒋介石の精鋭部隊が撤退するための十分な時間を稼いだ[266]。

日本軍は、中国人がただ諦めるのでなく、実際に自分たちの首都を防衛しようとした事実に激怒し、南京《なんきん》"Nanking"（現在は「南京《なんじん》」"Nanjing"と呼ばれる）大虐殺として知られる六週間におよぶ一連の殺戮行為を行った(267)。この期間、一〇万人から三〇万人の中国人が殺害されている。日本兵らは、誰がより多くの中国人を殺せるか競い合った。「東京日日新聞」〔一九三七年一二月一三日付〕では、向井少尉〔向井敏明。戦後、銃殺刑〕が、野田少尉〔野田毅。戦後、銃殺刑〕に、一日の斬殺記録一〇六人対一〇五人で競り勝ったと報じられた(268)。

石井は、南京大虐殺の前後に中馬捕虜収容所の閉鎖を命じている。残った捕虜全員は殺害された(269)。機器と人員は七三一部隊に移された。生物兵器の研究は、当時少佐だった石井四郎の指揮する七三一部隊に正式に統合された。

その後、石井はさらに三つの村の明け渡しを命じ、七三一部隊を拡張している。彼はまた、五一六部隊も創設した。これは、毒ガス爆弾の試験専用に編成された部隊であった。当然、これらの運搬手段を「爆弾」という語で表現することは誤解を招く。評論家らは、皆この用語を使用するが、実際には毒物や生物学的物質を爆弾で配備することできない。なぜなら、爆弾自体が爆発すれば、配備しようとする全内容または実質的に全内容が台無しになってしまうからである。このことが、石井が生物兵器用の運搬手段を開発しようとした際に大きな躓きの石となった。運搬手段に関しては後述する。

一九三八年三月一日、石井は［軍医］大佐に進級している。一九三八年八月までに、彼は平房の複合施設を拡張するためさらにいくつかの集落を立ち退かせた。最終的に、七三一部隊は、八四〇エーカーの土地を占有した。平房での七三一部隊の拡張の結果、一七〇〇棟の建物が取り壊され、六〇〇世帯が家を失った[270]。

石井は、大佐に進級する前でさえ、七三一部隊から少し離れた豪邸で自らの妻、母親、子供らと一緒に暮らしていた。実際、彼の娘の春海は、それが「風と共に去りぬ」に出てくるような屋敷だったと後に回想している[271]。一九八二年付の「ジャパン・タイムズ」紙では、石井について［以下のように］報じられた。

石井の哈爾浜にあった住居は、ロシア人から接収された豪邸であった。彼、妻、そして七人の子供らは、ここで華麗な暮らしを送っており、娘の春海は四〇年近く経た後も懐かしそうに当時のことを回想した。「それはロマンティックな映画、例えば『風と共に去りぬ』から出てきたような実に優雅な大邸宅でした[272]」。

春海は、自分が七人の子供のうちの一人だと主張している。だが、実際に石井の子供らが戦争を生き延びた形跡はない。［また、］石井の墓碑には、彼が子を残したという形跡はなく、春海以外に石井四郎の跡取りを名乗る人物の痕跡もない。

毎日、彼は運転手の運転する、装甲鋼板を施したリムジンに乗って七三一部隊に通勤した。石井四郎と第二次世界大戦にまつわる奇妙な出来事の一つは、彼が関東軍の少佐（彼が七三一部隊を創設した頃）に過ぎなかった時も、まるで皇族のような待遇を受けていたことである。彼には専属の運転手が付き、豪邸に住み、妻子、さらには母親とも同居を許されていた。確かに、彼の日本軍での進級には目覚ましいものがあった。中将の階級に上りつめる以前、彼は天皇の右手に座るような待遇を受けていた。

そうなった理由はまったく分からない。確かに、ある程度、石井は天皇の右手に座っていたのである。彼の祖父は偉大な「大名」で、天皇の北面を担った。彼の父親は名立たる「華族」で、皇室の一員であった。しかしながら、石井はこの点で特異だったわけでない。一五〇人ほどの「大名」と、少なくとも同数の「華族」には、皆、複数の子供があった。異例なことだろうが、仮に各華族に息子一人しかいなかったとしても、石井四郎と同等の身分の人々が一五〇人はいたことになる。

なぜ下っ端の少佐が、王様のように振る舞うことを許されていたか分からない。しかし、彼はそうしていたのである。石井が平房にいたことを示す当時の写真があるので、彼が自分の家族を平房に連れてきていたことは明らかである。これらの写真には、石井、妻、兄二人、そして四人の子供ら（当時）が写っている。娘の春海を除くと、これらの子供らがその後どのような道を辿ったか記録はない。様々な記録にも、これらの子供らについての言及はない。石井家の長女、春海は、一九四五年八月にソ連の侵攻に先立ち、両親と共に哈爾浜を脱出したと伝えている[273]。彼女は、弟妹が多数いたと主張している。そして、写真による証拠から、石井が母親を平房へ連れてきていたことが分かる。石井の兄二人が、何らかの仕方で日本に帰国したことも分かっている。しかしながら、石井の他の子供らや母親については、それ以上言及がない。

満州に派遣されている間、石井は、毎年、年間九ヶ月を中国で、三ヶ月を内地で過ごした[274]。日本滞在中、彼は、新宿の戸山にある陸軍軍医学校（防疫研究室）で生物兵器の研究を続けた。広く報告、分析されてはいないが、戸山にいた石井が、連合国軍の捕虜らに対しても同様に医学実験を行なったという主張もある。[275] 彼はまた、日本国内をまわり、七三一部隊への入隊を募りもした。一九三八年だけでも、彼は京都帝国大学から七名の研究者を平房での自らの実験に参加させることに成功している。[276] 彼は、日本軍での高い役職が約束されていると刺激し、人々が七三一部隊に入隊するようけしかけた。どうも石井は、日本軍での自らの目覚ましい進級を、出世の可能性を裏付けるものとして示すことができたようである。

中国での戦争が進行し、日本が連合国軍との戦争へ逃れがたく進んでいくにつれ、日本での生活は厳しさを増していった。十分に食料を得ることが次第に難しくなっただけではない。軍部は、国民を支配しようとますます攻撃的になっていった。民間の医師らは、軍部によって虐げられていた。その軍で権威ある役職に就けるというのだから、彼らにとって軍への参加はますます魅力的なものになった。第一に、彼らは魅力的な職権と給与を受け取っただろう。第二に、彼らは十分な食事を与えられただろう（あるいは彼らはそうなると理解した）。第三に、そして最も重要なことは、彼らが、医師として予定した研究を行うために資金を与えられただろうことである。日本で、彼らは深刻な資金不足に直面していたはずである。

一九三九年は、石井と彼の生物兵器研究、開発、配備の取組みにとって分水嶺の年になった。一九三九年五月一五日、大陸命第三〇一号が発令され、御璽《ぎょじ》が押された。これにより、平房と七三一部隊周辺のガス兵器剤の現地調査が命じられた。[277] まず、一九三九年四月一八日、石井は、南京に新たな［栄］一六四四部隊〔別名・中支那派遣軍防疫給水部、多摩部隊〕を創設するため尽力した。一六四四部隊は、七三一部隊から南へ一〇〇〇マイル以上も離れていた。だが、それは石井のネットワークの重要な構成部分で、長春の一〇〇部隊、北京の〔甲〕一八五五部隊、広東の〔波〕八六〇四部隊を含む、後の「石井機関」の実際の出発点であった。

なぜ一六四四という番号がこの部隊を示すため使用されたか、諸説が伝えられている。この番号には歴史的意義があったという説がある。というのは、一六四四年に偉大な明朝が滅び、清朝によって中国人に新たな夜明けが訪れたからである。清朝が中国人に新時代をもたらしたように、日本軍（少なくとも石井）は、一六四四部隊が中国での日本の新しい出発点となると信じた。そのような訳で、石井が南京の部隊を一六四四部隊と命名したのは、この番号に大きな歴史的重要性があったからかもしれない。この部隊が一六四四部隊と命名された理由は、実際には分かっていない。関東軍は、地理的エリアを表すよう番号で中国全土を示した。一六四四という番号は、七三一部隊と同様、関東軍が指定した南京エリアの地区番号だというのがよりありそうなところである。

当初、一六四四部隊はある病院にあった。石井は、長年の友人、増田知貞をこの施設の責任者に任命している[278]。予想通り、それは**防疫給水部**と呼ばれた。増田知貞［軍医］大佐は、後に「爆弾」によって空から毒ガスの雨を効果的に降らせる散布装置を開発したことで有名になった。これは宇治式爆弾を指しているのかもしれない。それは陶器製爆弾で、地面への衝撃やごく僅かの爆薬で分解されるものであった。増田［軍医］大佐が、一六四四部隊を管理、運営していたが、それは七三一部隊で行われた石井のプロジェクトの「支援部隊[279]」に過ぎなかった。

一六四四部隊は、長江沿いの極めて戦略的な場所にあった。長江は、その下流域に暮らす数百万人に新鮮な水を供給しており、石井は、そうした水源を汚染することが、自らの毒薬を伝える一つの方法だと考えた。大虐殺以前は、南京が中国の首都であったため、[280]一六四四部隊があった「南京」にあてられた漢字は「南の首都」を意味する。長江はこの南の首都から上海へ流れ、太平洋へ注ぐ。このことは、石井に数々の不気味な実地試験のための絶好の出発点を提供した。身の毛もよだつ化合物が、七三一部隊で考案、創出され、一六四四部隊で実地試験された。生物剤を長江に撒き散らし、二〇〇マイル以上も離れた下流域への影響を期待するなど、実際問題として理解しがたい。しかしながら、石井は一六四四部隊を長江、上海近辺に設置することで、こうしたことを考えていたのである。

一六四四部隊では、一九四二年のその最盛期、南京の大規模複合施設に、一五〇〇名以上の人員が雇用されていた。[281]〔ハリス「死の工場」改訂版・一四一頁では、「この部隊（栄一六四四部隊）は、街中に散らばる諸支部を含めると総勢約一五〇〇名の人員を擁していた」となっている〕それは、石井機関の重要な構成部分となっていた。一六四四部隊では、石井と増田が、この病院の四階にある金属製の檻に捕虜らを閉じ込めていた。三階では、石井の部下の医師らが、動物毒をはじめとする毒物を中国人捕虜らで試験し、その反応を研究した。彼らは中国人らを生体解剖し、捕虜らをまるで研究用の鼠のように処理した。二階では、石井と増田が虱を繁殖させたが、その虱が様々な疾病を中国人らに伝染させたはずである。[282]一階では、リケッチア菌と鼠蹊腺ペスト菌が、日本で特許保護されている石井式細菌培養缶を使用して培養された。[283]

一九三九年の夏まで、石井は、戦場での生物兵器の実験を行う手筈を整えた。日本軍が満州北部のノモンハンの戦闘でソ連軍と交戦した時、石井は完璧な実験を行えるようになった。早くも一九三五年には、ソ連のスパイが満州国に潜入しているという噂が流れていた。一九三九年、ソ連のスパイ五人がそこで捕虜になった。検査で、彼らがコレラ菌、炭疽菌、赤痢菌の入ったアンプル（密封された小型のガラス試験管）を所持していたことが発覚したとされている。[284]そのため、日本軍は生物兵器の性能を、攻撃面かつ防衛面で強化した。なぜなら、日本軍は、ソ連軍が、日本の兵士や民間人に対して、いつでも生物兵器を使ってくると予想していたからである。

この報告は、歴史上のこの時期に関する多数の史料、文献に見られる。[285]この結論、話の最終的な、唯一の情報源は、終戦から二カ月も経たぬ一九四五年一〇月九日に、マレー・サンダース中佐が、増田知貞［軍医］大佐にしたインタビューである。繰り返すと、生物兵器を研究する学者らが何度も語る歴史的事件は、一九三九年に満州北部で捕虜になったソ連のスパイ五人が生物兵器を所持していたという話である。この話を辿って行くと、ある最終的な情報源に辿り着く。それは、増田知貞が、アメリカ人の調査官にしたある恣意的な報告である。これは、疑いなしに事実と受け取られている。現在、この話は五人のスパイ伝説にまでなっている。この話は、分析してみるなら辻褄が合わず、間違いなく、日本軍の生物兵器使用を正当化するためにアメリカ人に語られた作り話である。

今でこそよく知られる「サンダース・レポート」で、サンダース中佐は、当時の日本軍の生物兵器について、彼が網羅的報告と考えたものを提供した。実際に、彼の報告書は、「日本における科学情報調査」と題され、増田への聞き取りは第五節「生物兵器」で報告されている。[286]今では、サンダースが日本人の聞き取り相手から大いに騙されていたことが分かっている。サンダースは、増田の多くの主張を信じたようだが、後にそれがまったくの作り話だったと判明した。サンダースは、日本人の科学者らにインタビューし、彼らがアメリカ人に状況を知らせるよう進んで精力的に助けてくれていると報告している。[287]だが、彼らは、ほとんどは嘘をついていただけである。

したがって、満州北部の関東軍支配地域にソ連のスパイ五人が侵入したという話に基づき、日本軍がソ連に対抗するよう生物兵器の研究を行わねばならなかったとする異常な物語を、たとえ増田がそれを自らの目で見たと「個人的に証言」[288]できたとしても、信じることはできない。彼は、「炭疽菌の芽胞」を見たことがあるとも主張している。今日、微生物学者らは、炭疽菌の芽胞とベーキングパウダーの差異を、数フィートほど離れた場所から単純な目視検査をしただけで区別することはできない。徹底したサンダース中佐は、一九三五年にソ満国境の寒く不毛な草原を舞台としたこの話について、増田がどのように、いつ、そして最も重要なことに、なぜ証言する立場にあったか質問しなかった。サンダースは、生きた人間なら誰もそのような仕方［目視検査］で炭疽菌の芽胞を特定できないのに、いかにして増田がそれを炭疽菌の芽胞だと分かったか問わなかった。彼は、ただそれを真実として受け入れ、伝説が生まれたのである。

マレー・サンダース中佐は、微生物学者であった。彼は炭疽菌の芽胞を、増田がそうしたと主張するように、一本の小瓶を見ただけで検出することができないと知っていたはずである。ソ連軍が生物兵器を研究、開発しており、そのため日本人も同じことを行わねばならなかったとする増田の話は、事実として無邪気に受け入れられている。つまり、日本軍が生物兵器に関心を持っていたのは、攻撃面ではなく、防衛面だったということになる。サンダースは、この話をマッカーサーとＳＣＡＰ首脳部に信じ込ませ、不滅にした。これは石井四郎および生物兵器を使用した他の加害者らに対する犯罪捜査、刑事責任［追求］の終わりの始まりであった。サンダースが、いかに炭疽菌の芽胞を識別したかを増田に尋ねなかったことには驚くばかりである。

「サンダース・レポート」では、危険なアンプルを所持して満州に侵入したソ連スパイに関するこうした話が他にも多数あると報告されている[289]。だが、この事件が起こったことを示す直接的な証拠はない。サンダースは、こうした行動の話をたった一つ紹介したに過ぎない。こうしたことがあったとするサンダースの証拠は、他の日本人科学者らへのインタビューだけであった。彼らは増田の異様な物語を繰り返しただけで、彼らには作り話をする正当な理由があった。同じくもっともらしく思われることは、これらのスパイが実在したなら、彼らが日本軍からアンプルを盗み出し、ソ連当局者に日本軍の悪事の証拠を示すために帰国の途中だったというものである。いずれにせよ、この証拠については分からないだろう。また、極東国際軍事裁判の主席検察官には、石井が人体実験に関与し、生物兵器を使用したことさえ知らされなかった。増田の話について犯罪捜査が行われることはなかったのである。裏付けになる証拠が求められ、提供されることはなかった。サンダースはこの話を真実として受け入れ、自分が信じたかった物語を信じたに過ぎない。日本人は無能で、攻撃面での生物兵器の使用法を知ることができなかった。なぜなら、アメリカ人が、それを試みて失敗しているのだから。病的な嘘つきで、詐欺の名手の石井四郎が、作り話をしていることが指摘されるべきである。

これら「スパイ」とソ連人の満州への侵入の話は、当時ソ連の侵攻が迫っていたとし、さもなくばソ連を悪役に仕立て、日本軍の生物兵器製造を正当化するよう作り出されたさらなる物語であった。実際に、内藤良一［軍医］中佐は、この点に関してサンダースにさらに異常な話をしたようである。

内藤は、ソ連軍が武装させ、指揮した中国の遊撃兵らが、上海近郊の井戸に毒を入れて日本人約六〇〇〇名を殺害したと主張している当然ながら、[290]内藤良一にも、嘘をつくもっともな理由があった。彼は、七三一部隊で石井の下に勤務した後、シンガポールで七三一部隊の直属部隊、［岡］九四二〇部隊〔南方軍防疫給水部〕の創設者となった。九四二〇部隊は、シンガポールのキング・エドワード七世医科大学で、七三一部隊と極めて類似した目的と方法論によって創設された。九四二〇部隊の主要な任務の一つは、鼠を捕獲し、それにペスト菌を感染させて様々なコミュニティに放つことであった。内藤にも、サンダースに日本が被害者であったと信じ込ませ、欺かねばならぬもっともな理由があったようである。戦後、内藤は、七三一部隊に関する本のための取材を受けている。その中で、彼は、「日本のほとんどの微生物学者が、何らかの形でつながっていた」[291]と主張している。内藤には、サンダースや連合国軍側の調査官らに嘘をつくだけのもっともな理由があった。［当時、］彼は文字通り人生を賭けて話していたのであり、その人生は後に極めて経済的に恵まれたものになった。

より検証可能な記録によって、一九三八年以来、日ソ間では一連の国境紛争が続いていたことが明らかである。これらの紛争は、日本人がノモンハン事件と呼ぶ紛争で山場に達した[292]。ロシア人は、これをハルヒン・ゴル戦役と呼んでいる[293]。日本人は、かつての満州に傀儡国家、満州国を樹立した[294]。彼らは、ソ連との国境で自分たちの拡張をやめるつもりはなかった。

満州国は、科学、文化、産業に基づく近代都市として計画された。満州国は、ビジネスマンや知識人らがこの社会的実験を巧みに利用し、古い日本のしがらみから解き放たれた新しい生活を求めた自由な国であった[295]。一九三八年以来、日本の関東軍第六軍とソ連軍との決着のつかぬ衝突が続いた。これらの衝突は、ハルハ河の上流と下流で起こった。一九三九年五月一一日、モンゴル軍の騎兵約七〇人から九〇人が、自分たちの馬の放牧地を求めて、日本軍が満州国だと信じていた場所に侵入してきた。［この時、］日本軍は、素早く彼らを追い出した。[296]

五月一三日、モンゴル軍が戻ってきたが、関東軍は彼らを追い払えなかった。[297] 日本軍は、これを重要なサインと理解したはずである。モンゴル軍、ソ連軍は、それまでの中国軍とは異なった。当然、スターリン統治下のソ連は、中国が日本軍との戦争の最中に直面した内政の混乱に悩まされることはなかった。おまけに、ソ連は、日本軍が旅順港でロシア海軍を難なく打ち破った一九〇四年のロシアではなかった。[298] 日露戦争は、初めてアジアの国家が白人の国家を戦争で打ち破ったことで世界に衝撃を与えた。また、この戦争によって、日本は、一九三九年にソ連に戦争を仕掛ける大きな自信（ノモンハン事件で示されたような過剰な自信）を得た。

東八百蔵中佐率いる日本軍は、ハルハ河の満州国側からモンゴル軍を追い出すよう交戦した。最後には、はるかに強力で兵数で優ったモンゴル軍とソ連軍が、この部隊を包囲し殲滅した。日本軍側の死傷率は、約六三パーセントを記録した。[299]

これに対して、日本軍は、モンゴルのタムスク・ボラグにあったソ連軍の空軍基地への空襲を開始した。[300] この時点で、ノモンハン事件での航空戦は白熱した。第二次世界大戦の最初の本格的な空対空戦争で、日本軍とソ連軍の戦闘機、爆撃機が交戦した。一九三九年夏の間、日本軍は、四五〇機（日本軍）対九〇〇機（ソ連軍）という劣勢に立たされ、戦闘は膠着状態にもつれ込んだ。今日、軍事アナリストらは、日本側一機に対しソ連側二・五七機という劣勢を考えると、ノモンハンでの日本軍の航空戦の遂行はまったく目を見張るものがあると考えている。[301] 航空戦が膠着状態にまでもつれたのは、実際に注目すべきことである。しかしながら、地上戦では目標に到達できずソ連軍に大敗を喫したため、日本軍最高司令部はこの軍事行動全体を失敗と呼んだのである。

一方、東京の陸軍参謀本部は、この衝突を拡大させないよう、関東軍にソ連軍航空基地への空襲の中止命令を出した。[302] 東京は、戦闘と嵐の接近にほぼ気づかぬままであった。近代軍事史上最も高度な航空戦が進行するなか、東京は、ノモンハンの地上、空中で繰り広げられる出来事からするとほとんど見当違いで、まったく非現実的な指令を出していた。

関東軍は、東京の司令官らが知らないうちに、ノモンハン地域に急速に増兵していた。日本軍は、一時は八〇〇〇〇人以上の兵力を擁していた。七月上旬、日本軍は、満州国領内のソ連軍の壊滅を目的として大攻勢をかけ始めた。若干の戦果があったものの、日本軍は目標に到達できず撤退した。日本軍は約五〇〇〇〇人の死傷者を出したが、依然として七五〇〇〇人がソ連軍と対峙していた。[303]

これら日本軍の諸部隊は、中国軍と戦って勝利を収めた関東軍出身者からなり、日本軍の最高の戦力だと信じられていた。機械化での欠乏は、日本人の言う純粋な根性、名誉、闘志で補って余りあった。しかしながら、いくら武士道の男らしさを並べ立てても、ソ連の戦車には歯が立たなかった。

一方で日本軍は、ソ連軍に対するさらなる攻撃を計画していた。欧州で戦争が目前に迫っていたため、ソ連は、ナチスに対する西部戦線に戦力を投入できるよう、東方での戦闘の終結を熱望していた。それ故、[304] ソ連軍は、日本軍が八月二四日に計画していた再攻撃を行う前の八月二〇日に攻撃を開始したのである。

ソ連軍は、日本軍よりはるかに大規模な戦力を集めることができた。日本側の諜報機関が、この攻撃を察知できなかった理由は定かでない。あるいは、ひょっとすると、これは自軍が優位だとするプロパガンダを信じた日本軍による、もう一つの大きな失敗だったのかもしれない。例えば、ソ連は五五〇機の戦闘機と爆撃機をノモンハン地域に投入していた。日本軍は一〇〇機保有していた。ソ連軍は、BT-5とBT-7戦車を五〇〇両近く保有していた。[305] 日本軍の部隊は、若干の戦車を保有していたものの、ほとんどがジープと歩兵から成り立っていた。[306]

ソ連軍は中央を攻撃し、戦車部隊を日本軍の両側面に回らせ、古典的な二重包囲を行った。その結果、八月二五日までに、日本軍の第二三師団は追い込まれた。数回にわたる反撃も、ソ連軍の最も優れた戦闘機が敵兵を寄せ付けなかったために、日本軍の第二三師団を救援することに失敗した。第二三師団は、降伏しようとした時にハルハ河のソ連側で全滅し、満州国側でもほぼ全滅した。[307]

死傷者の報告は、プロパガンダやこの交戦の重要性を誇張または軽視しようとする企てにより大きく異なる。日本側が四〇〇〇〇人以上の死傷者を出し、ソ連側が一七〇〇〇人だったという報告もある。[308] 日本側の公式発表では、兵士八五〇〇人が戦死し、おおよそ同人数が負傷したことになっている。[309] ソ連側の公文書によれば、ソ連軍の死傷者だけでも、死者七九七四人、負傷者一五二五一人にのぼったとされる。[310] 実際の数字はともかく、両陣営ともに多大な被害を受けた。しかしながら、このことから、ソ連軍は、関東軍に敢然《かんぜん》と立ち向かい、血まみれになりながらも打ち勝つことができることを学んだ。

石井四郎と七三一部隊によるノモンハンでの生物兵器の使用については、情報が相反している。七月一二日、ハルハ河のソ連軍野営地から上流に遡ったところに、チフス菌〔腸チフス、パラチフス〕が投入されたと主張する権威ある見解がある。[311] しかしながら、この情報源によれば、この細菌を投入した四〇名以上の日本兵自身が、実際に疾病にかかり、その後死亡したとされる。欺瞞の名手だった石井は、はるか上流でチフス菌を撒き散らしても、下流のソ連軍にはほとんど影響がないことを知っていたようである。しかしながら、彼は、日本軍が勝利した場合に自分の功績を主張できるようチフス菌の投入を命じたのである。彼は、敗北した場合、チフス菌を使用した証拠は残らないはずだし、ソ連側がこの情報を共有することはなさそうだと推測したようである。

歴史家らは、ノモンハンでの生物兵器の使用に関する報告の信憑性で苦慮している。これを疑う主張もある。玉砕《ぎょくさい》部隊を送り、ソ連側の水の供給源を汚染する共同計画があったという説もある。[312] どちらにしても、決定的な証拠はない。しかしながら、決定的な状況証拠一片により、一九三九年に何かが生じていたことが示される。一九三九年七月以降、石井機関は生物兵器開発に奮闘した。実際の記録からは、石井と関東軍が行動を激化させる重大な動機となる何かがあったと読み取れる。

まず、哈爾浜、平房の北東〔真北〕にある町、当時、田舎の農村地帯だった安達《アンダー》が、七三一部隊の生物兵器の野外実験場に指定された。安達では、多くの病原体の野外実験が行われたが、主なものはペスト菌と炭疽菌であった。[313] 安達ではまた、凍傷実験も行われている。

安達は、旧満州国の黒竜江省にある町である。この町は東清鉄道の停車駅で、第二次世界大戦中には、その獲得を目論む日本人、中国人、ソ連人が激しく争い合った。安達は哈爾浜の北東〔真北〕にあり、旧ソ連寄りである。石井が、野外実験を行うために平房と七三一部隊よりもさらに人里離れた場所を必要としたという事実は、あることを明らかにする。石井は、彼の最悪の戦争犯罪を行うため、さらに隔離された場所を探していたようである。

一九三九年秋〔一九四〇年〕には、七三一部隊の新施設の建設も完了した。七三一部隊は、建設中の三年間にも完全に活動していたが、一度新施設が完成すると、それは実に見事なものであった。〔平房の複合施設建設の完了に関しては、一九四〇年という説もある〕完成した構内には、一五〇棟を超える建物が並んだ。そこには、飛行機の滑走路が備わっていた。七三一部隊施設の上空は、日本の飛行機でさえも飛行禁止空域となった。また、石井は、「**丸太**」(人体実験の犠牲者を呼ぶ時の隠語)を施設に運び込む秘密の鉄道区間も建設していた。施設は空堀、高圧電流の流れる有刺鉄線、よじ登れないレンガ塀に取り囲まれ、複数の塔から監視されていた。[314]この施設は防衛され、脱獄できないようになっていた。

これで石井の妄想症が和らぐことはなかった。さらなる安全確保のため、石井は、ほとんどは故郷の加茂出身者を採用した。彼らの関係は、石井の父親、祖父等への数十年にわたる封建的忠誠心によって固まっていた。石井は加茂出身者を七三一部隊の警備にあたらせることで、古くからの封建的な絆を利用し、秘密厳守を確実なものにした。[315]日本陸軍で一介の少佐に過ぎなかった石井が、いかに特定の人々を集め、自分が適切と思うように採用できたかは謎である。分かっているのは、七三一部隊で採用された非戦闘員らの多くが、実際には千葉県の加茂地方出身者だったことである。彼らは、主人である石井家と封建制の親族関係の特別な絆で結ばれていた。そして、彼らは忠実であった。彼らは、平房で石井のために働いただけでなかった。戦後、彼らは、石井が好都合と考えた様々な裏工作を創出し維持する役割を担った。

一九三九年秋の施設の完成によって、七三一部隊は完全に機能するようになった。それは、他の防疫部隊によく似ていた。その組織図は、八部（四部が番号付きで、残りは番号なし）構成で、効率性、計画性に富んでいた。

第一部は基礎研究の部であった。それは、七三一部隊構内の中心に陣取った巨大な四角い建物（通称ロ号棟）の中にあった。そこで石井の部下の医師らは、ペスト菌、コレラ菌、チフス菌、赤痢菌、炭疽菌、鼻疽菌、破傷風菌、ガス壊疽菌、結核菌、凍傷を研究した。凍傷研究のため、彼らは中国人捕虜の手足を一本ずつ冷蔵装置に入れ、意図的に凍らせた。凍る速度に個体差があるため、捕虜の手足を冷蔵装置から取り出し、凍った手足を木槌で叩いて頻繁にテストしなければならなかった。手足は、十分に凍っていない場合には柔らかな音を立てる。硬く凍らせ過ぎると、粉々に砕ける。ちょうどよく凍らせた場合、木片を叩くような音が返ってくる。その後、担当医が凍った手足の解凍法を実験し、うまくいくとそれは完全に回復する。

凍傷実験室跡（腕を差し込む穴がみられる）

当然、日本は、ソ連侵攻や満州北部の領土の防衛を考えており、凍傷への対処法の認識は極めて重要な関心事であった。日本兵らはいつも凍傷にかかっていた。ソ連侵攻を上手くやってのけるなら、日本の軍医らは、兵士らが前線に復帰し、死傷者にならないよう凍傷への最善の対処法を知っていなければならなかった。

石井とその部下の医師らは、南京の病院の三階で、軟膏、オイル、その他の薬品を使用し、それらを凍った手足にすり込んだ。彼らは、最後には華氏一〇〇度（摂氏三七・七度）の流水を長時間使用することで、手足が解凍され、その機能が回復することに気づいた。どれほどの人々が「失敗例」になったか報告する記録は残っていない。失敗例とは、凍傷になった手［足］が壊疽を起こした場合である。そのような人物は、もう片方の手［足］を凍らせて実験することになる。両方の手［足］が壊疽を起こした場合には、単に死ぬまで放置されるか、殺されて焼却された。

七三一部隊は、梅毒その他の性感染症の実験場でもあった。こうした実験を実施するため、中国人は性交渉を行うよう強要されたはずである。男性は性病に感染していた。彼が女性と性交渉すると、その女性に性病が伝染した。その後、性交渉の結果生まれた子供への性病の感染が研究されたはずである。明らかに、石井はこれを長い目で見ており、このような長期的な研究に夢中になっていた。

また、第一部は、最も近代的な医療技術を持ち(316)、七三一部隊構内の七号棟、八号棟に責任を負っていた。これらの建物は、日本語の略称を使用し、ロ号棟、ハ号棟と名付けられた。ロ号棟には男性の捕虜、被験者が、ハ号棟には男女、幼児が収容された。幼児は性行為を強いられた男女の子供で、彼らの両親が感染した様々な疾病を示す兆候が観察された。

これらの建物は、後に石井が言ったように秘中の秘であった。これらの建物に関する万事が秘密とされた。石井は、兄の三男だけを信頼し、これらの建物の監獄管理責任者とした。（もう一人の兄の剛男という説もある）［一九四五年八月九日のソ連参戦直後に、］建物が破壊される段階では、石井と七三一部隊に忠実な人々だけが爆破を手伝うことを許された。

剛男の方が監獄管理責任者で、三男は七三一部隊の動物管理責任者だったという説もある。[317] この研究の大部分と同様、どちらの説が正しいのか証明する当時の明確な記録はない。石井が、最も機密に属す職務を、自分の父親や祖父に忠実だった人々を選んで行わせていたことだけは分かっている。石井は、最も極秘の職務は近親者のみに任せた。どちらの兄が何を行なっても、彼らは四郎の兄弟であった。その上、彼らは四郎の兄であった。関東軍の防疫部隊の一介の少佐で、弟の四郎は、想像以上の権力と権威を振りかざし、身の丈をはるかに上回る役目を務めた。兄二人は四郎に報告した。一介の少佐でありながら、彼は平房で数千人の軍人と軍属を指揮した。石井は、加茂から特定の人々を指名し、大日本帝国政府を動かして、彼らをはるばる平房まで送り込み、彼の指揮する特定の職務に就かせることができた。これは少佐に期待される権力ではない。石井四郎の人生を調べていると予期せぬ発見に出くわす。その一つは、彼が生涯を通じ、権威を指揮する立場にない時でさえ、そう振る舞っていたように見えることである。

一九三七年まで、石井は特定の人々を加茂村から七三一部隊へと動かすことができただけでない。彼はまた、妻子、母親、軍属、他に誰でもお望み通り動かすことができたようである。彼がそうできた理由は不明である。恐らく一九三七年までに、日本軍最高司令部は、七三一部隊に求められる機密レベルには、関係者全員の絶対的な忠誠と服従が求められると了解していたのであろう。だから石井ひいては日本軍が信頼できたのは、石井家に忠実であるよう血の誓いをした人々だけであった。彼らは、「秘中の秘」（石井は後に七三一部隊で生じたことをこう呼んだ）を任された。あるいは、ひょっとしたら石井四郎は今日考えられる以上に天皇に近く、明らかに受けるに値しない勲章を授与されていたのかもしれない。歴史的に、彼の家族は皇室と親密な間柄であった。そのため、彼はやりたい放題にできたのである。あるいは、もしかすると、一九三七年当時、日本軍と東京の名ばかりの文民統制・指揮が、極度に対立していたのかもしれない。この混乱のレベルにおいて、石井は予想されるような管理なしに前進できたのかもしれない。しかしながら、すべては憶測に過ぎない。実のところ、石井は防疫部隊の一介の少佐に過ぎなかった時にも、重大な野戦指揮を執る上級大将のように振る舞うことができたのである。

七三一部隊の建物は、一度に最大四〇〇人の捕虜を収容することができた。建物には管理本部棟、実験研究室、焼却炉へとつながる秘密のトンネルがあった。七三一部隊に勤務した少数の人々が、これらのトンネルについて知っていた(318)。七三一部隊で、被験者らの一部は数週間しか生きなかった。しかしながら、他の若干の被験者らは、過酷な状況で数ヶ月を生活させられた。

被験者ら（石井の隠語では「丸太」）は、皆、犯罪の容疑者（政治犯や抗日活動に従事したか、あるいは従事したとみなされた中国人、朝鮮人、モンゴル人、ロシア人）であった。皆が、日本の軍事警察である憲兵隊を憤慨させることをしていた。通常、それは、石井による征服の犠牲者の人間性剥奪を目的としてでっち上げられた罪状であった。彼らは、七三一部隊に移送されるよう宣告された。罪状に関わらず、一人残らず死刑判決であることが判明した。当然、石井が被験者を必要とするにつれて、日本の警察の裁量で、この判決が下される犯罪の規模は小さくなっていった。

被験者らは、二つの方法のどちらか一方で哈爾浜から七三一部隊に到着した。第一の、最も一般的だった方法は、夜間に列車で七三一部隊へ移送されるというものであった。七三一部隊の警備水準を考えると、石井が夜間にのみ被験者らを移送するというさらなる警戒策をとったのは奇妙である。七三一部隊が石井の意図したように警備されていたのなら、こうした夜間の移送は必要なかったはずである。被験者らが七三一部隊へと移送されるもう一つの方法は、憲兵隊が運行させていた「特別移送列車」によるもので、ソ連では「ヴォロンキ」(ロシア語で「大鴉」の意味)と呼ばれていた。[319]この警備の厳重さは、石井が自らの活動の発覚に対して抱いた全面的な被害妄想によってのみ説明できる。

七三一部隊が中馬捕虜収容所にあった当時、国際連盟に、日本軍による生物兵器の使用に関する訴えがあった。[320]国際連盟のリットン委員会[321]〔国際連盟日支紛争調査委員会〕が、日本による満州の占領を調査するために来日した頃、日本人がコレラ・ウイルス〔コレラ菌〕を果実に感染させて、それを有毒化しようとしたという話がある。[322]このことは、すべてドイツでのナチスの残虐行為に対する不満の訴えに曇らされてしまった。したがって、七三一部隊は世界から注目されずにすんだのである。石井はこの生物兵器についての関心を見逃さなかった。彼は、自らの生物兵器活動が、たった一人の脱走者または目撃者から発覚することを知っていた。発覚すれば、世界は人間に対する残虐行為を知るだけでなく、日本軍の生物兵器の研究、開発、配備まで知るであろう。その後、他の国々は、日本軍の生物兵器の実際の使用または使用の恐れに対抗するため、同じ行為に及ぶはずであった。その時、日本兵らは、自分たちが中国やソ連の国民、兵士らに引き起こしている、あるいは引き起こそうとしている当の恐怖に直面することになる。したがって、石井は警備を続け、彼が他国に対する優位と考えたものを隠し通すよう続けた。

これは、戦後になって石井四郎が、様々なインタビューを受けた時に使用した情報であった。後述するように、石井の主張は、日本軍が防衛目的でのみ生物兵器に関心を持っていたといものである。この主張が正しければ、秘密裏に生物兵器を研究、開発、配備するのでは辻褄が合わない。生物兵器が防衛目的で最大の影響を与えるには、他国がその保有国の能力を知っておかねばならない。例えば、ソ連が日本軍の生物兵器の威力を知っていれば、戦場で生物兵器による先制使用は控えるはずである。日本軍の生物兵器の威力を知らしめることだけが、日本が求める抑止力を与えたはずである。

その代わり、石井はできる限り秘密裏に活動した。彼は被験者を「丸太」と呼び、自らの機密保持には異常なほどであった。石井は、七三一部隊のことを製材所と偽った[323]。彼は、石井家に忠実な家来のような村人と身内といったごく限られた人々にだけ内奥の秘密を口外した。彼は秘密保持に長けていた。研究者らは、彼が何をしたか発見するために七〇年間発掘を続けてきたが、いまだ分からないことはそのままである。石井は、機密保持に非常に長けていた。

秘密主義は、日本軍が防衛上の理由でのみ生物兵器に関心を持っていたという石井の主張と矛盾する。実際には、この主張を退けることができる。抑止を意図していたのなら、日本軍は「秘中の秘」(石井は七三一部隊をこう呼んだ)を守り続けなかったろう。石井の意図は、ソ連を征服できる兵器を開発することで、それは彼の最大の野心であった。そのために、石井の「丸太」への渇望は強まるばかりであった。

被験者らは移送中、手枷足枷で縛られていた。七三一部隊に到着した時、彼らの身元、近親者、出身地に関する記録は残っていなかった。彼らの余命はひどく短かったので、こうした詳細な情報は不要で、それは石井とその部下らに不利に働くだけであった。したがって、七三一部隊でどれほどの犠牲者が出たか正確な記録は残っていない。被験者らには、ただ一〇一番から一五〇〇番までの番号が指定されただけで、一五〇〇番目の「丸太」が到着するまで番号は順番に発行された。そこでまた、一〇一番目からの数え直しとなった。(324) 当然ながら、これだけ余命が短ければ、他の番号制はいらなかった。番号の反復は許容しうるもので、それは同じ番号を振られた二人の犠牲者が、混同されるほど長生きすることがなかったからである。

なぜ石井がこの番号制を採用したかは定かでない。監獄には、いつでも四〇〇人以上の被験者はいなかったので、彼はもっと短い数え方を用いることもできたはずである。被験者らがめったに交わらなかったことを考えれば、彼はいかなる番号制も使用できたはずである。恐らく、彼は犠牲者らを把握せぬよう、被験者数をはるかに上回る番号制を採用したのであろう。彼らは短命だったので、一度に二人の一〇一番が存在することはなかったはずである。その上、当然、番号がより無規則に見えれば、看守、医師、石井自身が被験者らの人間性をより容易《たやす》く収奪できた。

七三一部隊の第二部は実地研究部であった。この部では、生物兵器の開発と実験に注意が集中した。(325) この部では、七三一部隊の全ての飛行機が管理され、蚤の繁殖が担当された。石井は、どの疾病を放つことができるか知っていた。七三一部隊でのほとんどの期間、石井を最も悩ませた問題は、いかに効果的に疾病を送りつけるかであった。実地研究部は、実地研究を行う部と考えられていたが、彼らが従事した最も関連性のある実験は、無防備な住民に生物兵器を送りつける最適の方法であった。蚤媒介でもただの空中散布でも、デリバリー・キャパシティは全て実地研究部に集中していた。

第三部は防疫給水部であった。七三一部隊のこの部には、もともと正当な目的があった。つまり、それは日本兵らに清潔な飲料水を提供することであった。しかし、最も重要なのは、特に七三一部隊に配属された軍属、兵士らに清潔な飲料水を提供することであった。この部では、日本で少なくとも一件の特許登録がされた石井式濾水機が実用されていた。この濾水機は、内地にいる石井の親友（日本特殊工業株式会社社長、宮本光一《みついち》）との使用許諾契約に基づき製造された。石井は、中国の戦域で使用される全ての濾水機の製造から特許権使用料を受け取っていた。前述したように、これは水を浄化する濾水機だったが、水からウイルスを濾過できなかった。

石井が、七三一部隊の他の部で感染要素を開発したため、後にこの部には生物兵器用の容器の製造任務が割り当てられた。最も重要なことは、この部が、石井の開発していた様々な病原体のための無難な運搬手段を見出す任務を割り当てられていたことである。

第四部は細菌製造部であった。その名称とは逆に、この部は炭疽菌からペスト菌までの数多くの病原体を大量に培養し製造する任務を割り当てられていた。第四部は、これらの様々な病原体を保管することも担当した。

番号なき部には教育部があり、ここでは新入隊員の訓練と新入医学生の教育が行われた。実際に、七三一部隊は中国の戦域に派遣された医学生らに人気の「研修先」で、彼らは献体された死体以外に生きた被験者も扱い、医学倫理に抑制されなかった。

戦前の日本では、医師らが医療倫理を教わらなかったことがよく知られている。(326) 医療倫理は、戦後まで医学のカリキュラムで役割を果たさなかった。日本で医療倫理が教えられなかったことから、医学生らはこの倫理にとらわれず、都合よく行動できたと推測できる。しかしながら、もしそうなら、彼らは日本の国民、犯罪者らを被験者として利用するのに躊躇しなかったはずである。実際には、彼らはそうしなかった。倫理が医学教育の一部でなくとも、当時から日本人は倫理観が極めて研ぎ澄まされ、善悪の分別が身についていた[327]。石井は、人体実験が万国共通で非難されていたことを知っており、攻撃面の生物兵器研究が「国外でしかできない」と述べていた[328]〔石井は、しばしば以下のような言葉を漏らしたと伝えられている。「細菌戦研究にはAとBの二タイプがある。Aは攻撃（Angriff）〔目的〕で、Bは防御〔目的〕の研究である。ワクチン研究はBタイプでこれは日本国内でもできる。しかしながら、Aタイプの研究は国外でしかできない」。（ハリス「死の工場」一二三頁）〕七三一部隊員らは、石井の命令で渡満し、内地で倫理に背くと見なされる行いに及んだ。これで、「防衛目的で研究していた」、「戦時中で、言われたことをやっただけ」という石井とその部下の医師らの弁明は覆される。また、石井が医療倫理を教わらなかったから、より善い行いを知らなかったという意見も覆される。彼が、自らの行いを悪と知っていたことに間違いはない。そして、このことはその事実を示すさらなる証拠である。

国際公法では、ユス・コーゲンス"jus cogens"〔「強行規範」を意味するラテン語〕という概念がある。それは一連の国際的、強制的な規範で、そこからの逸脱は許されぬと定義される。例えば、大量虐殺、奴隷制、海賊行為、侵略戦争である[329]。一部の行動はまったくの極悪で、国際法で禁止される。石井とその手先の医師らによる「丸太」の待遇は、ユス・コーゲンスの定義に一致する。そのため、日本の医療倫理規則で特に禁じられなくとも、それは国際法で違法だったのである。

しかも、石井はそれが違法だと知っているかのように活動した。彼は、満州の目立たぬ地方の、ほとんど人気のない小集落に自らの研究と人員をこっそり隠した。彼は、自らの研究についてはごく限られた人々に話すのみで、それを「秘中の秘」と呼んだ。(330) これは、ただ命令に従っていただけだと信じた人物の行いでも、防衛目的で生物兵器の研究に従事した人物の行いでもない。それはむしろ、拷問を禁ずるユス・コーゲンスから逸脱し、ジュネーヴ議定書の生物兵器の使用禁止に違反した人物の行為である。これは戦略的かつ整然と行われていた。

総務部も番号なき部で、それは七三一部隊の事務を取り仕切った。この部の記録は残っていない。しかし、この部は、石井が引き起こした殺戮を記録するため必要だったようである。資材部では、〔生物兵器の〕運搬手段の製造（設計ではない）と保管が行われた。最後に、診断部は、隊員らの医療問題に責任を負った。七三一部隊は、かなり毒性の強いサンプルを扱い、それを他の動物に感染させていたので、時に研究者自身が感染することがあった。これは、実際によく起こったことで、こうした犠牲者を診断し治療する部があり、後述されるように、日本人の研究者らの遺体を火葬する特別な焼却炉まであった。

一九四〇年、石井は知名度を高め、自分の理想をさらに推し進める準備をした。一九四〇年八月一四日、彼は、前年のノモンハン事件での活躍により勲章を授与された。(331) 彼は功三級**金鵄勲章**《きんしくんしょう》〔正確には、「功四級金鵄勲章」。ハリス「死の工場」では、「功績三級」となっている〕と**旭日中綬章**《きょくじつちゅうじゅしょう》〔石井の旭日中綬章受賞の記録はない。ここでは、ハリス「死の工場」の誤りが繰り返されている。正確には、「陸軍技術有巧賞」である〕を受賞し、二枚の勲章を軍服にピン留めし、誇らしげに身につけた。これらは戦闘での勇敢な行為、指導、指揮を表彰する重大な勲章であった。功三級金鵄勲章は、アメリカのシルバー・スター〔銀星賞〕に等しく、日本で三番目に高い軍事勲章であった。[332]この勲章は、一八九一年二月一一日に創設され、占領下の一九四七年五月三日に正式に廃止された。日本の初代天皇である神武天皇が、約二〇〇〇年前にこの「金鵄」の観念を生み出したと伝えられている。第二次世界大戦の中国の戦域（日中両国で第二次日中戦争と知られる）で、金鵄勲章を受賞したのは、僅か一九〇〇〇人であった。これらの勲章のほとんどは、下級の下士官らに、彼らの勇猛さを認めるため授与された。一九四〇年の石井の階級は大佐で、大佐に授与された金鵄勲章はごく僅かであった。この受賞で、生涯七〇〇円の年金が支給された。[333]（年金支給額が四〇〇円だったという説もある）[334]この勲章では、受賞者の死後五年間は、その相続者へ年金が支払われ続けた。金銭面で、一九四〇年に一時金払いに変更されたが、終戦と同時にそうした特権は全て廃止された。

功三級金鵄勲章「功四級金鵄勲章」の受賞者として他に知られるのは宇垣一成である。彼は、帝国陸軍内で極めて熟達し、勲章を受賞した将軍で、一九二四年から二七年まで陸軍大臣を務めた。宇垣は、軍事予算の縮減と約二〇〇〇人の将校を退役させたことで皇道派から不評を買った後、一九一〇年から日本占領下にあった朝鮮で総監に就任した。宇垣は後に再び陸軍大臣に就任、一九三七年二月には首相に任命されたが組閣できず、したがって実際に就任しなかった。[335]

旭日章のメダルは左上に描かれている。右側のマークは、今日の日本の警察章である。また、これは戦前から終戦まで憲兵隊（日本の軍事警察）の徽章でもあった。実際に、これはどこにでもある日本政府のシンボルで、日本全国の様々な官庁に見られる。それは「輝く太陽」の象徴としても知られ

左：旭日中綬章受賞　右：現在の日本の警察章

る。

旭日章はいまだに存在し、今日でも頻繁に授与されている。旭日中綬章または勲三等旭日中綬章を授与された著名なアメリカ人に、コロンビア大学のキャロル・グラック教授（二〇〇六年）、そして（その職歴の終盤に）同大学で教鞭を執った、作家で翻訳家のエドワード・サイデンステッカー教授（一九六五年）がいる。この二人は、世界の日本理解に驚くべき仕方で貢献した人々のほんの一例である。ちなみに、二〇〇八年には、ウォルター・F・モンデールとハワード・ベーカーに桐花章（二〇〇三年に勲一等旭日桐花大綬章から名称が改められる）が授与されている。[336] 石井四郎のような極悪人が、真に熟達した彼らと同一の勲章を受賞したことで、日本の最高の栄誉に暗雲が投げかけられる。これでまた、ウォルター・モンデールに授与された同じ勲章の受賞者として石井の名が消された理由が説明される。石井がこの勲章を受賞したこと示す当時の記録が残っている。だが、この事実は公式記録からは抹消され、[337] 彼の名前が削除された痕跡もない。

天皇自身が、どちらの勲章も授与したはずである。どちらの勲章によっても、戦場での大きな功績と勇猛さが認められる。石井にとって、ノモンハン事件で何がそうした認知の理由となり得たかは想像しがたい。せいぜい、石井は椅子に腰掛け、ソ連軍の野営地上流にある河をチフス菌で感染するよう命令した程度であろう。石井の命令に従った日本兵らは、河の水を汚染しようとしてチフスに感染し死亡した。このシナリオでは、石井は国際法で禁じられた生物兵器を使用する大量殺戮未遂の目撃者に過ぎず、完全な失敗者であった。

この生物兵器使用と日本軍の勇猛さを、後方支援活動だと表現する人々もいる。[338] 一九三九年八月、関東軍の本隊がソ連との交戦から撤退するなか、七三一部隊の特別派遣隊はその後方に居残り、水源をチフス菌とコレラ菌で汚染した。したがって、恐らく日本軍の本隊に撤退の時間を与えたはずである。

当然ながら、この話にもいくつか信じがたい部分がある。まず、「武士道」や武士の倫理意識で染め上げられた日本軍が、衛生部隊に自分たちの身代わりをさせて撤退するとは考えられない。次に、水源を汚染することが効果的なのは、日本軍が撤退を一週間か一〇日前に知っていた場合だけである。その場合、日本軍が撤退する際、ソ連兵らはその後を追うことができない。なぜなら、彼らはひどい病気にかかるからである。腸チフスにはかなりの潜伏期間がある。致命的な腸チフスの潜伏期間は平均ほぼ六日である。致命的でない場合の潜伏期間は平均七日を超える。[339] したがって、腸チフス菌による水源の汚染がソ連軍の活動を遅らせるのに有効だとすれば、効果が現れるのに一週間はかかるため、日本軍の出発を一週間前には知っておく必要がある。

しかしながら、七三一部隊が後方支援活動で重要な役割を果たしたと語る人々は、はるかに直接的な言葉で話を伝えている。荻洲中将〔荻洲立兵第六軍司令官〕は、一九四〇年五月に、その「勇猛さと勇気」のために兵士四〇名（全員死亡）の派遣隊をはじめとする七三一部隊〔関東軍防疫部〕に部隊感状を授与したと言われている。[340]〔感状の授与自体は一九三九年一〇月一日で、それに関する「東京朝日新聞」の記事掲載が一九四〇年五月二三日〕戦争に対してしばしば批判的であった「東京朝日新聞」〔戦時中、朝日新聞は戦争賛美〕は、衛生部隊がこうした感状を授与されたのは史上初だと報じている。しかしながら、たとえ派遣隊が並々ならぬ勇猛さと勇気を示しても、その勇猛さと勇気は発見されなければ達成されたに過ぎない。当然、もし［事前に］発覚し、ソ連軍がただ「その」水を飲むのをやめていれば、それだけで生物兵器による攻撃には全く効果がなくなり、撤退する日本軍は全滅していたであろう。

派遣隊の全員が、彼らがソ連軍に放とうとした疾病で命を落としたことを示す記述がある。これが意味するところは、石井は死ななかったのだから、腸チフスが水源を汚染するため使用された時、彼は現場にいなかったということである。これは重要である。なぜなら、石井は、後にその個人的な関与と功績を記念する個人的な名誉勲章を授与されているからである。もし後方支援活動の話を信じるなら、石井は勇敢で勇気ある活動では何の役割も果たさず、ソ連軍からも逃げ出したことになり、その後の人生に彼が依拠した思われる「武士道」と矛盾する。

実際の証拠では、石井が天皇からこれらの勲章を授与されたことが示されている。実際に、「東京日日新聞」には、一九四一年一一月一一日付で、当時の勲三等旭日中綬章の受賞者に関する大きな記事が掲載されている[341]。そのなかで、石井は旭日中綬章の受賞者として目立って紹介されている。「戦場での衛生状態の研究、改善」により、天皇が石井にこれを授与したと掲載されている[342]。これは、兵士らに手洗いを促すことで勲章が授与された歴史上唯一の事例かもしれない。〔一九四一年一一月一五日付「東京日日新聞」に、石井四郎の「陸軍技術有巧賞」の受賞が報じられた〕

石井が、ノモンハンで実際に果たした役割に関する証言は相反する。だが、そこでは石井を巻き込んで何かが起こっていた。それは、日本軍最高司令部が、これら天皇からの勲章のために、石井を推薦する動機となったはずである。石井がこれらの勲章を授与されたのは、偉業をなした僅か一年後のことだったので（ほとんどの受賞者は死後または推薦から長い年月の経過後に受賞する）、二つに一つのことが起こっていたはずである。第一は、石井が、ノモンハン事件で何か見事なことを行なったというものである。他のすべてのケースでは、戦闘でのこの驚くべき勇猛の功績には、味方を救うよう手榴弾の上に身を投げるとか、それに準ずる行動が含まれていたはずである。ノモンハン事件での石井の勇敢な行動など、せいぜい生物兵器を放つよう他の誰かに命じ、その後逃げたくらいである。石井の推薦に関するもう一つの説明は、彼の人格により一致する。これらは、石井の関東軍内での地位を高め、関東軍の下級軍人のみならず上級軍人や軍属にも、石井が天皇の支持を受けていると承認させるために、彼に授与されたでっちあげの勲章であった。実際、これらの勲章は、石井が天皇の後ろ盾を得ており、彼の権威が疑いえないと周囲に知らしめるのに決定的な功績だったろう。このシナリオでは、石井の勇猛な行動の推薦は、彼にまつわる他の多く〔の話〕と同様、彼とその支持者らのでっち上げということになる。これは、彼が私利のため歴史を捏造した最初でも最後でもない。しかしながら、こうしたことは、正確な歴史的記録を書くことを極度に骨の折れるものにしている。

以下のことが知られている。一九四一年、「東京日々新聞」は、石井を功三級金鵄勲章の受賞者とするという記事を掲載した。同時に、実際の記事を見てみると、石田栄熊〔正確には、石田が受賞した勲章は功四級金鵄勲章である〕が名簿にあり、彼は極めて威力のある爆弾の研究、開発を行う東京の陸軍第二兵器廠附〔陸軍兵器廠附〕の軍事技術者だと説明されている。また、大阪帝国大学教授時代に無線技術を発展させた岡部金治郎将校、そして、日本にとってより直接的かつ肯定的な成果をもたらしたと思われる戦争の他分野の研究、開発を行った人々の名も挙げられている。一九三九年、石井は、様々な病原体や種々の運搬手段の研究、開発とあらゆることに関与したが、「戦場での衛生管理」は彼の気にかけるところでなかったようである。しかしながら、彼はそれで金鵄勲章を授与されたのである。

一九四〇年に、石井が功三級金鵄勲章を授与されたことは分かっている。だが、不思議なことに、現在管理されている金鵄勲章の全等級の受賞者全員に関する名簿には、石井四郎の名は見当たらない。石井と彼の金鵄勲章受賞に関する公式記録は全て失われたか、より考えうることだが、取り除かれたようである。石井が、一九四〇年にこの勲章を授与された記録は残っているが、それを伝える記録は［現在］もはや残っていない。石井の死後に受賞が撤回されたことを示す記録もない。確かなことは、［一九四〇年に、］この勲章が授与され、その記録が［現在］残っていないことである。

日本軍が、初めて大規模に生物兵器を使用したとされる一九三九年のノモンハン事件の後、一九四〇年七月二五日に、関東軍司令官、梅津美治郎は、平房から華中へ向かう秘密列車への内密の積み込みを認可した。一九八四年に、［戦時中、］一八歳で招集された日本人男性との会話の記録が、この［列車の］移動を示す最大の証拠ではあるが[343]、その後、二度目の大規模な生物兵器の使用が、中国の寧波《ニンポー》で行われたことを示す補強証拠[344]が他にある。

この特別列車に積み込まれていたものが何だったかは、どこにも述べられていない。しかしながら、ウィリアムズ&ウォレスは、それがペスト菌で汚染された大量の蚤だったと結論づけている。参考文献を引用せず、彼らは関東軍野戦鉄道司令官、草場辰巳中将に下された命令を引用し、「貨物は秘密が求められる特別な物質からなり、そのため貨物運送状にはそれが何か記載されていなかった」と述べている[345]。また、この積荷には「腸チフス菌七〇キロ、コレラ菌五〇キロ、ペスト蚤五キロ（約一五〇〇万匹）」も含まれていたようである[346]。

ソ連のハバロフスクで行われた戦争犯罪裁判の裁判記録では、石井自身がこの分遣隊を指揮していたことが示されている[347]。この記録では、草場が戦犯者としてソ連に抑留されていたことも示されている。しかしながら、一九四六年、彼は「ソ連側証人として極東国際軍事裁判への」出廷を待っていた時に自殺した。

上海近郊の寧波で生物兵器が使用された結果、ペストの発生で九九人ほどが死亡した[348]。この発生が人間集団から始まったため、中国人は不審に思った。ペストの通常の感染経路は、群がる鼠への感染から始まる。一般的に、人がペストに感染するのは、感染した動物を刺した蚤を介してである。歴史的には、最初に鼠が感染し、疾病が人に伝わった。一度感染すると、感染者は直接接触か細菌を含んだ飛沫の吸入により他者に疾病を感染させることができる。石井の引き起こしたペストは、鼠の群れへの感染を飛び越え、直接人間集団に感染した。このことから、中国人は、このペストの発生には不自然な起源があることに気づいたのである。

ほとんどの研究が手前勝手なもので、一九四〇年一〇月、一一月に、寧波、衢州《チユイチヨウ》に対する生物兵器の奇襲攻撃が行われたことの決定的証拠として、ある文献が他の文献を引用するだけという始末である[349]。だが、証拠を総合すると、この奇襲攻撃が実際に行われたという結論になる。この奇襲攻撃が行われたとする目撃証言（約四四年後に与えられた当時の青年の記憶[350]）があるだけではない。ハバロフスクの戦争犯罪裁判の記録もこの話を裏付けている[351]。米軍が、ソ連のハバロフスクで行われた戦争犯罪裁判をプロパガンダとして退けても[352]、ハバロフスク裁判の証言を他に分かっていることと照合すると、裁判のほとんどの証言が正確であるように思われる。したがって、ハバロフスク裁判とその全証言を、ただのプロパガンダとしてそっくりそのまま片付けることはできない。

さらに、ハバロフスク裁判の独立した報告書が他にもあり、この主張を実証している[353]。記録文書には、この攻撃に関する日本兵らの証言が複数記載されている。この記録文書を、当時アメリカが考えたように、ソ連による混じり気のないプロパガンダと疑う理由はいくらかあるかもしれないが、もしそれがプロパガンダなら、日本軍の捕虜らは、自分たちの証言について極めてよく指導《コーチ》されていたことになる[354]。

七三一部隊員らと石井四郎が散布したペスト菌による中国人の死者数は、ひどく推定しがたい。それは、少なくとも成功と考えられたようである。なぜなら、川島清［軍医］少将という別のソ連の捕虜が、ハバロフスク裁判で、「一年後、石井が奇襲攻撃の資料を熟読しているところに出会した」と証言しているからである。石井は極めて悦に入っていたようである[355]。川島は七三一部隊の上官で、ハバロフスク裁判で二五年の禁固刑の判決を受けたが、二年後に減刑となっている。

西俊英［軍医］中佐は、直接的情報を持つもう一人の人物で、七三一部隊の元［教育］部長であった。ハバロフスク裁判で、彼は石井が製作した寧波への生物兵器攻撃に関する生々しい記録映画を見たと証言している[356]。この映画では、何も知らされていない民間人の頭上からペスト菌を伝える蚤が投下される様子が事細かに映し出されていた。映画では、石井が飛行の責任者で、飛行機に搭乗し、紛れもない中国人の村に蚤を撒き散らす様子が映し出されていた。そして、「寧波付近で突然ペストが猛烈な勢いで流行し始めた」という説明が添えられた。[357] 西は二〇年の［禁固刑］判決を受けたが、［川島同様］二年間の服役後に減刑されている。

石井四郎は、これらのいわゆる「成功した」奇襲攻撃の結果、彼の最終階級の陸軍軍医中将まで僅か一歩手前の少将に進級し、関東軍の細菌戦部隊長となった。最も重要なのは、天皇が七三一部隊に、「研究者、研究所、彼らの指揮下の領土」を認可する勅令を発したことである。[358] つまり、ノモンハンでの生物兵器攻撃と、その後の寧波での、より確証された生物兵器散布の結果、石井の地位と指揮権は飛躍的に高まったのである。どちらにも取り憑かれた人物にとって、これは驚くべき瞬間だったに違いない。言うまでもなく、どちらも、間違いなく、偽造かひどい誇張であった。

間違いなく、ノモンハンでの石井の役割は、石井と彼の生物兵器での手柄に注意を引きつけるよう偽って言われていた。それによって、生物兵器の有効性に関する彼の主張が立証され、彼が他の生物兵器の放出に関与できるからである。これは、関東軍内の激烈な競争で、石井が自らの地位を高めるよう意図的に行ったことだと思うほかない。石井がノモンハンにいたと証明する記録はない。たとえ石井がそこにいたとしても、彼の役割について言えるのは、彼が日本兵約四〇人に玉砕を命じ、全員が腸チフスに感染して死亡したことくらいである。このシナリオでは、石井は、同国人らが死ぬのを眺めていただけである。たとえ生物兵器攻撃とされるものが、寧波で主張されたとおり進行したとしても、特に効果的でなかったはずである。無防備な民間人に対して、ペスト菌で汚染した蚤を放つことは恐ろしい。けれども、これも軍事的にはたいした効果をあげなかったろう。ペストの潜伏期間は一週間近くで、中国の田舎を汚染することに大きな軍事的意義があったとは考えがたい。

確かに、石井は、防疫衛生活動に偽装した生物兵器研究で表彰された。しかしながら、この努力は、間違いなく、一九四〇年に彼が主張した結果をもたらさなかった。一九四〇年のある時期、石井が、間違いなく［そう］したように、常徳《チャンドゥー》やその近辺に飛行機を使ってペスト菌で汚染した蚤を撒き散らすと、(359)多くの人々が病気になり、一部は死亡したかもしれない。だが、軍事的に重要であるには、こうしたランダムに近い攻撃は、彼らがした以上に多くの人々を、はるかに正確かつ迅速に殺害、無力化しなければならなかったろう。しかしながら、石井は、この攻撃で関東軍総司令部と天皇から認められた。少将への進級と勲章が、彼の真の狙いであった。石井が、厚顔無恥な社会病室者だったことを常に思い起こさねばならない。そのような訳で、彼の人生での真の狙いは、個人的な評価であった。それを達成するためにならば、彼はどんな嘘や歪曲を伝えても気にかけなかった。

実際、一九四一年二月に、石井は自らの友、関東軍軍医部長、梶塚隆二［軍医］中将宛に、自分がこの攻撃の成果に失望していると書き送っている。梶塚は、それから約三五年後に浅野［富三］という研究者の著書、「細菌戦部隊と自決した二人の医学者」のインタビューに答えた際、この手紙のことを回想している。梶塚は、石井から受け取ったという手紙の写しを保管していなかった。梶塚が浅野に語ったところでは、石井の手紙には、悪天候のためほぼ一〇〇パーセントの蚤が死に、誰も感染しなかったと報告されていた。(360)

梶塚は、ハバロフスク戦争犯罪裁判で裁かれ、有罪判決を受け、二五年の禁固刑を言い渡された。(361)七三一部隊を循環した多くの日本人医師らのうち、自らの戦争犯罪の最終的な責任を取ったのは僅か二人だけであった。一九三〇年に日本の軍医総監だった梶塚は、一九五六年に、ソ連［政府］によって、他の有罪判決を受けた戦犯者らと共に送還された。一九七六年五月五日、彼は八八歳で死去した。

ペスト菌、腸チフス菌、コレラ菌、赤痢菌で汚染された蚤を拡散させても効果がないと証明されたので、石井は、一九四一年六月の安達で、ペスト菌で汚染した蚤の「爆弾」の人体に対する野外実験を開始した。[362] 一九四一年まで、七三一部隊では鼠や蚤を様々な疾病で汚染することがかなり進められた。石井の課題は、彼が利用する、疾病で汚染した当の蚤や鼠を殺すことなく運搬する手段の製造であった。一九四一年一〇月、東條首相は、石井が生物兵器を創出した功績を公式に認めたが、それでも飛行機からの蚤の散布には効果がないと証明された。[363]

石井は四種類の運搬手段を研究、開発した。[364] まず、石井の部下の科学者らは、大口径砲から発射される砲弾の一部を細菌剤に置き換えて使用することを検討した。これはすぐに実用的でないと断念された。次に、石井は運搬手段としての爆弾の使用を研究した。炭疽菌を内蔵した鋼鉄壁の爆弾、八型爆弾も実用的でないと分かった。なぜなら、発射薬で全ての生物剤が燃え尽き、生物兵器として不活発で無効なものになるからである。宇治型爆弾は、石井の野外実験でより重要な役割を果たした。石井は、鋼鉄壁の宇治型爆弾を投下し、様々な高度の上空で爆発させた。石井は、爆発の下で、複数の中国人捕虜らを木製の十字架のような木柱に縛りつけた。爆弾が爆発し、捕虜らがこの姿勢のままでしばらく時間が経過すると、石井は感染の兆候を観察するために彼らを檻の中に移したはずである。こうして実際に感染した極めて少数の捕虜らが、感染スピード、感染経路を見極めるよう生体解剖された。

石井が考案した陶器製爆弾と破片

こうした幅広い野外での人体実験を通じ、石井は鉄鋼壁の爆弾は実用的でないと判断した。それは、爆弾の爆発で生じる熱に耐えうる病原体がほとんどなかったためである。その後、彼は陶器製爆弾を開発した。最も一般的な陶器製爆弾は宇治型爆弾であった。それには、病原体を液体で保持するための一〇・五クォートの容量があった。この爆弾は、爆弾を目標に導くフィン[ヒレ]が適切に機能しなかったので効果的でなかった。石井とその同僚らはさらに研究を進め、ロ型爆弾を製造した。これは病原体の懸濁した二クォートの液体を含んでいた。この爆弾も設計通り機能せず、すぐに断念された。

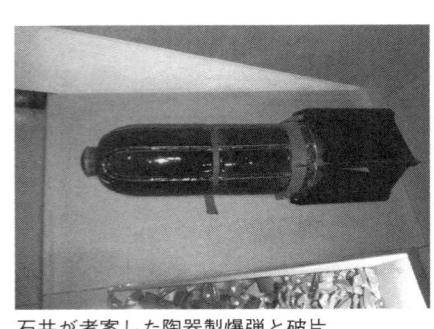

石井はまた、複数の爆弾からなる「母と娘たち」と呼ばれる複雑な爆弾を設計、製造した。最初に「母」と呼ばれる爆弾が、数分後に「娘たち」が投下された。母爆弾から発せられた無線信号が地面に衝突し途切れると、娘爆弾が爆発するはずであった。それらは薄い壁の陶器製爆弾であった。これらの爆弾は効果的だったようである。しかしながら、日本軍には、これら多くの爆弾を製造する金銭的な余裕がなかった。そのため、これも断念された。

第三の形態、細菌の噴霧スプレー方式は、より管理しやすく、より効果的だと分かった。タンクを装備した飛行機が、人口密集地の上空を飛んだ。上空一〇〇〇フィートから、霧状の細菌が風に乗せて放たれた。事実上、地上にいる誰もが吸い込める細菌の雲が形成された。細菌の雲が地上に達した時、人々はとても健康で、誰も感染に気づかなかった。

石井が提供した運搬の第四の形態は裏工作であった。占領された地域の中国人に、「予防接種」を受けるため列を作って並ぶよう発表があった。彼らは、ワクチン接種の代わりに様々な生物学的病原体の懸濁した注射を打たれた。その後、症状の経過を観察するために彼らは留置された。この運搬のもう一つ別の形態は、破壊工作者の使用であった。彼らは住民に感染を引き起こすよう井戸や水の供給源を汚染したはずである。[365]

石井は、一九四一年に、七三一部隊の本部で約三〇〇名の新入隊員を前にして［以下のように］述べている。

> 行く先ざきでは十分に健康に気を配り、いやしくも衛生兵たる者、病気になってはならぬ。ましてや伝染病に於いてをや、そして弾丸飛雨の最中に於いても絶対に死んではならぬ。生きて生きて生き抜いて日本のために、日本の将来のために働き抜いてもらいたい。[366]

これは驚くべき発言である。なぜなら、石井がこの言葉を述べたまさにその時、彼が他の人間を伝染病に感染させるよう勤勉に研究していたからである。感染症にかかることは、弾丸飛雨で死ぬことに等しいという発言なども、当時の石井の認識を物語っている。石井にとっては、感染症は通常の爆撃と同じであった。さらにこの引用によって、石井の正当化の一切が説明される。彼は、全ては日本のためにという考えに完全に取り憑かれていた。あるいは、石井のためだったのかもしれない。感染症で死亡した各日本兵は、石井が敵に感染させようとした疾病を制御できず、その結果日本を危機にさらした証拠として、彼に不利に使われるかもしれない。たいていの場合、石井四郎の残した利他的であるような言葉も、状況を総合的に考慮すると、ひどく利己的なことが分かる。確かに、石井はここで隊員らが健康で、感染症を避けるよう求めている。だが、よりにもよってなぜ新入隊員に手を洗うよう述べたのだろう?

一九四一年一〇月まで、石井は、中国の宜昌《イーチャン》市にマスタードガスを搭載した爆弾を投下することで、運搬システムの実験をさらに推進した(367)。石井は、この攻撃が前の企てより効果的であることを知った。この攻撃は約一六〇〇人の死傷者を出し、うち死者は六〇〇人であった。

一九四一年一一月四日、常徳市上空を一機の飛行機が低空で旋回した(368)。〔航空班増田美保《よしやす》少佐操縦の九七式軽爆撃機〕常徳は湖南省の街で、中国軍の後方に位置した。常徳は洞庭湖付近にあり、商業の中心地、船舶輸送の中継点、複数の鉄道路線の主な接続点として重要な戦略的価値があった(369)。この一機の飛行機が飛行すると、米粒、綿紙、大麦粒が拡散された。まもなく、中国人の科学者ら〔長老派宣教病院(広徳病院)医師・譚学華、検査技師・注正字〕がこの投下物を顕微鏡で検査したところ、ペストの陽性反応が出た。やがて街では鼠が死に始めた。当然ながら、人々もそれに続いた。生物兵器を使用したこの一回の攻撃で約八〇〇〇人〔七六四三人〕が死亡したようである。感染物を投下し、土着の動物集団にその感染物を食べさせ、人へ感染させるよう待つことに、それまで石井は難色を示していた。だが、彼はこの攻撃を成功と捉えたかもしれない。

この人為的に引き起こされたペストの流行は、常徳市と近隣の村々、町々へと拡大していった。それは中国中央部を通じて拡大したため、無数の被害者を出した。常徳では八〇〇〇人をはるかに上回る死者が出たという推計がある。この数字は、一九九〇年に結論づけられた七年間に及ぶ徹底的な調査で確認された[370]。そして、この事件自体も厳密に研究されてきた[371]。正確な細部については議論の余地があるものの、飛行機一機を使った攻撃で、多くの中国人が死亡したことに議論の余地はない。

北条円了［軍医］大佐は、石井の僚友で側近であった。北条は論文を執筆し、細菌戦とこの事件について率直に語り、ペスト菌は米の上で一八日、綿または麻製布地の上では一八時間は生存すると指摘した。北条はドイツへ派遣され、ドイツ［国防軍］最高司令部で生物戦に関する重要な講演を行なった。その後、彼はベルリンの大使館員付（科学）に任命された[372]。彼はドイツ軍によって占領された国々を訪問し、生物兵器に関する情報をできる限り収集した。彼はまた、ロベルト・コッホ研究所に滞在し、そこで「細菌戦について」という講演を行なった。ドイツ人らは、日本軍の生物戦技術の水準に舌を巻いた。

実際に、ヒトラーがそれを知った時、彼は生物兵器のさらなる研究または開発を明確に禁じた。第一次世界大戦でのその手の兵器の使用による荒廃を恐れたようである[373]。ドイツの文脈で石井に対応するハインリッヒ・クリーヴェ教授のような人々が、［生物兵器の］研究を続けたが、石井が得た公式、正式の支持を欠いていたようである。とにかく、この証拠によって、実際には、石井がヒトラー以上にひどい戦犯者だったことが証明され、彼が戦犯者として訴追を免れたことがさらに重要となった。

日本軍の生物兵器の研究、開発がドイツ軍に与えた影響は明らかである。戦後、ソ連軍は、ポーゼン（ネッセルステッド）の旧修道院の中に一施設を発見した。それは、七三一部隊の施設に酷似していた。石井は生物兵器開発でのドイツ国家との関係を否認しているが、石井にまつわるほとんどの事柄と同様、これもまた作り話と思われる。実際には、ドイツ軍は、日本軍から多大な影響を受けており、ソ連軍の進軍を遅らせようと生物兵器の開発に投資していたのである。彼らは、石井の側近の一人だった北条円了〔軍医〕大佐を通じ、日本軍から重要な技術上の助言を受けていた。ドイツ滞在中、北条は、石井の代弁者だったと言っても過言ではない。実際に、彼らの私的、軍事的な間柄を考えると、その他を期待するのは無邪気というものである。

ドイツ軍のネッセルステッドの村は、日本軍の平房に等しかった。この研究所、施設では、ソ連軍の捕虜らに対する人体実験が行われていた。この主題に関する主な著作、「ヒトラー下の生物学者たち」で、ウーテ・ダイヒマンは、ドイツが生物兵器の研究を開始する刺激をどこから受け取ったか推測している。日本軍が生物兵器で成功を収めたと認識されたことが、ドイツ軍の関心を刺激した動機だったにもかかわらず、この本では日本軍についての言及が一切ない。偶然の一致ではなく、ドイツの研究者らは、ペスト菌や腸チフス菌を、潜伏しつつ放たれる感染体として使用することに焦点を合わせていた。実際に、ドイツの研究所の組織図は、石井の脚本からそのまま引用されていたようである。人体実験は明らかに計画され、公然と論じられていた。この主張を立証する記録がある。一九四三年に、ドイツ軍は生物剤を使った人体実験を開始した。[374] ヒムラーは、この研究を承認し資金を求めたが、ヒトラーにはその事実を隠しておいたようである。

ということで、ドイツの生物兵器の研究、開発は、第二次世界大戦中も続けられていたのだが、日本の生物兵器の開発には遅れを取っていた。ヒトラーは、生物兵器が使用された場合に起こる西側からの報復を恐れ、その研究、開発を禁じたが、研究も開発も継続して行われた。一九四一年冬、石井ネットワークは、日本からその占領下の中国全土、さらにはドイツとその占領下の国々にまで及んでいた。それは、これまで考えられたよりはるかに広い範囲である。このことはまた、第二次世界大戦での石井の役割をより重要で大きなものにしている。

平房では、七三一部隊が、関東軍総司令部から正式な指示を受け、一九四一年秋から翌年にかけて、生物兵器製造の第一歩である生物兵器の効果的な運搬手段の製造が大慌てで進められた。ドイツ軍にいかに生物兵器を製造するか教示したことで、石井の知識ベースは応用可能だった。アメリカは、それが応用可能なことを証明した[375]。したがって、戦後になると、アメリカは、石井の生物兵器の知識の次なる受取人になろうと懸命に動いたのである。

一九四二年四月、侵攻してきた日本軍に包囲された発足間もない中国政府は、重慶で記者会見を開き、自分たちが常徳で生物兵器攻撃の犠牲者になったと世界に向けて発表した。この記者会見は、日本軍が真珠湾を攻撃し、シンガポールと蘭領東インドに電撃戦侵攻した僅か五ヶ月後のことであった。約八〇〇〇人の中国人が謎の疫病で死亡しても注意を集めなかったということは、どうやら世界では他のことが懸念されていたようである。生物兵器が然るべき注目を集めていたなら、一九四二年には、日本軍が生物兵器を使用しただけでなく、その使用をマスターしようとしていたことも分かっていたはずである。

後述するように、米軍の軍事計画立案者らは、この事実を見逃さなかった。メリーランド州のフォート・デトリックでは、アメリカ人の研究者らが、石井が研究していたものと同一の生物剤の兵器化を行なっていた[376]。アメリカが人体実験を行なったことを示す証拠はない（実際は正反対である[377]）。しかしながら、彼らは基礎研究を行なっていた。これは、マッカーサーより早く、占領軍と共に最初のアメリカ人微生物学者が日本へと派遣された時（マッカーサーよりも早かった）、彼が日本軍の生物兵器研究、開発の水準に多くの知識と並々ならぬ好奇心を持ってやって来たことから証明される。もし日本軍による［生物兵器の］研究、開発が、石井の考えたように機密にされていたなら、アメリカは、微生物学者に日本軍の生物兵器開発の水準を見極めるよう命じ、最初の占領軍に同行させなかったはずである。

石井の不気味さへの強い好みは、実行者不明の生物剤の空中散布にとどまらなかった。「予防接種」を装い、疑いを持たぬ中国人らに直接的に感染させる方法がより望ましく確実であった。石井による作戦の方法は、日本の占領地の中国当局を利用し、住民らにワクチン接種を義務づけるというものであった。住民らは、七三一部隊他が無償で提供したであろうこれらのワクチンを接種してもらうために列をなした。これらのワクチンは、生きた有毒な実際のコレラ菌株で汚染されていた。彼らは予防接種を受け、病に倒れた。それによって、人為的に引き起こされたコレラの流行はさらに拡大した[378]。

これによって、石井の実験室は広がった。彼は、これらの偽ワクチンを使うことで、中国人を殲滅するには、例えばどのコレラ［菌］株が最も有効か、さらなる実験を行うことができた。

一九四二年五月までに、石井は宇治型爆弾を配備した。それは、ミッドウェー海戦が激化し、日本軍が最終的に空母四隻を失い、敗戦したと言われる頃であった[379]。〔ミッドウェー海戦は、一九四二年六月五日から七日〕宇治型爆弾は七三一部隊で開発された。それは、兵器化された細菌を含む陶器壁の爆弾であった。この時期、宇治型爆弾で中国の雲南省ではコレラの流行が引き起こされた[380]。この流行で、石井の手により二〇万人の非戦闘員が殺害された。〔七三一部隊、〔岡〕九四二〇部隊〕

石井の生物兵器使用に関する研究、開発の絶頂期だった一九四三年八月、彼は七三一部隊から異動となり、部隊の指揮を解かれた。後任は、北野政次〔医学〕博士が務めた[381]。北野と石井は親密であった。後に、北野は占領軍の調査官らに、一九二八年から一九三〇年まで、〔石井が〕世界の生物兵器の能力を調査する目的で二二国ヵを訪問したというほら話を補強するような証言をしている。彼はまた、石井の出張費が、天皇の管理する機密費から出ていたとも証言している。一見すると、石井が、苦労して築き上げた部隊の指揮権を失ったことは奇妙に思われる。結局、石井は、平房と七三一部隊に投じられた莫大な金を持っていた。彼は、家族全員をそこへ呼び寄せた。彼の兄二人は信頼に足る側近であった。彼の妻子、母親まで平房で暮らしていた。石井は、父親の領地から多くの村人らを平房へ移動させた。彼は、一九八四年に彼の娘が「『風と共に去りぬ』から出てきたような」と評した大邸宅に暮らした[382]。石井は、この指揮権をしばらく維持するつもりだったようである。それだけに、その突然の終わりを目にするのは予期せぬことであった。

この明らかに驚くべき展開は、石井に関するあらゆる事柄と同様、多くの憶測を呼んできた。石井の異動を説明する記録はない。彼が、実際に七三一部隊から異動になったことを示す多くの報告書は残っている[383]。彼が移動になった理由を説明する文書がないため、憶測が膨らむ。石井が、日本軍最高司令部の「寵愛を失った」とする事実に基づかぬ結論もある[384]。石井が、突然、「寵愛を失った」実際の証拠はない。事実、石井の人脈と、その証明済みの強靭さとを考えれば、関東軍総司令部や東京の名ばかりの文民当局が、石井または生物兵器への彼らの考えを突然改めた可能性は極めて低い。結局、総司令部は、七三一部隊を廃止したのではなく、その部隊長を交代させただけである。

いわゆる石井の没落の理由として挙げられる事件は、中国の浙江省で起こった。石井は、コレラ菌や腸チフス菌で汚染した蚤の群れを飛行機に積み込み、浙江［省］の街に散布せよと命じたようである。石井から見て、この時点で二つの不運な出来事が重なった。まず、風向きが変わり、蚤の群れが街から吹き飛ばされた。次に、石井に知らされることなく、関東軍の侵略者らの大軍が、浙江［省］の街に対して攻撃を仕掛ける準備をしており、その郊外にあった。当然ながら、通信手段は、今日のように信頼に足るものではなかった。浙江［省］の住民に対し散布された［はずの］石井の蚤は、実際には侵攻してきた日本兵らの方へ吹き飛ばされ、破滅的な結果を招いた。石井が命じた空中散布で、日本兵数千人［一万人以上］が犠牲者となり、死者数は一七〇〇人にのぼったと報告された[385]。これら報告書は、実際には過小報告されたと言われる[386]。そういった訳で、より多くの日本兵が、浙江省での蚤の散布の結果犠牲になった可能性が高い。

ある人々にとって、偉大な石井はこの事件によって破滅した。［それは、］悪が自滅し、善が悪に打ち勝つという西洋の物語に沿ったものである。石井四郎の場合、その可能性は極めて低い。石井は、自らの現実を創出するよう陰で糸を引く黒幕であった。北野との交代で、石井は「影から支配」できるようになった。これは日本古来の考え方で、政府、財界、軍事など多くの場面で実権を行使する真の人物は、秘密の場所からそれを行うというものである。「知る者は言わず、言う者は知らず」という古い道教の格言が示すように、［権力者は、］日本ではしばしば世間の注目や名声を求めることなく、傍から支配を行う[387]。

北野政次は、微生物学者、医師としての歩みで、二年間だけ石井の後を歩んでいた[388]。北野は、石井が京都帝国大学を卒業した二年後に東京帝国大学を卒業した。彼は、最も権威ある諸雑誌に定期的に寄稿した現役の学者であった。石井の持つ推進力と存在感には欠けていたが、彼は極めて熟達した医師であった。さらに困惑させるもう一つの事実は、北野が明らかに高木を知っており（個人的に面識があったかもしれない）、日本脳炎Bを発見した微生物学者としての彼の研究を知っていただろうことである。つまり、北野は、香川県で石井が嗜眠性脳炎として調査した疾病が、実は日本脳炎だということを発見した高木とまさに同じ東京帝国大学の同じ医学部の学生であった。高木は、北野が卒業した年にこのウイルスを特定した。北野が高木の研究助手として働いた可能性、または高木の発見を直接知っていた可能性は高い。

一九二四年に香川県で感染が流行した疾病から驚くべきものを発見した、という石井の主張が作り話だったことを直接知る人物が、またしてもここに現れたわけである。繰り返すと、北野は真相を知りながら、自分が真相を知ることを誰にも伝えなかった。実際に、彼は、厳密に言うと嘘をついていたのである。北野は、石井の大発見と、一九二八年から一九三〇年までに、生物兵器の研究、開発の世界的状況をつかむため彼がした二二ヵ国への海外出張のことを人々に伝え聞かせた。このことは、北野を信頼すべきでないさらなる証拠である。戦前起こった非常に重要な二つの事実、「つまり」石井の研究と出張に関して、北野は嘘をついていた。このことは、彼の誠実さが容易に弾劾にされることを証明する。

一九二八年に一介の陸軍二等軍医〔中尉相当官〕に過ぎなかった石井が、僅か一二年後の一九四〇年〔一九四一年〕には軍医少将にまで日本軍の階級をあっという間に上り詰めたこと、彼が、天皇および皇族と親密な間柄にあったこと、日本人が、陰から支配する傾向があったこと、〔これら諸々を考え合わせると、〕石井が中国人に対して放った当の生物兵器で、悲劇的にも一部の日本兵らが犠牲者になったこの一件が、石井にそれほど否定的な影響を及ぼしたとは考えられない。結局、ノモンハンでは、日本兵四〇人が、ソ連軍の進軍を遅らせようと自分たちでハルハ河に投入した当の腸チフス菌で死亡した。石井はこの事件で処罰されることはなかった。彼は、叙勲されたのである。したがって、浙江［省］での事件で、石井が突然処罰されることはあり得ないし、それは石井の経歴にそぐわないだけでなく、辻褄も合わない。かつて処罰されなかったのに、石井が、この生物兵器使用の不運な結果でなぜ処罰されるのだろう？

さらに、日本軍での石井の出世は、まるで天使に見守られているようであった。普通の中尉（軍医中尉でない）から少将に進級するには、当時の厳重に規定され綿密に守られた軍規の下では、最短でも一七年はかかったはずである。[389] 石井は、これを僅か一二年で達成している。〔ここは著者の勘違いで、石井が少佐進級にかかった年月は約二〇年である。一九二一年、陸軍二等軍医（中尉相当官）～一九四一年、陸軍軍医少将〕その上、彼は軍医から少将に進級したのである。これには、一七年以上はかかるはずである。

興味深いことに、石井が一九四六年に占領軍当局者らに提出した履歴書は、実際に大佐に進級するまでの年表に一致している。

・一九二〇年一二月　京都帝国大学医学部卒業。
・一九二一年一月二〇日～四月九日　見習士官として軍事訓練
・一九二一年四月九日　軍医―陸軍二等軍医（中尉相当官）に任官
○最低限必要とされる勤務期間：二年間
○石井が勤務したと主張する期間：三年間
・一九二四年八月二〇日：陸軍一等軍医（大尉相当官）に進級
○最低限必要とされる勤務期間：四年間
○石井が勤務したと主張する期間：六年間
・一九三〇年八月一日　陸軍三等軍医正（少佐相当官）に進級
○最低限必要とされる勤務期間：三年間
○石井が勤務したと主張する期間：五年間
・一九三五年八月一日　陸軍二等軍医正（中佐相当官）に進級
○最低限必要とされる勤務期間：二年間
○石井が勤務したと主張する期間：二年半
・一九三八年三月一日　陸軍軍医大佐に進級
○最低限必要とされる勤務期間：二年間

その上、当時の少将の最高齢は六二歳であった。(390) 石井が一九四一年に［陸軍軍医］少将に任命された時、彼は四九歳であった。

後述されるように、石井が提出したこの履歴書は不正確である。履歴書の他の問題点に加え、石井が、必要とされる勤務期間に合うように自らの勤務期間を偽造していたことは興味深い。石井が、履歴書に自らの勤務期間などいろいろと嘘をついていたのは事実であるが、彼がそうした理由は定かでない。最も明白な結論は、石井自身と、厳格に規定されていただろう日本軍での、彼の流星のような進級に不必要な注意が向くのを避けるために、彼が嘘をついたというものである。

当然ながら、他の人々がさらなる年月を必要とするところを、石井だけがこのような短期間で進級できた理由が不思議でならない。公表された記録に答えはない。一九四六年に石井四郎が占領軍に提出した履歴書には、彼が一九四三年八月一日から一九四五年三月一日まで、東京の陸軍軍医学校教官だったと記されている。陸軍軍医学校は、若松町の石井の掩体壕から徒歩すぐの戸山にあった。前述されたように、石井はこの履歴書を、アメリカの調査官らの［目を］そらし、［気を］散らし、混乱させ、誤誘導するために使ったのである。したがって、この事実だけで、彼の履歴書が特別重視されるべき実際の理由はない。しかしながら、この時期の彼の居所を示す他の証拠はない。石井が海外出張を行ったと主張する一九二八年から一九三〇年と同様に、［この時期の］石井は再び幽霊になった。

一九四三年八月から一九四五年三月までのこの期間は、一九二八年から一九三〇年までの期間とは異なり、日本の存亡を決する重大な時期であった。したがって、この期間の石井の居所をはっきりさせておくことが極めて重要である。一九四三年八月までに、石井は日本軍で流星のごとく進級した。石井が、天皇自身と親密な間柄にあったことを示す多くの証拠が残っている。一介の少佐として、彼は遠く離れた中国の平房にあった七三一部隊の発展を任された。そこに、彼は、妻子、母親、兄二人、祖父の領地の村人らを移住させた。石井が、単なる天皇の忠実な従僕でなかったことは、あらゆる証拠によって示されている。未発見の証拠が数多くあるようである。

石井が、既に流星のごとく出世していた日本軍で、進級しようと奮闘する少将以外の何者かだったことを示す証拠の一つは、一九四六年に占領軍当局者らに提出された彼の履歴書で、彼が、この時期、自分が東京の陸軍軍医学校「教官」だったと主張しているところである。石井がアメリカの調査官らに伝え、彼らも信じた多くの発言と同様、これもまったく辻褄が合わない。［もしそうなら、］南太平洋諸島を突き進み、日本本土に戦争をもたらす恐れのあった連合国軍から、日本が自国を防衛しなければならない絶対的な危機にあった時、日本軍が前線に現役勤務する大物らの一人をローテーションから外して選び出し、陸軍軍医学校教官に任命したと信じなければならない。医師として、彼は、人々に戦争の方法や物資について教えたのではないはずである。彼は、平房の人体実験で得られた外科技術の進歩を、若い医学生らに教えていたのであろう。

これは重要な任務だったかもしれないが、この主張を裏付ける証拠はない。また、日本軍が、太平洋戦争で最も重大な損失を被っていた間、彼が一八ヵ月間陸軍軍医学校教官を務めたとする主張を裏付ける証拠も確かにない。一九四四年一〇月、石井が［若松町の］掩体壕で食事をし、陸軍軍医学校で教鞭を執っていた頃、マッカーサーは、フィリピンの日本軍を壊滅させるために、そこに上陸した。フィリピンでは、一九四五年二月までにほぼ終了した作戦で、日本人約三五〇〇〇〇人が死亡している。(391)［それは、］石井が七三一部隊に復帰する一ヵ月前のことであった。その間、石井は戸山で新米の医師らを相手に医療技術の指導をしていた。日本軍が太平洋戦争での最大の惨敗を喫していた間、あっという間に出世した最も優秀かつ明敏な将官は、戸山［の陸軍軍医学校］で教鞭を執っていた。一九四三年から一九四五年までの石井の居所に関する謎の一部は、一九四三年八月二四日に石井が第一三軍司令官らと秘密会議を開き[392]、その直後に、彼が指揮した多くの将校らを残して南京に異動になったという主張により与えられる。この話で、石井は部隊全体と共に異動になったのでなく、自主的に去ったとされる。このことは、第一三軍会議で、早急な対応を要する深刻な事態が起こっていたという意見を立証している。この会議は、日本軍を中国の浙江地域から遠ざけ、その地域の街々や軍野営地に対し、前例のない規模で生物兵器を使用するという大規模な計画の集大成であった[393]。石井の計画は、日本軍が割譲した土地を汚染し、［そこを］新たに占領した中国軍を感染症で殲滅するというものであった。

また、石井が、七三一部隊の創設資金から賄賂報酬を受け取る横領計画に関与していたという説もある[394]。これもまた辻褄が合わない。もともと、石井は、東京で使用許諾契約に基づき石井式濾水機を製造した会社から賄賂報酬を受け取っていた。裏で交わされた合意の一部では、石井に支払われる特許権使用料に加え、彼が、日本軍に納入される各濾水機につき無報告の金額を徴収するようになっていた。石井が日本軍との関わりから私的な利益を得ていたという、実際かつ明確に報告された諸事件が何ら処罰されていないのに、この横領の一件が解任につながったと考えるのでは辻褄が合わない。

南京の北支第一軍（部長）、東京の陸軍軍医学校（教官）への石井の異動に関するより妥当な説明は、個人的な出世というものである。戦後、石井は、中将への進級を確かなものとするよう、この異動を願い出たと主張している。彼は調査官らに対し、医務隊員（医官）は野戦軍に勤務した場合だけ、少将から中将に進級したと語った。[395]七三一部隊は野戦軍でなく、医療研究施設と考えられていた。そのため、七三一部隊にどれほど勤務しようと、彼は中将には進級できなかった。

そういう訳で、石井は、東京の陸軍軍医学校に教官として赴任するよう求めたと主張している。石井が第一軍軍医部長だった時代は「野戦軍」に勤務したと言えるが、東京で陸軍軍医学校教官だった時代はそうは言えない。石井が中将に進級したのは、南京での任務を終えてからでなく、後の一九四五年三月に七三一部隊に返り咲く直前の話である。彼の進級の遅れは、連合国軍が進軍するなか、東京に広がった激しい混乱によってある程度まで説明できるかもしれない。しかしながら、石井は、南京での実地任務と見なせるものの終了後も、一年以上少将の階級に留まった。さらに、南京でのその実地任務は、きわめて短期間、恐らく数ヶ月間続いたに過ぎない。淵田美津雄は、一九五五年に出版された著書で、戦時中の東京での生活の全く異なる光景を描いている。淵田によれば、戦時中、軍隊生活は滞りなく営まれていたという。[396]

繰り返すと、石井の主張を信じるに足る理由はない。一九四三年秋から一九四五年春までの石井の動向や居所を正確に示すことはできない。彼は、東京の戸山にあった陸軍軍医学校の真南の若松町に住んでいたようである。このことを証明する信頼に足る文書はない。あるのは研究者らによるさらなる推測だけである。

この時期、石井が東京にいたことを証明する状況証拠の一つに、彼の防疫研究室が、有刺鉄線で幾重にも囲まれた厳重警備の施設になっていたことがある。その上、地下研究施設と生物兵器工場が建設され、管理された。防疫研究室から七三一部隊へ、量産用の搬送ライン一本が移された。しかしながら、その他の生物兵器の製造器具がどうなったかを示す記録はない。恐らく、それは東京に残ったはずである。

東京の防疫研究室は、石井の居所が不明だった時期に重要な発展、拡大を遂げた。これは推測である。しかしながら、戦時中、石井は行く先々で、堅牢な生物兵器の研究、実験施設を建設した。石井自身は、この時期、戸山の施設［陸軍軍医学校］の教官だったと主張している。そして、この時期に戸山の施設は生物兵器の研究、実験ができる堅牢な施設として非常に積極的な発展を遂げた。したがって、これは推測よりも演繹のようなものかもしれない。石井は行く先々で生物学［細菌学］の研究を推進した。彼の居所が不明な期間、戸山［防疫研究室］は、生物兵器の中心地としての拡大と堅牢化を遂げた。したがって、石井は、戸山［防疫研究室］を生物兵器の研究、開発のために保証された場所に発展させた人物である。

大東亜共栄圏が壊滅的な打撃を被り、敗戦を運命づけられた一九四三年八月から一九四五年三月まで、石井が戸山で堅牢な生物兵器の施設を発展させていたなら、彼が日本で最も安全な施設の一つで教鞭を執り、掩体壕風の自宅に住む他に何をしていたか見極めることはさらに不可欠である。

一九四三年以前、そして一九三〇年の海外出張から帰国した後、石井は朝から晩まで生物兵器の研究に明け暮れた。戸山に新たに確保された彼の施設から［考えると］、彼は、このような取り組みを続けるのに最も理にかなった場所にいたはずである。石井が研究した様々な病原体は、陸路で長時間輸送するには十分に安定したものではなかった。それらは、一般的には使用予定地付近で製造された。

輸送が、この極めて不安定な生物兵器にとって最も困難な要素だったからである。[398] 中国で製造された場合、それは、日本軍に軍事的な優位をもたらすために、中国軍、ソ連軍、非武装の住民らに対して使用されたはずである。次の論理的質問は、なぜ石井が東京都心の牢固な施設で、大量の生物兵器を製造することを重要と考えたか、である。

恐らく、石井は、東京とその周辺での生物兵器使用を想定していたはずである。石井が、東京とその周辺で生物兵器攻撃を考えた唯一の人々は、侵攻してくる連合国軍［の兵士ら］だったろう。疑いなく、日本の民衆は、食糧不足やその他の欠乏でおとなしかった。日本国民らは反乱を起こすこともなく戦争の苦役に精を出していたのだから、彼らに生物兵器を使用しても得られるものはない。実際に、日本国民の多くは、自分たちが戦争に勝利しつつあると信じるよう仕向けられていた。したがって、東京で製造される生物兵器の用途で唯一考えられたのは、侵攻してくる連合国軍に対する使用であった。

中国で研究され磨きをかけられた生物兵器が、日本本土に上陸する連合国軍に対して使用されるということは不可能でなかったどころか、理にかなってさえいた。戦後、東京西部の立川の［旧］陸軍飛行場の地下トンネルで、占領軍は手付かずのままの飛行機を発見した。その後、このトンネルは東京都立川地域防災センターに改修された。[399] どのような空襲が行われても、日本は飛行機を製造する能力を失ってはいなかった。

空港建設を分散させる一例に、東京の西の郊外の調布近辺にある小規模な空港が挙げられる。今日でもこの空港は、漁師らを東京の東海岸沖や東京湾に浮かぶ様々な小島〔大島、新島等伊豆諸島〕へと行き来させるために活用される。しかしながら、戦時中、この空港は、三菱重工業の空港として活用された。三菱は、調布飛行場周辺にあった小規模な諸施設で、小規模な飛行機のエンジンの製造を行った。この製造の一部は、人々の自宅で行われた。製造施設の分散が、［製造の］存続を保証したのである[400]。大規模な製造拠点があり空襲を受けたが、飛行機のエンジンの部品を製造する家屋の一つひとつ全てを空爆して破壊し尽くすことは難しかった。

この計画の要衝が調布空港であった。部品やエンジン自体は、飛行機によって調布飛行場から東京とその周辺にあった三菱の工場へ輸送され、そこで飛行機のシャーシと組み合わされた[401]。そのため、米空軍は、調布飛行場を空爆したのである。しかしながら、地上からの対空射撃を恐れたアメリカ空軍は、二〇〇〇フィートまたは三〇〇〇フィートから空襲した。その結果、米軍が調布飛行場を標的に大量の爆弾を投下しても、主な標的である滑走路には命中しなかったか、命中しても滑走路はすぐに修復されて以前のように利用できるようになった。

米軍の飛行機は、調布の空港や滑走路を破壊しなかったが、周辺地域には爆撃でできた多数の痕跡が残された。この地域には、昔も今も、労働者階級の日本人が住んでいる。今日、この界隈には、K一二制度［アメリカ、カナダ等英語圏の一三年間の教育期間］を導入するエリート校のアメリカン・スクールがある[402]。戦前から戦後にかけて、国際基督教大学（ICU[403]）もこの界隈にあり、調布飛行場から丘を登ったところに空港を見下ろしている。終戦直後に食料が不足していた時期、アメリカのキリスト教徒らが、国際基督教大学にトラクターを寄贈した。日本の土壌は豊かで軽く、また通水性がよいため、日本人は、爆発でできた穴を容易に田畑に耕し野菜を栽培した。飢えた日本の人々は、これらの野菜を与えられた。今日まで、この地域に住む多くの高齢者は、自分たちを飢えから救ってくれたアメリカ人キリスト教徒らの寛大さに感謝し続けている。感謝のあまりに、キリスト教徒に改宗しなかったことを恥じる人々もいると言われる。

日本人は墜落機のパイロットの捜索と救助を信じなかった。飛行機が墜落した場合、パイロットは「武士道」の掟に背いたのだから、溺死するなり、鮫の餌食になるなり、餓死するなりどのような目に遭っても至極当然であった。したがって、次世代のパイロットを育成するための生きたパイロットの数は、戦時中に激減したのである。[404] 墜落機のパイロットを捜索も救助もしないこの方針の結果、戦時中、次世代のパイロットを育成するためのパイロットが著しく減少した。日本は飛行機を製造する能力を失わなかったが、パイロットを育成する能力を失った。しかし、石井は、中国での自らの実験で、日本軍が、本土上陸してくる連合国軍兵士らへ生物兵器の恐怖を放つのに、多くの飛行機を必要としないことを証明した。ごく少数の飛行機さえあれば、石井は、日本の海岸地域を人が居住できない状態にすることができた。また、石井は、侵攻してくる連合国軍兵士らをゆっくりと殺傷する生物剤を土壌に蔓延させる実験を行なっていた。一九四三年まで、日本の軍事計画担当者らは、日本がアメリカとその同盟国による総攻撃から［自国を］防衛できないことを知っていた。［当時、］日本は、連合国にとっての侵攻をより手痛いものにし、より有利な条件で停戦を求めることができただけである。[405] 当然、これは日本の大誤算であった。真珠湾攻撃がそう簡単に忘れられるわけはなく、アメリカが無条件降伏以外の条件を受け入れるはずはなかった。石井はそのことを知らなかった。そうは言っても、彼は戦争に勝利するとは予想していなかった。日本は、連合国が自国の無条件降伏以外の条件をのむよう、彼らの日本侵攻を手痛いものにし、リスクを高めることに戦争努力の一切を集中した[406]。

日本へ侵攻する連合国側の負担を増やすには、日本の国土を生物兵器で汚染するか、侵攻してくる連合国軍兵士らに生物兵器を散布する以外道はなかった。石井の手もとにあった病原体の潜伏期間は、どれも一週間以上だったが、それらの使用の恐怖の方は、実際の使用をはるかに上回った。石井は、欧米諸国が戦争での生物兵器の使用をひどく恐れ、この活動を禁止するジュネーヴ議定書を作成する協定を締結したことを知っていた。石井は、生物兵器の威力を正確に把握していたのである。石井は、欧米が知らないものを知っていた。生物兵器は軍事兵器として実際に効果を発揮するにはあまりに難しく、取り扱いに慎重を要し、多くの障害（潜伏期間など）があった。さらに、生物兵器使用を軍事戦略として無効にする反生物兵器スーツ〔防護服〕という対抗手段もあった。

石井は生物兵器の恐怖が甚大で、欧米が研究、開発で遅れをとっていることを知っていた。彼はまた、生物兵器使用の恐怖が、その効力をはるかに上回ることを知っていた。石井は、状況を日本側有利に劇的に変えるために自分がする必要のある全ては、日本中部の島、本州の海岸が生物兵器に汚染されていると連合国を脅すことだけだと知っていた。

連合国軍側から見れば、海岸への上陸は何としても避けねばならなかった。したがって、論理と現存する僅かな証拠から、一九四三年八月から一九四五年三月までの危機の時期に、石井が、日本をアメリカと連合国の軍事計画担当者らにとって魅力なきものにするよう、質量十分な生物兵器の製造を行っていたことが示される。トルーマン［大統領］に提出された、日本への直接侵攻が行われた場合に、アメリカ側が被るだろう死傷者数に関する軍事計画立案者による推定は、ひどく多過ぎたと言われてきた。一九五三年一月一二日付、ジェームズ・ケイト教授（シカゴ大学）宛の書簡で、トルーマン自身は、「侵攻で、最低でも死傷者二五万人出るはずだ。あるいは一〇〇万人出るかもしれない」と推定している。[407] トルーマンは、この数字が、一九四五年八月六日の広島への、そして八月九日の長崎への原爆投下を正当化する根拠となったと報告している。

しかしながら、もし生物兵器が最大限に活用されていたら、恐らくこの推定は誇張ではなかったはずである。当時、生物兵器は未知なる戦争要素であった。アメリカの軍事計画担当者らは、日本軍が、一九三九年のノモンハンから生物兵器を使用していたと知っていたはずである。恐らくアメリカの軍事計画担当者らは、当時、誰も思い及ばなかった何かを知っていたのだろう。日本軍は、侵攻してくる連合国軍兵士らに対して次々と生物兵器を放ち、非常に多くの死傷者を出す態勢を整えていたかもしれない。あるいは、アメリカの軍事計画担当者らがこれを恐れ、死傷者数を上方修正したのかもしれない。恐らく、これが、アメリカが戦争終結のために広島、長崎での原爆の使用を選んだ一要因だったはずである。彼らは、石井が日本の海岸を居住不可能にすることに成功したかを調査する必要がなかったのである。

生物兵器は、日本との戦争で、これまで認められてきた以上に大きな役割を果たした。生物兵器の使用が、マインドや計画を変化したのではない。太平洋を越え、犠牲の多大な四年にわたる長い戦闘の末、侵攻する無防備な米兵らに生物兵器が使われる可能性が、断じて受け入れられなかったのである。それ故、評論家、学者ら全員が、米軍が日本に公然と侵攻した場合の過大な死傷者数の推定と認めるものは、生物兵器の使用を考慮すれば、実は正確だったかもしれない。あるいは、少なくとも、生物兵器という未知の要因を考慮するなら、この兵器についての恐怖のみが、予想される死傷者数を歪めていたのであろう。

石井四郎は、この事態を計画する上で重要な役割を果たしたかもしれないようである。当然ながら、伝えられる歴史は、日本が敵国から「アメリカ最大の空母」へと迅速かつ穏やかに変貌を遂げたというものである。[408]この変貌ぶりには目を見張るものがあった。それは約六〇年後に、ジョージ・ブッシュ大統領に、アメリカは、日本を民主化したようにイラクにも民主主義をもたらすだけだ、と言わしめたほどである。[409]

確かに、この変貌ぶりには目を見張るものがあった。こうした変貌は、ある程度までは可能であった。なぜなら、日本人には、第二次世界大戦の真実が伝えられていなかったからである。日本軍が甚大な被害を被った一九四四年から一九四五年までの主な戦闘のすべては、日本国内では勝利と報じられた。重要な映画監督らは、一五分の「短編映画」を制作させられた。それは戦争の経過を報道し、長編映画の前に上映された。これら短編映画は、銃後の国民を戦争にとどめ、彼らの被っていた窮乏を納得させるよう指定されたプロパガンダであった。彼らには、万事は日本のためと伝えられた。[410]

実際には、もちろん日本は負けつつあったし、ひどい負け方をしていた。一九四五年八月に、アメリカ人が日本の海岸に到着した時、彼らは健康的で、肉付きがよく、優っていた。日本国民らは、勝者の容貌に驚いた。そして、彼らは、アメリカ人の外見から、小国の日本、小柄な日本人が、これらの大柄で、健康的かつ筋肉質なアメリカ人に敗北するのは当然だと感じた。[411]

日本の占領は、驚くほど穏やかに進行した。日本研究の第一人者、ジョン・ダワーは、これを最も巧に述べている。

「規律、道徳的正当性、適切に規定され明確に表現された目的、はっきりした命令系統、政策の立案と執行での寛容さと柔軟さ、建設的に行動する国家の能力への信頼、本国における党派政治に左右されることなく海外で活動できる能力、占領政策を受ける側における安定した、適応力のある、洗練された市民社会—このような政治的かつ市民的美点が、敗戦国日本が流動的で、過激な変化を最も受けやすかった数年間の短い期間に、断固たる行動を取ることを可能にするため役立った[412]」。

当然ながら、これは有末精三のような人々が、占領が耐え難くなった場合に反乱を起こす計画を立てていたことを見落としている[413]。

これが、日本占領の真の教訓である。イラクの占領、戦争についてどう考えようとも、それは日本の占領が達成された方法では行われなかった。これが、イラクでとても多くのアメリカ人が戦死した少なくとも一つの理由かもしれない。米兵が、一九四五年から一九五二年までの日本の占領期間中に、日本人の反乱者、民兵、軍隊の抵抗で殺害されることはなかった。これは、少なくともある程度は、日本を穏やかに占領したアメリカ人の指揮が原因であった。アメリカが、日本占領の例に忠実に従っていたなら、イラク戦争はどれほど異なったものになり、どれほど速やかに終結していただろうかと驚かされる。

日本は速やかに、ほとんど魔法のごとく敵国から同盟国へと転換した。日本は、共産主義国となるか民主主義国となるか定かでなかった占領期に、共産主義とソ連を打倒する（少なくともそれを包囲する）取り組みで、急速にアメリカの重要な同盟国となった。そのために、日本は、侵攻してくる米兵らに対し生物兵器を使用するかどうかの決定でグズグズと分析に悩んでいるわけにはいかなかった。もしその分析が行われ、日本が侵攻してくる連合国軍に対して生物兵器の使用を計画していたと判断されたら、天皇が責任を問われていたであろう。そうだとしたら、戦後の物語全体が変わっていたはずである。天皇が責任を問われ、それゆえ処刑または退位させられていたら、ＳＣＡＰは天皇の承認を得て勅令を出す占領軍の形で日本を統治できなかったであろう。マッカーサーの指令は、大部分守られた。なぜなら、昭和天皇がマッカーサーを承認し、マッカーサーが昭和天皇の在位を許可したからである。天皇の在位なしに、日本を管理することは、はるかに難しかったはずである。アメリカの軍事計画担当者らは、日本がほとんど一夜にして敵国から友好国へと転換すべきという自分たちの戦略に大変な確信を持っており、一九四五年八月に日本本土に上陸した最初の占領軍は、武器のなかに弾薬を入れていなかった。日本軍の悪漢が襲撃してきたら、彼らは無防備だったろう。

このすべてが回避された。なぜなら、広島、長崎に核兵器が投下され、それにより日本本土への実際上の侵攻が不要になったからである。その結果、侵攻してきた米兵らに対して生物兵器は使用されなかった。そして、計画や戦略の証拠一切が失われ、皆が信じるようになった物語が助長された。日本は、二週間足らずのうちに侵略国から平和的な被占領国に変貌した。この物語は、ソ連の脅威への対応としてははるかに成功しているが、もし石井の思い通りになっていたら実現しなかったろう。したがって、日本は、「アメリカの不沈空母」[414]、「文句なしに世界で最も重要な関係」[415]となり、日米関係の複雑で困難な性質を示すその他多くの最高級名称［を授けられた］[416]。しかしながら、日本が本州の海岸で生物兵器を使用していたら、その後の日米友好の物語の一切が変わっていたはずである。日本は、共産主義に対するグローバルな戦いで、アメリカの最も重要な同盟国にはなっていなかったであろう[417]。

いずれにせよ、一九四三年八月から一九四五年三月までの石井の足跡はほぼ不明である。この数年間、石井に関する記録は完全に沈黙している。彼が、新宿の陸軍軍医学校付近の若松町にいたこと、そこで教官をしていたことは分かっている。それ以外は定かでない。陸軍軍医学校が、医学校としては必要以上に防備強化された間、石井はそこに身を潜めていた。地下壕が建設され、有刺鉄線が二重に張られた。そして、医学校に全く必要ないはずの多数の防衛設備が増設されたのである。これは、なぜ日本人がただの医学校をここまで防衛する必要があるか、という疑問を投げかける。彼らは、それを何から防衛していたのか？　他の医学校は、こうした仕方で扱われなかったのに、なぜ陸軍軍医学校だけが、防備強化された軍事施設と化したのか？

この時期、平房の生活はより絶望的なものになった。一九四三年五月から六月にかけてのいずれかの頃、七三一部隊に収容されていた捕虜の一人が、巡回する守衛から鍵を盗み、一〇〇名以上の他の捕虜を解放した。研究者らは、脱走しようとする捕虜の群れを落ち着かせるよう、「彼らが無害な催涙ガスと信じた殺虫剤のクロルピクリン」を放出した。「脱走しようとしていた捕虜らは全員窒息死した」[418]。日本軍はまた、一九四三年八月に山東省をコレラ菌で汚染した[419]。関東軍が石井の開発した生物兵器を使用するのに、もはや彼の存在を必要としなくなっていたことは明らかであった。彼らは、石井なしで重大な生物攻撃を実施できたし、そうしたのである。

一九四五年三月、石井は七三一部隊長に返り咲き、軍医中将に進級している。石井は、少将から進級するため、十分な期間を野戦部隊に勤務したようである。彼が正確に何を行ったかは、謎のままである。

第五章　不正

石井四郎の物語で最も不可解な問題は、なぜ彼が戦犯者として裁かれず、有罪判決を受けなかったかということである。彼は、いかなる法の網からも逃れた。少なくとも、当時の中国人とソ連人にとって、これは第二次世界大戦の最大の不正であった。現在の一般的な印象に反し、A級戦犯者（いわゆる「最悪中の最悪」）として実際に裁判を受けた人々は、実のところは複数の取引、交渉の結果で、誰がA級戦犯者で誰がそうでないか、なぜ彼らが除外されたかは見分けがたくなっている。[420]ソ連は、石井四郎を裁判にかけるか、自分たちで彼を裁けるようソ連側に引き渡すかを要求した。マッカーサーは、この申し出をソ連のプロパガンダだと一蹴した。極東国際軍事裁判の主席検察官、ジョセフ・キーナンは、マッカーサーと彼の部下らから石井のことは何も聞かされていなかった。ソ連による身柄引渡しの要求は、検察当局にさえ秘密にされていた。

日本では、この不正を文書化、記録するために重要な研究が行われてきた。[421]国立国会図書館には、戦犯者数千名と彼らの処分に関する記録が保管されており、現在、一般に公開されている。[422]石井四郎、北野、内藤、清野、七三一部隊と生物兵器の研究、使用に最も関与した人々は、「この記録には」ほとんど登場せず、彼らの個人ファイルも保管されていない。

さらに興味深いことに、一九四五年八月九日に、日本軍最高司令部は、平房の七三一部隊施設の破壊を命じている。石井はこの命令に従おうとした。悪事を行なってないなら、なぜ七三一部隊の証拠一切を隠滅するのか？　ナチスは、アウシュヴィッツその他の強制収容所を破壊しなかった。石井四郎は、第二次世界大戦末から終戦直後にかけて、自らの犯罪の証拠を隠蔽しようとする罪人のように行動した。

石井は、自分が不法行為を働いたということを知っていた。マッカーサーは、石井が何をしたか知っていた。マッカーサーは、石井の有罪が説明され、戦争犯罪が詳述された、日本の兵士、民間人からの手紙を、少なくとも一通ずつ持っていた[423]。マッカーサーとその部下らが、満州と東京での石井の活動を理解しておらず、知りもしなかったと言うなら、それは極めて不誠実な主張であろう。けれども、石井は訴追されなかった。今では、石井が、生物兵器の人間への影響について人体実験を通して得た知識と引き換えに、自らの自由を手に入れていたことが知られている。

しかしながら、第二次世界大戦の終結で、石井四郎は高名な戦争の英雄から逃亡者に転じることを余儀なくされた。彼は、アメリカと中国からの逃亡者であった。彼は、戦犯者として公開裁判を受けたくなかったため、アメリカ人を恐れていた。そして、中国人と日本の共産主義者らは、ただ彼の死のみを求めた。

追跡

一九四五年八月六日の朝、アメリカは戦争終結を早め、表向きにはアメリカ人の命を守るということから日本の広島に核爆弾を投下した。即座に一〇万人以上が殺害され、時が経過し、放射能中毒の十分な影響が明らかになるにつれ、さらに多くの無辜の民が亡くなった。三日後の八月九日、次なる核爆弾が長崎に投下され、直ちに一〇万人近い民間人が殺害された。〔長崎への原爆投下による死者数は、七万四〇〇〇人で、「一〇万人」は、原著者による誤認である〕アメリカは、爆弾二発で日本の全人口の〇・五％近くを殺害した。八月六日の広島、八月九日の長崎への核爆弾投下の物語は、石井四郎の物語とも密接に結びついている。

一九四一年四月一三日、ソ連と日本は**日ソ中立条約**（または**日ソ不可侵条約**）と呼ばれる秘密協定を締結した[424]。この条約は、日本人にとっては非常に重要かつ不可侵であった。日ソ中立条約は、満州のノモンハンで日本がソ連と戦った紛争から生じた。ソ連軍は、日本の関東軍に圧勝し、関東軍は初めて敗北を喫した。一九三九年、関東軍がさらなる交戦に備えていた時、東京とモスクワは停戦合意した[425]。この停戦は、約一八ヶ月後に日ソ中立条約の締結につながった。当然ながら、この条約によって、スターリンは西部でのドイツとの戦争に、日本は南太平洋での連合国軍との戦争に集中できるようになった。一九四五年八月、日本は、この条約がまだ完全に有効だと見なしていた。

しかしながら、一九四五年八月九日の長崎への二発目の原爆投下とほぼ同時に、ソ連軍は満州国に侵攻した。満州国は、日本が満州に樹立し、溥儀を初代国家元首に就任させた傀儡国家である。溥儀は、その後、満州国の皇帝となった。日本との中立条約の破棄は、連合国側にとっては入念に計画され、予想された出来事であった。ヤルタ会談で、スターリンは、彼が日本と締結した中立条約を破棄し、太平洋戦争に参戦することを密かに認めていた(426)。

ソ連軍が満州国に侵攻した時、彼らには主要な目的が三つあった。その一つが哈爾浜であった。哈爾浜が満州北部に位置したため、ソ連軍は平房に到達するのに時間がかからなかった。日本軍は、日ソ中立条約を頼りにし、南方で連合国軍と戦うことで、そこ〔満州〕での戦力を大幅に枯渇させていた(427)。したがって、侵攻してくるソ連軍と政府の要請で満州国に住んでいた約二〇〇万人の日本の民間人を遮る壁はほとんどなかった。

ソ連が満州国侵攻により日ソ中立条約を破棄した時、日本側の視点からは、ソ連は許されざる罪を犯したことになる。日本人は三つの事件によって被害を受けたと感じている。広島、長崎への原爆投下、そしてソ連の中立条約破棄である。今日まで、この破棄のために、ロシア人は日本で信用されず、差別を受けている。日本側からすれば、この水準の欺瞞はまったく信じがたいものである(428)。当然ながら、日本は真珠湾攻撃を欺瞞的だとは見なさない。日本は、アメリカ側に攻撃が差し迫っていると通告しようとした。しかし、無能な外交官のためそれは遅れたのである(429)。

一九四五年八月九日午前〇時頃〔午前一時〕、ソ連軍は満州国に侵攻した(430)。ソ連軍は、ナチスから教訓を得たようである。なぜなら、それが電撃戦だったからである。日本軍は、この侵攻の本質を理解するのに数日かかり、理解した時には手遅れであった。ようやく八月一五日に、日本軍はソ連軍の戦力が四個戦車旅団、一個騎兵師団と推定する情報報告を受けた。ソ連兵らは、北方から満州国に接近するために内蒙古の砂漠と大興安嶺山脈を越えなければならなかった。日本軍はこれは不可能に近く、ソ連軍がそれを成し遂げるまでにはもう一月はかかると考えた。

防衛側の日本軍が、地形が自軍に有利に働くと見ていたこともまた皮肉である。一九四一年から一九四二年にかけての日本軍の強さの一つは、認識された地理的障害を克服し、防衛側の米英軍を彼らが予想だにしなかった方向から攻め込むというものであった。例えば、日本軍は、干潮時に、「渡れない」陸橋を渡り陸路でシンガポール島に攻め入っている。したがって、日本軍にとっては、満州北部の地形の通りにくさを頼りにしていたことは真の皮肉であった。

実際に、ソ連側は、日本軍が防衛していた満州国に、完全な野戦軍六個を投入した。同時に、ソ連は南サハリン〔樺太〕に侵攻し、北海道本島の北東に連なるクリル諸島〔千島列島〕を日本へ向けてさらに進軍した。日本人は、早くも一八四五年から南サハリンを占領していた。彼らは、サハリンが北海道の真北に位置するために、それが地理的にも文化的にも日本の延長とだと考えた。ソ連にとって、サハリンはUSSR〔ソビエト社会主義共和国連邦〕最大の島で、ソ連唯一の太平洋の深水港で、一年を通じて霧氷である。ウラジオストクを防衛する重要な位置にある。[431]

日本が勝利した一九〇五年の日露戦争の結果、ポーツマス条約により、サハリンの北緯五〇度以南は日本側に割譲された。[432] そのため、ソ連が中立条約を破棄するまで、四〇年間にわたり、日本だけが南サハリンを統治した。一九四五年八月には、南サハリンは北海道と同様に日本の領土であった。日本政府は、この島を**樺太庁**と名付けた。一九四四年まで、南サハリンには、四四〇〇〇〇人以上の日本人が暮らしていた[433]。戦後、ほとんどの住民が日本への帰国を許された。約三〇〇〇〇人が残留を選んだ[434]。

その結果、南サハリンは日本軍の主要な前哨地であった。ソ連軍の満州国侵攻の二日後、日本の全面降伏の僅か四日後に、ソ連軍は南サハリンに攻め入った。日本軍は南サハリンをうまく防衛した。二個大隊が真岡の港を防衛し、砲兵隊が援護した[435]。ソ連が南サハリンの制圧を完了したのは、日本が降伏したまる一〇日後の一九四五年八月二五日であった[436]。日本軍は、降伏後も南サハリンでソ連軍と交戦を続けた。

地理的に、サハリン、北海道、クリル諸島は、北海道を中央に「V字」を形成する。サハリンは「V字」の左端を、クリル諸島は右端を形成する。北海道は、サハリンとクリル諸島から見て「V字」の中央に位置する。ウラジオストクと太平洋の間を行き来するどの船も、宗谷海峡を通過しなければならない。つまり軍事的観点から、この「V字」は指揮の要所である。

第二次世界大戦が太平洋で終結すると、ソ連軍は北海道の北東に連なるクリル諸島四島、つまり択捉島、国後島、色丹島、歯舞群島も占領した。ソ連軍は、日本が降伏した後、次々と各島を占領していった。歯舞群島は、北太平洋に突き出たただの岩群で、それゆえ人は住めないが、択捉島は、二〇〇三年の定住人口で七〇〇〇人以上であった。一九四五年一〇月付の警察の調書には、ソ連軍によるこれらの島々の占領が詳述されている。この警察の調書によると、これら四島を占領していたソ連軍の守備隊は九〇〇〇人以上にのぼった。五〇〇〇〇人以上を数えた日本兵は、これらソ連の占領者に降伏した[437]。その後、ソ連兵らは、「これら四島と」北海道、その他の日本列島との連絡を全て断ち切り、無慈悲にソ連の支配を強要した。四〇〇〇人近い住民が、命からがら北海道に避難した。結果として、今日まで、日本はこれらの島々を自国の領土と主張し、これらの四島は日露国交正常化の主な障害となっている[438]。

八月九日の満州で、ソ連軍は四つの戦線に一五〇万人以上の兵力を投じた。これらのソ連兵らは、ヒトラーとナチスを討ち破った西部戦線の勝利から戻ったばかりで、武装、装備、栄養状態はおおた十分であった。満州国を防衛したのは、疲れ、病み、飢えた六〇万人の日本兵であった。ソ連軍は、哈爾浜を北の中心に古典的な二重挟撃作戦を展開した[439]。

ソ連兵らは、猛烈な速さで動いた。日本兵らは、隣のサハリンで、午前五時のアメリカのラジオ放送でソ連軍の満州侵攻のことを知った[440]。師団司令部からの正式な通達は二時間なかった[441]。要するに、強力な日本の関東軍は制圧されたのである。ソ連軍は、僅か二週間という期間に、関東軍を取り囲み壊滅させた。

当時、満州に住んでいた日本人は狼狽した。彼らは持てる限りの持ち物を手に、南へ向かって突き進んだ。関東軍は戦力を使い果たしながらも、自信過剰な辻褄合わせ（あるいは誤魔化し）を続け、これら逃げる日本人に、避難は一時的なものだろうと伝えた。そのため、多く日本人の親たちが我が子を中国人に預け去った[442]。彼らは、数日中には帰り、我が子を取り戻すだろうと考えた。実際には、彼らが戻ってくることはなかった。日本人らは本国に引き揚げた。今日でも、満州国の元日本人居住者の子供（今では高齢者である）が名乗り出て、日本の家族に認知を求めることがある。たいていの親は、とっくに死んでいる。しかしながら、〔彼らの〕多くには、まだ日本に生きる兄弟姉妹がある。

こうした再会の話には、うまくいくものとそうでないものがある(443)。
いずれにせよ、一九四五年八月上旬、中国の哈爾浜とその周辺は混沌期であった。一九四五年八月九日の朝、石井は、関東軍総司令部から電報を受け取った。電報の命令が何だったかは、それが暗号文で［記されており］、失われてしまったため正確には分からない。石井はこの電報を、七三一部隊［施設］を完全に破壊し、東京へ避難すべし、という意味に解釈した。とにかく、直ちに石井は、七三一部隊［施設］の完全な破壊と生き残った「丸太」全員の即時の殺害を命じた(444)。彼らは「丸太」を殺害し、七三一部隊の存在を示す証拠を隠滅しようと慌て、中国人捕虜同士に殺し合いを命じた(445)。奇妙にも、彼らはそれに従った。そのなかには、約四〇〇人の中国の国民が含まれていたという推定がある(446)。

ここはナチスとの重要な違いである。ナチスはアウシュヴィッツ、トシェビニャその他の死の収容所の大部分を放置し、それらを進軍してきた連合国軍に手つかずの状態で発見されるにまかせた。ナチスは、自分たちに隠し事があると思っていなかったようである。彼らは、ユダヤ人を拷問し殺害したことは実際に正しかったと確信していた。したがって、彼らは、証拠を破棄し隠蔽する必要を感じなかったのである。

関東軍総司令部からの命令で、石井は、七三一部隊［施設］の完全なる破壊を命じた。ナチスのように、石井が自分が善を行っており、そうすることで自分が正しかったと信じていたら、彼は七三一部隊［施設］を破壊しなかったはずである。関東軍からの命令と、石井が七三一部隊［施設］を破壊せよと命じた行為によって、彼が、平房での自らの行いを悪と考えていたことが示される。彼は、七三一部隊での自らの極悪な行動に関する証拠の多くを隠滅した。石井は、自らの犯罪の証拠を隠蔽しようとする罪人のように振る舞ったのである。

石井は、自らの命令が実行されたかどうか確認するために待ちはしなかった。彼は、七三一部隊に配属された一二人の医師と多くの兵士に、部隊に残って全施設を爆破し、あらゆる書類を破棄し、捕虜らを皆殺しにするよう命じた。石井は飛行機に乗り、そのまま東京へ逃げたと言われる[447]。哈爾浜から東京までの距離は一〇〇〇マイル弱であるため、これはもっともらしい。しかしながら、ほとんどの情報源では、石井が、日本人の住民と兵士らを避難させる、哈爾浜から釜山（現在の韓国）行きの特別列車に乗り込んだことになっている。釜山から、彼らは船に乗り、日本へ渡った。後述するように、この話には信憑性がない。

この特別列車に関する諸報告は相反する。［この列車で］釜山に到着するには三日はかかった。この列車の条件がひどいものだったという目撃証言がある。食料や水が不足し、兵士らのほとんどが自分たちが死につつあると思った。そのため、強姦、殺人、堕落があったと報告されている[448]。

一方、石井の娘の春海はこの列車が穏やかなもので、食料や水には事欠かなかったと報告している。春美はまた、父親のことを、心を傷つけぬ優しく温和な人物だったと回想しており、その証拠に彼が戦争犯罪で裁かれなかったことを挙げているため[449]、彼女の証言には説得力がない。また、春海が、哈爾浜で両親と暮らしていた頃の自らの生活が、「風と共に去りぬ」から出てきたようなものだったと主張していることからも、彼女の心酔した現実観には信憑性がないかもしれない[450]。

しかしながら、石井は日本民族の優越性の信奉者であった。彼は「武士道」を信じ、また武士の魂があらゆる困難を克服できると信じた。この日本の指導者らのエリート層にとって、降伏は最終的に面子を失うことであった。降参するより、戦死すべきであった。例えば、フィリピンの戦闘では日本兵三二万人以上が死亡したが、捕虜になって生き延びた日本兵が僅か七〇〇〇人だったのはこのためである。[451] つまり、勇敢なはずの石井は、降伏より死を信じ、欧米人の臆病さより「武士道」を信じ、日本軍の完全で絶対的な優越性を信じたが、狼狽して平房から逃亡した。常石は、石井が釜山にいる間に生存者の恩給計算の資料作りまで行っていたと主張している。後述するように、これは正しくない。

石井が、どのように釜山から加茂へ移動したか［を示す］文書記録は残っていない。しかしながら、郡司陽子という女性が、加茂での石井の暮らしを彼女の回想録に記録している。[452] 郡司陽子は、一九一六年に千葉県加茂の隣村に生まれた。（郡司陽子（仮名）本名・川口うた、一九一七年、現在の千葉県香取郡多古町生まれ。兄の七郎は、七三一部隊第一部五課［ペスト菌検索班］に所属した）一九四一年、彼女は七三一部隊員と結婚し、動物舎に勤務するために満州へ渡った。一九四五年八月九日、彼女は特別列車に乗り込むと、他の日本人避難者らと釜山へ向かった。春美が父親と列車に乗り込んだという話が正しければ（正しくはない）、これは同じ列車だったはずである。しかしながら、二人の社会的地位の隔たりを考えると、石井は、間違いなく列車の別の車両に乗っており、郡司の地位の人々とは接触しなかったはずである。彼女は、福岡に近い門司港に引き揚げ、他の特別列車で加茂近郊の故郷へ帰り着いた。

郡司が帰郷して一月足らずのうちに、石井四郎の兄、三男が彼女のもとを訪れた。平房では、三男が郡司の上司だったので、彼女は、彼のことを「**技師殿**」と呼んでいた。「技師」とは、不特定の技術的訓練を受けた人物か、技術的適性を備えた人物を示すただの敬称である。「殿」はもはや死語である。一般的な用法で、それは「様」や「さん」に置き換えられてきた。この文脈で、このように「殿」を使うことから、郡司について多くが見えてくる。彼女は、古い侍の伝統の信奉者だったのである。この文脈で「殿」は、"load"［領主］または"master"［主人］と英訳できる。それは、明治以前の時代に、武士（最高位）に対し、その階級に属さぬ者が話しかけたり、階級内での上下関係を示すために使われた言葉である。彼女が加茂［の隣村］に帰郷して一月足らずで、石井三男は、彼女に、「ちょっと加茂へきて手伝ってくれ」[453]と何気なく言った。

これは、ぶっきらぼうで古風なやり方での雇用の申し出であった。郡司は、彼女の回想録で、かなりゾッとする場面を記録している。彼女は、石井の私設秘書として職務に就くため加茂に移った。そこで彼女は、石井四郎とその兄二人が、石井家の古い屋敷に閉じこもっているところに出くわした。彼女は、石井家の皆が加茂におり、外出は決してしなかった、と報告している。兄弟らは、アメリカ人と日本の共産主義者の双方が、戦犯者として自分たちを追跡しているため、彼らが危険にさらされていると話し合っていた。その時、郡司は、石井四郎が「石井家は、国家が守ってくれるから安心だ」と声を張り上げたのを耳にしている。[454]

郡司の報告では、石井の家族は屋敷にとどまり、石井四郎と共にひどく粗末な食事をした。一九四五年秋まで、石井四郎は読み書きに集中し、裏庭の外には出ず、誰からも知られることはなかった。彼らは、二ヶ月以上もこうした生活を送った。彼らに出された食事は粗末で、家の掃除をし、考えごと、心配ごとの日々を過ごしていたようである。

そして、一〇月のとある日の午後一〇時頃、一台の自動車が石井家の屋敷に到着した。この自動車には、石井四郎の妻と、憲兵（日本の軍事警察）のような男二人が乗っていた。彼らはすばやく石井家の屋敷へ入り、石井四郎とその兄二人を呼び出した。郡司には、彼らが石井四郎を守るためにそこに来たように思われた。

郡司は、彼らが、石井四郎にとって加茂にいることがいかに危険で、出発するならそれが最善だと話し合っていることに、どういうわけでか気づいた。その時、石井三男が郡司に近づいてきた。そして、彼は心配そうな声で、「これから出るから、郡司、支度せよ」[455]と命じた。郡司は、真夜中過ぎだと気づいたが、言われた通りにした。

真夜中に、石井家の屋敷で、自動車の中に石井夫人と同行していた二人の日本人男性は、有末精三と服部卓四郎[456]だった、と郡司は報告している。服部は、大日本帝国陸軍大佐、陸軍参謀本部作戦課長、東条英機陸相秘書官を歴任した。有末は、終戦直後の日本における重要人物であった。彼は「有末機関[457]」〔対連合国陸軍連絡委員会〕の委員長であった。マッカーサー元帥とSCAP関係者らは、この委員会に、占領をできる限り穏便に進めるよう任務を与え支援した。彼らは、日本の共産主義者らを監視し、起こりうる共産主義クーデターの企てをSCAPに警告する任務を与えられた。[458]

最初、有末自身が戦犯者だと考えられた。SCAPは、彼を最悪中の最悪であるA級戦犯者と考え非難した。彼がいかにして［戦犯］指定と、実際に、あらゆる戦争犯罪容疑を免れたかは定かではない。しかしながら、有末はSCAPと協働し、終戦直後の日本を騒乱少なきものにするよう尽力した。周知のとおり、彼は、当時の日本で入手がほぼ無理だった食料品等を支給されていた。[459]有末が、戦後数年を経て、米軍が使用していた今では有名な暗号が、アメリカ先住民〔ナバホ族〕の暗号だと知った時、彼は「ありがとう。あれは決して解けぬ謎と思っていました」と答えた。[460]

有末は、後にマッカーサーとの親密な諜報関係を築き、戦犯者としての訴追を免れるために自らの情報を取引した。この関係は、マッカーサーが石井と築いた関係よりもはるかに寛容なもので、利益も大きかった。[461]

降伏から二週間後の八月二八日、マッカーサー元帥と連合国占領軍全体が東京に到着する数日前、飛行機四六機が沖縄から東京の真南にある厚木海軍飛行場へ飛行した。最初の飛行機には、チャールズ・テンチ大佐とその通訳のフォービアン・バワーズ（「歌舞伎」を救った男）が乗っていた。テンチの乗った飛行機［の操縦士］は、ほとんどの操縦士が訓練されているように風に向かってでなく、風と共に着地する奇妙な操縦をし、受け入れ側の日本人の一団が予想したように滑走路の南端でなく、その北端に着地した。受け入れ側の日本人の一団は、自分たちを戦争で打ち負かしたばかりの軍隊が、こうした素人まがいの誤りを犯すものかと驚いた。[462] ようやく彼らが飛行機から降り立ち、受け入れ側の日本人の一団も態勢を整えた時、有末精三中将が、マッカーサー元帥の先遣隊として日本を占領するために到着した最初の米兵らを出迎えた。[463] 占領軍先遣隊が最初に目にした顔は、有末精三中将の顔であった。

有末中将は、終戦の到来を予見していた。［元］大本営陸軍部情報部長の力で、彼は重要な諜報文書を収集した。戦犯者と考えられていた時、彼は自らの訴追免責と引き換えに、これらの文書ＳＣＡＰ関係者らに渡した。[464] その後、彼はＳＣＡＰの目となり耳となる任務を与えられ、起こりうる共産主義クーデターを監視した。SCAP関係者らは、共産主義が日本を支配することをひどく憂慮し、少なくともA級戦犯者一名（後述するようにさらに多くの戦犯者）と、共産主義の運命を避けるために彼の提供できるあらゆる手助けとを取引した。

千葉県加茂村の石井四郎の屋敷の玄関先に、彼の妻を乗せた自動車で姿をあらわし、石井に加茂にいるのは危険過ぎだと力説するとは奇妙な人物である。確かに、石井の妻は、有末と服部を石井の屋敷へ案内するだけでも必要だったはずである。石井の妻なしで、真夜中に、焼け野原になった東京を通り、加茂のある田舎へ移動することはできなかったろう。しかしながら、有末精三は、一九四五年一〇月に、共産主義者の意図を知る唯一の日本人だったはずである。真夜中に、有末精三が屋敷の玄関先に姿をあらわし、安全な場所に密かに連れ去るなら、それは白馬に乗った騎士に救われることである。有末は共産主義者らの計画を知る唯一の人物であった。彼は、当時、石井四郎を救うことのできた唯一の人物であった。有末は逃亡をまとめ、それを実行できる唯一の人物であった。[465] 当然ながら、彼がそのように行動した理由については全く情報がない。

SCAPと緊密に協力していたので、有末はその指令によってそうしたか、あるいは彼らに知られることなくそうしたかである。彼がSCAPの指令でそうしたのであれば、アメリカ側は生物兵器問題での石井の重要性を、彼らの報告よりずっと早くに知っていたことになる。その後、アメリカ人が石井に一種の免責を与え、俸給すら与えた待遇を考えると、有末が、アメリカのために、より具体的にはSCAPのために活動していたと考えられないわけではない。

有末が、SCAPに知られることなく活動していたなら、彼は石井の重要性を知っており、石井を共産主義者らの手による確実な死から救ったことになる。また、それによって、有末が二重スパイとして活動していたことにもなる。有末は、時に日本の共産主義国化を防ごうとする米軍のために働いた。彼は、時に自らの友人らをアメリカの訴追から保護し、免責されるようにすることで、戦時中の日本のために働いた。

どちらの選択肢も、占領を美しくは描かない。アメリカ人らと緊密に協力する二重スパイがいたか、あるいはアメリカ人らが、石井四郎をかばい、彼を共産主義者（石井の死を望んでいた）や、石井を知っていれば、彼をA戦犯者として訴追することを望んだろうジョセフ・キーナン主席検察官から保護する陰謀を企てたかである。

郡司、石井、彼の妻、有末精三、服部卓四郎は、空襲で焼け野原になった東京を夜通し移動した。それは困難な移動で、彼らはどこにも立ち寄らなかった。郡司は、途中お手洗いに行きたいから停車してほしいと頼んだ。石井は、「自分の座っているところですればいい」[466]と言った。明るくなった頃、自動車は下北沢にある豪邸に到着した。下北沢は、東京の西の郊外に位置する。加茂から下北沢まで、今なら自動車で約三時間というところだろう。一九四五年一〇月に、空襲で焼け野原となった東京で、共産主義者らから逃れるため、それは、かなりつらい移動だったに違いない。

日本の一〇月、日の出は午前六時頃である。郡司は、午前〇時をすぐ過ぎた頃に出発したと報告している。したがって、この移動には約六時間かかったことになる。当時の道路事情を考えると、この自動車はかなりの速度で移動していたに違いない。この自動車が絶望的狼狽のうちに加茂から逃げた、と言っても間違いはない。

彼らが到着した下北沢の住宅は、〔日本〕特殊工業株式会社（日本の戦争に貢献した主要製造業者）社長、宮本茂宅であった。〔郡司陽子「証言・七三一部隊」では、宮本「茂」となっている。本名は宮本「光一《みついち》」。戦時中は日本特殊工業社長、戦後は日本ブラッド・バンク（血液銀行）取締役〕宮本宅にいる間、一行は厳戒態勢で共産主義者らを見張り、待ち構えた。そこには、内藤良一をはじめ、他の面々が石井との会見を待っていた。内藤は、シンガポールに〔岡〕九四二〇部隊〔南方軍防疫給水部〕を創設し、石井が七三一部隊で行った生物兵器の実験と同様の実験を行った。また、彼は、石井が平房にいた間は、石井に次ぐ大物であった。

数時間後、四人（石井の妻を除く）の一行は宮本宅を出発し、車で僅か数分の東北沢にある極めて立派な家屋へ移動した。これは宮本の妻の実家だったようである。この家に数日滞在した後、石井と郡司は、戸山の陸軍軍医学校にほど近い若松町の石井の自宅へと移動した。石井の自宅は、コンクリート造の堂々たる二階建てであった。[467] この家は、東京第一陸軍病院のすぐ近くにあった。当時、地元住民はそれを「東二」という名称で呼んだ。

若松町の石井宅は、目を見張るようなものであった。郡司は、七三一部隊で研究目的に使われる動物の世話をする第三研究班に勤務していた時、平房でずっとその話を聞いていた。郡司は、鉄筋コンクリート壁の向こうに、石井、彼の妻と「子供たち」を認めた。郡司は、複数系の「**子供たち**」という日本語の単語をはっきり使っている。[468] 石井の「子供たち」に関するこの何気ない言及を除くと、戦後の彼らの暮らしぶりについての記録は他にない。郡司は、彼女の著書に一枚の写真を掲載し、それが石井四郎の子供四人の写真だと主張しているが、これは戦時中の哈爾浜で〔撮影された〕ものである。(469) 現在、日本政府が、法で個人の家族記録を封印しているので、この客観的な情報に手は届かない。

石井の部屋は二階にあり、一部屋が縦横で約一八フィート×一八フィートであった。現在の日本の基準からすると並外れて大きな部屋で、一九四五年当時の日本の基準からすると幻想的な広さの部屋であった。その隣の部屋は、畳敷きの和室であった。

郡司がこの家に初めて足を踏み入れた日から、彼女は石井四郎がここを離れるところを見なかった。二階の窓には全て、黒いカーテンがつけられていた。これらの窓から、石井は周囲を見張り、ソ連が自分と天皇の身柄引渡しを要求していると聞き、逮捕されるのではと待ち構えた。郡司は、石井が笑いながら「これが私の定めのようだ」と寂しげに語ったと回想している。(470)〔この部分に対応する原文は以下である。「まるで亡命しているようだな」郡司陽子著「【証言】731石井部隊」〕

ある日、郡司が、石井の隠れている二階の部屋にお茶を持って行くと、彼は数名のお隣さんが自殺したと話した。彼女はこれを石井が自殺を考えているという意味に解釈した。しかしながら、彼はそれに続けて「多勢の人間に迷惑をかけることになるから、死ぬわけにはいかんのだ」と話した。(471)〔この部分に対応する原文は以下である。「ある時、わたしが二階にお茶をもっていくと、隊長が『近衛さんも白鳥さんも自決された』と沈んだ様子でわたしにいう。〈隊長も死にたいのだな〉とわたしは涙ぐんでしまった。『多勢の人間に迷惑をかけることになるから、死ぬわけにはいかんのだ』と、隊長は自分を励ますようにいった」郡司陽子著「【証言】731石井部隊」〕

この時期、石井四郎の足には問題があったようである。郡司は、彼の足をマッサージした。彼は、とても親切に「ありがとう」と言った。誰かによくしてもらった時、彼はいつもそう言っていたようである。
郡司が石井のためにやらなかったことはない。例えば、ある日、彼女は石井が自分を呼ぶのを聞いた。郡司が返事をした時、彼女は、石井がお手洗いにいることに気づいた。石井は鉛筆と紙を頼んだ。郡司がこれらの物を石井に届けに行くと、彼は便所の戸を開け放っていた。彼女はそれらの物を手渡し、石井が便所でしゃがんだままだったのを目にした。日本人は、便所で用を足す時、穴や溝の空いた床に座ってでなく、しゃがんでした。彼には、しばしば思いついたことを書き留める習慣があったようである。

当時、石井は二冊の日記を執筆していたようである。彼が、実際にいつそれらを執筆したか定かでない。青木冨貴子が日記を発見しており、彼女は二冊とも石井が著したと主張している[472]。青木は、七三一部隊の恐怖とその様々な犠牲者についての事細かな報告書、「７３１」という本の著者である。彼女がいかなる接触も拒否し、研究者らの求める接触や情報提供さえ拒否しているため、これらのメモが本物かどうかを見極めるために独自に分析する手段はない。青木は、自分の本のために調査していた時、渡邊あきという名の女性を取材したと主張している。渡邊は、加茂の石井四郎宅のお手伝いさんであった。石井は、彼女を平房へ連れて行き、そこでお手伝いさんとして彼のために働かせた。渡邊は、石井が自らの一〇〇ページに及ぶ回想録が書かれたノートを、米軍に没収されることを恐れ彼女に預けたと主張した[473]〔「もしアメリカ人が来て没収すると困るから」青木冨貴子著「７３１」〕

これには信憑性がある。なぜなら青木は、神奈川大学の常石敬一教授とメモを共有しているからである。青木は、日記の写真を含む資料を発表している[474]。青木はまた、二〇〇六年一月九日に、日本人記者の取材に応じている。彼女は、この記者にメモの全文閲覧を許可した[475]。したがって、石井が本当に二冊の日記を書いたことは確認できないが、それらが存在し、石井が署名したことは確認できる。

一冊目の日記には、一九四五年八月一六日（日本降伏の日の翌日）の日付があり、二冊目の日記には一九四六年一月一日の日付がある。どちらの日記も、「**終戦当時メモ**」と題されている[476]。石井は、戦後の時代を示すのに、より一般的な「**敗戦**」という言葉を使う気になれなかったようである。「敗戦」は「戦争の敗北」を意味する。「終戦」は、単に「戦争の終わり」を意味するだけである。つまり、石井は戦後の時代を、戦争における「敗北」とは呼ばなかった。むしろ、石井は、単なる戦争行為の終結を意味する語を、あたかも一九四五年八月に日本が置かれた完全な敗北と荒廃により適した語のように使用した。

その上、これらの日記は「終戦当時」と呼ばれている。「当時」は、［英語で］単に"at the time of"を意味する。したがって、石井の日記の正確な題は"a memo at the end of the war"「終戦当時メモ」となる。各メモは、当時大学生が利用していた罫紙約五〇ページに書かれており、またある種の暗号文でもある。暗号の一部は理解できるが、他の部分はそうではない。石井がいなければ、あるいは［暗号］キーがなければ、彼が何を述べているか確実に語ることはできない。例えば、七三一部隊の暗号は英語の「M」である。文脈からすると、そうに違いと思われるが、この文章もほぼフィクションのように見える。Mについて記されていることには、正確なものもあれば、空想的だと思われるものもある。

戦時中、渡邊は、七三一部隊で石井四郎の下に勤務した。彼女は、戦後になると逃亡し、帰郷を企てた。彼女は、デモンストレーションが多く、行く手を阻まれると思った、と青木に報告している。しかしながら、彼女は他に何もすることがなかったので、ただ帰郷しようとした。〔この部分に対応していると思われる原文は以下である。「自分の実家（加茂）に帰ろうとしたとき、いろんなデマが飛んでいて、東京はアメリカ人にみんな占領されちゃって入れないとか……まあ、しょうがないから行けるところまで行ってみようと思っていたら、そんなこともなく家に着いて」。青木冨貴子著「731」〕しばらくして、彼女はようやく加茂に帰り着いた。青木が七三一部隊について質問すると、渡邊は、七三一部隊の秘密を明かすより自殺するよう青酸を与えられたと答えている。

平房の冬は過酷に寒く、夏は砂嵐で外出もままならなかったが、渡邊には七三一部隊以上の生活を想像できなかった。彼女は、七三一部隊での生活が一生続けばどんなに素晴らしいものかとしばしば考えた。彼女は、物事が終わる唯一の仕方は日本が滅ぶことだと思っていた。そして、日本が滅びたため、彼女は無一文で帰郷したのである。

青木にインタビューされた時、渡邊は、一九四五年八月一二日に、彼女が平房で生まれた三人の幼い娘らの手をつかみ、貨車に詰め込んだと述べている。人々は、獣のように貨車から身を乗り出していた。蒸気機関車が牽引する無蓋の貨車に詰め込まれ、通常であれば三日で済む移動が二週間以上かかった。雨が降れば、彼らはずぶぬれになったであろう。彼らは、虱にたかられた。彼らには、衛生設備も便所もなかった。汽車には蛆虫がわいた。彼らには選択肢がなかったため、汚水を飲み、下痢をした。下痢は止まらなかったであろう。渡邊は「命からがらで帰ってきました」と語っている。[477] 渡邊が加茂に帰り着いた時、彼女は、数週間も入浴せずにいたため煤だらけになり乞食のようだった。

東京の自宅で、渡邊は、石井が書いたとされるいわゆる「メモ」を青木に渡した。いかにして、これらの日記が渡邊の持ち物になったかはまったく分からない。明らかに、これら日記に関して一連の管理権の問題がある。青木は、石井がこれらの日記を執筆したかのように信じている。彼女はそれらを厳重に保管し、ごく限られた少数の研究者らにだけに閲覧させるようにしている。恐らく、日記を見た他の研究者は、常石ただ一人であろう。青木、常石ともに、メモが本物で、石井四郎が執筆したと報告している。二人とも第三者による調査を許可していないため、この主張を検証することはできない。もし本物なら、これらのメモは、石井が七三一部隊にいた間に受けた命令や連絡の重要な記録となる。青木も常石も、メモの内容を説明するために幅広く執筆してきた。

メモは、明治時代に訓練された軍人から予想されるような正確な手書きではない。むしろ、筆致は太字で判読しにくい。多くの箇所で、文字の意味よりも音価のために使われる文字や、単に判読できない文字がある。多くの箇所で、読者は何が書かれているかただ推測するだけである。

メモによれば、石井は、天皇の降伏宣言の翌日の午前二時に［日記を］書き始めたという。当然、この瞬間は、天皇の下に育ち、彼の理想に人生を捧げてきた皆にとって重大な時であった。石井には他人への思いやりがないということが証明されたとはいえ、これは彼にとって極めて感慨深い時だったに違いない。手書きの本文の一頁目に、〈八月一六日、二〇時発　大連の処置〉とある。〔「大連の処置」とは、大連にあった衛生研究所の処置のこと。「機秘密書類の徹底焼却」が命じられた〕

一九四五年八月九日の朝〔午前一時〕、ソ連軍は満州［国］に侵攻した。軍隊は国境を越えて押し寄せ、日本の占領者らを完全に圧倒した。石井の日記の最初の部分は、八月九日から八月一四日までのソ連軍の侵攻をめぐる出来事を、彼の視点から記録したものである。［この部分には、］山田乙三大将が、ソ連軍の侵攻は当分ないだろうと語っていたことが記されている。彼が話している最中に、それは起こっていたのだが。山田は関東軍総司令官であった。その地位にある権威者が、侵攻が起こっていることを知らなかったように見えるところから、日本軍の集団内に深刻な混乱が生じていたことが示されている。山田は、ハバロフスク戦争犯罪裁判で裁かれ、戦争犯罪の判決を受け、二五年間の禁固刑を宣告された。しかし、彼は、後の一九五六年に他の捕虜らと日本に送還されている。

ハバロフスク裁判で、山田は、彼が「細菌兵器の最も効果的なる用法」[478]を考案したら、細菌兵器を増産するよう命じられたと述べている。この主題を研究するほとんどの学者の信じるところは、東京からの命令に関するこうした供述から、山田が、石井の発明した方法――ペスト菌やその他の病原体で汚染された蚤の空中散布を敵軍に対して行うこと――を使用しなければならなかったというものである。つまり、ハバロフスク裁判での証言により、山田と石井が緊密に連絡を取り合っていたことが示されるであろう。

したがって、さらに特筆すべきは、関東軍の総司令官が、ソ連軍の侵攻が数日間は起こらないだろうと確信を示していた時に、石井が［それについて］より正確な情報を持ち、山田に黙って東京へ逃げたようだということである。石井が八月九日のソ連軍の満州国侵攻について知ることができたのに、関東軍総司令官には［それが］分からなかったというのは理解しがたい。

繰り返すと、これは、すべて一九四五年八月の満州がいかに混乱していたかということの証明である。石井は逃げるべきことを知っており、七三一部隊［施設］の破壊を命じた。しかし、同軍の総司令官は、その命令を受けなかったか、伝えられた内容を信じなかった。もしそうなら、誰が石井に七三一部隊［施設］を破壊し、逃げろと伝えたのかという疑問が生じる。

石井は、一九四五年八月九日から八月一四日までの時期に関するこのメモを、八月一六日の朝に書いたようである。メモの中で、彼は、それを書いた時どこにいたか述べておらず、誰も［それを］知らない。八月一六日までに、石井は加茂に帰郷していたか、帰途にあったはずである。郡司の報告から、彼が加茂に到着したことは分かっている。彼がいかにして加茂に辿り着いたか、彼の移動の具体的な内容、この移動中に彼が何をしたかは、依然として不明である。石井の娘の春海は、彼が哈爾浜発の最終列車に乗ったと主張している。しかしながら、後に、石井は、飛行機で移動したと主張している。分かっているのは、一九四五年八月一六日の朝の時間帯に、石井がどこかで日記を書き始めたということである。また、石井が一九四五年八月一六日にこの日記を書いたということも、彼の言葉に過ぎない。ご存知の通り、石井の言葉には重みはない。

郡司はまた、石井が一九四五年一〇月に、若松町の掩体壕の二階にずっといて、何かを書いていたようだとも報告している。石井がこの手記を書いていたのは、郡司の出すお茶を飲みながらだったかもしれないし、彼が内藤良一に会い、七三一部隊、その能力、その指導者に関する情報を暴こうと望むアメリカ人たちとSCAPの捜査網について知った間かもしれない。したがって、SCAPが石井の行方を追っていた間、彼は若松町の掩体壕に潜伏し、これらのメモらしきものを書いていたのである。

石井は、一九四五年九月までにペスト菌で汚染した鼠三〇〇万匹の増殖を命じた。これを行うため、彼は関東軍の全地上部隊に鼠を追わせたと言われる(479)。日本軍最高司令部は、生物兵器の使用でソ連軍の満州国侵攻を撃退できると期待した(480)。これは、八月九日のソ連軍の満州国への侵攻によって中断された。ソ連軍が電光石火の速さで、日本軍の予想よりはるかに早期に攻撃できたため、彼らは自分たちに対する石井の生物兵器の使用計画を全て回避できた。確かに、これは石井とその優越感にとって大きな痛手だったに違いない。

それどころか、石井は、七三一部隊［施設］と彼の実験の証拠全てを隠滅するよう命じられた。石井はこの命令に完全には従わず、絞首台から逃れるため一部の証拠を残した。七三一部隊のほとんどの評論家らは、それが「完全に」破壊されたと主張する。だが、そうでないことは確かである。多くの建物が当時のままか、部分的に残っており、多くの秘密を露わにしている。

石井の日記は、関東軍の命令で満州国に移り住み、同軍に見捨てられた一〇〇万人の日本人住民らの扱いを入念に記録するところから始まる(481)。この一冊目の日記の残りは、八月八日から八月一四日までの記録である。日本史のこの瞬間は、「**御聖断**」として知られている。御聖断とは、天皇が望みを捨て、降伏が実際に日本国民と世界に発表される前日に、玉音放送を録音した時を表現するため使用される特別な用語である。石井四郎のような絶対的な伝統主義者にとって、戦争の重要な日々は、公式の皇室用語で記念される。石井は、天皇がそうだったのと同じく、終戦が、世界の誰もが信じるように八月一五日でなく、八月一四日だと信じていた。

石井は、この時期、「**軍司令官**」だったと主張している。つまり、彼は部隊を指揮する活動に従事していたのである。その過程で、石井は、東京から新京へ飛行機で移動したと主張している。新京とは、日本が自国の新しい傀儡国家のために建設した満州国の首都である。当然、「新京」とは「新しい首都」を意味する。当時は新京、今は長春である。

石井は、ソ連軍侵攻から天皇降伏までの時期（八月九日〜一四日）に、自分が東京から新京へ移動したと主張しているが、これに関する第三者による検証は行われていない。これまで見てきたように、石井が彼の様々な移動について公言するたび、その一部が架空のものだと証明されてきた。しかしながら、今回は朝枝繁春による明白な補強証拠がある。

一九四五年八月、朝枝は大本営参謀であり、七三一部隊は彼の直属であった。したがって、彼は、石井が新京を行き来していたかを知る立場にあった。朝枝は、石井が東京から新京へ飛行機で移動したと主張している。大本営が管理していた記録はこの主張を裏付ける。(482) メモの中の石井の後の記録は、この主張を裏付けている。

朝枝は、天皇の戦犯者としての責任を確信し、いく度もそう語っている。朝枝の主張するところでは、一九四五年八月一〇日、彼は天皇の名の下に活動していた河辺虎四郎（参謀次官）という上官から、七三一部隊［施設］を破壊し、その証拠を地球上から隠滅せよとの緊急の伝達を受けた。(483) この命令によって、天皇が、七三一部隊と石井四郎の指揮下に、そこで起こった一切に責任を負っていたことが証明される、と朝枝は二〇〇〇年一〇月に亡くなるまで信じた。

朝枝は、一九九七年にテレビ朝日の取材を受け、彼が満州で石井四郎と面会していたと述べている。「石井が、人間を被験者とする生物兵器、毒ガス、凍傷の研究の世界に火をつけた。これに関する刑事責任は、直接天皇にある。【それ故に】天皇は、石井に彼の実験の記録全てを破棄し、地球上から隠滅するよう伝えた」[484]と、朝枝はこのインタビューで語っている。〔「闇に消えた虐殺」（テレビ朝日、一九九七年）での朝枝繁春の発言は以下の通りである。「人間を使って細菌と、毒ガスと、凍傷の実験をやったということが世界にバレたらえらいことになると。直に、天皇に、これは来ると」。〕

朝枝はまた、作家の井出孫六の著書、「**終わりなき旅**」の取材にも応じている。「満州で日本人のやったことは強盗と同じことです。強盗の子を引きとって、残留孤児の養父母たちは、今日まで養ってくれたのです。残留孤児問題を中曽根康弘首相は全力をあげて解決しなければいけません」[485]と、彼はこの取材で語っている。

朝枝は、コミュニスト・デモクラシー、いわゆる「デモクラシー運動」を追求し、日本での共産主義を提唱することに生涯を費やし、アメリカによる日本占領期には驚くほど不人気な立場にあった。奇妙なことに、朝枝は、一九四五年九月二日の降伏文書調印式で、米海軍戦艦「ミズーリ」艦上で、署名に立ち会う参謀として写真に写っている。彼がシベリアに抑留され、一九四九年に送還されたという報告もある。朝枝の名は、彼が関東軍の参謀〔関東軍参謀部作戦課〕で、石井と七三一部隊の監督者として明らかに戦犯者だったにもかかわらず、戦犯者名簿に載っていない。いずれにせよ、朝枝は極めて複雑かつ葛藤した人物で、歴史が特定の仕方で描かれるところを見るという個人的な目的を持っていないわけでなかった。そのため、石井四郎が一九四五年八月上旬に部隊指揮のために東京・新京間を飛行機で行き来したとする彼の主張は、石井の部隊があった平房が、新京から一六〇マイル程の距離にあったにせよ、信憑性を持たせるには、存在しない裏付けをさらに必要とする。その後、他の学者らがこの話を繰り返してきたというだけで、それが真実だというわけではない。

メモが、実際の戦争活動に及ぶところには、「八月八日、ソ連軍対日宣戦布告」と述べられている。[486]午後一一時、モロトフ外相が佐藤駐ソ大使を呼び、ソ連が日本に宣戦布告したと告げた。実際の侵攻は、数時間後に行われたのだが。日本側の通信状態が非常に悪く、山田がソ連軍との戦争がまだ先だと主張していた時、石井は宣戦布告のことを知っていた。

次の記録には、「八月九日原子爆弾。ソ連戦に対する午前十時、宮中最高戦争指導者会議」とある。[487]この行の後に、「関東軍より電報」と続いている。[488]石井がこの記録を書いたと報告する一九四五年八月一六日、アトミック・ボムの日本語である**原子爆弾**は、作られてまだ一週間も経っていなかった。政府関係者の一部は、爆弾が「原子力」によると知っていたが、報道機関がその言葉を最初に使用したのは八月一一日であった。八月一〇日、日本政府は、スイス政府経由で、この爆弾に異議を唱える抗議文をアメリカ側に送っている。この書簡で、「**原子爆弾**」という言葉は使用されていない。その代わり使われた言葉は「**新型爆弾**」である。石井は、彼がこの記録を書く僅か五日前に報道機関で初めて使われた「原子爆弾」という言葉を使っている。このことからも、石井が新京から釜山行きの列車に座り、世間から完全に孤立した人物だったわけでないことが示される。これによって、石井が、非常に慌ただしく混乱した時期に新聞を読んでいたか、「爆弾」について上層部と連絡を取っていたことが示される。

石井が、彼の主張するように八月一六日にこの記録を書いたということは、実際に考えられる。しかし、そうなると記録の内容が疑わしくなる。この時期、石井は、七三一部隊と彼の悪行の証拠を隠蔽するために走り回っており、必死だったと主張している。だが同時に、彼は新聞を買い、腰を下ろしてそれを読み、一九四五年八月一一日以前には日本の辞書になかった新しい言葉を知ることができた。あるいは、石井が大本営と緊密に連絡を取り、彼らが石井にこの言葉を知らせたかのどちらかであろう。後者なら、このことを示す電報、電信やこの話を立証する大本営からの文書はない。

いずれにせよ、石井は原子爆弾という現代的でとてもよく使われる言葉を、その最初の公式の使用の五日後である一九四五年八月一六日には使っていた。これが何を意味するか、極めて不思議だと言う以外に、明確な結論を出すことはできない。

次の記録は、八月一〇日、一一日の記録である。〈八月十日臨時閣議〉〈関東軍より電報〉。八月一一日〈新京に軍司令官当地訪問[489]〉［とある］。

八月九日、一〇日、一一日のこれら三つの記録から、当時、石井が東京にいたことが示される。たとえ原爆という言葉が知られ、それが長崎、広島の大爆発の原因だと判明しても、石井がこの日記を書いたという八月一六日までにこの情報が満州に届くことはなかったろう。石井が東京にいなかったなら、彼は閣議とは無縁だったはずである。そして、最も明らかなことに、彼が新京へ派遣されたか、自ら［そこへ］行ったという記述から、当時、彼が東京にいたことが示される。石井が若松町の掩体壕に避難し、米軍機からの空襲を避けていたのか、それとも加茂で家族や友人らと過ごしていたのか知ることはできない。

他方、石井の娘の春海は、彼女が八月九日に父親と共に哈爾浜から釜山行きの列車に乗っていたと報告している。東京や加茂に戻るには、何日もかかったはずである。郡司は数日かかったと報告している[490]。

いずれにせよ、石井が八月九日に受け取ったと報告している電報が、朝枝が八月九日に送ったと報告している電報なのかは見分けがたい。だが、その可能性は高い。朝枝がソ連軍の満州国侵攻を知った時、彼はすぐさま七三一部隊のことを考えた。彼は、ソ連軍に七三一部隊の人体実験の証拠を握られた場合、天皇がどうなるか考えた。そのため、彼はすぐに石井への電報を作成した。「貴部隊ノ処置ニ関シテハ朝枝参謀ヲ以テ指示セシムルノデ一〇日新京軍用飛行場ニテ待機セラレタシ[491]」。

八月九日、一〇日にも、関東軍総司令官、山田乙三は、石井に「爆破による第七三一部隊及び第一〇〇部隊の解消[492]」と打電している。

一九四五年八月一〇日、朝枝は、新京の軍用飛行場へ行き、伝えられるところでは、「格納庫で」石井と約一時間にわたって「立ち」話をしたという。朝枝は、「『マルタ』が何人いるか」と訊いた。そして、彼は石井に次の指示を出した。

1　貴部隊は全面的に解消し、部隊員は一刻も早く日本本土に帰国させ、一切の証拠物件は永久にこの地球上から雲散霧消すること。

2　このために工兵一個中隊と爆薬五トンを貴部隊に配属するように、既に手配済みにつき、貴部隊の諸設備を爆破すること。

3　建物内のマルタは、これまた電動機で処理した上、貴部隊のボイラーで焼いた上、その灰はすべて松花江《スンガリ》に流すこと。

4　貴部隊の細菌学の博士号をもった医官五十三名は、貴部隊の軍用機で直路日本へ送還すること。

その他の職員は、婦女子、子供に至るまで、満鉄で大連にまず輸送の上、内地に送還すること。このため満鉄本社にたいして関東軍交通課長より指令の打電済みであり、平房店駅には大連直通の特急（二千五百名輸送可能）が待機している。[493]

朝枝の［協力］証言によれば、八月一〇日、彼は、新京で石井にこの［撤収］命令を出した。朝枝を信じるなら、石井の娘の春海は、八月九日に父親と一緒に釜山行きの列車に乗っていたことについては混乱していたか、嘘をついていたか、不誠実だったかである。

これは、日本史において極めて緊迫した瞬間であった。ソ連軍が侵攻し、日本に宣戦布告した。朝枝、石井、山田は皆、日本が満州で絶望的で、一九三九年、関東軍の満州でのその全盛期にさえ、彼らがノモンハンでソ連軍を討ち破れなかったことをよく知っていた。そうこうしているうちに、石井よりも二〇歳年下の朝枝は、石井が職歴の全てを捧げて日本のために創設し、発展させ、使用した七三一部隊［施設］を爆破し、一切の証拠物件を完全に雲散霧消するよう命じた。いまや、それは破壊されるべきものであるだけではなかった。七三一部隊は、その最も重要な時、ソ連の侵攻に対して使用する生物学的病原体の製造についての石井の誤算によって無用になっていた。

同時に、朝枝の証拠を疑う理由もある。大本営（アメリカの統合参謀本部に機能上相当）が、この記録を管理していた。その機能は、大日本帝国の陸軍と海軍の戦争努力を調整することであった。彼ら［大本営］がこの基本的な機能に失敗し、それが日本の敗戦の大きな要因となったことを示す十分な証拠がある。[494]だが、最も重要なのは、彼らには、特定の歴史を作ることに利害関係があったことである。

しかしながら、この記録によって、大本営が石井と七三一部隊の罪、中国での捕虜らの隠語、「丸太」に冠する侮辱的言及が示される。見たところ、彼らの利に反するような文書を保管していたことが明らかである。この公式の記録保存の慣行から、この記録が正確だろうこと、春美が、一九四五年八月九日に、彼女の父親が釜山行きの列車に乗っていたと主張した時、彼女が嘘をついていたか、混乱していたかのどちらかだったことが示される。根本的に欠陥があるか、不確かな目撃証言にでなく、証拠書類に基づくなら、少なくとも八月一〇日に、石井が、新京で朝枝、山田から七三一部隊「施設」を破壊せよとの命令を受けたと結論づけることができる。

石井自身の日記から、一九四五年八月一〇日に、彼が新京でなく東京にいたことが示される。石井の日記によれば、彼が新京に行ったのは翌日の八月一一日であった。一方で、事実から七〇年近くが経過した後に、この違いを気にするのは細事こだわっているように思われる。他方、春海の証言、朝枝の命令、石井自身の日記という三つの記録を組み合わせると、石井が同時に三カ所の別々の場所にいたことになる。少なくとも、これらのうち二カ所は、明らかに誤りである。

さらに、日本の戦後史は、この五日間に完全に形作られた。八月九日の長崎への原爆投下から八月一四日の日本の降伏決定まで、この時期に人々がどこで何をしたかはかなり重要である。学者らは、明確な歴史的記録を確立するため、彼らがどこにいたか、そしてより重要なのは、彼らがどこにいたと主張しているかを立証できなければならない。

石井が八月一六日に書いたという日記で、彼は八月一〇日は東京にいたと主張している。彼が東京・新京間を一日に何往復もしない限り、これはありえない。大本営が管理していた歴史的記録から、彼が八月一〇日に新京行きを命じる電報を受け取ったことが明らかである。さらに、同記録には、彼が八月一〇日に新京にいたと記されている。しかしながら、石井の日記によれば、彼が東京を離れ、新京に向かったのは八月一一日であった。一方、彼の娘は、父親が彼女と釜山行きの列車に乗っていたと主張している。一九四五年八月初旬の混乱した日々、平房から加茂まで列車移動するには何日もかかったはずである。石井の日記と朝枝の命令、これら二つの記録から、春海が、一九四五年八月上旬の父親の居所について証言していることは信用できないと結論づけられる。

その上、もし石井四郎が、春海の言うように、八月九日に釜山行きの列車に乗っていたなら、彼はまったくの臆病者だったことになる。彼は、誇り高い武士が期待されるように立ち、明らかに部下らに語ったように死ぬまで戦うのではなく、自らの持ち場を離れ、迫り来るソ連軍の侵攻から逃げ出したことになる。したがって、春海が、石井四郎は彼女と釜山行きの列車に乗っていたと主張し、父親を想像しうる最悪の臆病者として描くのは奇妙である。

しかしながら、石井自身の日記に従うと、八月九日、彼は平房にも、哈爾浜にも、新京にもおらず、ソ連軍から逃れるため列車に乗ってもいなかった。その代わり、彼自身の日記に従うと、彼は八月九日のある時点から東京におり、八月一〇日に新京へ行き、朝枝に相談するよう命じられたようである。石井のメモと大本営の記録を信じるなら、八月九日、一〇日、一一日、石井が飛行機で新京・東京間を往復していたというところが正確なようである。

一九四五年八月一〇日、石井にとってさらに問題だったのは、二〇歳年下の朝枝参謀との会談であった。この会談で、朝枝は、石井に彼の生物兵器の研究［成果］一切を破棄するよう伝えている。[495]
［これにより、］参謀も、生物兵器の追求で、日本軍と石井に罪があると認識していたことが示される。
朝枝は、石井に記録を隠滅するよう伝えた。［それは、］天皇を、彼の命で罪を償［わねばならぬ］人道に対する罪に巻き込まぬためであった。朝枝は、皇軍将校として天皇を救い、守ると誓っていた。それが、朝枝の第一の責務であった。それゆえ、日本軍の生物兵器への関与が天皇に不利にならぬよう、また願わくば気づかれぬよう、朝枝は、石井に一切の証拠の隠滅を指示したのである。

石井にとって、研究には千金の値打ちがあった。そのため、彼はこの命令への不服従を選び、その一部を保持した。その後、彼は自らの自由を買うため、そして戦犯者としての訴追を避けるためにそれを与えた。石井の日記が、このことを証明しているようである。石井が、「部隊指揮」のため新京を行き来していたと主張する八月一一日の記録の後、彼は、「徹底的爆破焼却、且、徹底防諜を決定す」[496]と記している。

大本営が管理した朝枝の記録によれば、この命令と会談があったのは八月一〇日であった。石井の日記によれば、これはすべて八月一一日に行われている。どちらが正しいか判断するのはまったく不可能である。しかしながら、石井には腹黒い傾向があったので、朝枝の記録の方がより信頼できるように思われる。このことで、石井の日記全体には疑問を投げかけられ、石井が、彼とその活動に関する後の公式記録を和らげ緩和しようとしただけではないかとの疑いを抱かされる。

石井が、この日記と思われる文書のことでひどく気を悪くしていた、と郡司は報告している。もしそうなら、敵意ある石井流のさらなる欺瞞は、多大なる心配、恐怖、郡司が若松町の石井の掩体壕の二階で見たという振る舞いを引き起こしたはずである。
石井が、七三一部隊の一切の記録を根こそぎ隠滅せよという朝枝の命令に背いたことは、彼の日記からはっきりしている。

「八月十二日、ポツダム受諾に対する＊　例の返電到着
1　工兵爆破、
2　焼却、
3　抽出持込、
4　第一家族出発(497)」

「抽出」とは、「石井の知るすべて〔「主要な研究データ」を意味する〕」を意味する日本語の隠語である。それは、石井が、七三一部隊に関する一切を隠滅せよという朝枝の命令を無視したことを証明する文書であった。石井は、一九四五年八月一〇日か一一日にすら、どのように戦争犯罪の訴追と処刑を回避しようかと計画を練っていた。
翌日、石井は［以下のように］記録している。

「八月十三日　連合国側正式回答受取る八時
1　工兵爆破、

2 焼却、
3 搬出積込、
4 隊長 植村中尉を訪問、
5 柴野隊出発、
6 第＊＊来訪、
7 永山、江口－南棟整理[498]」

「搬出積込」〔「研究データの搬出、積み込み」を意味する〕とは、またしても研究データの隠語である。その上、石井は、濾水機やワクチンまで持ち帰ったようである。わずか二年足らずのうちに、石井は東京で、この情報を利用して、自らの自由を買った。

この最後の日々、石井が平房に置き去りにした人々は、皆、石井を厳しく非難している。越定男は、自らの著書、**「日の丸は紅い泪に」**に、これらの発言の記録を残している。越にしたがうと、石井は七三一部隊の元隊員らに、部隊で知った秘密、部隊に関する秘密を墓場まで持って行くよう伝えたという[499]。

一九四五年九月初旬から一〇月にかけて、石井は、堂々たるコンクリート造の掩体壕二階で隠遁生活を送った。この間、［平房で］彼のために働いた加茂の住民らをはじめ、多くの人々が彼のもとを訪れた。彼らは、まるでまだ石井のために働いているかのように、食品や彼の必要とする物資を持って［石井宅に］出入りした。彼らは、石井のために連絡を取っているようであった。石井の兄二人は、決して出てこなかった[500]。

石井が若松町に隠れている間、彼が自らの葬儀を偽装したという話が持ち上がった。今では、SCAP関係者らですら、この話を知っていたことが認められている。旧機密情報で、［秘密］課報員80-11〔日本人スパイの秘密コード番号〕がSCAPに伝えたところでは、一九四五年一一月一〇日、石井の死亡が宣告され、葬儀が行われた[501]。［秘密］課報員80-11がSCAPに伝えたところでは、この死と葬儀は偽装で、石井は実際には千代田村（加茂周辺の別称）の村長の助けを借り、地下へ潜ったようである。興味深いことに、一九四五年一二月三日付のこの旧機密文書には、石井が中国で行った生物兵器の実験についても事細かに記されている。

石井や七三一部隊の研究者らは、誰もこの話を信じてはいない[502]。誰もが、石井の偽装死の話そのものが作り話だと信じている。石井が自らの死を偽装できたなら、千代田村長の帳面、地元のメモ、当時の記録など何らかの記録が残っているはずである。しかしながら、偽装葬儀の記録は残っていない。したがって、石井の偽装葬儀の話そのものが嘘だったようである。石井四郎にまつわるほとんどの話と同様に、不誠実の多重層で問題全体が曇らされている。このこと自体が、石井とその支持者らの目的だったのかもしれない。いずれにせよ、偽装葬儀の虚偽話が追求されていた間、石井は若松町の堂々たるコンクリート造の掩体壕に隠れ、黒いカーテンをかけられた二階の窓から、アメリカ人や共産主義者らの接近を見張り、自殺を考えていた。

石井が若松町の堂々たるコンクリート造の家に隠れている間、交渉は進行していた。この交渉は、歴史の流れを変え、戦争責任の方向を変え、生物兵器を使用してソ連と戦争するアメリカの能力を変えたはずである。それは多幕劇で進められた。最初は「サンダース・レポート」（一九四五年一一月一日）で、次が「トンプソン・レポート」（一九四六年五月三一日）、それから「フェル・レポート」（一九四七年六月二〇日）、最後は「ヒル＆ビクター・レポート」（一九四七年一二月一二日）である。これらのレポートはいずれも、日本軍の生物兵器の実際の能力と、このドラマで石井四郎が果たした役割を見極めようとする徹底的な調査官らによって続けられたものである。石井が誰なのか手掛りのなかった一九四五年（サンダース）から、石井が戦争犯罪で裁かれないとする彼との書面での免責契約の仕上げ（ヒル＆ビクター）まで、SCAPは二年という短期間に多大なることを知った。

石井とその未起訴の共犯者らが、何らかの免責を受け取ったことは疑いないように思われる。[503] 一九九八年一二月一七日付、ラビ・エイブラハム・クーパー宛、サイモン・ウィーゼンタール・センター（ロサンゼルス）書簡で、アメリカ司法省特別捜査局長官を務めたイーライ・M・ローゼンバウムは、そのような取引が成立していたことを示している。ローゼンバウムは「以下のように」書いている。

一九八一年一一月一七日、一九八二年五月五日付の二つの【旧機密】レポート【日本人が収集した生物兵器のデータに関するもの、七三一部隊の指揮官、石井四郎中将とアメリカの間に行われた取り決めに関するもの】では、石井とその同僚が訴追免責を受け、その代わり彼らがアメリカ当局に多くの情報を提供したことが確認されている。[504]

印象的なのは、生物兵器の威力に関するこれらの重要なレポートの起草者らが、いずれも犯罪の専門家でも犯罪捜査官でもないことである。むしろ、起草者として名を連ねているのは、皆、微生物学者かその他の科学者（うち一人は獣医）である。犯罪学者や極東国際軍事裁判の検察関係者はおらず、含まれてはいない。後述されるように、アメリカは、石井の罪より彼の科学［細菌学］にはるかに関心を持っていた。

石井の戦争責任の行方をめぐる交渉の第一弾、「一九四五年九月、一〇月の日本における科学情報調査報告書」は、一九四五年一一月一日に提出された[505]。これを石井との交渉の一歩と呼ぶのは曲解に思えるかもしれない。なぜなら、実際には、これは石井がデータを操作している間の、彼との間接的な交渉だったからである。石井はSCAPと交渉していたが、SCAPの方は、自分たちが石井と交渉しているとは気づいていなかった。サンダースの調査で、SCAPの手は石井四郎に直接及んだ。一九四五年九月から一〇月のこの時期、SCAPは、石井が誰で、彼が何を行い、彼が生物兵器の何を知っているか情報を一切持っていなかった。

米軍情報部が、七三一部隊とそこで起こった出来事の一部を知っていたことを示唆する証拠がいくつかある[506]。しかしながら、彼らが、サンダースにそれを伝えた証拠はない。したがって、アメリカの諜報機関が石井について若干のことを知っていたとしても、それはサンダースに伝わっていなかった。そのため、「サンダース・レポート」と彼の調査には、戦犯者としての石井に関する直接的な言及がない。

アメリカの最高司令部は、マレー・サンダース［陸軍］中佐に、日本へ出張し、日本軍の生物兵器関与の噂を調査するよう命じた。アメリカの諜報機関は、日本人捕虜らの一部から、日本軍には詳細不明の生物兵器の能力があるという話を集めていた。サンダースは医師で微生物学者だったが、日本語を話せなかった。彼は、コロンビア大学の内科外科医学校で教鞭を執っていた。陸軍入隊後、彼はフォート・デトリックで生物兵器の実験を行った。[507] 一九四五年九月、彼は東京に到着し、初めて日本の土を踏んだ。サンダースには、それまで日本国民や日本の歴史、文化に触れた経験がなかった。彼は、横浜行きの船、「ジェネラル・S・D・スタージス号」の船内で、徹底的に説明を受けた。[508]

アメリカ船、「スタージス号」は、それ自体が歴史の重要な一部である。「スタージス号」は、AP137のコールサインで商用の輸送船として指定され、一九四三年一一月一二日に就役した新しい船であった。「スタージス号」は、欧州の戦域で兵士らを輸送した後、マニラへと向かい、そこで米軍、連合国軍の兵士数百名を乗せた。彼らは、日本の占領の最初期に参加した人々だったろう。乗船時、科学者、技術者らは、自分たちが戦闘状態に入るのか、それとも平和的な占領状態に入るのか分からなかった。サンダース自身は、オリンピア作戦〔「オリンピック作戦」(九州攻略作戦)〕と呼ばれる最初の攻撃、日本本土への侵攻が実施された六時間後に、日本に上陸するよう命令されていた。「スタージス号」には、占領軍が取るべき最善の活動方針を判断するために諜報員、科学者らが乗船していた。[509] 船は、マッカーサーが東京に到着する二週間前に着岸した。したがって、彼らは、一九四五年九月二日に日本の降伏を見定めるためにアメリカ船、「ミズーリ号」の甲板に並んだ兵士の大部分であった。

「スタージス号」の船内で、サンダースは、石井四郎という人物が率いる奇妙な給水部隊に関する説明を受けた。[510] サンダースには、それが何を意味するか分からなかった。彼は、生物兵器に関する日本の努力、利益、成功、失敗を何も知らなかった。サンダースは、アメリカの諜報機関が入手したこの部隊とこの主題に関する文書を研究した。彼が念入りに観察したものは、内藤良一博士の写真であった。彼は、内藤が英語を話すことができると聞き、彼との面会を心待ちにした。[511]

面会は容易に実現した。「スタージス号」が着岸した時、内藤はサンダースを待っており、実際に、サンダースが下船する前に「スタージス号」に乗り込んできた。内藤は、サンダースの写真を持っており、「**進駐軍**」からこの船に行くよう伝えられたと後に報告している。[512] これは奇妙である。なぜなら、「スタージス号」は、戦後日本に最初に着岸したアメリカ船の一艘だからである。内藤は、「スタージス号」以前に、占領軍との接触はなかったはずである。さらに、"Occupation forces"は、「進駐軍」でなく「**占領軍**」と呼ばれていた。つまり、内藤が、日本史において、その時、その場所にいかにしてやって来たかという話はまったく信じられない。内藤は、死の前年の一九八一年に、学者の常石敬一の取材を受けた時、当時、彼が進駐軍から派遣されたと述べている。[513] その後、内藤は、当時彼がいかにしてその場へやって来たのか、それ以上常石に述べてはいない。

内藤が、占領軍から派遣されたなら、非公式のルートで連絡を取っていたはずである。彼がサンダースに面会した時、占領は始まっていなかった。あるいは、当時の混乱のなか、内藤は上陸したアメリカ人数名を訪れ、自分が通訳者として役に立てるかもしれないと言っただけだったのだろうか。アメリカ人らは、内藤を雇った。しかし、なぜ彼らが、とりわけ内藤を派遣し、「スタージス号に」乗っていた科学者らのうち、特定の科学者「サンダース」に会わせ、「彼のために」働くようにしたかは分からない。あるいは、内藤は、日本を占領するためやって来るアメリカ人らと、何らかの仕方で連絡を取っていたのか。内藤は、特にサンダースを助けてほしいという依頼に応じたのか。つまり、いかにして内藤がサンダースに面会するためやって来たか、ということは謎のままである。

しかしながら、内藤とサンダースは二人とも、自分たちが「スタージス号」の船上で出会ったと報告している[514]。彼らが出会った時、内藤は「サンダースに」、「あなたの通訳者です」と自己紹介している。内藤が、いかにしてサンダース、彼の任務、彼が「スタージス号」に乗船した目的について知ったかは全く明らかでないし、それを説明する記録もない。しかしながら、サンダース自身は、彼が最初に東京に到着した時、内藤が自分を探し出し[515]、彼の機嫌を取ったという話を伝えている。どういうわけか、内藤はサンダースに恩を売り、取り入ることを知っており、その結果、サンダースの信頼する通訳兼腹心となった。サンダース自身が述べているように、「結局、彼が私に語ってくれても、あの段階で、私は七三一部隊が何かすら分からなかった[516]」。つまり、マッカーサーと直接的接触のあった主要調査官、サンダースは、「スタージス号」が入港した一九四五年八月に、自分が何を探しているか知らなかった。

内藤がサンダースの通訳者になったことで、戦後史の発展は大きく影響された。郡司の著作では、石井が彼を戦犯者として処刑しようとした共産主義者らを避けるよう、真夜中に加茂から密かに連れ去らされた時、下北沢にいた内藤が確認されている。さらに、内藤は、平房の七三一部隊では石井の右腕であった。一九三九年、内藤良一は、石井四郎によって黄熱病ウイルスのサンプルを入手するようアメリカへ派遣された（失敗[517]）。彼は渡独し、ベルリンのロベルト・コッホ研究所で働き、生物兵器に関する知識でドイツ人を感心させた。内藤が、サンダースの通訳者兼腹心だというのは、諺の鶏小屋を守る狐のようなものである。

内藤は、石井に情報を流すだけでなく、インタビューを受ける者がサンダースに話す内容を事細かに左右する立場にいた。一九四五年八月一五日、石井は、平房の全人員に対し、彼らが七三一部隊について知ることを墓場まで持っていくよう命令を出している。[518]郡司もこの命令を聞いている。石井は、この命令が守られることを期待した。内藤は「通訳者」として、この命令が実際に守られたか確認する立場にあった。石井の協力者として、内藤は、石井がサンダースに知らせたかったことを正確に通訳し、インタビューを受ける者が七三一部隊の活動について漏らさぬよう脅迫により影響を及ぼすことができた。

つまり、サンダースの調査は、最初から危ういものであった。彼の主な通訳者は石井四郎の右腕で、サンダースが内藤から聞いた話にはどれも信憑性がなかった。その上、内藤は、サンダースが個人的な一対一のインタビューによる情報収集をしたほとんどの時間同席し、通訳しているのだから、このことは「サンダース・レポート」全体に当てはまる。内藤は、日本語で彼に伝えられた言葉にどれほど影響を及ぼしただろう？　内藤は、彼がサンダースのために通訳した時、日本語で述べられた言葉をどれほど変形しただろう？　これらのインタビューの席には、犯罪学者が同席していなかったので、これらの最も根本的な諸問題に答えることはできない。犯罪学者も国際検察局の調査官も同席していなかったことから、アメリカの関心が、［日本軍の］生物兵器計画を知ることで、その実行犯らを訴追することでなかったことは、当初から極めて明白であった。

当初、サンダースの調査は、内藤によって完全に妨害された。というのは、内藤が、サンダースに語られた言葉を脚色し、とりわけ内藤に語られた言葉を誤訳操作したからである。サンダースは、最初の数週間、マッカーサーに、日本軍の生物戦遂行能力を見極める上で何の進展もなかったと報告せざるを得なかった。サンダースは、陰謀家に影響を与える陰謀を見つけると報告している。マッカーサーに進展が思わしくないと報告した後、彼は内藤と会談した。この会談で、サンダースは内藤に、彼が日本側の人員に生物兵器について具体的な内容を話させることができず、自分の顔が丸潰れだと伝えた。彼では進展がなかったので、アメリカは必ずはるかに粘り強く、扱いにくい人物を送り込んでくるに違いない[519]。

「内藤文書」

その効果はすぐに現れた。その日、内藤は早々と帰宅し、翌日謝罪文を持って戻ってきた。内藤は、一二ページに及ぶ手書きの英文文書（後に「内藤文書」と呼ばれる）を作成し、正確な組織構造、組織図、生物戦研究に関与した日本人の氏名を明らかにした。この文書では、この計画の最終的な責任が天皇にあったと主張され（しかし、後に天皇が個人的に知っていたことは否認された）、参謀本部、陸軍大臣、大日本陸軍の指揮系統の他の全員が、この計画を承認していたことが証明されている。内藤文書で、彼は、「生物兵器の研究活動の主要な部分は哈爾浜で行われた」と述べている。「部隊長は以下の通りである。（一九三六年から一九四五年までの年表では、一九三六年から一九四一年までの部隊長が、石井四郎［軍医］大佐で、一九四四年から一九四五年までの部隊長が石井四郎［軍医］中将）」。

いまやサンダースは、石井の生物兵器研究への関与の証拠を握っていた。研究は哈爾浜で行われ、日本人は一〇年以上もそれを続けていた。サンダースの名誉のために言っておくと、彼は内藤に、「その研究で人間は犠牲になったか」と当然の補足質問をしている。内藤は、「『実験用モルモット』として人間は使っていない」と述べ、嘘をついた。[520] サンダースは、［以下のように］述べている。

それは、私の人生で最も興奮した一瞬であった。報告書では、石井と部隊、生物戦が関連づけられ、内藤は否定したが、天皇も結びつけられているようであった。これこそ我々が待ちわびていた突破口であった。それは画期的なことであった。なぜなら、報告書には多くの幹部の氏名が記載されていたからである。その全員が正に負に巻き込まれていた。[521]

サンダースと連合国にとっての問題は、生物兵器研究の証拠を入手し、内藤が特定した実行犯を突き止めることであった。内藤は石井の居所を知っていたようだが、彼らは、具体的にそれについて知らなかった。郡司が、逃避行の後、下北沢で、石井、内藤と同席したと記録していることから、内藤が石井と直接連絡を取っていたことは確かである。

サンダースが探していた「好機」は、占領開始後一月も経たぬうちにやって来た。それは、「石井とその部隊、生物兵器を結びつけた」。これは、なぜ石井が戦争犯罪の訴追から「免責」されたかを時系列で追う上で、重要なポイントである。連合国は、大日本帝国陸軍という戦争犯罪機構にとっての石井の重要性を知らなかっただけだという信じがたい一説がある。内藤文書では、これがアメリカの言い逃れだったことが証明されている。占領開始から一月も経たぬうち、サンダース、マッカーサー、その他SCAPの人員は、石井四郎が生物兵器研究の責任者だったと明記された内藤文書を入手していたのである。

内藤文書を受け取ると、サンダースはすぐにマッカーサー元帥と、占領軍の諜報部門、G‐2部長、ウィロビー将軍に面会した。サンダースは、マッカーサーとウィロビーが、この文書に「仰天」したと語っている。これにより、石井四郎が戦争犯罪に関連づけられ、彼が戦争犯罪で捜査、訴追されるべきことが明らかとなった。つまり、占領の初期から、マッカーサーは石井の刑事責任より、彼が何を知っているかに関心を寄せていた。

解決策を提示したのはサンダースであった。「私の提案は、生物兵器に関与した者は誰一人戦犯者として訴追されない、と内藤に約束することであった」[522]。マッカーサーも同意した。「君は、この件で科学的な面を担当している。君が、全ての情報を得られないと思うなら、拷問を行うわけにもいかないし、マッカーサー元帥からと言って、あの約束を彼［内藤］に申し出て、データを入手してほしい」[523]。当然、ダグラス・マッカーサー元帥の「回想記」には、石井四郎と七三一部隊に関する言及はない。サンダースは、マッカーサーの提案に従い、生物兵器に従事した者は誰も訴追されず、彼がこの件でマッカーサーの約束を取り付けていると内藤に伝えた。サンダースによれば、その結果として、「その後、データは大量かつ迅速に次から次に押し寄せてきた」という[524]。

当然、これは、石井がマッカーサーに見せたかったデータにすぎない。どのデータも、石井四郎を直接示すものでも、日本人が人体実験を行ったことを示すものでもない。余談だが、連合国側、特にサンダースとマッカーサーにとっての、これがこの時点での重要な一線のように思えるのは奇妙である。戦争での生物兵器の使用は、ジュネーヴ条約違反である。議定書には、関連する部分が記されている。

窒息性ガス、毒性ガス、これらに類するガス、これらに類似する全ての液体、物質、考案物の戦争での使用は、文明世界の世論により正当に非難される。このような使用の禁止は、世界の大多数の国が当事国である条約で宣言されている。この禁止が、諸国家の良心と実践を等しく拘束する国際法の一部として広く受諾されることを目的とし、[以下のように宣言する]。

締約国は、既にこのような使用を禁止する条約の当事国となっていない限り、この禁止を受諾し、この禁止を細菌学的戦争手段の使用にまで拡大することに同意する。(525)

この時点で、サンダースは、生物兵器の実際の「使用」に関する明確な証拠を握っていたわけではない。禁止されているのは、戦争におけるこれらの兵器の実際上の使用である。実験、計画、非戦闘時の使用は、厳密な法解釈でのジュネーヴ議定書違反とはならない。ここでも以下でも証明されるように、石井四郎は明らかに生物兵器の「戦争での使用」に関与しており、そのため日本がジュネーヴ議定書を批准していた場合、彼は議定書に違反していたことになる。第二次世界大戦が終結するまで、日本は議定書を批准していなかった。そのため、石井は、戦争で生物兵器を使用していたにもかかわらず、厳密な法解釈ではジュネーヴ議定書に違反していなかった。

だからといって、石井が戦争での生物兵器使用の一般的禁止に違反しなかったということにはならない。国際公法の分野では、条約法と慣習国際法という主要な二つの法がある。石井四郎の擁護者らは、日本が議定書を批准しなかったため、石井や日本人にそれは適用されないと首尾よく、厳密な法解釈を持ち出して主張するかもしれない。だが、議定書が証明する慣習国際法上の責任は、そう簡単に回避できない。

慣習国際法は、世界のほとんどの国々が特定の種類の行為に及んだり、特定の種類の行為を回避したりする場合に発生する。そうなれば、あらゆる国が、あたかも自分たちもそうした行為を要求する条約に署名し、批准したかのように拘束される[526]。現在の例として、慣習国際法上の遵守義務の不履行が挙げられる。この概念を立証する条約はないが、リビアのムアンマル・カダフィは、慣習国際法によって確立されたこの原則に違反していたと言われ、それは、NATOがカダフィからリビア国民を守ることを正当化し、最終的にカダフィ政権を崩壊させるまでに至った。

「サンダース・レポート」

サンダースが報告を開始した時、石井四郎が戦争での生物兵器の使用を禁止する慣習国際法に違反していたことを示す十二分（あるいは少なくとも十分）な証拠があり、彼にはこの告発をさらに検討する義務があった。しかしながら、サンダースは人体実験が行われていたか否かに焦点を合わせた[527]。彼は、生物兵器の開発の際、人体実験が行われていない限り、生物兵器の使用は適切と考えていたようである。当時、サンダースは、彼ら［日本人ら］が戦争で生物兵器を使用した明確な証拠を握っていなかった。彼は、人体実験を避けた生物兵器の研究ならば適切と見なしていた。アメリカ人が人体実験を実施したことを証明する確かな証拠はない。だが、彼らは、石井四郎を動機づけた人体実験を実施しなかっただけで、全く同じ研究を行っていた。もちろん、サンダースはそれを知っていた。サンダースは、彼自身がフォート・デトリックで行っていたことだけで、石井を戦争犯罪で非難できなかった。その結果、サンダースは、人間を被験者として使用したか否かを明確に区別したのである。

実験と人体実験をわざとらしく区別することは、ジュネーヴ議定書やそれが証明する慣習国際法の下に罪を認定するため必要ではない。議定書には、ただ「戦争での使用」とだけ記されている。議定書では、実験には言及されていない。真に調査されるべきは、石井が戦争で生物兵器を「使用」したか否かで、彼が実験目的に人体を使用したか否かでなかった。サンダースにとって、生物兵器試験の合法、非合法使用の主な区別は、人間が試験の被験者だったか否かであった。

内藤による明らかな協力の結果が、有名な「サンダース・レポート」（正式名称「日本における科学情報調査レポート、一九四五年九月および一〇月」）である。サンダースは、まず八ページ目で、内藤と他の情報源から引用しつつ、日本軍が戦争目的で生物兵器の使用を研究していた時、石井が、「舞台裏の推進力だった」と確認している。[528] また、内藤と増田がサンダースに伝えたところでは、生物兵器研究の最初のきっかけは、炭疽菌入りの小瓶を携帯したソ連の「スパイ」が、満州国に侵入したところを発見したことであった。この主張は、日本軍の生物兵器製造を動機づけ、それに口実を与えたとされたが、先に論駁されている。それは、生物兵器の攻撃能力を発達させようとする日本軍の真の動機を覆い隠す煙幕であった。

増田はサンダースに、石井の生物兵器への関与、そして人体実験がなかったことを事細かに記した報告書を提出し、内藤がそれを裏付け、サンダースに人体実験がなかったと信じさせた。いずれにせよ、サンダースは、一九三五年までに、日本軍が、「攻撃用生物兵器の軍需品開発を積極的に行った」と結論づけた。[529]

「サンダース・レポート」では、曖昧な言葉が使われている。ある箇所で、サンダースは計画の最終的な失敗が、日本の軍事組織の最高レベルでの指揮、統制の欠如に原因があったと説明している。他の箇所では、彼は、この計画が「(天皇を除く)軍の最高権威の支持」を得ていたと説明している。[530]サンダースは、「哈爾浜の南」の平房にある七三一部隊を知っており、それについて書いていた。彼は、平房に急遽建設された大規模な複合施設があり、そこに約三〇〇〇名の人員が住んでいたと説明している。サンダースはまた、いかに一九四〇年までに七三一部隊が今日の規模になったかも説明している。しかし、サンダースは、日本軍がそれをさらに大規模化する計画を立てていたと思わせる情報を握っていた。この施設が、他国、恐らくはソ連による生物兵器使用に対する報復に使用される防衛用兵器を製造するための施設だったに違いない、と彼はさらに自らの意見を説明している。[531]

サンダースは、石井が生物兵器開発で果たした正確な役割をはっきりと理解していた。サンダースは、「組織」と題された部分で、石井が日本軍の生物兵器の能力を発達させた際の、彼の指揮、統制の構造を説明している。サンダースの主張によると、石井は、天皇に直接報告する関東軍総司令官にだけ報告した。サンダースは、計画の「規模」や、七三一部隊に日本国内外の支部が多くあったことを報告している。[532]

サンダースは、アメリカ人の優越感で判断を曇らされていた。彼は、平房での日本軍の生物兵器研究を、「日本軍の生物戦計画の逆説的な性格の縮図」と説明している。[533]一方で、サンダースは、近代的な手法と機械が、「創意と想像力」により、効果的なやり方で利用されていたと指摘している。[534]しかしながら、「奇妙なほど初歩的で、狭量なやり方が、組織パターンの至るところにあらわれていた」。[535]後者の主張を立証するため、サンダースは、石井の研究用〔発疹チフス・ワクチン製造〕に発育鶏卵を入手するよう、中国の農民らに雌鶏、雄鶏の大群が配布された計画について説明している。実際に、これらの鶏は、中国人の農民らに疾病を感染させるというはっきりした目的のために、チフス菌に汚染されていた。[536]サンダースは、いかに日本軍の手法が未発達か示すため、このことを語ったようである。「サンダース・レポート」では、［生物兵器の］運搬手段についても言及され、全て失敗だったと結論づけられている。サンダースは、情報提供者らを通じて、宇治型爆弾、ハ型爆弾、ロ型爆弾、マーク七号爆弾に気づいた。彼は、これらの爆弾が大量製造されていたことを知っていたが、日本人の意思決定と製造の自部門中心主義的な性質を批判した。例えば、宇治型爆弾の製造者らが、それが何に使われるか知らなかったことを、彼は奇妙に思った。[537]サンダースは、違法な生物兵器計画があれば、それを知る者の数は最小限に求められることについて、この上なくナイーヴだったようである。サンダースは、なぜ日本軍の製造施設が、実行部隊からひどく孤立しているか尋ねも、考えもしなかった。もちろん、これは、サンダースが、アメリカ人の優越感に曇らされ、日本軍が攻撃用の生物兵器の方向でもたついていただけだと信じたからである。あるいは、日本人が民族の劣等さから、この計画を達成するための合理的で計算された決断を下すことができなかったと信じたからである。サンダースは、彼がフォート・デトリックで研究していた当の科学［細菌学］を、日本人が密かにマスターしていた可能性など思いもしなかったようである。

例えば、サンダースの主張と結論によれば、日本人は「確かな進歩」[538]を遂げたにもかかわらず、生物兵器の使用からは程遠かった。これが、確かに事実でないことは知られている。日本軍は、中国での作戦を通じて、生物兵器を大量に使用したが、奇妙なことに、南太平洋で連合国軍の進軍に対して使用しなかった。

このこともまた歴史上の異例である。明らかに日本軍は、連合国軍が東京への執拗な進軍で、次々と島々を巻き込んでいた時、南太平洋で自軍に対する猛攻撃のなか、彼ら［連合国軍］に対し生物兵器を使用する能力を持っていた。[539]日本軍は、この進軍を阻止し、受諾しうる講和を求めるという重圧下にあった。このことは、石井と日本軍が、連合国軍に対して生物兵器を放たなかった理由の一つかもしれない。東京が、戦場の日本兵らをいかに粗末に扱ったかを考えると、彼らが、連合国軍による生物兵器を使用した反撃を心配していた可能性は低い。南太平洋の島々を占領していた日本陸軍の兵員らは、ガダルカナル島、ソロモン諸島の戦闘での敗北後、一九四三年初頭までほぼ補給を受けられず、東京と支援からほぼ切り離されていた。日本海軍が縮小し、［兵力］補充が行われなかったため、補給できなくなっていたのである。こうした状況で、日本軍が、連合国軍による同一の、または類似した病原体の反撃を恐れたため、生物兵器の使用を避けたと主張しても説得力はない。彼らは、南太平洋全域にいた日本兵らをぞんざいに扱っていた。最高司令部が、日本兵らの命を救うために、ここで一線を引くとは到底信じられない。これらの兵士らは消耗品で、彼らはそのように扱われたのである。

石井が七三一部隊で開発した病原体の運搬は難題であった。このことは、石井が、中国全土での戦争で使用する生物学的病原体を製造する目的で、中国全土に他に一四の諸部隊を創設していたことで明らかである。石井ネットワークは、南太平洋までは及ばなかった。したがって、南太平洋で連合国軍に対し生物兵器が使われなかった理由は、日本軍最高司令部が、報復を恐れてその使用を避けるよう意図的に決定したからではなく、物流上、［その］運搬ができなかったからであるようだ。

さらに、戦争末期、石井は、侵攻してくるソ連軍に対して使用するよう、約三〇〇万匹の鼠を飼育し、ペスト菌で汚染するよう命じている[540]。ソ連軍の進軍のスピードだけで、この実行は不可能となった。ソ連軍は、石井がこの準備を終える前に、哈爾浜を襲ったのである。石井は、ソ連軍に対する大規模な生物兵器の使用を企てたが失敗した。

石井と日本軍が、なぜソ連軍に対して生物兵器を放とうとし、連合国軍に対してそうしなかったかは謎である。彼らは、ソ連軍が日本人に対する生物兵器の使用を準備している、という自分たちのプロパガンダ――それを事実として示す証拠は何もなかったのだが――を信じていたのかもしれない。石井と日本軍が、南太平洋で連合国軍に対して生物兵器を使わなかった最も説得力のある説明は、道徳的または戦略的な懸念からというものではなく、病原体が不安定な性質のもので、これらの島々が補給ルートから断たれていたからというものである。

さらに、サンダースは、日本軍が防衛面でのみ生物兵器研究を行い、攻撃面での使用はなかったと結論づけている。つまり、サンダースは、日本軍が消化管に感染する生物剤に注意を集中したと考えたのである。そうした状況で、サンダースは、水が最も有効な微生物の感染経路になると結論づけた[541]。サンダースは、水源を汚染する企てが防衛的なものであるだけでなく、攻撃的なものでもあるとは考えられなかったようである。サンダースはまた、どのようにしてパラチフスB菌とコレラ菌を、攻撃的な威力に使用することができるか想像できなかったし、［そのようなことは］平房で研究されていた諸条件では絶対に不可能だ［と考えていた。］したがって、サンダースは、これらの生物剤が防衛用に使用できただけだと結論づけた。

サンダースの最終結論は、日本人は生物兵器を研究したが、彼らの遅れた頭では、その威力を戦場で現実的な選択肢として合理的に利用できなかったというものである。しかしながら、サンダースの名誉のために言っておくと、彼は、自らの報告書について常に懐疑的であり続けた。彼は、［以下のように］述べている。「確かに永続的な政策の一部としては粗雑で不健全だが、実地試験から情報を得る日本軍の方法は、生物兵器の可能性を証明する重要な目的に役立った。それを軽視するのは重大な誤りである[542]」。

つまり、たとえサンダースが、石井の居所、役割、能力について内藤に騙されていたとしても、彼は、日本軍の生物兵器に関する能力の外見上の不足には懐疑的であり続けた。彼は、日本軍が生物兵器の防衛力のみを持っていたという結論で明らかに誤っていた。しかしながら、彼は、自らの報告書を鵜呑みにせぬよう注意を促した。

サンダースは、自らの報告書を以下のように締め括っている。

調査官の意見は以下の通りである。

（a）もし一九三九年に、それなりに潤沢な予算が認められ、日本軍部内で一定の権力を持つ組織に助けられ、研究の統合と研究者ら相互の協力が行われていたら、日本軍の生物戦計画からは、十分に実用的な兵器が生み出されていたかもしれない。

（b）しかしながら、日本軍は、米軍が同じ手段（つまり生物兵器）または化学兵器で報復することを恐れていたため、彼らが米軍兵士らに対して生物兵器を使用したのではないかということは、たとえ兵器を手中にしていたとしてもまずあり得ない。

（c）日本人は、生物兵器開発に失敗した理由を熟知している。彼らが同じ過ちを繰り返す可能性は極めて低い(543)。

これらの結論から、いくつかの事実を導き出すことができる。サンダースは、日本軍の生物兵器使用が、防衛目的に限られていたと誤認していた。彼はまた、一九三〇年代後半に日本［政府］が生物兵器研究に投じた予算が莫大な金額だったのに、それが大した額でなかったと誤解していた。サンダースはまた、日本軍が現実的な生物兵器を作り出そうとして失敗したという内藤らの説明を信じていた。大日本帝国陸軍の諸部門間の協力、さらにその「研究者ら」の協力で、より現実的な生物兵器がもたらされる、とサンダースが一方的に思った理由は定かでない。またもや、彼は、自らのレポートに含まれたデータには基づかず、連合国軍に対して生物・化学兵器が使用されなかったのは、日本軍が米軍の生物・化学兵器による報復能力を恐れたからだと結論づけた。

最後の結論（c）が最も奇妙である。これは全く無償の行為で、サンダースの任務の範囲外だったように思われる。敗戦国の国民として、日本人がいかに、なぜ、いつ彼らの誤りを繰り返す機会があったというのか？　内藤がサンダースに与えた情報の多くが欺きだったなら、日本人が彼らの虚構の誤りに気づいていたと結論するのは奇妙である。そして、このことが、どのように日本軍の生物兵器の能力の状況についてのサンダースの調査と関係があるのだろう。内藤は、サンダースの通訳者兼情報提供者で、インタビュー相手兼友人でもあったので、サンダースが、自らの危険覚悟で内藤を信じたことは明らかである。

「サンダース・レポート」には、若干重要な点が欠けている。一九八九年の七三一部隊に関する本で、ウィリアムズ&ウォレスは、サンダースにインタビューしている。彼は、ある夜、東京の第一ホテルの部屋で、ドアをひっかく音で目が覚めたという話をしている。彼がドアを開けると、ベレー帽をかぶったきゃしゃな日本人男性がおり、サンダースに生物剤を詰めた爆弾の設計図を渡したがった。それは、アメリカと宇治型爆弾の最初の出会いであった。男はサンダースに、彼らは中国人を野外で杭に縛りつけ、これらの爆弾を投下し、その効果を測定をしたと伝えた[544]。つまり、日本人は人体実験を行なっていたのである。サンダースがそのレポートに、中国で人体実験は行われなかったと書いた時、彼はこの記述が誤りだと知っていた。

この出会いで、サンダースは、七三一部隊がいかなるものか自分の目で確かめたくなった。彼は、七三一部隊と石井（九月、サンダースは、石井のことをほとんど何も知らなかったのだが）の勤務地を見ることができるかもしれないと、自分を平房へ連れて行くようB-29一機［の手配］を要請した。サンダースが、内藤に平房へ行くつもりだと伝えると、内藤は若干の興味深い情報を漏らした。［彼は、］細菌散布を行うのに最適な諸条件があったため、平房が生物戦研究の場所に選ばれたと主張した。風速は、時速一〇マイルから一二マイルと比較的一定であった。サンダースが、内藤にそのことをどうやって知ったか尋ねると、彼は［答えを］はぐらかした。[545] もちろん、内藤がそのことを知っていたのは、彼が選ばれた研究班の一員だったからである。彼は、石井と共に、平房が背陰河と中馬捕虜収容所に比べ人里離れた場所にあり、人体実験に最適な諸条件を備えていたためそこを選んだのである。サンダースに事実が報告されることはなかった。

マッカーサー自身が、土壇場になって飛行を中止させた。[546] 彼は、いまや哈爾浜と平房を占領していたソ連との関係が、あまりに不安定だと判断したのである。また、彼は、当時のアメリカの最先端技術で製造された爆撃機、B-29を、ソ連に仔細に観察される危険を冒すわけにはいかなかった。サンダースは平房へ行かず、破壊された七三一部隊跡地を見ることもなく、施設の周辺住民の伝える恐怖の物語を聞きもしなかった。ハル・ゴールドは、彼の著書、「七三一部隊」に、これらの物語を記録している。もしサンダースが平房を訪れ、ハル・ゴールドが話した人々にインタビューできていたら、間違いなく、彼のレポートは大きく異なっていたはずである。

サンダースは、彼のレポートを作成するため、関東軍司令官だった梅津美治郎をはじめとする日本陸海軍の最重要人物らの一部と話をし、彼らを尋問することができた。一九四五年、梅津は、日本がよりよい降伏の諸条件を得るよう戦い続けるべきと信じ、日本の降伏に反対した。最高戦争指導会議のメンバーとして、彼は、日本の内閣のいかなる動きも阻むことができた。彼は、一九四五年九月二日に、戦艦「ミズーリ」の艦上で、日本軍［大本営］を代表して降伏文書に署名している[547]。彼は、極東国際軍事裁判で裁かれ、A級戦犯者として終身禁固刑の判決を受けた。その後、一九四八年に、彼は、服役中に直腸がんで病没している[548]。

サンダースは、当時の日本の最高級の知識人、政策立案者らの一部と接触した。にもかかわらず、彼は矛盾し、一貫性のないレポートを提出した。彼は、日本人が人体実験を行わなかったと結論づけ、彼らを擁護した。しかし、基本的に、彼は、読者が自分の書いたものを信じることに注意すべきだと述べている。

それから、僅か一〇週間の滞在の後、彼は日本を去り、［そこへ］二度と戻ることはなかった。アメリカのフォート・デトリック到着後、彼は結核に感染し、二年近くの入院生活を送っている。彼は、人体実験のさらなる調査をさせようと、病床からアメリカ政府に働きかけたが、うまくはいかなかった。一九八一年にインタビューを受けた時、彼は［以下のように］述べている。

私が騙されていただけでないことはお分かりでしょう。私は、フォート・デトリックの生物兵器［研究］の同僚らに対し、自分が内藤から得た情報について説明した後、日本に戻るべきでした。

しかし、結核のために［日本に］戻ることができませんでした。その代わり、私は、調査の次の段階を遂行したアーヴォ・トンプソンに話をしました。そして、私は、「トミー」（トンプソン）に炭疽菌爆弾や人体実験について話した記憶があります。私は彼に、とりわけ炭疽菌実験と宇治型爆弾を探すよう伝えました。おかしなことですが、キャンプ・デトリックでは、誰も人体実験の話を真剣に受け取りませんでした……[549]

騙されたか否か、サンダースは、日本到着後一〇週間で、ＳＣＡＰに提出したレポートで調査を打ち切った。サンダースは、日本人が一〇年以上を費やして作ったものを、僅か一〇週間で調査したのである。サンダースは、自分が騙されていたのでないと主張したが、彼は間違いなく誘導されていた。内藤に加え、新妻清一中佐も、サンダースを誘導することに一役買っていた。彼は、石井の居所を知っていたが、サンダースに嘘をつき、自分は石井がまだ満州にいると思っていると述べた[550]。これは、石井が、終戦直後に中国に残っていたとする話の源泉かもしれない。サンダースの日本からの出発を早め、生物兵器についての調査を打ち切らせるため、新妻は、サンダースの任務を促進するよう情報を「照合」したと言われている[551]。確かに、この照合は、サンダースに届く情報に天皇を関係させず、石井が生物兵器開発で果たした役割に具体的に触れさせないようにする別の方法だった可能性が高い。サンダースの直接尋問では、以下のような密談が交わされた。

サンダース　御前ハ細菌弾ニ就テハ何モ知ラナイト話スノカ

新妻　日本ニハ細菌弾ハナイ

サンダース　日本ノ海軍ノ細菌弾ニツイテ知ッテヰルカ

新妻　知ラナイ。

サンダース　日本ノ陸軍ハ細菌弾ヲモッタコトカ実験ヲシタコトガナイノハ確カデアルカ

新妻　確カデアル

（略）

サンダース　前ノ年ニ実験ヲシタカ

新妻　シナイ

サンダース　実際ニ実行シタカ。

新妻　一部ニハ実行シタ。全部ニハ実行出来ナカッタ

サンダース　戦争ガ続イタラ実行スルツモリデアッタカ

新妻　実行スル積リデアッタ

サンダース　日本ノ参謀本部ハ細菌兵器ヲ武器トシテ考エタカ

新妻　使フ意志ガナカッタカラ武器トシテ考エナカッタ。

サンダース　石井部隊ノ研究ガ独立シテ行ハレルトイフコトガ可能デアルカ

新妻　意味ガヨク解カラナイ

サンダース　関東軍ハ大本営カラ独立シテソウイフ研究ヲヤルコトガ可能デアルカ

新妻　陸軍省ハ毎年指示ヲシテキル。一般指示ノ中ニハ細菌兵器ノコトハ含マレテキナイ。

サンダース　予算表ヲ見ルコトガ出来マスカ

新妻　八月一四日ニ焼イタ

サンダース　日本参謀本部ガ焼イタノカ

新妻　ソウデアル(552)

この質疑応答は、いくつかの理由で注目すべきである。新妻自身が会話を手書きで記録し、その場で書き留めた。つまり、インタビューの相手が、この会話の記録を作成したわけである。ここに掲載されているものは、筆者がこの記録を英訳したものである。内藤が通訳者であった。最も重要なのは、サンダースが、一九四五年一〇月一日に石井について十分に知っており、石井が、関東軍にその活動を知られることなく生物兵器研究を行うことができたか具体的に尋ねていることである。しかしながら、内藤が通訳をし、新妻が彼自身の記録者である以上、これを出来事の真の記録と受け入れるのは難しい。けれども、それは、新妻が「起こったこと」だと世間に記憶させたかったものをよく暗示している。新妻自身は、平房で、石井は上官らに知られることなく生物兵器開発をした可能性があるか、というサンダースからの質問を思いがけなく記録したのである。

その結果として、二つの説明が成り立つ。第一の説明は、サンダースが、一九四五年一〇月一日に、石井、その居所、生物兵器開発での彼の役割を十分に知っており、新妻に、石井が悪事を働いたかどうか、情報に通じた質問をしたというものである。第二の説明は、新妻が、石井についての質問を記録したがったというものである。新妻は、石井が悪事を働き、天皇をはじめとする上官らは、彼の行いに責めも責任も負っていないとする将来の議論の舞台を整えたかったのである。

以下に証明されるように、サンダースが、平房への訪問か石井へのインタビューを許可されていたなら、生物兵器の製造者らの戦犯者としての訴追は異なったものになっていたかもしれない。むしろ、サンダースは、自分が何を提供しているか正確な情報または知識がないままに、マッカーサーに生物兵器に関与した日本人を免責するよう勧めていたのである。生物兵器でソ連に先んじることは、石井のような、日本軍の生物兵器研究の中心人物を訴追することよりも明らかに重要であった。

一九四六年初頭、サンダースは、「サンダース・レポート」の功績によりレジヨン・オブ・メリット勲章を受賞した。勲章授与の言葉では、サンダースが、なぜ日本軍の生物戦を行う能力を見極めるよう任された最初の人物だったかが説明されている。

マレー・サンダース中佐は、実際に潜在する生物剤の検知、評価のための検査室手法の開発、完成、標準化で功績を残した。一九四三年八月から一九四五年一一月にかけて、彼は、生物剤に対する我が軍の防衛策を考案することを任務とする部隊の隊長を務めた。この任務は、我々の最高司令部が、この種の攻撃から我が軍とアメリカを守るのに十分な機材と情報が手中にあると感じ

られるほど見事に達成された。(553)

幸運なことに、誰もそれが真実かどうか知る必要はなかった。石井が、一九四五年九月に、侵攻する米軍、連合国軍に対する生物兵器の使用に成功していたら、戦後史の全貌は大きく異なっていた可能性が高い。

一九四五年一〇月、サンダースが日本を発つ時、多くの人々と石井自身は、深い安堵感を覚えたに違いない。大体のところ、彼らは、石井が「秘中の秘」と呼ぶものを守ることができた。特に、連合国とアメリカには、生物兵器の広範囲な実験、配備、使用についてほとんど見当がつかなかった。

一九四六年一月六日、全てが一変した。その日、「パシフィック・スターズ&ストライプス」紙には、共産党のソースから引用し、石井を生物兵器施設の責任者と具体的に名指しする記事が掲載された。彼らは、それを「哈爾浜の石井機関」と呼んだ。「元陸軍軍医中将、哈爾浜の石井機関の元責任者、石井四郎博士が、奉天と哈爾浜で、『人間をモルモットにした』実験を指揮した」と共産主義者らが主張し、より重要なことに、「スターズ&ストライプス」紙で報じられた。(554) 記事ではまた、石井の偽装葬儀の作り話がさらに不朽のものにされ、中国の広東の街でペスト菌が誤用され、そこでは日本軍が攻撃に失敗した後、市内にペストが発生したと伝えられた。

突然、秘密が漏れたのである。アメリカ側は、日本人の共産主義者らの主張を、ソ連に影響されたプロパガンダだとすぐに退けたが、歴史的に軍事通の新聞、「パシフィック・スターズ&ストライプス」紙を、そう容易には退けることはできなかった。実際には、SCAP関係者らが、発行前にそれを簡単に検閲したかもしれない。一九四六年一月六日付のこの記事で最も驚くべきことは、それがともかく発行されたということである。この驚くべき発行で、七三一部隊史を研究する一部の学者らは、ワシントンとロンドンがこれを指示したと結論づけるようになった[555]。

一九四六年二月二七日付の「スターズ&ストライプス」紙では、石井が東京に暮らしているところを発見され、ＳＣＡＰに引き渡されたと発表された。実際、記事によれば、石井は、一九四六年一月一八日にＳＣＡＰへと引き渡されたということだった。記事では、石井「が、今、東京に暮らしており、逮捕はされていない」と報じられていた[556]。

「スターズ&ストライプス」紙の記事の二日前、戦争調査局長、ジョージ・Ｗ・メルクがあるレポートを提出している[557]。彼は、ヘンリー・スティムソン陸軍長官、そしてその後、ロバート・Ｐ・パターソン陸軍長官の生物兵器特別顧問になった。後に撤回された彼のレポートでは、アメリカの「生物兵器に対する防衛が、この国での積極的な研究、開発計画の主題だった[558]」と述べられ、生物兵器の研究、開発が、アメリカの安全保障にとって不可欠だったと結ばれている。レポートが撤回された理由は、そこには明記されていない。生物兵器のことをこのように語るのは、誤りだったか、政治的に不適切だったのかもしれない。少なくとも、この文書が起草され、その後回覧されていた間、それはジョージ・Ｗ・メルクの私見で、彼の話を正確に知ることができる人物は、彼だけであった。

石井四郎の研究とはほぼ無関係だが、このレポートについては言及に値する点がいくつかある。一九二五年のジュネーヴ議定書で、戦争における生物兵器の使用は禁止された。一九四六年にも、それは依然として禁止されていた。研究が禁止されることはなかったが、開発はグレイ・エリアで、生物兵器の配備、使用ははっきりと禁じられていた。メルクが、ジュネーヴ議定書について言及することなく、また否認も説明もなしに、アメリカの生物兵器への長年にわたる深い関与を認めたことは、まさに衝撃に他ならない。アメリカと連合国が、日本軍の生物兵器の能力を追跡していた時、アメリカは同じことを積極的に行っていたのである。SCAPが、いまだ日本軍の［生物兵器の］攻撃能力を発見しておらず、日本軍はただ［その］防衛能力を持っていたに過ぎないと信じていたので、アメリカは、日本軍が、アメリカが以前から尽力してきたこと（効果的な生物兵器の開発）以外に何も行わなかったと考えていた。一方、アメリカの公式な立場は、自分たちが開発していた当の兵器の使用を厳しく非難するというものであった。

また、一九二五年から一九五〇年まで、メルク社〔ニュージャージー州の医薬品メーカー〕の社長兼CEOだったジョージ・W・メルクは、アメリカの「戦時の生物兵器研究」の責任者でもあった[559]。一見すると、この利益の矛盾は認識されていないようである。要するに、メルクは、石井四郎が日本のために果たしていた役割と同じ役割を、人体実験なしにアメリカのために果たしたのである。メルクが、生物兵器への関与から、メルク社で収益化でき、利益を得ることのできるかもしれぬ何かを持ち去らなかったと信じるのは、まさに空想の飛躍である。しかしながら、第二次世界大戦の全記録には、この矛盾についての言及もなく、彼の「別の」人生についての言及もなく、この明らかな利益の矛盾を避けるため費やされた努力についての言及もない。

一方、石井は、一九四五年九月中は金沢で七三一部隊員らの恩給計算の資料作りをし、静かに地下に潜った[560]。

「トンプソン・レポート」

石井四郎が情報操作を行なった一方的な交渉の第二段階は、「トンプソン・レポート」を中心とするものであった。一九四六年一月一七日付の「パシフィック・スターズ&ストライプス」紙では、SCAPが石井の居所を突き止めたと報じられた。もちろん、石井は、彼らの目と鼻の先にある東京の若松町に住んでいた。だが、彼らは、石井を中国に探し出したと報じた。[561] また、石井が故郷の千葉県の加茂村に暮らしていたという報告もある。[562]「スターズ&ストライプス」紙に、この誤報の情報源は示されていない。しかしながら、「スターズ&ストライプス」紙のこの記事では、化学戦研究部のアーヴォ・トンプソン［獣医］中佐が、石井を尋問する「特別命令」でワシントンから東京へ飛んだと正確に報道されている。また、「スターズ&ストライプス」紙のこの記事では、七週間にわたって、トンプソンが、石井と彼を知る二五人への尋問を行ったとも報道されている。[563] 少なくとも、いまやSCAPは、石井との直接的な対話に入っていた。彼らは、平房での石井のナンバー・ツーから「通訳者」に転身した内藤良一や、「照合者」新妻精一を使っていなかった。一九四六年二月末まで、彼らは数週間にわたって交渉を続けた。

なぜそのような関係あるかは定かではないのだが、ほとんどの情報源では、トンプソンがいかに背が高く、ハンサムだったか伝えられており、彼の鉛筆のような口髭について、まるでそれが物語に何らかの関係があるかのように述べられている。[564] もしかすると、それは説明のつかない個人の神秘性を付け加えているだけなのかもしれない。あるいは、それはアメリカ人の優越性の概念に適しているのかもしれない。あるいは、アーヴォ・トンプソンが、レポートを書き上げた二年後に自殺したことも、悲劇や神秘を付け加えているのかもしれない。いずれにせよ、アーヴォ・トンプソン［獣医］中佐には、サンダースと同等かそれ以上の生物兵器の経験があった。トンプソンは、フォート・デトリックでのサンダースの同僚で、獣医でもあり、動物実験に通じていた。したがって、彼は、サンダースが去った後を引き継ぐために、「日本へと」派遣されたのである。

トンプソンは、生物兵器研究が行われていたフォート・デトリックの一部門に勤務し、また、フォート・デトリックのメルクのキャパシティで、ジョージ・W・メルクのために働いた。[565] フォート・デトリックで、トンプソンは、第二次世界大戦で使用する炭疽菌爆弾を開発しようとしていた。当然、これは、生物兵器に関する日本軍の残虐行為に対して引用されるジュネーヴ議定書に違反して行われた。日本軍の生物兵器計画に二年以上取り組んだ後、アーヴォ・トンプソン［獣医］中佐は、一九四八年に東京で新たな生物兵器の任務に就いていた最中に自殺した。事実、詳細は公にされていない。[566] トンプソンは重要で、それは彼が石井四郎を公式に尋問した最初の人物だったからである。一九四五年一月中旬から二月下旬にかけての五週間（「スターズ&ストライプス」紙に報道されたように七週間ではない）、トンプソンは、石井四郎に幾度もインタビューしている。

多くの情報源で、当時の石井の居所について多くの異なる説がある。石井が、東京でアメリカ人に逮捕され、尋問を受けたという説がある。[567] 日本人のある情報提供者は、石井が、金沢の山荘に隠れていると主張していた。[568] 彼が加茂の父親の屋敷にいたとする説も、依然としてある。[569] 本当のところ、石井は、一九四五年八月中旬からアーヴォ・トンプソンによる最初のインタビューまで、日比谷の第一ビル〔千代田区有楽町の第一生命館〕に入っていた連合国軍最高司令官総司令部本部（SCAPの有名なオフィス）から僅か三マイル半しか離れていない若松町のコンクリート造の掩体壕で、妻の清子、娘の春海と共に隠遁生活を送っていたのである(570)。

内藤良一や他の多数の人々は、定期的に石井に面会していたので、当然ながら日本人は石井がどこにいたかずっと知っていたのである。彼らは、石井を出すよう命じられ、それを実行した(571)。トンプソンは、石井が、「一九四六年一月一七日に、東京で尋問を受けるられるようになった」と報告している(572)。トンプソンは、「一九四六年一月二二日から二月二五日まで間隔を置きながら、通訳を介した直接面談と質問書によって(573)」石井にインタビューしている。トンプソンには通訳がついていたが、彼が何をしたかは全く分かっていない。石井の娘の春海によれば、彼女が石井の主な通訳を務めたということである(574)。これは、またもや明白な刑事手続上の誤りである。もしトンプソンが法律の教育を受け、石井を戦犯者と考えていたのなら、尋問相手の実の娘に通訳を任せるはずはなかった。繰り返すと、このことは、生物兵器とその使用に関するアメリカ側の調査が情報上のもので、刑事上のものでなかったことを表現しているようである。

石井が、SCAP関係者らに自首したのではない。正確には、トンプソンが、若松町の掩体壕で、実の娘の世話になっていた石井に面会したのである(575)。この質問を「尋問」と呼ぶのは、また別の誤称である。これは、［犯罪の］第一容疑者が、妻娘を利用し、SCAPのインタビュアーらに、食事、酒を振る舞い、上機嫌にさせることで、彼らとの関係を円滑に進める馳ごっこのインタビューであった。そして、彼らは上機嫌になった。そのため、サンダース同様、トンプソンも、七三一部隊での人体実験やそれらの実験で石井が果たした役割についてほとんど騙されていたことが分かっても、それは驚くことではない。トンプソンは、直接尋問と資料請求によって、日本軍の生物兵器活動の記録を、サンダースが仕上げたものよりやや明らかにまとめることができた[576]。

このように、かつて世界で目撃されたことのない、最高にドラマティックな鼬ごっこが続けられた。最も興味深いのは、SCAP関係者らが、少なくとも当初は、自分たちが相手にしている連中が何者か見当がつかなかったことである。石井のペテンは、インタビューの初日から始まっていた。トンプソン［獣医］中佐は、石井に彼の経歴を尋ねた。石井は、以下のような情報を提供している。

一八九二年六月二五日：誕生。
一九二〇年一二月：京都帝国大学医学部卒業。
一九二一年一月二〇日〜四月九日：見習士官として軍事訓練、近衛歩兵第三連隊附。
一九二一年四月九日：軍医—中尉〔陸軍二等軍医〕に任官、近衛歩兵第三連隊附。
一九二二年八月一日：東京第一陸軍病院附。
一九二四年八月二〇日：軍医—大尉〔陸軍一等軍医〕に進級。
一九二四年四月〜一九二六年四月：京都帝国大学大学院に派遣。細菌学、血清学、病理学、予防医学を研究。
一九二六年四月一日：京都衛戍病院附。

一九二八年四月～一九三〇年四月：視察と研究のために海外出張。シンガポール、セイロン、エジプト、ギリシャ、トルコ、イタリア、フランス、スイス、ドイツ、オーストリア、ハンガリー、チェコスロバキア、ベルギー、オランダ、デンマーク、スウェーデン、ノルウェー、フィンランド、ポーランド、ソ連、エストニア、ラトビア、東プロシア、ハワイ、カナダ、アメリカ合衆国を訪問。
一九三〇年八月一日：軍医―陸軍軍医学校教官。
一九三五年八月一日：軍医―中佐〔陸軍二等軍医正〕に進級。
一九三六年八月一日：関東軍 Boueki Kyusui Bu［防疫給水部］隊長。
一九三八年三月一日：軍医―大佐に進級。
一九四〇年八月一日：関東軍防疫給水部隊長兼陸軍軍医学校教官。
一九四一年三月一日：軍医―少将に進級。
一九四二年八月一日：陸軍衛生部部長［第一軍軍医部長］
一九四三年八月一日：陸軍軍医学校教官
一九四五年三月一日：軍医―中将に進級。関東軍 Boueki Kyusui Bu［防疫給水部］隊長に再任。
一九四五年一二月一日：予備役編入。(577)

これが、石井のいわゆる海外出張の最初の情報源である。前述［第三章］から明らかなように、石井が最低でも一年間はベルリンに滞在し、その後、フランスのシェールブールに行き、そこでアメリカ行きの船に乗り換えたということはかなりはっきりしている。しかしながら、彼はニューヨークで入国を拒否された。少なくとも、アメリカとカナダをはじめとする石井の海外出張に関する主張は、真っ赤な嘘のようである。石井が、これらの外国のいずれかを訪れたという主張を立証するデータはなく、前述のように、かつて彼がアメリカへの入国を許可されたことを示す査証の記録もない。もちろん、石井の主張に基づき、一九三〇年代に彼が渡米したと断定する多くの評論家、学者らは、これらの事実によって思いとどまるということはない。

さらに重要なのは、石井の履歴書形式での彼の文書回答が、「**防疫給水部**」（石井が七三一部隊とその恐怖の工場のために使った隠語）という用語の情報源だと思われることである。これを直訳すると、"Epidemic Prevention and Water Supply"である。アメリカの尋問者らが、この訳語を採用しなかったのは、この用語が特殊でも、翻訳不可能でもないため、奇妙である。むしろ、彼らは、一九四六年一月の石井へのインタビューの最初期から、平房、哈爾浜、そこにあった施設に言及する時、"Epidemic Prevention and Water Supply Unit"の代わりに、その重要さを一切分からず、石井の隠語を使用していた。彼らは、この言葉にはまだ何かがあると直感していたようだが、これが七三一部隊、加茂部隊、石井部隊、そしてもとは東郷部隊の名称でもあったということは知らず、分かってもいなかった。トンプソンは、この名称を維持した。彼は、「防疫給水部」という名称を石井自身から得たようである。

また、この履歴書で驚くべきなのは、一九四五年一二月に、石井が予備役に編入されたというところである。石井がここで意味するところを識別するのは難しい。日本軍と、確かに予備軍は、一九四五年一二月までに、とっくに解体されていた。また、SCAPは、一九四五年一二月までに、石井の名を耳にし、彼を探していた。石井の私設秘書の報告では、若松町に潜伏していた時、彼は決して外出せず、掩体壕風の家を離れなかった[578]。したがって、彼が、実在しない予備役に登録するため、徴兵事務所へ出向くとは想像できない。これは、絶対に真っ赤な嘘である。

この履歴書は、一九四四年の石井の居所に関する謎を解く一助に過ぎない。ここで、彼は、自分がたことになる。「陸軍軍医学校教官」だったと主張している。これが正しければ、石井は、一九四四年には東京にいたことになる。[石井が]少将から中将に進級するプロセスで、このことが、どのように彼のキャリアに役立ったかは明らかではない。もし言われるように、医療部隊の少将全員が、中将に進級するためにに野外勤務が必要であるなら、どのようにして、東京の軍医学校で一八歳の医学生らを相手に教鞭を執り、学校のすぐ近くにある鉄筋コンクリート造の掩体壕に暮らすという比較的快適な任務によりこれが成し遂げられたのかは明らかでない。実際に、またしても既知の事実と文書に裏付けられた事実が一致していない。少将から中将に昇進するため、石井は何か重要なことをしなければならなかった。もし彼が、自ら主張するように、東京に住み、陸軍軍医学校で教鞭を執っていたなら、東京で何かが行われていたはずである。このことは、石井が、本州が連合国軍から直接攻撃された場合に備えて、攻撃用の生物兵器の使用を準備していたという結論につながるさらなる状況証拠である。

恐らく、この計画の最良の状況証拠は、新妻清一中佐へのインタビューであろう。彼は、マレー・サンダース中佐からインタビューを受けた際、自分自身でインタビューを書き起こしている。内藤良一が通訳者であった。私は英訳を引用しておいた。このインタビューで、彼は、日本軍が生物兵器の使用を続けるつもりだったか尋ねられた。彼は、そうするつもりだった述べている。[579]石井は、一九四五年八月に、満州北部でソ連軍に対して生物兵器攻撃を準備していた。彼は、侵攻してくるソ連軍に、その罠を仕掛けることに遅れただけである。なぜ、日本本土では別の事態が予想されるのだろうか？

履歴書に説明された事実の一部は、辻褄が合っている。一九三〇年二月、石井が、ニューヨークへ向かう「S・S・マジェスティック号」に乗船した時、彼の職業は「軍医」であった。この事実は、それから一五年近く後にトンプソンに提出した履歴書と一致している。この事実に疑いの余地はなく、石井が、一九二四年から三〇年まで軍医だったことはかなり明白である。

「トンプソン・レポート」には、至る所に事実誤認が見られる。例えば、トンプソンは、石井が加茂にいて、「尋問」のために若松町へ移されたと伝えられ、そう信じたようである。[580]「GHQ、AFPAC〔アメリカ太平洋陸軍総司令部〕、CIC〔対敵諜報部隊〕から日本政府への要請で、石井は、東京の住居へ戻された」[581]。もちろん、トンプソンが何を聞かされたかは知りがたい。しかしながら、話のこの些細な部分は、郡司（石井の私設秘書）の伝える話と一致しない。郡司は、彼女が、一九四五年一〇月からインタビューが開始されるまでの間、若松町の掩体壕に石井と一緒にいたと報告している。

トンプソンはまた、石井が病気だと思い込まされていた。「石井は、慢性胆嚢炎と赤痢を患い、東京の自宅にとどまることを許可された。一切のインタビューはそこで行われた」[582]。郡司は病名を出さず、同じ話をしている。[583]彼女は、ある日、米兵三人が石井家の戸口に現れたと報告している。彼女は、彼らが靴を脱がず、そのまま二階にある石井の部屋へ「上がって」行ったことに最も衝撃を受けたことを覚えていた。郡司によれば、彼らは、屋敷に「七、八回は来た」という。毎回、インタビューは、二時間から半日続いた[584]。

ある日、郡司が、石井とインタビュアーらにお茶を運んだ時、彼女は次のような光景を目撃したと報告している。「隊長（[この呼び方は、]郡司の石井に対する敬称で“unit commander”を意味する）は布団を敷いて寝ている。その周りにアメリカ人の将校らが椅子に腰掛けていた。書類のようなものを前にして、アメリカの将校が、静かに英語で何か言うと、隊長も英語で答えていた。それは訊問というより事実聴取といった雰囲気に思われた[585]」。

郡司は、若松町の石井の掩体壕にやって来たこれら三人の米兵のことを鮮明に覚えていた。この中の一人が、アーヴォ・トンプソンだったことに間違いはない。他の二人については分かっていない。しかしながら、これら二人が検察局からやって来たという証拠はない。

トンプソンは、[以下のような]結論を下している。

調査官の意見は以下の通りである。

一、日本軍の生物兵器活動に関して、恐らく別々の諸源泉から得られた情報は、情報提供者らが調査で漏らしてよい情報の量と質について指示されていたと思われるほど首尾一貫していた。

二、全ての記録が、日本の陸軍の命令にしたがって破棄されたと言われるため、恐らく全ての情報は記憶に基づいて与えられたように思われる。けれども、一部の情報、とりわけ爆弾の図面は、全ての証拠書類が破棄されたという主張に疑問を抱かせるほど詳細であった。

三、尋問を通して明らかになったのは、日本人が、生物兵器での彼らの活動、とりわけ攻撃面での研究、開発に費やされた労力の規模を小さく見せたいと望んでいたことである。

四、生物兵器の研究、開発を軍に限定し、民間の科学力を十分に活用できなかったことは、軍の諸部門間の協力の欠如と相まって、生物兵器を実用的兵器として開発する進捗を妨げた。

五、実用的な生物兵器が開発されていても、化学兵器による報復を恐れ、日本軍がそれを使用したとは考えにくい。知り得た限り、日本軍は、アメリカの生物兵器活動に関する情報を持っていなかった。(586)

生物兵器の研究、開発の主題について、質問に対する石井の返答は、慎重、簡潔で、しばしば曖昧であった。石井は、予防医学研究、給水、浄水の主題については率直に語った。インタビューを通して明らかだったのは、彼が、予防医学、浄水、給水に関する活動を強調し、彼の指揮した組織の生物兵器にかかわる面を小さく見せたいと望んでいたことである。

つまり、トンプソンは、サンダース以上に、生物兵器研究とその人体実験を石井に結びつけたが、それでもなお、彼は石井に大いに騙されていた。トンプソンは、主に石井が彼にした話をもとに調査をした。彼は北野にもインタビューしたが、北野が石井の話をほぼ立証しており、それゆえ補強証拠として、それには信憑性があると報告している。もちろん、石井の話を裏付けるために北野を使うことは、サタンの話を裏付けるためにデーモンを使うようなものである。トンプソンは、この直属の指揮系統の外に出て真実を知る努力をしなかった。彼は、真偽を確かめる努力を怠り、聞きかじったことを報告して満足した。犯罪学者、犯罪捜査官が、トンプソンと石井の会談に加わることはなかったし、彼らが石井に関する分析に駆り出されることもなかった。占領軍の声だった「パシフィック・スターズ&ストライプス」紙には、「技術諜報」のD・S・テイト中佐が監督し、E・M・エリス中尉が「支援した」だけだと報じられている[587]。

最も重要なのは、トンプソンの調査も、極東国際軍事裁判の主席検察官だったジョセフ・キーナンに伏せられていたことである。キーナンやその事務所が、なぜこの会談からとりわけ締め出されたのかは記録には示されていない。マッカーサーは、アーヴォ・トンプソン他多数を代理人にして独自の調査を行い、それを秘密にした。しかしながら、後述されるように、マッカーサーは、たった一人の日本人戦犯者を訴追することよりも、はるかに大きな問題を念頭に置いていたのである。

これは最大の不幸である。トンプソンは、一九四六年五月三一日に、マッカーサーと参謀［部］にレポートを提出している。SCAPは、九月までに、「石井部隊で、人体を犠牲にした実験が行われたことを、私の責任でここに証明する[588]」という柄沢十三夫［軍医］少佐のメモを入手していた。一九四六年一〇月四日、上木寛から直接マッカーサーに宛てて一通の手紙が送られている。「石井四郎中将は、多数の連合国軍捕虜に残酷な実験を実施した[589]」。〔マッカーサー宛上木寛書簡の全文は以下の通りである。「筆者は以下のように述べている。戦時中、石井四郎軍医中将は、哈爾浜郊外に大規模な人体実験施設を創設した。彼は、架空の加茂部隊の部隊長として活動し、多くの連合国軍捕虜らに残酷な実験を実施した。終戦時、彼が実験施設と証拠を隠滅したのは周知の事実である。彼の名前が、戦争犯罪容疑者リストに載るのは不可避的なことであった。しかし、最近になり、彼はこの結果から逃れるために取引を行った。［賄賂を使用した］。［占領軍関係者のコメント］筆者自身は連合国本部の権威を尊重する平和的な日本人で裁判のプロセスが公開されることを要望すると述べている。（筆者は軍医として招集された人物である。詳細は不明）」］

つまり、トンプソンが少しでも探していれば、柄沢、上木、あるいは七三一部隊について彼に真実を語ってくれるだろう他の誰かの居所を突き止めることができたかもしれない。その代わりに、トンプソンは、石井、七三一部隊とそこでの出来事を知る軍属、軍人全員を尋問するのでなく、石井の掩体壕で彼にインタビューし、茶を飲み、菓子を食べ、石井家の友人になったのである。トンプソンは、北野へのインタビューによって石井の話を裏付けたと考えた。しかしながら、石井はトンプソンに嘘をつき、北野は石井の嘘を補強したのである。

注目すべきことに、トンプソンは、彼のレポートで、生物兵器についての質問に対する石井の応答が「曖昧」で、浄水についての質問に対する彼の返答が実のあるものだったと記している。トンプソンは、自分が生物兵器の真実を全て聞かされていたわけでないことを知っていたようで、そのように報告している。「トンプソン・レポート」をとりわけ許しがたいものにしているのは、彼が、石井が言い逃れしていたことを知っていたのに、それ以上追求せず、他の証人を探さず、石井の主張の立証を求めず、突っ込んだ質問をしなかったということである。恐らくトンプソンは、石井の娘に茶を出され、彼の掩体壕の二階でひそひそ話をして上機嫌になったのであろう。しかし、間違いなく、彼は犯罪容疑者のインタビューにおける尋問手順に従わず、それをやってのけることができる人物はその場にはいなかった。

　もちろん、これはすべてトンプソンの責任というわけではない。トンプソンは獣医で、犯罪容疑者を尋問する専門家ではなかった。けれども、ＳＣＡＰには、自由に利用できる尋問の専門家が大勢いた。当時、これらの人々は勾留中のＡ級戦犯者らの尋問に没頭していた。なぜ彼らのうちの数名が、トンプソンと共に、石井を本格的に尋問するよう派遣されなかったかということは明らかでない。

　トンプソンのレポートによれば、彼は、最も際立った諸問題で、多かれ少なかれ石井を信じていたことになる。人体実験は行われておらず、生物兵器は防衛使用のためだけに準備されたのである。少しの間、その愚を真実として受け入れるなら、ＳＣＡＰが、他の実際の戦犯者らの対応に追われていたことが明らかになる。あるいは、ＳＣＡＰは、サンダースやトンプソンに真実を知られたくなかったのである。なぜなら、ＳＣＡＰが、日本側が握っていた生物兵器の情報を利用したかったからである。恐らく、ＳＣＡＰは、自分たちが石井のような人々を起訴すれば、他の人々による協力が得られなくなると思ったのであろう。しかしながら、これも既知の事実とは一致しない。ＳＣＡＰは、大勢の日本人のＡ、Ｂ、Ｃ、Ｄ級戦犯者らを積極的に訴追している。実際に、終戦時、日本人戦犯者らを探し出すための積極的な国際捜査では、二八名がＡ級戦犯者、五七〇〇名がＢ、Ｃ級戦犯者とされた。将校六〇〇名以上が、調査または起訴される前に自殺している。[590] したがって、ＳＣＡＰが、石井四郎だけが協力してくれると期待して、彼だけを積極的に訴追しなかったということはあり得ない話である。この計画は、少なくともA級戦犯者二八名（それ以上ではないにせよ）に等しく適用された。けれども、石井四郎だけが、彼の協力を得るよう期待されて、この待遇を受け取ったと信じられている。SCAPは、石井にインタビューするため、次々と微生物学者、その他の科学者らを送り込んでいる。彼らは、調査官として犯罪学者、検察官、軍事警察を派遣しなかった。

それでも、SCAPは、石井がトンプソンとのごまかしの会談中に認めた内容以上に悪魔的なことに関与していた直接証拠を握っていた。SCAPは、この情報によって動くことはなかった。なるほど、なぜ動かなかったのかという疑問が残る。

一九四七年一月、アメリカの石井への関心が、彼の［持つ］知識を知り、彼の言う「秘中の秘」をマスターすることだと判明した。陸軍諜報部（G－2）のロバート・マックウェール中佐は、自分の事務所用に作成した「情報の概要」で、「密告者は、石井が、満州の奉天で実験としてアメリカ人数名の体に腺ペストの細菌を接種させたと主張している[591]」と述べた。マックウェールが作成した「情報の概要」の以下の文章では、石井がいかなる扱いを受けるべきだったかが最もよく伝えられている。彼は、「もちろん、これらの実験の成果には、最高の知的価値がある[592]」と述べている。つまり、マックウェールとアメリカのインテリジェンス・コミュニティは、石井の行いより、彼の知識を知ることにはるかに大きな関心を払っていたのである。石井が実行した犯罪を「知的価値」と呼ぶことは、この調査全体で最も悲しい言明の一つかもしれない。

一九四七年四月一七日、ワシントンが一つの命令を下した。命令に従い、「G－2の同意なしに、本件に関し迫害“persecution”（原文のまま）〔「訴追」“prosecution”の意味〕または口外しないこと。これは、

C-in-CとCS〔「参謀総長」"chief of staff"〕の直接命令である」[593]。"C-in-C"が、「最高司令官」the "commander-in-chief"であるのは明白である。一見、これはトルーマン大統領を指しているようである。つまり、トルーマン大統領が、石井や七三一部隊員らを訴追〔彼らの言葉では「迫害」"persecute"〕しないよう軍に命令したように見える。そうかもしれないが、ここでの"C-in-C"は、「極東司令官」"the Far Eastern Command commander-in-chief"を意味しているのかもしれない。そうであれば、当然、それはマッカーサー元帥だったはずである。しかしながら、マッカーサーがこの肩書きを受けたのは、一九五〇年の朝鮮戦争からである[594]。いずれにせよ、これは大規模な隠蔽工作と重大な司法の誤りを開始するための、アメリカの最高指揮系統からの許可である。この命令によって、生物兵器の研究、配備、使用を行った日本の軍人、軍属は、これら人道に対する罪で訴追されることはなくなった。

その直後、東京からワシントンへ送られた極秘電報により、石井をはじめとする生物兵器の研究者らが別格扱いされることが確認されている。

ここで日本人ら〔増田、内藤、金子〕から得られた供述は、ソ連の捕虜らの供述を確認するものである。日本人三名が人体実験を説明し、石井も暗黙のうちに確認した。中国人に対する実地試験が行われた。計画の規模は、一九四五年八月に、四〇〇キロ（八八〇ポンド）の乾燥した炭疽菌の生体が処分されたという報告書に示されている。石井の渋々の供述は、その計画を「知り、」許可した上官（恐らくは幕僚）がいたことを示す。石井は、もし「戦争犯罪」の免責が自分自身、上司、部下に文書で保証されるなら、計画を詳細に説明してもよいと述べている。石井は、極東の地理的領域で使用するのに最適な生物剤［病原菌］と、寒冷地での生物兵器の使用に関する若干の研究に裏付けられた、生物兵器の防衛、攻撃の戦略的、戦術的使用を含む、広範囲な理論的で高度な知識を持っていると主張している。(595)

東京からのこの電報と「トンプソン・レポート」を並べてみると、石井が、トンプソンとのインタビューでは、「トンプソン・レポート」の内容以上に多くを話していたのではないかと感じられる。例えば、「トンプソン・レポート」には、石井が「書類上の免責」を要求したことについての言及はなく、トンプソンもそれに言及していない。確かに、ここからも、トンプソンは、石井が自分とのインタビューで快く話した内容以上を知っていたと気づくべきであった。トンプソンが、その情報がいかなるもので、どのようにそれを入手したかを追跡していたら役立ったはずである。「トンプソン・レポート」で、彼は、サンダース同様、日本軍が防衛能力においてのみ生物兵器を使用したと結んでいる。トンプソンは、「実用的な生物兵器が開発されていても、化学兵器による報復を恐れ、日本軍がそれを使用したとは考えがたい」と述べている。これは都合よく曖昧な発言である。しかし、なぜトンプソンは曖昧にする必要があると感じたのか？　「トンプソン・レポート」で、彼は、石井が生物兵器について歯切れが悪いと伝えている。しかし、トンプソンは、石井が彼に、上官から攻撃用の生物兵器計画を許可されたと報告したことを述べなかった。

「フェル・レポート」

一九四七年六月二〇日、ノバート・H・フェルは、「フェル・レポート」として知られるようになる報告書を提出している。[596]フェルは、フォート・デトリックから日本へ派遣されたもう一人の微生物学者であった。フォート・デトリックで、彼はPP―E部門（「計画・操縦技術」[597]）の主任であった。しかし、フェルはまた発明家で、一九四二年には、免疫合成により生成物への感受性を低下させる化合物で特許を取得している。[598]フェルは、マッカーサー宛に送られた手紙の中の、生物兵器に関する手がかりを追跡するために東京へ派遣された。一九四七年四月一三日、彼は日本に到着した。「フェル・レポート」によれば、彼が東京に派遣されたのは、マッカーサーの受け取った「満州の平房にあった主な生物戦施設で、人体に対して行われた種々の実験を説明する」様々な「匿名の手紙」を調査するためであった。G―2がフェルに伝えたところでは、この情報は、それを見極めるようフォート・デトリックの他の科学者らが再来日するには十分信頼に足るものであった。

東京に到着すると、フェルは他のレポートを検討し、それによって「日本の生物戦組織の幹部ら」へのさらなるインタビューが正当化されると判断した。[599]フェルは、さらなるインタビューの必要が、「日本の有力政治家（アメリカに対して全面的に協力することを願っているようだ）」〔亀井貫一郎、一八九二～一九八七年、外務官僚、政治家〕から生じたと主張している。[600]どうも、このなかには石井も含まれていたようである。フェルは、最終的に、日本軍の生物兵器の経験の完全な説明を入手できた。あるいは、フェルはそう信じていたようである。

「フェル・レポート」で、フェルは、虚勢を張ることなく、SCAPが生物兵器に関する日本側の暗号の一部を解読したと伝えている。具体的に言うと、フェルは、生物兵器の活動と「防疫給水部」を同一視していた。フェルは、彼が「日本の生物戦組織（『防疫給水部』）」の関係者らから受け取った新情報を調査するためにそこにいたと主張している。[601] 少なくとも、一九四七年六月には、SCAPが、日本軍の生物兵器と謎めいた防疫給水部を適切に結びつけていたことは明らかである。

フェルは、日本人らが、最終的には生物兵器に関して洗いざらい白状すると考えた。彼は、石井が、「主題全体」に関して論文を執筆していたと報告している。[602] フェルは、まもなく石井が、この論文をSCAPと共有すると信じた。彼は、この論文が「七月一五日に利用可能」になるだろうと報告している。[603] この論文には、石井の生物兵器使用の理論の完全な説明、生物兵器に関する戦略的かつ戦術的な意図が含まれており、それには生物兵器分野での石井の二〇年間に及ぶ経験の「概要」を与えるものであった。[604]（本書執筆の時点で、この文書は発見されていない。それは、郡司が報告しているように、石井が、戦後間もない頃に、彼の掩体壕で必死に取り組んでいたものかもしれない。国防総省がこの文書を開示する日まで、「それが」知られることはない）。

フェルは、石井をはじめ、当時の日本の生物兵器研究の最重要人物ら一九人の協力を得ることができた。フェルが、資料はほとんど残っていないと考えたので、彼らは、主に記憶を頼りに「人間に対する」生物兵器計画の全容を詳述した六〇ページの報告書（「一九人の医師による（人体実験）レポート」）を作成した。[605]

フェルはまた、生物兵器により引き起こされた様々な疾病の二〇〇以上の人間の事例から採取された病理切片を示す約八〇〇〇枚のスライドが入手可能だとも伝えられた。フェルによると、これら標本は寺に隠されたり、日本南部の山の中に隠されたりしたものだという。作業を行った病理学者〔石川太刀雄丸、一九〇八～一九七三年、七三一部隊の第一部第六課で病理研究に従事。旧制金沢医科大学〔現金沢大学〕教授、同大医学部長、日本ブラッド・バンク企業株主〕は、「フェル・レポート」の時、標本を発掘し、その内容についての詳細なレポートを書いた。

それから、「フェル・レポート」では、日本軍が生物兵器として使用した炭疽から鼻疽までのあらゆる疾病が徹底的に調べ上げられ、これらが極めて詳細に分析され、感染の引き起こしから、それぞれの疾病に対する免疫作りまで、日本軍の取り組みが説明された。「フェル・レポート」では、日本人らが、いまやアメリカの生物兵器についての調査に、完全かつ全面的に協力していると結ばれている。フェルは、石井を「生物戦計画の頭領」と名付けた(606)。

「フェル・レポート」には、犯罪性に関する会話や考察が一切欠けている。フェルは、彼以前のサンダース、トンプソンと同様に、日本軍が人体実験によって得た生物兵器の知識に関するレポートを作成した。マッカーサーの直接命令で、犯罪性に関する話題は、「フェル・レポート」からは完全に除外された。

石井の情報には、最高の知的価値があると判断された。一九四七年七月一日、他のアメリカ人科学者二名、エドワード・ウェッター博士とH・I・スタブフィールド氏は、石井の生物兵器に関する情報の重要性を、人体実験は動物実験にまさると思われると要約している。

日本側のこの情報は、科学的に管理された実験から得られた、人体への生物剤の直接的影響を示す唯一の情報源である。これまで、生物剤の人体への影響は、動物実験によって得られたデータから評価する必要があった。そのような評価は決定的なものでなく、ある種の人体実験から得られる結果よりはるかに完全性に欠ける。日本軍の生物兵器のデータの価値は、アメリカにとって、国家の安全保障で、戦争犯罪の訴追から生じる価値をはるかに上回るほど重要である。[607]

つまり、石井とその生物兵器の取り組みに関するアメリカ側の見方は、対ソ連使用の生物兵器で得られる知識は貴重で、それは石井を特別に訴追しないことを正当化するというものであった。この種の司法の商品化は、石井の主な犠牲者らが、白人でなく、アジア人だった時に初めて可能である。人種主義は、石井と七三一部隊の未起訴共犯者らが、訴追できる戦争犯罪に手を染めていたか否かという判断を下すのに重要な役割を果たした。

ちょうど二週間後の一九四七年七月一五日、セシル・F・ハバート（国務・陸軍・海軍調整委員会）は、ウェッターとスタブフィールドに同意するメモを書いている。ハバートは、石井と生物兵器研究を行った日本人戦犯者らが訴追されないという事実を隠蔽するよう推奨したが、起こりうる反動について警告していた。なぜなら、ドイツの「国際軍事裁判では、人体実験が戦争犯罪として非難されていた」からである。[608] 不当にも、ハバートは、隠蔽工作をさらに極端にし、アメリカが、石井に対する戦争犯罪での起訴を正当化する十分な証拠書類を保有していることを否認するよう推奨した。

「現時点で、手持ちのデータは、石井とその共犯者らに対する戦争犯罪の起訴を裏付ける根拠としては十分でないようである」[609]。

この司法の商品化は、占領軍の最上層部にまで及んでいた。チャールズ・ウィロビー将軍（GHQ総司令部参謀第二部（G-2）部長）は、この決定を支持し、さらに石井と他の戦犯者らへの報酬の支払いまで支持していた。ウィロビーは、こうした報酬が、彼が「決定的に重大な戦争の形態」とも考えるものにおいて、「二〇年に及ぶ実験室の実験、研究の成果をアメリカへもたらすには僅かな金額」だと軽口を叩いた[610]。ウィロビー将軍は、この主題に関するメモで、日本から学んだ最重要項目のリストを作成し、「将来のアメリカの生物戦計画の発展における最大の価値」としている[611]。ウィロビーのリストには、彼が「世界で入手しうる唯一の情報」と評した、日本人科学者らの「人体に対する生物兵器」の「完全な報告」が含まれていた。「中国人に対する野外実験」、「致死的な細菌の媒介者」としての動物の使用（アメリカは、この分野でほとんど何も行っていない）、「人体実験の概要」。ウィロビーは、「人体実験のデータは、計り知れないものとなるかも知れない……いまや日本人は、化学兵器（と）殺人光線の研究を明らかにするかもしれない」と結んでいる[612]。殺人光線[613]？ ウィロビーは、日本人が、生物兵器の研究、開発だけでなく、兵器としての「殺人光線」（それがどのようなものであれ）をも、不思議にもマスターしていたと信じるひどい自己欺瞞に陥っていた。

アメリカは、占領軍とマッカーサー元帥がさらに非難されるため、一九四七年にこの記録を封印し、追求せぬよう命令を出した。石井四郎の活動、居所に関する情報は極秘事項であった。そして、彼の居所や活動に関する情報は、いかなる外部機関にも報告されてはならなかった[614]。アメリカは、金銭的に、石井と彼の未起訴共犯者らの「世話を焼き」、そのことは米軍内に留められるよう伏せられた[615]。アメリカは、石井を人道に対する罪で訴追するどころか、彼に報酬を支払い、訴追を免除した。アメリカの諜報機関のトップは、日本人が、化学兵器、殺人光線をはじめあらゆる種類の奇怪な兵器についての情報を持つと信じていた。なぜなら、アメリカは、石井の研究に極めて価値があり、最先端技術より数年先んじていると信じていたからである。SCAPとアメリカは、生物兵器の人体実験の成果を、人体実験の政治的代償を支払うことなく入手するという考えに酔っていた。支払わねばならぬ唯一の代償は、石井と日本人他数名の免責だけであった。この倒錯した司法の商品化は、自分たちが入手不可能と考えていたものを入手することに酔いしれていた人々にとって、適切だと思われたのかもしれない。

「ヒル＆ビクター・レポート」

SCAPが、日本軍の生物兵器の研究成果を全て手に入れても満足しなかったため、次は、エドウィン・V・ヒル博士、ジョゼフ・ビクター博士が、さらなる分析をするようキャンプ・デトリックから東京へと派遣され、一九四七年一〇月二八日に、東京に到着した。ヒルは、フォート・デトリックの基礎科学の主任[616]であった。ビクターは、そこの病理学者であった[617]。

ヒルがこのレポートの主な起草者で、それはヒルとビクターが東京に派遣されたという書き出しで始まる。実際には、ヒルのみがレポートに署名しており、なぜビクターがそれに署名していないか示すものは何もない。それは、殺人と拷問についての最も冷静なレポートで、生物戦研究を行った日本人科学者らから収集されたデータが列挙されていた。インタビューを受けた主な人物は石井四郎で、彼は、ボツリヌス症、ブルセラ症、ガス壊疽、鼻疽、インフルエンザ、髄膜炎【今日では髄膜炎2型と呼ばれる】、天然痘、破傷風、結核、野兎病を扱う最重要科学者だと述べられている。

石井は、一九四七年一一月二二日のインタビューで、ヒルとビクターに、自分がボツリヌス症の実験を実施したと報告している[618]。レポートには、「M〔人間〕への実験【哈爾浜／平房】は、二日間培養された菌【ボツリヌス症】を接種された被験者五名に対し実施された。そのうち二名が死亡した」と述べられている[619]。これは重要である。なぜなら、第一に、石井が被害者五名に対して生物学的病原体（ボツリヌス）を意図的に注射し、うち二名が死亡したことを認め、第二に、彼が無辜の被害者二名を殺害したことを認めているからである。同日、ヒルは、ブルセラ菌、ガス壊疽菌の実験について石井にインタビューしている。石井は、ブルセラ菌の接種で二〇名以上を感染させたことを認めたが、そのうちの多数が発熱し、それが数ヶ月間続いたと述べる以外に結果を思い出さなかった。石井が「丸太」に対して行ったガス壊疽実験は、言いようもないほど苦痛だったはずである。この種の肺気腫は、現在は皮下気腫（皮膚の下の空気）と呼ばれ、細菌が皮膚の下でガスを発生させ、組織を破壊する際に皮膚に泡立ちを引き起こすことから、いわゆる「ガス壊疽」と呼ばれていた。これは、石井が行った最大の激痛を伴う実験で、その効果は最も長く続いたはずである。ヒルは、［以下のように］報告している。

ガス壊疽
一九四七年一一月二二日
石井四郎博士へのインタビュー
ウェルシュ菌、敗血症菌、ノビイ菌、赤痢菌が調査されたが、大部分の研究はクロストリジウム・ウェルシュ菌によって行われた。(620)

皮下注射：
Mの研究【哈爾浜／平房】では、一〇名から二〇名程度の被験者が使用された。クロストリジウム・ウェルシュ菌が、二日間、肝臓―肝片加肝臓ブイヨンの中で培養された。これは、自然の形で、満州の国境付近で得られた土壌のサンプルから採取されたものである。毒性はモルモットを通じて維持された。培養物はアルカリ性に保たれる。なぜなら、毒性はpH〔水素イオン指数〕六以下で消滅するからである。人間の糞便には、有毒または無毒のクロストリジウム・ウェルシュ菌の双方が含まれており、モルモット注射により区別できるかもしれない。

服用量：
二日間培養した細菌一・〇から五・〇ccを皮下注射すると、一日で気腫が広がった。気腫が体表面の〇・五［半分］に及ぶと、通常、被験者は二、三日で死亡した。

一九三九年に、満州・シベリア国境地帯で起こったノモンハン事件では、日本人負傷者の半数以上がガス壊疽を発症した。

「ハ」型爆弾の爆発試験が、五、六名に対して二度実施され、全員が感染した。細谷博士が調整したガス壊疽のトキソイドによる免疫試験は、被験者約一〇名に対して実施され、その半数が免疫を獲得した。

死体解剖は、死亡した被験者ら全員に対して実施された。[621]

石井が兵器として使用するために研究したもう一つの疾病は、一九四五年当時恐れられていた疾病、天然痘であった。推定では、一九〇〇年から一九八〇年（根絶宣言の年）までに、三〇〇万人が天然痘で命を落としている。したがって、それを兵器として利用するための実験は恐ろしいことであった。ヒルは、石井の天然痘実験について［以下の］ように述べている。

天然痘
一九四七年一一月二二日
石井四郎博士へのインタビュー

Mの実験【哈爾浜／平房】：

天然痘ウイルスは、満州で自然の形で採取された。被験者一〇名が、紙袋から乾燥した水疱［ウイルス］の内容物を吸入した。全員が病気になり、身体には、最大で二〇から三〇センチに及ぶ大きな地図のような形をした紅斑性の[622]、腫れて出血した部分[623]が発生した。誰も水疱を発症しなかった。約四名が死亡した[624]。

「ヒル・レポート」における、拷問と死について詳述する客観的で、感情に動かされぬ、冷たい態度には目を見張るものがある。最後に、ヒルは、［以下のように］結んでいる。

この調査で収集された証拠は、この分野でこれまでに分かっていた諸側面を大いに補充し、豊富にした。それは、日本人科学者らが数百万ドルと長い年月をかけて得たデータである。情報は、特定の細菌の感染量で示されるこれら疾病に対する人間の羅病性に関するものである。このような情報は我々自身の研究所では得ることができなかった。なぜなら、人体実験に対しては良心の呵責があるからである。これらのデータは今日まで総額二五万円で確保されたもので、研究にかかった実際の費用に比較するなら微々たる額に過ぎない[625]。

奇妙なことに、無数の被験者（人間）の殺害、拷問、虐待を冷静に描いた後、ヒルは、［以下のような］記述でレポートを締め括っている。

自発的にこの情報を提供した人々【石井】が困らないこと、そして、この情報が他人の手に落ちることを防ぐためにあらゆる努力がなされることを希望する。(626)

ヒルは、彼以前のサンダース、トンプソン、フェル同様、石井と他の殺人者らを訴追することより、彼らが「困らないこと」により多くの関心を払った。フェルは、彼に明示された事実をあまりにも冷静に述べたため、情報を共有した当の怪物らの扱いについても冷静になったのである。彼はまた、生物兵器に関連するデータの金鉱にも気づいていた。他国は、この特殊なデータを手に入れていなかった。アメリカは、人間の被験者を使用しなかったろうし、使用できなかった。道徳的または人道的観点からでなく、科学的観点から、このデータには、それを他のいかなる手段でも得ることができなかったので、千金の値打ちがあった。最も重要なのは、ヒルが、この情報が秘密のまま伏せられ、「他者の手」に落ちぬよう望んだことである。ここで言われる「他者」とは、明らかにソ連のことである。

ソ連は、石井四郎を追跡する独自の任務を遂行していた。一九四七年、ソ連は、石井四郎が「ソ連側の」尋問に応じるようアメリカ側に要請した。(627) ソ連は、日本人に対して行なった独自の戦犯調査によって、石井四郎の名前に辿り着いていた。哈爾浜、平房で捕虜になった多くの日本の軍人らが、ソ連側に日本の生物兵器の研究、配備、使用について語っていたのである。(628) そのため、彼らは、石井を尋問し、戦争犯罪で起訴しようと熱心であった。ソ連は、SCAPが石井四郎を訴追するつもりがないと分かった後、実際に石井四郎の身柄引渡し要請を提出している。

アメリカが石井に対する戦争犯罪での起訴を明らかに妨害したので、ソ連は、石井を戦犯者として起訴し、裁判にかけるのは自分たちの責任だと信じていた。しかしながら、これは第二次世界大戦についてのアメリカの物語にふさわしくなかった。マッカーサーは、石井の身柄を、ソ連側の戦犯裁判が行われていたハバロフスクに引き渡すという彼らの企てを拒否した。さらにマッカーサーは、日本人戦犯者らのこの取り調べ、裁判、判決を、「ソ連のプロパガンダ」に過ぎないと退けた。[629]

ソ連軍の捕虜になった最も重要な関東軍軍人らと、その後、彼らに下された判決は以下の通りである。

山田乙三大将	元関東軍総司令官	二五年
梶塚隆二軍医中将	元関東軍軍医部長	二五年
高橋隆篤獣医中将	元関東軍獣医部長	二五年
川島清軍医少将	元七三一部隊第四部細菌製造課課長	二五年
柄沢十三夫軍医少佐	元七三一部隊第四部細菌製造課課長	一八年
西俊英軍医中佐	元七三一部隊教育部長兼孫呉支部長	二〇年
尾上正男軍医少佐	元七三一部隊海林・牡丹江支部長	一二年
佐藤俊二軍医少将	元関東軍第五軍軍医部長	二〇年
平桜全作獣医中尉	元一〇〇部隊研究員	一〇年
三友一男軍曹	元一〇〇部隊員	一五年

菊池則光上等兵　元七三一部隊海林・牡丹江支部衛生兵　二年
久留島祐司実験手　元七三一部隊林口支部衛生兵　三年

これらの人々は皆、石井四郎または七三一部隊と密接に結びついていた。彼らは、ハバロフスク戦犯裁判で裁かれ、上記の実刑判決を受けている。五日間で終結した裁判により、マッカーサー元帥をはじめとする米軍関係者らは、それが正当な裁判でないと結論づけ、ソ連のプロパガンダとして退けた。

裁判へと至る取り調べ段階の間、ソ連は、石井四郎が生物兵器の研究、開発、使用で果たした重要な役割を明らかにした。したがって、ソ連は、アメリカ人が石井を裁くか、それともソ連側に彼の身柄を引渡し、そこで裁判を行うかのどちらかを要求した。マッカーサーは、この意向もソ連のプロパガンダとして退け、石井の身柄引渡しの要求を一切拒否した。今日まで、ハバロフスク戦争犯罪法廷の結果、手続き、判決は疑問視されている。実際、歴史家らは、ハバロフスク裁判の結果が自分たちの歴史観に合致した時にだけ、それを信用する。

ソ連の調査官らは、SCAP関係者らが石井を徹底的に調べ上げた後、彼へのインタビューを許可された。一九四八年〔一九四七年〕に行われたこのインタビューの間、石井は、米軍関係者らの立ち合いのもとでのみソ連当局者らと面会した。米軍関係者らは、石井にソ連側の特定の質問への回答を許したり、許さなかったりした。石井と彼の妻は、アメリカ人の尋問者らと、かなりの馴れ合い関係を作っていた。石井の妻がケーキを出し、娘が食事を出している間、［彼らが］石井と茶を飲んだという報告もある。第二次世界大戦後の最も重大な数年間、アメリカの調査官らは、過去百年で最悪の戦犯者、怪物と茶を飲み、ケーキを食べて過ごしていたのである。

隠蔽

一九八〇年代までのアメリカや日本の歴史では、終戦直後の時期に石井四郎に何が起こったかが明確に分からない時期があった。上述のレポートは機密扱いとされ、学者らが入手することはできなかった。シェルダン・ハリスをはじめとする多くの学者らの勤勉な研究と、多くの機密情報の公開により、今では占領期にマッカーサーとその部下らの行った隠蔽工作の範囲が分かっている。この隠蔽は、長く深く続いた。

隠蔽の動機は理解できる。アメリカは、次なる敵がソ連だと認識していた。そのため、アメリカ政府の最上層部では、ソ連に対する軍事的優位という目的に到達するために求められるいかなる手段も許容されると考えられた。したがって、極東国際軍事裁判の首席検察官だったジョセフ・キーナンは、石井四郎と生物兵器に関する彼の役割について伝えられなかった。実際に、彼は、石井四郎に関するいかなる議論からも積極的に締め出されていた。極東国際軍事裁判（東京裁判の正式名称）は、一九四六年四月二九日に開かれた。その時まで、トンプソンはレポートを完成させ、提出しようとしており、最終的には、一九四六年五月三一日にそれを提出した。「トンプソン・レポート」のなかで、石井四郎は、少なくとも戦争犯罪で追求されるべき「容疑者」としてはっきりと名指しされ、特定されている。しかしながら、サンダースは、一九四五年に、協力者全員が免責になる、と内藤に口頭で伝えた。

石井が協力するよう（実際に彼が協力した範囲内で）、彼に何が与えられたかについては、さらなる分析が必要である。ほとんどの学者は、この不起訴を見て、これを「免責」と説明する。通常なら、免責は、証言を得るために証人に与えられる。証言が強制される大陪審では、見返りとして免責が与えられる。免責は、引き出される証言にどれほどの価値があるかによって、検察官が与えたり与えなかったりするものである。石井の件で、マッカーサーは、まるでそれを決めるのは自分だと言わんばかりに、サンダースにこの取引を行うよう伝えた。

実際はそうでなかった。石井の証言に価値があると判断された場合、彼に免責を与えるのは主席検事のジョセフ・キーナンだったはずである。キーナンと戦犯法廷は、この考察から完全に締め出されていた。したがって、石井が、一九四五年に口頭で、一九四八年に文書で受け取ったものを「免責」と呼ぶのは厳密には誤りである。これは免責ではなかった。これは明らかにマッカーサー側の合意で、ワシントンのマッカーサーの上司らも、石井を起訴しないことを支持していた。しかし、これは語の専門的な意味での免責ではなかった。

それは、隠蔽工作に過ぎなかった。マッカーサー元帥の許可を得たアメリカは、石井四郎の情報を入手するため、石井について知っていることを秘密にし、何よりも、この情報を主席検察官のキーナンに秘密にした。この取引を「免責」と呼ぶことは、アメリカが誇りをもって日本に導入した法の支配と民主主義の概念を誤って伝える。

それに、石井四郎が受けたものが実際に免責だったとしても、彼にはまだ訴追される可能性が残っていた。石井が「全面的な刑事免責」を受けたのか、それとも検察が、石井自身の供述や彼自身が作成した文書を、彼の訴追に使うことを妨げるだけの「使用免責」、「派生使用免責」を受けたのかは明かされてはいない。連邦最高裁判所では、連邦裁判所において、ある人物の証言を強制するために、検察官は全面的な刑事免責でなく、使用免責を申し出るだけでよいと決められている。[630] 石井の言葉（文書、口頭）を使用することなしに、石井について証言できる者は大勢いた。マッカーサーに直接宛てて書かれた、石井の訴追を懇願する手紙もあった。内藤、北野、清野、その他数名は、石井が罪を犯していることを知っていた。通常の訴追の流れなら、石井に使用免責を与えて証言を得て、他の人々の供述を利用して彼を訴追したはずである。

しかしながら、石井は一枚上手であった。石井は、より完全な協力と引き換えに、彼が「文書免責」と呼ぶものを要求した。石井にとって、これは文書での全面的な刑事免責を意味した。一九四八年以前、石井とSCAPコミュニティ全体は、アメリカが生物兵器の調査に協力する者を訴追しない、というマッカーサーがサンダースと交わし、内藤に伝わり、その後、石井をはじめ他の未起訴共犯者らに伝わった口約束に基づいて行動した。

当時、極東国際軍事裁判は、日本で独立した司法権を持っていた。[631] この法廷は、戦犯者らを訴追するために結成された。占領軍は、日本が非占領の独立国家に移行する際に、それを管理するよう結成された。アメリカは、連合国軍最高司令官総司令部（SCAP）の一国に過ぎなかった。他の代表国は、イギリス、カナダ、オーストラリア、オランダ、中国、ソ連であった。マッカーサー元帥が、この法廷を設立し統率した。そして、彼がその一一カ国の各国を任命した。しかしながら、マッカーサーには、それらの国々の独立性や、誰がまた何がそれらの国々に影響を及ぼすか確信がなかった。この不安は、二年後に、判事三名がA級戦犯者の有罪判決に異議を唱えたことで確認された[632]。法廷が、アメリカ人一名以上で構成されることはなかった。一九四六年、マサチューセッツ州上級裁判所（当時、マサチューセッツ最高裁判所に相当）長官、ジョン・パトリック・ヒギンズは、陸軍省法務総監のマイロン・C・クレイマー少将に交代した。つまり、裁判の大半を担当したアメリカ人は、文民でなく軍人だったのである。

マッカーサーによる石井の待遇は、共謀を匂わせる。それはまるで、第二次湾岸戦争で、ペトレイアス将軍が、アリー・ハサン・アル＝マジード（通称「ケミカル・アリ」）を特別扱いしたようなものである。ペトレイアス将軍は、ケミカル・アリを逮捕し、裁判にかけ、有罪を宣告し、処刑するのでなく、彼の自宅を訪れ、彼の娘の用意した茶を飲み、菓子を食べ、化学兵器の価値と可能性について話し合った。そして、彼は、ケミカル・アリを訴追すると、彼を不当に困らせるので、それを避けるべきだと米軍に伝えるために去った。

もしペトレイアス将軍が、マッカーサーが石井四郎を扱ったように、ケミカル・アリを扱ったのであれば、彼は逮捕され、軍法会議にかけられ、軍事裁判法典に違反して敵と共謀したとして裁かれていたはずである。それどころか、マッカーサーは、石井に「免責」を付与したと言われている。それはマッカーサーが与えるものでなかったし、彼が与えたものは何であれ、アメリカの法制度に照らして理解される「免責」でなかった。それは、ただ抜け目のない駆け引きに過ぎなかった。マッカーサーは、石井を訴追しなかった。なぜなら、彼は石井が何を知っているか知りたかったからである。これは、免責ではない。これは犯罪的な共謀で、それによって、第二次世界大戦から生まれた最悪の戦犯者が、法を避けることを許された。

石井四郎が、実際の「免責」（語の定義通りの）を受けることができたのは、トルーマン大統領が許可した場合だけであった。米軍元帥として、マッカーサーは、石井に一方的に免責を付与する権限を持ってはいなかった。一九四八年、マッカーサーは、石井に「文書免責」を伝える許可をワシントンに求め、それは認めらた。陸軍長官をはじめ、米軍の指揮系統では、誰も石井のような既知の戦犯者に免責を付与する権限を持っていなかったろう。トルーマン自身が、命令を下さねばならなかったはずである。

石井に免責を付与するよう軍に命じたトルーマンの署名入り文書はない。しかしながら、トルーマンが、少なくともこの決定について知っており、承認していたことを示す状況証拠はいくつかある。第一に、第二次世界大戦直後、米軍に対する文民統制の復活があった。トルーマンが、大統領令により原爆または核兵器のさらなる使用は大統領のみが行うよう求めたのがその始まりである。[633] 広島、長崎への原爆投下の時、核兵器の配備はもっぱら軍による判断であった。[634] 長崎への原爆投下以降、トルーマンとその後のアメリカの大統領全員が、核兵器の最終配備を決定する権限を持っている。[635]

戦後、トルーマン大統領は、数年間にわたりマッカーサー元帥と不安定な休戦［状態］にあった。マッカーサーが、自ら適切と考えるように日本を統治するために放っておかれることを望んでいたのはよく知られている。当然、これは最終的に、マッカーサーがワシントンの命令に背き、朝鮮戦争中、米軍に中国領土への進軍を命じ、彼が朝鮮戦争での総司令官〔国連軍総司令官〕を解任されることにつながった。つまり、トルーマンは、米軍が、戦時中に習慣となっていた以上の文民統制に従うよう求めたのである。石井とその一派を訴追しないという決定は、彼らが明らかに第二次世界大戦によって生み出された最悪の戦犯者の一部だと考えると、単にワシントンの統合参謀本部だけで締め括られるはずのものではなかった。それは信じがたいことである。

また、一九四七年四月一八日、法務局は、G−3から一九四七年四月一七日付で以下のチェック・シート（以下は抜粋）を受け取った。

件名：法務局、捜査課、レポート三三〇．

4　以下の点が要請される。

a　G−2の同意なしに、本件【石井とその一派】に関しては迫害“persecution”〔「訴追」“prosecution”の意味〕または口外しないこと。これは、C-in-CまたはCSの直接命令である。

b　上記のレポートまたは関連文書は機密扱いとし、この件に関係するアメリカ側関係者全員は、その旨を通知される。

c　入手した追加情報は、G−2に不信感を与える。

d　文書または写真を得るために、特別な努力をする。

e　さらなる尋問は、ＡＴＩＳ〔「連合国軍翻訳通訳局」"Allied Translation and Interpreters Service"〕の中央尋問センターの管理下に行われる。[636]

チャールズ・ウィロビー将軍が、ニール・スミス〔陸軍歩兵部隊〕中尉のレポートへの返答として上記の命令を出した。命令は、西村（名前は不明）〔西村武〕という人物が、ＳＣＡＰに宛てた手紙の中の、山口本治《もとじ》元〔獣医〕少佐、若松有次郎元〔獣医〕少将、松下〔山下〕四郎元大尉、保坂安太郎元〔獣医〕中佐が、中国の孟家屯付近の野外で捕虜を解剖したという主張に基づいて、徹底的な尋問の末に書かれた。スミス中尉は、一九四七年四月四日に、それまでの調査の進捗状況に関する詳細なレポートを発行した。スミス中尉のレポートを検討したウィロビー将軍は、一九四七年四月一七日にチェックリストで上記の命令を出した。それから、スミス中尉は、「今後の尋問は全て、ＡＴＩＳ中央尋問センターの管理下にある東京事務所で行い、各現場レベルで着手していた調査は中止とする」[637]と述べ、要請に応じる意向を表明した。ウィロビー将軍が発行したチェックリストで、彼はこのレポートとそこに記された尋問全てを「機密」に分類した。彼は、尋問手順に関する二項目にスミス中尉の注意を喚起し、「あらゆる行動、尋問、連絡は、このセクション〔Ｇ－２〕と調整しなければならない。アメリカの利益を保護し困難を防ぐため、最大限の秘密保持が不可欠である」と続けた。[638]

このレポートは、これらの尋問の後、起訴相当の戦犯者だった山口本治へのインタビューの文脈で出てくる。だが、これらレポートが発行された後、記録文書には、山口本治《もとじ》（Honji Yamaguchi）としても知られ、これは彼の名前を示す漢字の発音の違いに過ぎないかもしれない）の処遇に関する言及がなくなる。山口本治が、実際に誰だったかは謎である。彼は重要で、それは山口が、SCAP関係者らに、石井四郎をより詳しく調べる必要を暗示した最初の人物であるように思われるからである。スミスは、山口を尋問するなかで、生物兵器計画の匂いを嗅ぎつけ、それを報告したようである。その結果、G-2とC-in-Cが、この線での調査を続けるなと命令を下した。[639] 例えば、GHQのアーカイヴには、明らかに占領初期に、西村という名字の日本人が出した日付のない手紙が保管されている。[手紙には、]「山口本治」なる人物には、実験で人間に鼻疽菌を投与した責任があると述べられている。[640] したがって、占領軍は、しきりにこの山口本治を探し出そうとしていた。〔山口本治と西村武の関係については、小河孝、加藤哲郎、松野誠也著「検証・100部隊　関東軍軍馬防疫廠の細菌戦研究」花伝社を参照〕山口本治が、石井四郎自身だったという場合もある。しかしながら、こう書かれた記録文書では、石井四郎が、実際には若松町の自宅に暮らしていたのに、加茂の自宅に過ごしているところを発見されたとなってもいる。[641]

“C-in-C”が誰なのか言い切ることはできない。しかし、それが“Commander-in-Chief”を意味するのは明白である。ありうるのは二人だけで、[それは、]マッカーサー元帥（「連合国軍最高司令官」the commander in chief of the Supreme Commander for Allied Powers）とトルーマン大統領のどちらかである。マッカーサーは、石井とその一派が法を回避するために、個人的に裏取引する権限を持っていなかったはずである。したがって、状況証拠からではあるが、トルーマンがこの「免責」と呼ばれるものの責任者だったようである。それ[免責]に何らかの拘束力を持たせるには、極東国際軍事裁判の首席検察官だったジョセフ・キーナンか、トルーマン大統領がこの取引に署名しなければならなかったはずである。キーナンには、石井のことも、彼が何を知るかも知らされていなかったので、彼が署名しなかったことは分かっている。その後、石井が裁判にかけられず、一九五九年に自由の身で亡くなっていることから、彼が何らかの仕方で罪を許されたことは明白である。その権限を持っていたのは、最高司令官［the Commander-in-Chief］のトルーマン大統領だけであった。

さらに、一九九九年から二〇〇〇年にかけて、トーマス・ヘイクラフトは一篇の論文を著し、いわゆる「免責」取引に関する自らの研究を報告した。彼は、徹底的な検証の末に、トルーマンがこの取り決めを知っていたと結んでいる。ヘイクラフトの研究が依拠した資料は、トルーマンに付いていた参謀長で、海軍元帥のウィリアム・D・リーヒの回想録、「回想録」［I Was There］であった。リーヒは、広島、長崎への最初の原爆の使用がいかに野蛮で「暗黒時代」に相当するか、説得力のある説明をしただけではない。彼はまた、トルーマン大統領から、トルーマンに全て話すよう指示されていたことも明かしている。リーヒは、「回想録」のなかで、自分がトルーマンに全てを伝えたと報告している。

リーヒは、一九四二年にルーズベルト大統領付参謀長に任命された、非常に優秀な軍人であった。ルーズベルトの死後、トルーマン大統領は、リーヒに参謀長、統合参謀本部議長の地位に残るよう求めた。トルーマンはリーヒに対し、「私には君が必要で、いつでも、君の心の内を伝えてほしい」と述べている。[642] さらにトルーマンは、彼の回顧録で、「ホワイト・ハウスにリーヒがいれば、良きにつけ悪しきにつけあらゆる情報が私に届いた」と書いている。[643]

ヘイクラフトは、［以下のように］結んでいる。

彼［トルーマン］は、リーヒの情報収集手段と職務に基づき、石井が免責のために交渉していたこと、人体実験を行なっていたことを熟知していたに違いない。さらには、トルーマンの期待や国策への影響を意識して、リーヒは、トルーマンに免責問題を知らせ続けたに違いない。そうでなかったなら、それはリーヒらしからぬ重大な過失だったはずである。他方で、死後の出版を予期して書かれたらしいリーヒの日記には、免責取引、石井、日本の生物戦計画に関するいかなる言及もない。(644)

興味深いことに、一九九八年、篠塚良雄は平和と追悼の会議に出席するため渡米しようとした。篠塚は、一九二三年生まれである。本書執筆の時点で、彼はまだ生きている。彼は、平房の七三一部隊で実施された生体解剖に責任があった。アメリカに入国しようとした時、彼は「戦犯者」だったので入国拒否となっている。(645) しかしながら、篠塚は石井機関の一員で、石井が交渉し、訴追からの「免責」を受け取った人々のうちの一人であった。どうやら、石井とその一派に与えられた「免責」契約は今では失効したようで、このことは、石井を訴追しないという「契約」が公式の免責でなかったことを示す。公式の免責なら、それは継続するはずである。それが失効したのなら、戦争犯罪に時効はないので、篠塚は、今、戦犯者として訴追されるべきである。

恐らく、石井を訴追から保護するアメリカの陰謀の最も決定的な証拠は、一九四七年七月一日付のエドワード・ウェッター博士とM・I・スタブフィールド博士のメモであろう。このメモは、占領軍の法務局宛に書かれ、生物兵器の知識のための探究への、石井の計り知れない価値が説かれていた。ここには、石井がいかに八〇〇〇枚の人体組織のスライドを提供したかが詳述され、アメリカでは、こうした研究が「人体実験につきまとう良心の呵責」からできないと病的に説かれていた。メモには、彼らが石井から学んだ情報は、「アメリカの生物戦研究計画」にとって多大な価値があると述べられていた。[646]

第六章　退役後

石井が退役し、東京、新宿の若松町に暮らす民間人となった後も、彼の周囲には不可解な話が後を絶たなかった。彼が若松町の掩体壕で小さな旅館を営むようになった、という話もある[647]。恐らく最も驚くべき話は、日本人に有名な「帝銀事件」（日本の銀行の事件）として知られる、殺人、銀行強盗についての平沢貞通の裁判と有罪判決であろう。何度にもわたる再審請求の一件で、平沢貞通の弁護人らは、犯人が平沢でなく、諏訪［軍医］中佐〔諏訪敬三郎〕という［元］七三一部隊の医師だと主張した。驚くべきは、裁判所に提出された訴状で、平沢が、「確定事件の第一審の立会検事でもあった高木一も、少なくとも昭和二三年六月ころまでは、帝銀事件の犯人を満州七三一部隊の隊員であると断定し、石井四郎中将の取調べまでしていたのに、G・H・Qから満州七三一部隊の線で捜査を続けることの中止命令が出た」と主張しているところである[648]。

この奇怪な事件の事実は以下の通りである。一九四八年一月一六日、一人の男が、帝国銀行椎名町支店（**帝銀**という略称で、現在は日本銀行〔三井住友銀行〕を訪れた。椎名町は、若松町から西武池袋線で一五分程度［の距離］である。男は銀行に入るなり、自分が微生物学者であることを告げた。犯人が東京都防疫班の［白］腕章を着用していたことから、彼は当局者のように思われた。（終戦直後の時期、日本には制服を支給する余裕がなかったため、公務員は、私服の上に公務員の地位を示す腕章を着用するだけで公務員と認められることが一般的であった。）この犯人は、銀行員、客一六名に対し、政府が赤痢の予防薬を飲むよう指示したと伝えた。犯人は、自分がこの予防薬を飲ませるためにそこに来たと述べている。それから犯人は、一六名の各人に、特別な液体を飲み、湿った布から匂いを嗅ぐよう求めた。一六名全員が、即座に失神した。一一名（子供一名を含む）が、その場で死亡した。他一名が、病院に搬送された後に死亡した。それから犯人は、手当たり次第の金をつかんで逃走した。二〇一一年のドルに換算すると、彼は、一五〇〇ドル相当〔一六四四一〇円、小切手一七四五〇円〕を奪ったことになる。

使用された毒物は、アセトン・シアノヒドリンだったかもしれない。平沢の弁護人らは、一九八六年の再審請求でそのように主張している。そうだとしたら、一九四八年当時、日本の並の銀行強盗が、アセトン・シアノヒドリンを入手するのは不可能だったはずである。それはまた、七三一部隊のいかなる秘密も口外せず自決するよう渡邊あき（平房まで石井に同行したお手伝いさん）に渡された青酸カリだったかもしれない。残念ながら、［犯行に］使われた毒物についての一切の証拠が欠けている。だが、それが何であれ、ほんの一瞬のうちに、［人々は］失神し、死んだのである。この証拠から、薬物が極めて効果的で、強い吸入剤だったことがはっきりと示された。

アセトン・シアノヒドリンは、一つの有機化合物で、一連の化学反応により、アクリルを構成する単一分子、メタクリル酸メチルを製造するために使用される。ＥＰＡ（米国環境保護庁）は、「緊急対処計画及び地域住民の知る権利法」に基づき、アセトン・シアノヒドリンを極度に危険な薬物と分類した。なぜなら、この化学構造は、一定時間常温で放置したり、水に接触させたりすると猛毒の液体であるシアン化水素を発生させるからである。吸入、皮膚吸収または摂取による化合物への接触は、眩暈、衰弱、頭痛、錯乱、痙攣、肝臓または腎臓の損傷、窒息、肺水腫を引き起こすことがある。[649]

アセトン・シアノヒドリンは、アメリカの熱帯地方に分布する植物、キャッサバの塊茎を擂り下ろし、圧搾し、加熱して製造することができる。この化学物質を計画的に製造するには、約四時間かかり、純度九五パーセントのシアン化ナトリウムが必要である。また、シアン化水素ガスの放出を防ぐための実験設備へのアクセスが必要である。[650] 帝銀事件で使われた化合物が何だったかは分からないが、それは非常に効果的で、致死率の高いものであった。アセトン・シアノヒドリンだったとする説は、この話全体と同様に非現実的なものに思われる。極めて意欲的な人物も、この化合物を製造し、その過程で死を避けるには、ある程度の時間がかかるはずである。

平沢は、芸術家で多少放浪癖があったが、化学薬品の使用に関する訓練は受けてはいなかった。彼は裁判にかけられ、有罪判決を受け、死刑を宣告された。この事件では、一八回の再審請求が行われている。平沢が死刑囚監房に三二年間服役し、一九八七年五月一〇日に獄中で自然死を遂げた後、彼の息子〔養子、平沢武彦。森川哲郎の実子〕が一度再審請求〔第一九次再審請求〕を行なっている。彼は、死刑囚監房に最も長く服役した受刑者であった。日本では、法務大臣が、執行前に死刑執行令状に署名しなければならない。平沢が死刑囚監房にあった三二年間、四八人の法務大臣が在任したが、その間、死刑執行令状に署名した大臣は一人もいない。一九四六年から一九九三年の間、他の六〇八名の死刑が執行されたが、平沢はそうならなかった。

第一七次再審請求で、平沢の弁護人らは、帝国銀行で人々を殺傷した化合物がアセトン・シアノヒドリンだったと主張している。この再審請求で、［東京］高等裁判所（米国の控訴裁判所に相当）は、犯行から四〇年後に「証拠を適切に検証することができなかった」としてこの主張を全面的に退け、再審請求を棄却した。また、高裁での再審請求で、平沢の弁護団は［以下のように］主張している。

「弁第一六号証によれば、帝銀事件捜査についての鍵を握るG・H・Q側の唯一の生き残り証人であるユージン・ハットリ中尉は、昭和五八年に、帝銀事件の真犯人は誰かとの質問に対し、かたくなにその答えを拒否しているところ、もし請求人が真犯人であるならば、ちゅうちょすることなくその旨答えてよいはずであるから、同中尉がかたくなにその答えを拒んだということは、同中尉は本件の真犯人が請求人以外の人であることを知っているが、それを言うと立場のそこなわれる人があまりに大勢日本にいることを示していると考えられることから明らかであると主張する」。（一九八六年九月一〇日・東京高等裁判所・判例時報一二一一号三四頁）

帝銀事件と七三一部隊の関係は、日本では今日でも依然として世間の大きな好奇心を掻き立て、興味を引き起こす謎である。とはいえ、この関係を立証できる実際の証拠は漠然としたもので、また状況証拠ばかりである。この主題に関する数多くの本が書かれてきたし、[651] この関係についての長編映画まで製作された。平沢自身が本を執筆しており、それは彼の死後に公刊されている。[652] 事件から六〇年が経過し、証拠を適切に検証することができないため、［真相は］分からないかもしれない。

森川哲郎教授は、平沢の生涯を記録し、彼が死刑囚監房に過ごした三二年間を研究した後、平沢が有罪であることを示す直接的な証拠はなかったと結論づけた。森川は、「以下のように」述べている。「死刑廃止論の重要な根拠の一つに、冤罪の問題がある。後で訂正しようのない結果を死刑制度は招くからである。もし平沢氏が、冤罪のまま刑死したり、獄死したら、後世この判決はどれだけ大きな非難を受けるか、はかりしれまい」[653]。もし日本の司法制度で平沢の有罪が確信されていたなら、なぜ彼は五〇人近い法務大臣が死刑執行令状の署名を拒否するまで待たねばならなかったのだろうか？

平沢は退役軍人の息子で、画家、歌人であった。二八歳の時に撮影された写真で、平沢は粋な格好をしており[654]、どう見ても自暴自棄になり、銀行に押し入って客、銀行員一四名を殺害し、金を奪って逃走するような人物ではなかった。さらに、その金が回収されることはなかった。

七三一部隊で起こった出来事を理解し、世に問うことをライフワークとしてきた常石敬一教授は、帝銀事件に関する全面的研究を行っている。結論に至ってはいないが、彼は平沢が帝銀事件と何の関わりもないことを確信している。常石によれば、甲斐文助という人物が、この事件の捜査主任で、常石が「甲斐手記」と呼ぶものを残している。これは捜査手記で、よく分からない暗号風の日本語で、手書きで走り書きされている。

甲斐文助は、一九八〇年に死去した[655]。終戦直後、彼は**警視庁捜査一課係長**であった。帝銀事件の捜査中、甲斐は、「第九」陸軍技術研究所〔通称登戸研究所〕や、七三一部隊をはじめとする他の秘密軍事機関の幾人もの関係者に聞き込みをしている。「甲斐手記」は、全一二巻の手書きの捜査記録である。中日新聞によれば、この手記は、一九九二年にようやく完全に解読され[656]、「そこには、」七三一部隊による中国人、ロシア人に対する人体実験を認める証拠が含まれていた。石井も取り調べを受け、「俺の部下に犯人がいる気がする」と証言したようである。平沢の弁護団は、帝銀事件の真犯人が七三一部隊の元隊員で、もしかしたら石井自身でないかと考えるようになった。[657]

これら「甲斐手記」の読解から、常石らは驚くべき結論に達している。手記には、「一〇月八日・金・晴れ・捜査第四三日程（四七日目）・本日午前七時出発し（＊＊）平沢貞通を小菅刑務所へ移管す」[658]と記されている。「甲斐手記」は、こう記されて終わっている。常石は、これは平沢が人の罪をかぶる身代わりだった証拠だと主張し、この事実に多大な共謀的重要性を持たせている。平沢は七年間を自己弁護に費やし、有罪判決を受け、死刑を宣告され、三二年間を死刑囚監房で過ごし、最終的には一九八七年に、なおも無実を訴えながら死んでいった。この移管で、常石によれば、この事件と石井四郎の関係、日本政府とGHQとの関係を含む、平沢に関する全記録と取引が封印されてしまった。結局、「甲斐手記」では、当初から石井四郎と帝銀事件との結びつきが推定されていた。そもそも、一九四八年の東京で、これほど効果的に［人を］失神させ、殺害する吸入薬を他の誰が製造できたろう？　一八四八年までに、日本の最良の人材、約三五〇〇人が「戦犯者」扱いとなり、刑務所に収監され、処刑されていった。［そのような時に、］他に誰がこの犯行を行う能力を持っていたろう？[659]　このような説が成り立つ。

しかしながら、日本人は［以下のように］確信している。（1）平沢は人の罪をかぶる身代わりであった。（2）並の銀行強盗には、被害者らを失神させるためこのように使われた毒物を、どのようなものであれ入手することができなかった。（3）犯人が誰であれ、毒物に関する高度な知識を持っていたに違いない。（4）一九四八年の東京で、そのような人々は、石井四郎自身か、七三一部隊の未起訴共犯者らだけであった。そもそも、そうした高度な知識を身につけていた他の日本人は皆死んだか、様々な戦争犯罪［の容疑］で刑務所に収監されていた。訴追されぬよう何らかの取引をし、自由に歩き回り、銀行を襲えたのは石井四郎と七三一部隊の他の幹部らだけであった。

その上、七三一部隊の未起訴共謀者らを除くと、陸軍の大佐かそれより高い階級の二〇万人以上は、戦犯者として起訴されたか否かに関わらず、追放されていた。[660] つまり、戦犯者でなくとも、彼らには、（企業の役員、幹部として）働くことも、戦後の日本政府で役割を果たすことも許されなかった。石井が交渉にあたった七三一部隊員らは、追放されなかった。[661] 彼らは、戦後の医学部、医科大で重要な役割を果たし、一九九〇年代の一時期、世界最大手の製薬会社の一社だったミドリ十字社のような大企業を設立した。石井をこの銀行強盗の実行犯として選ぶ理由は、七三一部隊の未起訴共犯者らのうち、彼だけが一九四八年までに有給職に就いておらず、当座の復職の目処が立っていなかったからである。

一九四八年、石井は、アメリカからの俸給打ち切りに直面した。[662] この［銀行］襲撃をうまくやってのける知識を十分身につけた元七三一部隊の未起訴共犯者らのうち、石井だけが報奨金を受け、豪奢な暮らしを送っていた。ある時、石井は研究活動の資金を得るため、父親に千葉の実家の私有地全てを売り払うよう伝えている。〔戦前の話〕他の七三一部隊員らが、戦争犯罪の訴追を免れ、明るい未来に面していた間、石井だけには未来がなく、しみついた贅沢に支払う金を工面できなかった。郡司陽子（石井の私設秘書）によって、この時期の石井に自殺願望があったことが知られている。日本人にとっての帝銀事件は、アメリカ人にとってのケネディ大統領暗殺事件と同じ社会的魅力と謎がある。〔帝銀事件と〕石井四郎、七三一部隊の疑惑の結びつきが雲散霧消することはないだろう。

最も気がかりなのは、スティーヴン・エンディコット&エドワード・ハガーマンが、朝鮮戦争中に、朝鮮で生物兵器が使用された問題を詳細に研究していることである。[663] 懐疑的な立場から研究を開始した後、最終的に彼らは、「補強証拠の長い道」[664]に基づき、朝鮮戦争中、米軍が朝鮮の戦域で生物兵器を使用したと結論づけている。同様に、石井四郎と彼の生物兵器研究を調査する時にも、結論に達するために補強証拠が数多く残されている。

そのような補強証拠から導き出される結論は、朝鮮戦争中、アメリカが中国で生物兵器を使用したとされる時、石井四郎がそれに喜んで関与したというものである。この補強証拠には、一九三二年から四五年まで、中国で実施された生物兵器の実験と使用における、石井四郎の使用法と方法論によく似たものが含まれている。[665] 鉄道への激しい爆撃の後、M105のマークがついた円筒形の陶器製／卵殻爆弾が使用された。[666] 中国側は、この攻撃で生物学的病原体が放たれたと主張している。実際に、石井が、媒介昆虫、齧歯類宿主用のために使用したパラシュート爆弾の図と一致する円筒形の紙爆弾の写真が、機密解除されたファイル（「今でも」「機密」と記されている）の一部に見られる。[667] 中国の新聞の写真には、朝鮮、中国で生物兵器による攻撃が行われたと結ばれたレポートの主任調査官、ニーダム博士が、アメリカの写真に出てくる爆弾そっくりのパラシュート爆弾の横に写っている。[668] エンディコット&ハガーマンの専門的研究を通じて、一九五二年に、石井が実際に朝鮮に滞在し、兵器化された生物学的病原体を撒き散らすことでアメリカを支援していなくとも、一九四六年から一九四八年にかけて、彼が自分の自由と引き換えにアメリカ政府に提供した七三一部隊の生物兵器に関する研究、発見の一切によって、彼が精神的には朝鮮にいたと結論づけるに十分な状況証拠があるように思われる。

石井が陸軍から退役する時、彼は多くの進展を目の当たりにし、誇りに思ったに違いない。彼は、［以下のような］キャリアの開始を支援している。

1　**北野**［**政次**］、**内藤**［**良一**］：北野は、一九四二年［から一九四五年］まで、石井の後任として七三一部隊長を務めた。内藤は、平房では、石井に次ぐナンバー・ツーで、石井と七三一部隊に関する調査の初期段階では、米軍の通訳として石井のディープ・プラント［「敵陣深くに送り込まれるスパイ」という意味］であった。

一九五〇年、内藤は、日本ブラッドバンク（一九六四年にミドリ十字社と改名）として知られる会社を設立している。アメリカの赤十字にそっくりな緑色の十字のシンボルは、数十年前から、日本の薬局のいたる所で目にするシンボルである。ミドリ十字社は傑出した日本の製薬会社となり、血液製剤、循環器疾患治療薬、凝固・線溶療法剤、免疫抗体製剤、抗炎症剤、アルブミン製剤、血漿分画製剤をはじめとする現代の医薬品に多大な進歩をもたらしたと評されている。一九八五年まで、同社は誤りを犯さなかったようである。しかしながら、一九八〇年代後半、ミドリ十字社は、日本の血友病患者三〇〇〇名近くに、ＨＩＶ陽性の血液を投与してしまった。それは感染が知られていたか、輸血された血液を適切に選別していなかったかのいずれかによって生じた。大スキャンダルの末、ミドリ十字社は、まず吉富製薬株式会社（ウェルファイド株式会社と改名）と合併し、それから二〇〇一年一〇月一日に田辺三菱製薬株式会社に吸収合併された。

2　**清野謙次**：清野に関しては前述または全体の考察を参照。

3　**溝渕俊美**：七三一部隊幹部生存者。七三一部隊での彼の任務は不明だが、自分が人体実験とは関係がなかったと主張している。彼は、七三一部隊の生存者らが、毎年、東京で開催する戦友会を誇りにしている。[669]

4　**二木秀雄**：戦時中、二木は、第一部（細菌学研究）第一一課（病原菌）結核班（二木班）の班長を務めた。二木はまた、ミドリ十字社の設立発起人の一人で、重役に就任した。彼は、後に右翼系政界誌、「**政界ジープ**」の発行者となった。

5　**野口圭一**：戦時中、野口は、七三一部隊第一部（細菌研究）第八課（リケッチア、蚤研究）野口班の班長を務めた。野口は、ミドリ十字社名古屋プラント所長となった。

6　**江島真平**：戦時中、江島は、七三一部隊第一部（細菌研究）第四課（赤痢研究）江島班の班長を務めた。江島は**国立感染症研究所**に勤務した。

7　**八木沢行正**：戦時中、八木沢は、七三一部隊第二部（実施研究）植物菌研究班（八木沢班）の班長を務めた。戦後、八木沢は、**財団法人日本抗生物質学術協議会、現日本感染症医薬品協会の常務理事**を務めた。

8　**草味正夫**：戦時中、草味は、七三一部隊第一部（細菌研究）第三課（生理学・捕虜管理）薬理研究班（草味班）の班長を務めた。戦後、草味は昭和薬科大学教授を務めた。

9　**石川太刀雄丸**（**一九〇八〜一九七三**）：戦時中、石川は、七三一部隊第一部（細菌研究）第六課（病理研究）石川班の班長を務めた。後の一九四三年、石川は旧制金沢医科大学（現金沢大学）病理学教授に就任した。また、彼は日本ブラッド・バンク（ミドリ十字社と改名）の大株主となった。

10　**吉村寿人**（**一九〇七〜一九九〇**）：戦時中、吉村は、七三一部隊第一部（細菌学）第三課凍傷研究（吉村班）の班長を務めた。戦後、一九六二年に、吉村は日本生気象学会会長を務めた。後の一九六七年、彼は京都府立医科大学学長に就任した。一九七八年、彼は**勲三等旭日中綬章**を受賞している。一九八〇年、彼は神戸女子大学教授に就任した。彼は、平房の七三一部隊で行った研究に基づき、凍傷に関する三冊の重要な研究書を出版した。

11　植村肇（一九一二〜）：戦時中、植村は、七三一部隊第四部（細菌製造）第四課（ワクチン）ガス壊疽、脾脱疽研究［班］（植村班）の班長を務めた。戦後、彼は**文部省**（**現文部科学省**）**主任教科書調査官**に就任した。

12　宮川正（一九一三〜二〇〇二）：戦時中、宮川は、七三一部隊第一部（細菌研究）第三課（生理学・捕虜管理）レントゲン班（宮川班）の班長を務めた。戦後、彼は東京大学教授に就任し、同大学名誉教授、埼玉医科大学名誉教授となった。一九八九年、彼は勲三等旭日章を受賞している。

13　貴宝院秋雄：戦時中、貴宝院は、七三一部隊第一部（細菌研究）第一課（病原菌）天然痘班（貴宝院班）の班長を務めた。彼はまた、一九四二年に、南方軍防疫給水部（シンガポール）を指導した。戦後、彼は**京都微生物研究所**公衆衛生部門の理事に就任した。[670]

戦後、多くの元七三一部隊関係者らが専門職に就けたのは、石井が、情報操作した一方的な交渉のなかで、彼らのために取引を成立させたからである。石井が、アメリカ人やＳＣＡＰ関係者らをもてなしている間に、第二次世界大戦によって生み出された最も恐ろしい戦犯者らは法の網を逃れた。彼らは、七三一部隊の他の研究者らが「石井機関」と呼ぶものを構成していた。彼らは、石井の生物兵器への執着を支持し擁護した。一人の人間が、いかにしてかくも大勢の人々をこうした恐ろしい行いをするよう説得できたかは、また別の謎である。正しいかどうか、立ち止まって考える者はほとんどいなかった。皆が、戦争と非日本人の非人間化に巻き込まれ、何をやっても許されると感じていた。

戦後、石井機関は社会に溶け込んでいった。ほとんど元七三一部隊員らが専門職に就いた。帝銀事件を除くと、石井はじめ彼らの誰かが不法または不適当な行動に出たという記録、証拠は見当たらない。〔二木秀雄の「政界ジープ事件」（恐喝事件）がある〕石井機関のメンバーらは、正直な市民となり、賞を受賞し、勲章を授与され、誇り高い人生を送った。彼らは全員、平房の七三一部隊での暗く恐ろしい経歴を共有していた。石井が命じたように、彼らは皆、七三一部隊の秘密を墓場へと持って行ったのである。

東京都府中市の多磨霊園には、七三一部隊の慰霊塔がある。多磨霊園は、一〇〇年以上にわたり日本最高の著名人ら（有名な小説家の三島由紀夫、真珠湾攻撃の発案者の山本五十六をはじめとする）を供養する場所として名高い。多磨霊園は、一九二三年四月に開園し、約三〇〇エーカーの広大な敷地を有し、墓の間には並木道が通っている。

墓地は広大で、個々の墓は詳細な番号で示されている。実際、遺族でも多磨霊園で家族の墓を見つけ出すのは難しいかもしれない。七三一部隊の慰霊塔は、番号五・一・一八・一にあり、よく管理され、周囲の墓石と調和している。何かおかしいところがあるなら、そこに誰が埋葬されているかを示す判読できる文字が刻まれていないことだけである。通常なら、遺族は、故人の眠る場所を示すため、誇りを込めて墓石に姓を刻むものである。七三一部隊の慰霊塔には、サンスクリット語の象形文字らしきものが刻まれているだけで、通りすがりの人々には［それが何なのか］分からないはずである。実際に、これは「精魂塔」と綴られている。

左：多磨霊園にある七三一部隊の供養塔
右：七三一部隊の供養塔に刻まれたサンスクリット文字リット語

年に一度、七三一部隊の幹部らは、新睦を図るために「精魂会」を開催する。(671) 会員は減少しているが、この会は、日本の医学界の最も優秀な人々の一部から成り立つ。大学の学長や微生物研究所の室長などが、この会の中心をなす。彼らは派手に騒がず、メディアもそれを一切取り上げない。しかしながら、彼らは、自分たちが七三一部隊で行ったことの認識を共有している。彼らは皆、石井四郎に大きな借りがある。なぜなら、石井がいなければ、彼らは戦犯者として訴追されていたはずだし、処刑されていた可能性もあったからである。

まず、七三一部隊に勤務し、次にA級戦犯者ら、［つまり］石井機関の誰にとってもお馴染みだった面々が、自分たちの罪より軽い罪で処刑されるのを目の当たりにし、さらには石井四郎の指揮下に七三一部隊で起こった事柄の罪を何十年も背負い続け、［彼らは］気が気ではなかったに違いない。一方、彼らは、精魂会で毎年秘密裏に面会し、何をするのだろう？　酒を酌み交わすのか？　お互いの背中を軽く叩き合うのか？　自分たちが本物の悪党であることを誰にも知られずによかったと話すのか？

多磨霊園の慰霊塔はかなり大きく、約五四平方メーター、約五〇〇平方フィートもある。〔慰霊塔は、〕二木秀雄が、一九五五年八月一三日に、八七〇〇〇〇円近く、二〇一二年の約一二〇〇ドルの費用を投じて建て、二木をはじめ精魂会がそれを管理している。〔「精魂塔」は、一九五六年に、二木秀雄が、一四六万円、現在の約九〇〇万円の私費を投じ、それに有志がさらに五万円を出して建てられた〕

二木秀雄は、なかなかのやり手である。一九七七年四月、彼は、山口県宇部市（今も昔も人口一七五〇〇〇人ほどの街）の市長に選出された。彼は、ミドリ十字社では取締役を、七三一部隊では分遣隊の隊長〔第一部（細菌学研究）第一一課（病原菌）結核班（二木班）の班長〕を務めた。彼は、自民党議員として一九八七年の参議院選に当選し、一九九二年には再選したほどである。一九三〇年生まれだから、平房で石井四郎に従えていた時、彼は明らかに少年で、敗戦時はまだ一五歳だったはずである。彼は、宇部市で静かな余生を送っている。〔この部分で、原著者は、二木秀雄〔七三一部隊の細菌学者〕と二木秀夫〔教育者、政治家〕を混同している。二木秀雄については、加藤哲郎著『「飽食した悪魔」の戦後：七三一部隊と二木秀雄『政界ジープ』』花伝社を参照。〕

なぜ占領がこのように穏やかにすんだのか？　七三一部隊の幹部らを除くと、約六〇〇〇〇人の軍幹部らが処刑、収監され、日本のナショナリズム、武士道と国家神道の頭部が事実上切断されたのである。戦後起こった日本に対する批判の一つに、〔戦時中の〕日本では、少数の将校らが、大事業を取り仕切ろうとしたというものがある。(672)したがって、異論を認めぬ寡頭主義者らのようなエリート集団が戦争を行ったのである。石井四郎は、自分をこのような寡頭勢力の一人に見立てたのである。

日本国民も、他国民と同様に、こうした自称寡頭勢力の犠牲者であった。彼らは、終戦が近づいても日本の惨状を一切知らず、戦争の犠牲者となり、心に傷を負った。映画監督の岩崎昶は、回想録で以下の話を伝えている。

やっとのことで立ち上って門のところまで出ると、隣家の奥さんとバッタリ出会った。そこの御主人は日本光学に出ていて、これは軍需会社だから軍からの特別の配給ものがあるんだという世間の噂だったが、その代り食べ盛りの子供が多いせいか、奥さんは私と同じくらいに頬がこけ、膝のぬけたもんぺをはき、つらそうに歩いていた。そして出会いがしらに私と顔をつきあわせると、いきなりいった。

「岩崎さん！　さっきのラジオお聞きになった？　明日正午、何か重大放送があるんですってよ」。

じつは私もさきほどからその事を考えていた。

「聞きました。」

「重大放送っていったい何でしょうか？」

「さあ、何でしょうかね。私にもわかりませんけど――」

そこで私は言葉を呑みこんで、相手の顔を見つめ、しばらく考えたが、思いきって続けた。

「ことによると戦争が終わるのかもしれませんよ。」

それは口に出した途端にわれながらハッとするような言葉で、しかしそれを耳にした瞬間に奥さんの顔がいっぺんにパッと輝き、口許がほころびたのに、私は仰天した。彼女は意想外のよろこびの情を全身にみなぎらせて私にむかっていい放った。

「じゃあ、アメリカが無条件降伏したんですね！」[673]

この対話によって、日本政府が自国民に強いた自己欺瞞の大きさが明らかとなる。これはまた、憲兵隊が強いた思想統制の全体性も示している。

驚くなかれ、二〇一一年一〇月［一五日］、「朝日新聞」は、七三一部隊に関する新情報〔金子順一論文〕発見の記事を掲載した。[674]この記事によると、戦時中の一九四〇～四二年に、旧陸軍が、中国で生物兵器を使用したことを記した陸軍軍医学校の極秘文書が、一九九三年に発見されたということである。現在公開されているこの論文には、陸軍軍医学校が、生物兵器の支援に直接関与していたことが詳述されている。この陸軍軍医学校は戸山にあり、石井四郎の勤務先であった。この記事には、旧陸軍が使用した生物兵器によって殺害された犠牲者の遺族が、東京地裁、東京高裁で起こした訴訟が紹介されている。これらの訴訟で、裁判所はこれらの出来事が事実に基づくことを証明している。しかし、日本政府は、責任を課すには「証拠不十分」と判断した。この論文によると、パラキシレン（ＰＸ）の使用は、算術で見極められるという。市民団体「七三一部隊の実態を明らかにする会」の会員ら〔奈須重雄〕が、国立国会図書館でこの文書を発見した。石井四郎と彼の生物兵器への執着の物語には終わりがないようである。

第七章　死去

一九五九年一〇月九日、石井四郎は喉頭癌と赤痢によって死去した。[675] 北野［政次］が葬儀委員長を務めた。[676] 石井の生涯の英雄である東郷海軍大将の命を奪った咽頭癌という病が、石井の命も奪ったことは奇妙な偶然の一致である。戦時中、彼は民間人や軍人に赤痢を感染させる研究に何年も費やしたが、一部の主張とは裏腹に、彼の赤痢の研究、処理が、彼自身の死に何らかの役割を果たしたことを示す証拠はない。

石井は、寿命で死ぬ前に、かつての恩師や七三一部隊の未起訴共犯者らの死を目の当たりにしている。石井は、京都帝大の著名な病理学者で、学生時代に自らの指導教官でもあった清野謙次博士の死に最も衝撃を受けた。

日本では、死者の通夜を行うことが伝統ならわしである。通常、この通夜は夜通し行われる。参列者らは故人の遺影を囲み、その人生について心を込めて話をする。そうすることで故人を偲ぶのである。しばしば、このような話は記録される。死後、このような話は、故人に捧げられた名誉の記録として出版されることがある。清野は、その生涯が三巻の記録となるような功績のある人物であった。

石井は、一九五五年一二月二八日に行われた清野の通夜に参列しただけではなかった。彼はまた、ている。

［通夜の席で］熱弁をふるい、彼自身と彼が日本史で果たしたと思われる役割についての記録を残し

まあ気温の変化、環境が違うから、まあ北極、南極、赤道と三つの大きな、地球儀の大きなものを作つて環境の変化を作つてもらう約束をしましたが、日本の力では、当時昭和五年でありましたが、内地に作る技術もなければ、資力もないということで、一つは赤道の直下へゆくがいいし、一つは満州の北端にゆけばいいということで、遂に研究所をそこに設けることにしたのであります。（略）一年中同時に戦争があるものでありますから、これに対応策として、まず将兵の身体を保護して死亡率罹患率をなくするという国家百年の計を樹てるということに廟議一定しました。それで如何にして日本の国力を維持するかが問題であります。そこでまづ陸軍軍医学校に研究室を作り、それから満州ハルビンに（ロックフェラー・インスティチュートを中心に）。又南支に中山大学を中心に、その外、逐次研究室を作つて行つて、遂に三百二十四の研究所を作つたのであります。この結果、伝染病並にその伝染病死の率が下り、大蔵省は非常に喜んで、これではまだ継続出来るという結論になつたのであります。その為に、ハルビンに大きな、まあ丸ビルの十四倍半ある研究所を作つて頂きまして、それで中に電車もあり、飛行機も、一切のオール綜合大学の研究所が出来まして、ここで真剣に研究をしたのであります。その時に先生が一番力を入れてくれたのが人的要素であります。各大学から一番優秀なプロフェッサー候補者を集めて頂いたのが、ここに沢山御列席になる石川教授、それから東北大学の岡本教授その外十数名の教授連で

ございます。そうして先生が、鶴見先生と一緒でございましたと思いますが、研究室を御覧になりまして、これはどうしても国家的のものにして育てねばならんというので、非常に力を入れて頂いたのであります。その都度簡潔に御報告をしますと、今度は、次は、とどこまでも先生が拍車をかけられまして、段々に、最後に大東亜の全面にわたつて、この民族線防禦の第一次完成をみたのであります。所がここで不意に中立条約を破ってソ聯が出て来た為に、この敗戦の憂き目を蒙りまして、部隊は爆発し、一切の今迄の何十巻にのぼるアルバイトも、感染病理に関する心魂こめて作つた資料も全部焼かざるを得ない、悲運に到達したのであります。[677]

これは、現実からかけ離れた人物による注目すべき説明である。実際に、七三一部隊は、数千人の無辜の民を拷問し、殺害している。七三一部隊と石井個人は、この部隊で考案、開発、配備された生物兵器の使用による語られぬ数十万人の中国人死傷者らに直接責任を負っている。石井式濾水機は、語られぬ大惨事であった。多くの日本兵が、この濾水機によって浄水ができるという石井の虚言を信じ、太平洋で命を落とした恐れがある。だが驚くことに、石井は良心の呵責を感じたり、考え直したりすることはなく、嘘をつき続けた。この通夜の席で、彼は、七三一部隊が「ロックフェラー・インスティチュートを中心」に設立されたとまで言い放っている。現実からかけ離れ、分別をなくした人々だけが、こうした恥知らずな嘘をつけるのである。

さらに、七三一部隊が行った研究を、疾病の除去により人類に貢献したと見なすこともまた現実離れである。実際のところ、この主張を裏付けるデータは残っていない。たとえデータがあっても、石井四郎と七三一部隊の功績を認めることは、せいぜい余談といったところだ。石井は、様々な疾病の原因となる既知の病原体を研究し、より正確に理解した。しかし、そこに至るまでには、数千人の中国人が、考えうる最も残酷かつ非人道的なやり方で殺害されている。石井が、自らの様々な病原体を野外実験したことで、さらに数十万人が殺害された。そして、七三一部隊とその恐怖の工場が操業していた間に、感染症の羅漢率が下がったという統計的証拠を使って功名を争うのは極めて不気味である。

石井はまた、ロックフェラー［医学］研究所が、何らかの形で七三一部隊の活動に加担していたとも主張している。この件に関する記録文書はない。一九三九年、内藤良一は、黄熱病ウイルスのサンプルの提供を、ロックフェラー医学研究所に求めた。彼はそれを断られている。ロックフェラー財団には、彼が断られた記録すら残っていない。「研究所」の実名がないのである。しかしながら、石井四郎にとって真実は重要でなかった。重要だったのは、石井四郎と彼の生物兵器への終生の執着であった。その他は、すべてがただの馬草に過ぎなかった。

したがって、石井は、退役後もかねがね行ってきた不誠実な人生を続けた。彼が悔い改めることはなかった。実際には、上の引用が示すように、石井は自分が最高権力者である新しい現実を創出したかっただけである。

石井の死後も、その不誠実は引き続いた。石井の掩体壕があった若松町の小寺に接する小さな墓地に、石井と彼の妻の生涯を追悼する墓石がある。墓石は、［旧］陸軍軍医学校の正面玄関から丁度一〇〇メーターの距離に位置する月桂寺にある。墓石の正面には、「石井」とやや太字で刻まれている。

墓石の一側面には、石井の妻の名前、清子と刻まれている。墓石の右側には、この墓に葬られた二人の正確な没年が記された墓標がある。男性の没年は、一九五九年一〇月九日（石井四郎の命日）である。もう片方の没年は、一九七一年二月二三日である。電話で、この寺に問い合わせてみたところ、石井四郎が葬られたことが確認された[678]。この小さな墓地には、約五〇基の墓がある。墓石に、石井四郎という名がないのが意味ありげである。その代わり、墓石には、石井清子と「石井誠一」（石井四郎の長男の名前）がここに葬られているとなっている。つまり、石井は死んでも嘘つきだったようである。石井の墓石には、彼の名前がない。この墓石には、石井を識別する一切の情報が記されている。この墓地に、他の石井姓がなく、彼の妻の名前が刻まれていることから、これが他の誰かの墓石である可能性は天文学的に低い。

石井の墓石

　左の未公開写真では、［墓石に］石井とその妻が葬られている。この墓石は、月桂寺内の個人墓地にある。この墓石をここに置くには、誰かが月桂寺側に年間の管理費を支払っていなければならない。供物の花からも分かるように、この墓石が管理されていることは明らかである。月桂寺は、墓の管理の責任者らの氏名を公表せず、「遺族」以外の墓地への立ち入り、写真撮影を許可しないはずである。

　月桂寺から続く階段の下方の小さな墓地には、計五〇基ほどの墓がある。ほとんどの墓はかなり古く、一九五九年よりはるか以前のものである。実際に、石井の墓は、墓地全体で

左：月桂寺の正面入り口　右：月桂寺の墓地

はより新しい墓の一基のようである。墓地全体で空き地は一ヶ所だけで、それは石井の墓の真横である。たぶん、第二次世界大戦によって生み出された最大の極悪人が、人目につかない、名無しの墓石で識別されるこの場所に葬られているのであろう。

結局、石井の墓石には、彼の名前がない。墓石には、彼の妻の名前、清子と「誠一」とある。石井が偽名を使う強い好みがあったことから、彼が生前、墓石に、自らのように人を欺く細工をしていたように思われる。「誠一」という名前の由来や、自分の墓石に偽名を刻む意味は、日本でもどこでも、ほとんど誰にも理解できぬ謎である。重要なのは、石井四郎の墓には、彼の名前が刻まれていないことである。彼の埋葬場所を隠し、秘密にするのは、もしかしたら中国人や日本人に、［石井のことを］非難または崇拝の対象にさせないようにするための別の努力だったのかもしれない。石井は、なぜ自らの死期に、身元を秘匿する必要があると考えたのか？　もしかしたら、それは、石井を崇拝したいが、それを秘密裏に行いたい、中国人に非難の材料を与えたくないという日本のサブカルチャーの別の例なのかもしれない。［それは、］結局のところ、それが最終的な勝利なのかもしれない。石井を崇拝できるようにするが、中国人に彼を非難する余地を与えないということである。

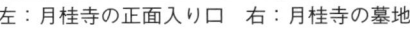

第八章　最後に

実際に、石井四郎の物語には終わりがない。戦前、戦中から戦後にかけての石井の行いの一切が明らかになるまで、終止符が打たれることはないだろう。この物語がゆっくりと、もつれたまま忘れ去られていくので、完全な清算はあり得ない。七三一部隊の石井のデータの一部が、ＳＣＡＰとマッカーサーの手に渡らなかったというレポートがある。いつの日か、思いもよらぬ研究者が、石井とそのネットワークが敷いた道を辿るかもしれないし、石井の過去の犯罪の明白な証拠を発見するであろう。石井の恐ろしさを思い知らされることが度々ある。

一九八九年、自衛隊が、石井の研究室があった戸山の［旧］陸軍軍医学校［跡地］の隣で工事を開始した。石井の存在は、戸山界隈の悪名を高めた。ここは、早稲田大学と、石井の住んだ若松町に近い。新しい建物のための土台部分を掘っていたところ、作業員らが六〇体の人骨を発見した(679)。日本の有史時代は八世紀に始まり、列島に人々が住み始めたのはさらに遡ると言われるため、作業員らが遺物にぶつかることはよくあることである。実際に、こうしたことはよくあり、そのような場合の人々の行動を定めた政府の手続きがあるほどである。

この時、作業員らは、彼らが古代の遺物にぶつかったと信じ、定められた手続きに従った。工事は中断され、考古学者らが呼ばれた。まもなく考古学者らは、骨が考古学的な遺物であるには新しすぎ、それらがそれまで伝えられていたように数千年単位でなく、実際には、埋められてたかだか四、五〇年程度の人骨であることに気がついた。病理学者が、考古学者を引き継いだ。病理学者の研究成果は、すべて公開されているわけではない。しかしながら、骨には、彼らが殺害される前に拷問された形跡があったようだ。これは、戦時中、すぐ隣にあった陸軍軍医学校に看護婦として勤務していた石井十世の報告と一致する。[680] 彼女は、終戦末期、ここに多くの人骨を埋めたと報告している。そして、彼女は、陸軍の将校らからそうするよう命じられたと述べた。

この場所はすぐに柵で囲まれ、一切の工事が中断された。そこは、二〇一一年二月まで、この状態のまま手をつけられなかった。リベラルでも民主的でもない自由民主党は、ほぼ途切れなく五〇年以上にわたり日本を統治してきた。人骨が発見された一九八九年、彼らは政権与党であった。自民党は、日本の戦争にまつわる過去を忘れようと熱望していると言われている。したがって、自民党は、戸山で発見された人骨に関するさらなる研究、調査を許可しなかった。

民主党は、二〇〇九年の選挙〔衆議院選〕で、政権与党となった。民主党の選挙公約は、日本をより民主的で透明性の高い国にするというものであった。民主党が政権与党になっても二年以上はかかったが、ようやく戸山の人骨の調査が命じられた。この調査は、二〇一一年二月に慎重な発掘作業をもって開始され、二〇一一年六月に終了した。誰もがショックを受け驚いたが、何一つ発見されず、工事は再開された。[681]

六〇体もの人骨が偶然発見された場所で、慎重かつ計画的な調査によって人骨は発見されなかった。

我々は、再び鏡の迷宮を彷徨うこととなる。これはまったく信じがたいことである。六〇体もの人骨が発見されたというのに、どうしてこう何もないのか？　バックルもボタンもない。何もない。

したがって、石井四郎の物語は、清算がなされるまで完結しないだろう。日本は、第二次世界大戦での彼らの行いについて謝罪することを拒否している。二〇一〇年に、日本政府は、民主党の公約通り、実際に韓国に謝罪している。[682]しかしながら、彼らは中国には謝罪していない。日本が中国に謝罪するとしても、ほとんどの中国人は、それが不十分で遅すぎだと感じるはずである。

日本の対抗勢力は、力強く反撃を続けている。森村誠一は、日本の著名な小説家である。彼は、「悪魔の飽食」という、一九八一年に出版されたノンフィクションの著者でもある。森村は、この本で、平房の七三一部隊で行われた日本軍の残虐行為を記録している。彼には、戦時中の日本軍による残虐行為を隠蔽、曖昧化、否認しようとする日本の右翼団体からの抗議、脅迫が殺到した。「悪魔の飽食」は、日本共産党の機関紙「赤旗」に連載された。森村が選んだ出版とシンディケートの一形態は、「週刊現代」（時事問題を扱う週刊誌）への寄稿であった。森村［斎藤貴男］は、［「週刊現代」］二〇〇七年一〇月二〇日号に、七三一部隊とその行いを批判する記事を掲載した。〔ここで、原著者は森村誠一と斎藤貴男を混同している〕出版社は、この記事の内容について自社の言葉で説明する広告、表紙を作成している。

「週刊現代」と森村［斎藤］は、この記事の公表によって［名誉毀損で］提訴された。[683]裁判所の判決では、この記事自体は名誉毀損とは認められなかったが、雑誌の表紙と広告の見出しが名誉毀損とされた。名誉毀損の部分は、「社史から『消えた』創業者・キャノン御手洗会長と七三一部隊[684]」である。東京地裁は、講談社側に、キャノン株式会社への二〇〇〇万円の損害賠償の支払いを命じた。〔一審の東京地裁判決は名誉毀損で講談社側に二〇〇〇万円の賠償命令。だが、二審の東京高裁判決ではキャノン側が逆転敗訴。最高裁でも原告側の上告が退けられている〕

原告は、キャノン株式会社と重役二名（森村〔斎藤〕の記事で名指しされたようである）であった。原告の一人は医師で、一九三七年に石井のために妊娠への毒ガスの影響に関する論文を執筆している。もう一人の原告は、この人物の叔父〔甥〕であった。両者とも故人である。原告側の一人目には、「コウノ・タロウ」と仮名が付けられている。実際には、この人物がキャノンの社長の内田恒二〔御手洗冨士男〕である。二〇〇六年二月二四日、彼は、日本の大企業の最強かつ最も保守的な代表である日本経済団体連合会（通称「経団連」）の会長に就任している。二〇一二年一月、キャノンが販売目標を達成できなかったので、彼は代表取締役社長を辞任することを余儀なくされた。(685)

この訴訟の原告の二人目には、裁判所から「コウノ・マツオ」という仮名が付けられた。彼は、キャノンの初代社長で、内田恒二〔御手洗冨士男〕の叔父にあたる。彼は、一九三七年に京都帝国大学医学部を卒業した医師であった。〔実際には、御手洗毅は、一九三七年に、「肺刺激性瓦斯ノ妊娠ニ及ボス影響ニ関スル実験的研究」という論文を京都帝国大学医学部に提出しただけである〕彼の博士論文は、肺刺激性ガスの妊娠への影響を取り上げたものであった。この論文は、石井の指揮下、七三一部隊で行われた研究にとっては極めて有益で、それに完全に合致していたと思われる。御手洗毅（この人物の本名）が、一方の原告であった。御手洗は、一九二八年に北海道帝国大学〔医学部〕を卒業し、まもなく東京の日本赤十字病院の医師に就任している。偶然にも、石井四郎がそこに配属されていた。彼らは、赤十字病院での同僚であった。〔石井四郎に日本赤十字病院での勤務歴はない〕占領期に、御手洗は、GHQ（総司令部）は、実際には「早く帰宅せよ」"go home quickly"の略だというスローガンを造り出している。[686] これは、今ではキャノン株式会社の経営哲学の三本柱の一本、「勤務者は一刻も早く帰宅する」になっている。

二〇一二年一月に内田が退任すると、後任に御手洗冨士男が就任した。御手洗冨士男は、一九八〇年代後半からキャノンUSA社長を務め、「御手洗式」とされる経営方式の採用によってキャノン［の業績を］黒字に回復させた張本人である。[687] 御手洗冨士男は、御手洗毅の甥である。キャノン株式会社の社長兼CEOの叔父は、七三一部隊で、毒ガスの妊娠への影響に関する研究を行った未起訴共犯者で、東京の日本赤十字病院で石井四郎の同僚であった。だが、これは誰にとっても関係のないことのように見える。〔御手洗毅は、京都帝大で、イエウサギを使用し、有毒ガスが妊娠した母体に与える影響を調べていた〕

裁判所の判決では、この記事自体は名誉毀損と認められなかったが、雑誌の表紙と広告の見出しが名誉毀損と認められた。つまり、原告が実際に行ったことを伝える記事は名誉毀損とは認められなかった。なぜなら、それが真実だったからである。キャノン株式会社の重役の一人に、七三一部隊員としての前歴があったという真実が伝えられたため、原告側は名誉を毀損されたそうである。〔斎藤貴男の記事には、御手洗毅に七三一部隊員としての前歴があったとは書かれていない〕

欧米でこうした話が持ち上がり、キャノン株式会社の社員がナチスだったと判明したら、その人物は即刻会社から解雇され、裁判にかけられるはずである。日本では、キャノンが［記事の］著者を名誉毀損で提訴し、敗訴している。しかしながら、原告は出版社に勝訴し、損害賠償を勝ち取った。したがって、このキャノンの社員が七三一部隊の元隊員で、中国人の妊婦への毒ガスの影響を研究する役割を果したという主張の真偽を確認する日本の裁判所の判決がある。〔斎藤貴男の記事には、御手洗毅が、元七三一部隊員で、「中国人の妊婦への毒ガスの影響」を研究していたとは書かれていない。上記の論文で、御手洗が研究に利用した被験者はイエウサギであった。この部分は、原著者の誤解に基づく記述だと思われる。ここは、訳者の見解とは相容れないことを明記しておく〕だが、キャノンはこの人物を解雇せず、彼は裁かれず、原告が出版社に対する訴訟で賠償金を受け取っている。これは受け入れがたいダブルスタンダードで、国際的には認められない。

中国の市民らは、日本政府を相手取り、損害賠償請求を目的とした法廷での争いを続けている。一九九九年九月、東京地裁はそのうちの一件に判決を下した(688)。この訴訟で、裁判所は、国際法では、外国の個人が他国の政府を相手取って訴訟を起こすことは許可されていないという判決を下している。法令第一一条一項の「不法行為」には、日本が行った戦争行為により外国にある個人が当該外国で損害を受けた場合、当該外国の私法に基づく複雑な状況は含まれない。そのため、日本人の生物兵器探究[によって生じた]損害の賠償請求は棄却された。裁判所は、[以下のように]明示している。

一九三八年、中国の哈爾浜、平房で、研究施設、空港のような多くの建物が建設された。一九三四年から、細菌戦部隊は五常県〔現在の黒竜江省五常市背蔭河〕に設立された。この施設を拡大するために、それは平房に建設された。その目的は、生物兵器の大量生産、その兵器の戦場での使用であった。こうした目的で、石井は、戦争捕虜らを使って人体実験を行い、彼らには「丸太」という隠語が与えられた。一九四五年八月、石井は証拠隠滅を目的として、七三一部隊の破壊を命じた。戦後、極東国際軍事裁判で、石井が責任を問われることはなかった。しかしながら、中国、ソ連両国においては、彼は責任を問われた。証拠により、「人体実験・七三一部隊とその周辺」が直接的かつ具体的であることが示されているため、人体実験が行われていたことを疑う理由はない。(689)

石井四郎にまつわる謎は、今なお続いている。恐らく、これが最良なのかもしれない。ひょっとしたら、これが彼の犠牲者らにとって最良の遺言なのかもしれない。日本人が亡くなると、その亡骸は火葬される。通常、火葬後の遺骨は遺族により数世紀にわたり保管される。日本人は、霊魂が、火葬された遺骨と分離されると信じている。(690)霊魂は、神社に祀られる。通常であれば、彼らの住居に最も近い神社に祀られる。時に、それは神社にではなく、個人墓地に祀られることもある。三世代にわたる石井家の全員が、千葉県の加茂の個人墓地に祀られている。石井四郎だけが、明らかにこの個人墓地に欠けている。彼の祖父、祖母、父親、母親、兄三人、姉二人、そして飼い犬がここに祀られている。何者かがこの墓を管理している。しかしながら、石井四郎はここにはいない。

東京の靖国神社には、天皇のために死んでいった日本人戦没者二五〇万人の霊魂が祀られている。(691)靖国神社には、A級戦犯者も祀られている。(692)日本の首相は、毎年八月にここを訪問し、敬意を表す。(693)ここにはA級戦犯者が合祀されているため、韓国、中国、その他のアジア諸国がこうした公式参拝に

靖国神社

反対し、毎年、日本とこれらの諸国との間に激しい緊張が引き起こされる。[694]

靖国神社の管理者らは、石井の霊魂がそこに祀られていないと報告している。石井四郎は戦死したわけでないのだから、彼の霊魂はそこに祀られていないということである。[695]しかしながら、A級戦犯者らも戦死したわけではない。彼らは、終戦後の数年間に処刑されている。石井四郎の犯罪は、A級戦犯者らの誰のものよりはるかに重かった。石井は、彼の言う「秘中の秘」をアメリカ側に売り渡すことで、法の網を逃れた。最も皮肉なのは、石井が他の戦犯者ら同様起訴され、有罪判決を受け、絞首刑を言い渡されていたなら、彼の霊魂が、他の人々と共に、日本人にとっての最高の名誉である靖国神社に祀られていたろうということである。

結局、石井の霊魂がどこに祀られているかは分からない。彼の遺灰は、東京の若松町の自宅から徒歩数分の**月桂寺**に安置されている。[696]〔月桂寺の正確な所在地は、新宿河田町である〕月桂寺は、戸山の陸軍軍医学校跡地から徒歩すぐのところにあり、終戦前に、石井はそこで生きた人体に対する恐ろしい実験を行った。〔石井が、終戦前に陸軍軍医学校で人体実験を行なったかは不明である〕月桂寺からさらに東へ二分程歩くと、大日本帝国陸軍を引き継ぐ巨大な陸上幕僚監部がある。月桂寺は、とても小さく質素な寺である。しかしながら、ここに石井の霊魂が祀られていることを示すものは何もない。実際には、月桂寺が仏教の寺院であるため、それは普通の霊魂の安息所ではない。普通の安息所は神社である。しかしながら、彼の霊魂がどこにも祀られていないことは極めて奇妙である。

ダグラス・マッカーサー元帥が、石井四郎と彼の未起訴共犯者らに自由の身になるチャンスを与えた直接の責任者である。しかしながら、マッカーサーは、一人でそうした重大決定を下したわけではない。ワシントンDCの米軍司令部も、この決定に関与していたことを示す記録がある。トルーマン大統領が、少なくともこの決定を知っていたことを示す状況証拠もある。

結局、トルーマン大統領は、共産主義を封じ込めなければ、ドミノ倒しのように各国が共産主義化するという理論、「ドミノ効果」[697]を信じていたのである。「免責」決定の時期、ソ連は宇宙へ人を送り、核実験を成功させた。冷戦が始まり、トルーマン大統領には、アメリカがまもなくソ連との戦争に突入するように思われた[698]。

そのため、石井四郎の秘密は、さらに貴重なものであった。この鏡の迷宮の次なる皮肉は、ソ連が、証拠隠滅のため平房に居残った医師らの身柄拘束、裁判、有罪判決によって、石井が生物兵器についてアメリカ側に伝えた一切を入手していたことである。したがって、「免責」が正当化されるなら、それは「免責」がアメリカのソ連に対する軍事的優位を与えた限りでの話である。ソ連が、石井とアメリカ人とが共有した情報と同じ情報を手にしていたのだから、ソ連で訴追された日本人の医師らが、たった二年間の服役の後、本国に送還された一九五二年、「免責」正当化の見せかけは消え去っていた。〔ハバロフスク裁判の服役者の大部分が日ソ国交回復に伴い帰国したのは五六年である〕

本書がついに終わりを迎える時、石井四郎の物語とその影響が終わることはないが、鏡の迷宮を見通し、重要な事実、つまり石井四郎が怪物だった事実に焦点を合わせておくことが大切である。彼が、自らの犯罪により訴追されることはなかった。彼は、東京の若松町で六五歳〔六七歳〕まで生き延びた。終戦から一四年が経過した一九五九年、彼は喉頭癌と赤痢で亡くなった。彼は、共産主義打倒のために盲滅法まっしぐらに突き進むアメリカによってこのような余生を許され、報酬まで受け取っていた。［アメリカにとって、］共産主義の打倒は、一人の戦犯者に対する公正な裁きよりもはるかに重要な目的であった。石井がどれほど恐ろしく、どれほど多くの無辜の民を虐殺してもかまいはされなかった。マッカーサーは、石井の行いを知っていたが気にしなかった。リーヒも、石井の行いを知っていたが気にしなかった。トルーマンも、石井の行いを知っていたが気にしなかった。戦後、アメリカはより巨大な敵にぶつかった。この敵の打倒は、悪魔との契約書に署名することを正当化し、彼が生き延びることを許した。それにより、アメリカは、ソ連の共産主義をより能率的、効果的に破壊する術を学ぶことができた。

最後になるが、日本人が良心を清算し、最終的に平和的な諸国民の世界に仲間入りするためにも、日米両政府はこの件に再び着手し、死後に石井四郎を裁く必要がある。彼の戦争犯罪の一切を明るみに出すためにも、彼は、最終的には裁きを受ける必要がある。そうなれば、もしかしたら、日本の超国家主義的右翼は押さえつけられ、彼らの日本社会への支配力は緩和されるかもしれない。このままでは、彼らは、石井四郎の物語が語られないよう秘密裏かつ効果的に活動する。日本社会は、超国家主義的右翼の恐怖のうちにある。これにより、人々は真実を書くことを妨げられている。彼らは、この恐ろしい過去を完全に葬り去ることにほぼ成功している。

石井四郎の物語によって、彼が自己愛の強い社会病質者であることが証明された。そこで述べられているのは、今日の日本人全般のことではない。今日、ほとんどの日本人でさえ、石井四郎の物語を忘れている。彼らは平和的で、活気ある、文化的な社会で、第二次世界大戦を遂行し、言いようもない残虐行為を行った少数の日本軍将校らとはまったく無関係な社会で、普通の幸福な生活を営んでいる。今日の日本人に、石井四郎の犯罪を背負わせるべきではない。しかしながら、石井四郎が死後に戦争犯罪で裁かれるなら、そのことも誰の目にも明らかとなるであろう。ナチスの戦犯者追求を諦めず、放棄しないサイモン・ヴィーゼンタール・センターの［場合の］ように、多磨霊園の七三一部隊に捧げられた供養塔で開催される精魂会の年次会合からも明らかである、いまだ存命の七三一部隊の幹部らもまた、捜査され、裁判を受けるべきである。これらの戦犯者らは、平然と生きている。彼らは、七三一部隊の供養塔の管理に名義を貸している。誰かが、石井四郎の墓石の管理費を支払っているのである。霞会館は会合（非公開）を開き、その他には会員名簿を発行し、政府提出書類に保有資産と支出を記録する。彼らは、謎めいた影の人々ではない。彼らは、公的生活を送る公人で、その一部は日本の国会議員に選出されてもいる。

今こそ、この問題に終止符を打つ時である。この問題が、最終的に公判によって解決されるまで、全世界の関心事である日本人と中国人の関係は、真に正常化されることはない。したがって、石井四郎の公判を見ること、日本の超国家主義右翼がこの言説全体にかけてきた軛を外すことは、全世界にとっての関心事である。

訳者あとがき

本書は、戦後長い間、謎の濃霧に閉ざされてきた満州第七三一部隊の中核人物、石井四郎軍医中将の生涯にスポットライトを当てた著作、Kenneth L. Port, Deciphering the History of Japanese War Atrocities, The Story of Doctor and General Shiro Ishii, Carolina Academic Press, 2014. の全訳である。著者のケネス・L・ポートは、かつてウィリアム・ミッチェル・カレッジ・オブ・ローで教鞭を執った法学者で、日本に関しても、私の知る限り少なくとも三冊の書物を著している日本通である。意外に思われるかもしれないが、石井四郎の全生涯を扱った著作は、今のところ本書に限られる。なぜだろうか?

七三一部隊小史

「七三一部隊」とは、一九四一年四月に、関東軍防疫給水部に割り当てられた通称号である。この部隊には、それまでにも「東郷部隊」(一九三三〜三六年)、「石井部隊」(一九三七〜一九三九年)、「加茂部隊」(一九三九〜四〇年)等様々な名称が与えられたが、その出発点は、一九三二年四月の陸軍軍医学校防疫研究室の開設に遡る。

防疫研究室

一九三一年九月一八日の関東軍による南満州鉄道爆破事件、いわゆる柳条湖事件を発端に、満州事変が勃発し、日本の中国東北部への侵略が開始された。これによって、「満州事件費」という戦時特別予算が計上され、軍の年間予算が倍増した。防疫研究室は、この臨時事件費を投じて軍医学校内に設けられた。まず、それは一九三二年四月（八月という記録もある）に、陸軍軍医学校の建物の地下室の一部を改造して応急的に作られた。しかし、翌年の一九三三年秋、近衛騎兵隊から譲渡された隣接する土地に、工事費二〇万円を投じて鉄筋二階建ての独立した研究施設が新設された。この時、石井四郎三等軍医正が研究室の主幹に就任している。七三一部隊は、満州事変のただ中で産声を上げた部隊である。

この研究室の当初の目的は、国防のための戦疫予防の研究であった。「防疫研究室は国軍防疫上作戦業務に関する研究機関として陸軍軍医学校内に新設せられたるものなり」。（「陸軍軍医学校五十年史」）しかし、表看板の裏側で主幹を務めた石井四郎が目論んだことは、当時の日本でまだよく知られていなかった細菌兵器の研究、開発であった。「日本の化学戦計画の父」、小泉親彦が、石井の細菌戦計画を力強く後押しした。

一九二五年のジュネーヴ議定書によって、化学兵器、細菌兵器の実戦使用は禁止されていたが、それは、第一次世界大戦での毒ガスの実戦使用の凄惨さ（負傷者一〇〇万人、死者七三〇〇〇人）を考慮して、当初三八カ国によって締結されたものである。ただし、その開発、生産、保有は禁止されなかったため、石井は、「防疫」または「防衛」の名の下に、密かにその研究、開発を続行した。彼が出した結論は、細菌兵器が条約で禁止されるほど脅威で有効であれば、自分はそれを研究、開発し、使いこなして他国を出し抜かねばならないというものであった。「防疫」または「防衛」ではなく、攻撃目的の細菌戦計画が進行していた。国際的な取り決めであるジュネーヴ議定書を無視しても、秘密裏に自国の軍事力をひたすら膨張させて他を圧倒すべきだする石井の狡猾さと陰鬱なナショナリズムが、こうした思考法または活動のなかに見出される。

石井は防疫研究室で細菌兵器の実験を行い、ある程度の成果を上げてはいた。だが、実験室では使えそうに思われる開発物が、本当に実戦で使いものになるのかと自問するたびに、彼の心は落ち着かず不安に苛まれた。動物ではなく、人間を被験者として自由に使えないものか？　次第に、彼はそう考えるようになっていった。石井は、しばしば以下のような言葉を漏らしたと言われる。「細菌戦研究には、AとBの二タイプがある。Aは攻撃（Angriff）［目的］の研究で、Bは防衛［目的］の研究である。ワクチン研究はBタイプで、これは日本国内でもできる。しかしながら、Aタイプの研究は国外でしかできない」。（注1）

この二つの難問への具体的な解決策が、一九三三年に、満州の黒竜江省五常県背陰河に「守備隊」を装って新設された防疫班であった。石井はこの防疫班の施設で、中国人捕虜を被験者として使用して、細菌兵器の研究、開発を目的とした組織的人体実験に乗り出した。一般的に、被験者らの命が実験を持ちこたえられる期間は数週間であった。数ヶ月を生き延びた被験者もいたが、そう多くはなかった。実験材料としてもはや役立たなくなった被験者らは、「犠牲になる」"sacrificed"（シェルダン・ハリス）だけであった。この活動により、石井はもう二度とは後戻りできぬ橋を渡ったのである。

背陰河は、哈爾浜の南東七〇キロに位置する人里離れた寒村で、人体実験を伴った細菌兵器の研究、開発を秘密裏に行うにはうってつけの場所であった。当時、関東軍でこの部隊を管轄していた遠藤三郎中将は、石井に付き添われ背陰河の防疫班を視察し、その細菌試験場について、「一見、要塞ヲ見ルゴトトシ」という感嘆の言葉を自らの日記に書き綴っている。ここでは、コレラ菌、赤痢菌等の病原体の感染力に関する人体実験が日々行われた。背陰河の人体実験で殺害された中国人捕虜らの犠牲者数は明かでないが、事業の規模や範囲を考えると、死者は一〇〇〇人を超えていたはずだと言われている。石井四郎の天秤で「人間性」と「皇国日本」を計ると、いつも後者が前者を重さの上で圧倒した。目の前の中国人が、自らと同じ人間か否かを思い悩むような人物なら、人体実験、生体解剖による殺害もためらったに違いない。石井四郎にとって、「皇国日本」の国民と中国人の「匪賊」では同じ等しい人間ではなく、扱い方も別でなければならなかった。しかし、それは石井四郎が人間性についてよく知らなかったとか、あるいは無理解だったとかということを意味するのではない。彼は、一九二〇年代に西欧で勃興していたヒューマニズムと、それに基づくジュネーヴ議定書の歴史的意義について熟知していた。熟知していたからこそ、この時、彼は、国際条約違反による裁きを恐れ、自らの研究と人員を満州の哈爾浜からさらに人里離れた寒村、背陰河に閉じ込めたのである。問題は、彼の天秤では、常に「人間性」より「皇国日本」の方が圧倒的に重かったということである。こうした石井のナショナリズム、レイシズムは看過されてはならない。

さて、この時期の部隊名は「東郷部隊」で、その始まりを記した公文書は存在しない。部隊内では、「身内も欺く秘密主義」（常石敬一）から偽名の使用が採用され、情報管理が徹底された。骨の髄までナショナリストだった石井四郎は、日露戦争でロシア軍を打ち負かした東郷平八郎海軍大将を敬愛し、自室に彼の胸像を飾ったほどだが、この頃、彼は東郷に因んで自らの偽名を「東郷ハジメ」、部隊名を「東郷部隊」とした。この部隊はまた、「加茂部隊」とも呼ばれたが、それは徹底的な秘密主義を貫こうとした石井が、彼の郷里、加茂地方とその周辺から、自らに献身的で信頼できる村人らをこの部隊へ呼び寄せ、任務に就かせていたからである。東郷部隊は、約四年間、非公式に背陰河に存在した。しかし、一九三四年九月、李という名の捕虜が、警備が最も手薄となった時を見計らって、仲間の捕虜らをけしかけ脱走に成功した。この時、一六名の捕虜が脱走しているが、これによって東郷部隊の秘密が外部に露呈し、その機密保護が危機にさらされたため、石井は、やむなく背陰河の防疫班の閉鎖を決定し、部隊根拠地の移転を計画するよう余儀なくされた。

一九三六年、東郷部隊を母体に、「関東軍防疫部」が編成された。これは、天皇の軍令に基づく正規の部隊で、新しい根拠地には、哈爾浜の南東二四キロに位置する寒村、平房が選ばれた。高圧線と土塁に囲まれた複合施設の工事費には、「満州機密費」から一一〇万円があてられ、鈴木組がその建設を一手に請け負ったと伝えられている。

一九三九年五月、関東軍とソ連軍が激しく衝突したノモンハン事件が始まった。この時、石井部隊は、ハルハ河の上流のホルステイン河に腸チフス菌を投入し、細菌兵器の実戦使用に手を染めている。これが、七三一部隊による、最初の細菌兵器の実戦使用と言われているが、それは後の農安、常徳、衢州、寧波、金華等への細菌攻撃と共に、細菌兵器の実戦使用を厳しく禁じたジュネーヴ議定書に違反する活動であった。

ノモンハン事件での石井四郎（中央、奥にいる人物）

一九四〇年には、平房の新たな複合施設が完成し、部隊はそこに根拠地を移した。石井と彼の下に集められた日本有数の医学者らは、ここで人体実験、生体解剖を軸とした細菌兵器のさらなる研究、開発に取り組んだ。複合施設の中心には、四角い形状に建てられた巨大で堅固な研究棟、通称「ロ号棟」が聳え立っていた。この建物は、上空から見るとカタカナの「ロ」の字型に見えるため、「ロ号棟」と呼ばれたのである。三階建ての建物内には、細菌培養のために冷暖房が完備された当時最先端の研究室が並んでいた。彼らが研究した病原体は、ペスト菌、コレラ菌、チフス菌、赤痢菌、炭疽菌、鼻疽菌、破傷風菌、ガス壊疽菌、結核菌、ボツリヌス菌など二〇種類以上に及んだ。また、ソ連侵攻を想定して、あるいは満州北部の領土の防衛の必要から、人体実験を軸とした凍傷の研究が行われていた。ロ号棟は獄舎と一体構造をなし、中庭には、「丸太」という隠語で呼ばれた被験者らを、最大で四〇〇人は収容できる特殊監獄（第七棟、八棟）が設置されていた。それらは周囲を研究室に取り囲まれていたため、東郷部隊で起こった脱獄劇はもはやここで繰り返されることはなかった。地元住民らを欺くよう平房の複合施設が「製材所」とされたため、そこに収容された人体実験の被験者らも「丸太」と呼ばれた。「丸太」は、政治犯や抗日活動に従事したか、あるいは従事したとみなされた非日本人で、関東軍の憲兵隊（正式名称・関東憲兵隊）に逮捕され、七三一部隊に移送された中国人、朝鮮人、モンゴル人、ロシア人からなっていた。彼らの七三一部隊送りは「特別移送扱」（略称「特移扱」）と呼ばれ制度化されていた。このことは関東軍が七三一部隊の細菌戦計画に組織的に関与していた有力な証拠である。憲兵は、彼らを豚のように扱った。「丸太」は番号を付けられ、ロ号棟内の解剖室や野外実験場で、細菌兵器の研究、開発のための被験者として次々と殺害されていった。「丸太」は、頭を丸刈りにされ、「一本、二本……」と数えられたそうである。

同年七月、関東軍防疫部は、「関東軍防疫給水部」と改名された。この年、部隊のために組まれた年間予算は、「大体一〇〇〇万円」（ハバロフスク軍事裁判における川島清の証言）、現在の金額で約三〇〇億円という桁外れな金額であった。国会の承認なしに会計検査院も通さず、秘密裏にこれだけ莫大な金を利用できた点だけを見ても、七三一部隊がいかに特殊な部隊だったかが分かる。昭和天皇の七三一部隊への関与は、しばしば論じられる重要な問題の一つだが、石井が一〇〇〇万円という大金を、天皇の目を盗み七三一部隊に引っぱったとするのは、どう考えても難しい。本書でも論じられる「内藤文書」よれば、日本軍の細菌戦計画の最終的な責任は天皇にあったという。しかし、内藤は、後になって天皇が個人的にそれを知っていたことを否認している。さて、どちらが事実だったのだろう？

一九四一年四月、関東軍防疫給水部に「満州第七三一部隊」という通称号が割り当てられた。石井は、これを「秘中の秘」と呼び、隠匿した。

七三一部隊複合施設（右上がロ号棟）

一九三九年秋［一九四〇年］、七三一部隊の新施設の建設も完了した。七三一部隊は、建設中の三年間にも完全に活動していたが、一度新施設が完成すると、それは実に見事なものであった。完成した構内には、一五〇棟を超える建物が並んだ。そこには、飛行機の滑走路が備わっていた。七三一部隊施設の上空は、日本の飛行機でさえも飛行禁止空域となった。また、石井は、「丸太」（人体実験の犠牲者を呼ぶ時の隠語）を施設に運び込む秘密の鉄道区間も建設していた。施設は空堀、高圧電流の流れる有刺鉄線、よじ登れないレンガ塀に取り囲まれ、複数の塔から監視されていた。この施設は防衛され、脱獄できないようになっていた。（本書一五四頁）

ここが、一九三二年から長い旅を続けてきたこの秘密細菌戦部隊の墓場となった。

一九四五年七月二六日、「日本への降伏要求の最終宣言」、つまり「ポツダム宣言」が発された。中国では激烈な抗日闘争を抑え込むことができず、南方では連合国軍相手に敗退を重ねつつあった日本軍に、もはや勝算はなかった。

八月六日、アメリカの原子爆弾、「リトル・ボーイ」が広島市に投下され、（一二月末までに）一四万人の命が奪われた。もはやポツダム宣言を受諾し、連合国側に全面降伏すべき時であることは明白であった。だが、軍部は頑なに降伏を拒み、戦は続けられた。

八月九日午前一時、ソ連軍が、日ソ中立条約を一方的に破棄し、日本の傀儡国家、「満州国」に雪崩のごとく攻め入り、関東軍国境守備隊との激烈な戦闘を開始した。この時、関東軍は、兵士一五〇万人、戦車五〇〇〇台を超える総力のソ連軍相手に各地で敗退を重ねた。ソ連軍の侵攻の直後、石井四郎は、平房の複合施設をはじめとする七三一部隊の証拠一切の隠滅を命じている。それは、八月一〇日に、新京の軍用飛行場格納庫で石井と面会した大本営の対ソ作戦担当参謀、朝枝繁春の言葉を信じるなら、「ソ連に七三一部隊の人体実験の証拠を握られると、まかり間違えば天皇陛下まで責任を問われかねない」ことを恐れた日本の参謀本部からの命令であった。だが、この命令が内地の参謀本部から出ていたにしても、それまで中国の十数の地域で、細菌兵器の空中または地上散布を指揮し、無辜の民を虐殺し続けたテロリズムの責任者、石井四郎にとって、その実戦使用を厳しく禁じたジュネーヴ議定書違反を問われ、戦犯者として裁きを受けることは恐怖以外の何ものでもなかったはずである。それ故、この時、彼が「証拠隠滅」のために積極的に奔走したと考えるなら、それは理にかなっている。複合施設は爆薬（五トンが与えられた）で破壊され、「丸太」という隠語で呼ばれた捕虜らはガスで殺害された。文字通りの「皆殺し」であった。七三一部隊複合施設の隠滅作業は、六日間、昼夜を分かたず続けられたという。もはや、関東軍は満州から撤退すべき時に来ていた。観念した石井は、軍用機に乗ってか、あるいは列車に乗ってかは定かでないが、平房の崩れゆく砂の城を後にした。（この時、撤退が遅れて満州に居残った七三一部隊員ら、または部隊と密接な関係のあった関東軍の軍人ら一二名は、ソ連の捕虜となり、後にロシア極東のハバロフスクで開かれた軍事裁判（一九四九年一二月二五日～三〇日）で裁かれ、実刑判決を受けている。）

だが、石井四郎はしたたかであった。彼は、「一切の証拠物件」の隠滅という軍上層部の命令に背き、自らが一〇年の歳月をかけて蓄積した細菌戦のデータを密かに日本へ持ち帰ったのである。石井にとって、研究には千金の値打ちがあり、そのため、彼は朝枝の命令への不服従を選び、その一部を保持した。戦後、彼はこのデータと引き換えに、アメリカから自らの「戦犯免責」という汚れた札束を受け取ることになる。どこまでも悪運の強い男である。

八月一四日、日本はようやくポツダム宣言を受諾し、連合国側に全面降伏した。そして、翌一五日、昭和天皇の玉音放送と共に、実質的に、第二次世界大戦に幕が下ろされた。あとは、九月四日の紙切れへの調印を待つだけであった。日本は戦に負けたのである。

八月一七日、平房に侵攻したソ連兵らは、壊滅した七三一部隊の複合施設跡地に異様な光景を目撃した。広大な跡地には、野放しになった鼠、兎、モルモット、牛、羊、山羊、その他家畜群、騾馬、驢馬、猿、駱駝等が彷徨っていた。また、それらの動物の一部は病気にかかっていたという。瓦礫の下には、人骨、衣服の切れ端、道具等が埋まっていたと伝えられている。

こうして、細菌部隊の秘密主義と証拠隠滅によって、七三一部隊、そしてこの部隊の中核を担った人物、石井四郎軍医中将は、歴史の闇の中に散り散りになって消えていった。

獣らの戦後

戦後、極東国際軍事裁判（一九四六年四月二九日～一九四八年一一月一二日）が行われ、東條英機ほか旧日本軍の軍人らが戦争犯罪の有罪判決を受け、死刑に処せられた。だが、「戦争犯罪人」というのであれば、戦時中、捕虜を使った人体実験または生体解剖を繰り返し、中国の街や村に細菌兵器を散布することで無辜の民を虐殺し続けた七三一部隊の幹部ら、なかでもその頭領、石井四郎が裁きを受け、処罰されなければならなかったはずである。彼らが細菌兵器の実戦使用を厳しく禁じたジュネーヴ議定書に違反していたことは、火を見るより明らかであった。

戦後数年の間に、アメリカから次々と調査官らが、謎めいた「防疫給水部」について調査するため来日し、報告書が起草されている。「サンダース・レポート」（一九四五年一一月一日）、「トンプソン・レポート」（一九四六年五月三一日）、「フェル・レポート」（一九四七年六月二〇日）、「ヒル＆ビクター・レポート」（一九四七年一二月一二日）である。調査の過程で、アメリカは、石井四郎を探し出した。だが、彼らが実際に関心を向けたものは、石井の戦争犯罪ではなかった。これらの報告書の起草者らは、いずれも犯罪の専門家や犯罪捜査官ではなく、獣医一名を含む微生物学者、病理学者のような科学者であった。アメリカの諜報機関は、それまでに捕虜にした日本兵らの一部から、日本軍には、詳細は不明だが細菌戦の能力があるという情報をつかんでいた。そのため、彼らは、謎の細菌戦部隊に関する情報の真偽を確認するために調査官らを日本へ派遣したのである。調査の進展と共に、次第に、戦時中に石井四郎と七三一部隊が蓄積した細菌戦に関する膨大なデータのことが明るみに出た。いまや日本軍の細菌兵器と謎めいた防疫給水部は、適切に結びつけられていた。

一九四七年一月八日、ソ連は、極東国際軍事裁判の国際検察局を通じて米軍側（G-2代表、ウイロビー将軍）に、元七三一部隊幹部三名、石井、大田、菊池の尋問を要求してきた。「我々は、関東軍が細菌戦の準備をしていたという確証をつかんだ。人体実験の事実について、石井ら七三一部隊幹部の尋問を要求する」。ソ連は、この前に、捕虜の柄沢十三夫軍医少佐（元七三一部隊第四部課長）を通じて、七三一部隊の中国での細菌戦計画、人体実験のことを把握していた。だが、ソ連がこの尋問を要求した最大の理由が、石井らの戦争犯罪の告発を目的とした司法上の調査だったとするなら、それはスターリニズムの本質を見誤った甘ったるい抽象論であろう。戦争犯罪の追及は、ソ連にとってはせいぜい二次的な問題で、彼らが本当に求めたものは、石井の細菌戦に関するデータであった。

ソ連による石井の尋問は、一九四七年五月一五日、一七日、一九日、六月一三日の四日間、彼が隠れ住んでいた若松町の自宅で、米軍関係者らの立ち合いのもとに行われた。（このうち、六月一三日の尋問に関しては、近藤昭二氏の「本書刊行に寄せて――寸描・石井四郎」に詳しい。）この尋問の前、彼は、G-2からソ連側に詳細――例えば人体実験、蚤の大量生産、中国に対する実験など――を漏らさぬよう厳しく戒められていた。ソ連側の尋問者は、レオン・N・スミルノフ大佐。彼は、東京国際軍事裁判で国際検察局のソ連側検察官を務め、後のハバロフスク軍事裁判の検察官でもあった。

アメリカ側はマックウェール中佐が立ち合い、吉橋太郎上級准尉が通訳者を務めた。このマックウェールなる男は、石井の行った残酷な人体実験について知りながら、彼の実験データに目が眩み、それを我がものにしようと涎を垂らして狙っていた狐のごとき人物、と理解していただければよろしい。

石井は、米軍側から前もって警告されていたように、スミルノフの尋問に対してはまともな返答をせず白を切り続けた。ほら話の名手、石井四郎にとって、それは容易いことであった。この時、石井の娘、春海が中国から連れてきていたペットの猿が、カーキ色の軍服を着たアメリカ側の将校にじゃれついた。一瞬、緊張が走った。だが、スミルノフの高度な尋問技術は、事前に示し合わせていた石井と米軍関係者らの分厚く固い壁を前にして歯が立たなかった。尋問の名手、スミルノフは、何一つまともに吐こうとしない石井を前に苛立ったろう。石井も狐、マックウェールも狐、そしてスミルノフも狐であった。若松町の「掩体壕」は、まさに化かし合いに明け暮れる狐らの戦場であった。負けはソ連で、勝ちはシッポを出さなかった石井とアメリカであった。尋問終了後、ソ連関係者の一人が、石井が自分たちに彼の研究データの一切を渡すなら一〇万円を支払う用意がある、と「石井の補佐官」に話したという。そう、通訳者の吉橋太郎が伝えている。最後にソ連がシッポを出して、この化かし合いはおひらきになった。

結果を言えば、この時、戦後新たな敵に転じたソ連との戦争を見据えたアメリカは、敵国に対する自分たちの軍事的優位性を得るために石井の細菌戦のデータの独占的入手を熱望し、石井ら元七三一部隊幹部らの極東国際軍事裁判不起訴、つまり彼らの「戦犯免責」を札束にしてこのデータを買い取ったのである。状況証拠から、トルーマン大統領がそれを命じていたことが見て取れる。極東国際軍事裁判の首席検察官、ジョセフ・キーナンには、石井についても七三一部隊についても何も知らされていなかったのだから、この「戦犯免責」は、トルーマンの命令であれ、マッカーサーの命令であれ、司法上の判断ではなかった。政治上か、あるいは軍事上か、そのいずれかの判断であったはずである。人道よりアメリカの国益が優先され、デモクラシーと法の支配は共謀の泥靴で踏み躙られた。そして、終戦の直前に、平房の「秘中の秘」が隠滅されたように、石井四郎とアメリカの汚れた取引には蓋がされた。臭いものに蓋がされたのである。「この隠蔽は、長く深く続いた」。（本書二九七頁）

戦時中、平房で人体実験、生体解剖を軸とした細菌兵器の研究、開発に手を染めた医学者らは、戦後、その罪を裁かれることもなく製薬会社、大学医学部、医科大学に就職し、重要な役割を果たしてゆく。ほんの一例を挙げると、内藤良一（日本ブラッドバンク社長）、北野政次（日本ブラッドバンク東京支部長）、石川太刀雄丸（金沢大学医学部長）、田部井和（京都大学医学部、兵庫医科大学教授）などがあり、京都帝国大学時代の石井四郎を指導した教官で、戦時中、若手の医師、研究者らを次々と七三一部隊へ送り込むことで、内地にあって部隊を支えた戸田正三（戦前・京都帝国大学教授、陸軍軍医学校防疫研究室嘱託）は、戦後、初代金沢大学学長に、木村廉（戦前・京都帝国大学教授、陸軍軍医学校防疫研究室嘱託）は名古屋市立大学学長に就任している。戦後、彼らは日本学術会議に食い込み、一九五二年には、平野義太郎、松浦一、福島要一によって提出された声明案、「『細菌兵器使用禁止に関するジュネーブ条約』の批准の促進に関する決議」に反対している。反対理由は、（一）「現在日本では戦争を放棄しているのであるから、戦時に問題になる条約を批准するのは筋違い」

(二)「細菌は兵器として今日ほとんど実用になりませんから、どうかその点でご安心ください」というものであった。経典の窃盗により有罪判決(懲役二年執行猶予五年)を受け、一九三八年に京都帝国大学の辞職を余儀なくされた後、一九三九年から七三一部隊の病理解剖の最高顧問を務めた御大、清野謙次は、戦後、厚生科学研究所所長や東京医科大学教授を歴任している。

一九五〇年六月、北朝鮮軍による北緯三八度線における宣戦布告なしの砲撃から朝鮮戦争が始まった。その年の八月、マッカーサー元帥の命を受けて、警察予備隊令が公布、施行され、日本の再軍備が実質的に解禁された。かつて常徳市の上空からペスト蚤を散布した元七三一部隊航空班の増田美保《よしやす》も、翌年の一〇月に警察予備隊に入隊している(後に防衛大学校教授に就任)。米軍によって、石井四郎が細菌学者として朝鮮戦争に動員され、中国で細菌兵器が使用されたという話もあるが、どれも目撃証言に依拠した情報ばかりでその真偽は定かではない。今後の重要な研究課題の一つである。

「朝鮮特需」という言葉があるが、朝鮮戦争の勃発で大儲けし経済的に潤ったのは、なにも日本の資本家層だけではなかった。戦時中、七三一部隊で細菌戦の研究に打ち込んだ面々にとっても、これは金儲けのまたとない好機であった。平房で石井のナンバー・ツーだった内藤良一は、朝鮮戦争勃発の三ヶ月後の一九五〇年九月に、北野政次や二木秀雄のような元七三一部隊員らと連れだって日本ブラッド・バンク株式会社を設立している。彼らは、朝鮮の戦場で負傷した米兵らに、七三一部隊時代に開発していた輸血用の「凍結乾燥血液」を提供して莫大な利潤を手にした。

一九五九年一〇月九日、石井四郎は、喉頭癌と赤痢によって、国立東京第一病院で六七年の生涯に幕を下ろした。日米安全保障条約が改定されたのは、その翌年の六月のことである。「安保粉砕、岸辞めろ！」、鳴り止まぬ怒号のなか、改定は強行された。
石井四郎と七三一部隊の細菌戦の物語はここで終わり、彼らのテロルと戦争犯罪は、歴史の闇の奥深くに葬り去られたかに思われた。だが、そうではなかった。

一九七〇年代後半から、アメリカでは、戦時中の旧日本軍による細菌兵器の開発、研究、実戦使用に関する記録文書の機密解除が次々と進んだ。現在、それらの約八〇〇〇頁が、ワシントンの国立公文書館に公開されている。この文書の中には、終戦直後にアメリカ側が七三一部隊員らを尋問したレポートが含まれていた。それは石井四郎のような幹部層へのインタビューのみならず、下士官兵らにまで及ぶ膨大なものであった。ジャーナリストらは、元七三一部隊員らにインタビューし、ねばり強く彼らの証言を収集した。歴史家らは、砕け散ったガラスの破片をつなぎ合わせるように、石井四郎と七三一部隊の戦争犯罪について書き続けた。人々は忘却に抗ったのである。

本書は、石井四郎の生涯を網羅的に研究した著作で、その内容は広範囲に及び、限られた頁数の「訳者あとがき」でそのすべてを解説し尽くすことは到底できない。したがって、ここで訳者は主題を限定し、本書で詳述されている石井式濾水機に焦点を合わせ、それについて解きほぐしていくことにしたい。

石井式濾水機への一視角

七三一部隊の正式名称は、「関東軍防疫給水部」である。それは、表向きには、満州の戦場に展開する日本軍の兵士らに清潔な飲料水を提供し、彼らを様々な伝染病から守ることを任務とする部隊であった。石井は、この「防疫給水」の任務を、人体実験または生体解剖を軸とした細菌兵器の研究、開発という自らの非人道的な活動を隠蔽する「隠れ蓑」に利用した。シェルダン・ハリスをはじめとする研究者らは、長い間、そう信じてきた。確かに、防疫給水活動は石井にとって、「理想の隠れ蓑」"an ideal cover"だったかもしれない。だが、七三一部隊の「防疫給水」活動を、このようにただの「隠れ蓑」と片付けてしまってもよいものだろうか？　大いに疑問である。「隠れ蓑」は、「歪んだもの」、つまり人体実験、生体解剖を軸とした細菌兵器の研究、開発を隠しただけではない。「隠れ蓑」には、「隠れ蓑」自体の歪みがあった。この点は看過されてはならない。

一九三〇年に海外出張から帰国した石井四郎が、陸軍上層部に売り込んだものが二つある。その一つが細菌兵器で、もう一つが濾水機である。彼は、コレラ菌、赤痢菌等消化器系の病原体からなる細菌兵器を矛として、そして、それらの病原体を濾過し、浄水化する濾水機を盾として新しい戦争の形を構想していたかもしれない。この濾水機は、細菌を完全に除去し、汚水を飲料水に変えると謳われたことから、「無菌濾水機」と銘打たれた。七三一部隊を考える上で、実は、石井式濾水機には、宇治型爆弾と同じくらいの歴史的重要性が含まれている。

本書で、著者のケネス・L・ポートは、石井式濾水機が、「シャンベラン&パスツール型濾水機」に手を加えただけの改造品だったと述べている。

石井は、彼自身が以前から認めていたように、濾水機を発明したのでなく、単にパスツールとシャンベランが発明した濾水機を改造しただけである。（本書一一〇頁）

石井がシャンベラン型濾水機を使用していたことは、戦後、彼が清野謙次の通夜の席でした回想風の話からも窺われる。

細菌班とウイルス班に分けまして、渡辺辺さんと共に、この、朝から晩までシャンベランを渡しまして、遂に動物試験に成功して、東京に於ける学会に発表して、あらゆる反駁をそこに受けたんでありますが、とうとうまあウイルスであるということが承認されまして……
（清野謙次先生記念論文集第三輯（随筆・遺稿）・清野謙次先生記念論文集刊行会（一九五六年））

他方、石井式濾水機が、ドイツ製の「ベルケフェルドV型」濾水機にブラシを取り付けることで、濾水管の洗浄をより容易にできるようにした改造品だったという説もある。

微妙に食い違う二つの主張ではあるが、石井式濾水機が既存の濾水機に手を加えただけの改造品だったという点で双方は一致している。ベルケフェルトV型は、藻土の陶器製で、シャンベラン型、ザイツ型のような他の濾水機と並べてみてもその性能は劣り、病原体の総量を減らす効果はあれど、その完全な除去には程遠かった。石井は、このような濾水機を「無菌濾水機」と銘打って、実用化に向けて特許を取得し、陸軍の上層部にそれを広く採用するよう訴えかけていた。昭和天皇も、陸軍記念日の軍医学校（一九三三年三月一〇日）と海軍大演習の御召艦上（同年八月二五日）で、この濾水機を目の当たりにしたと伝えられている。石井が、天皇を前に放尿し、それを自らの濾水機で「濾過」して飲んでみせたという逸話は有名である。といっても、これは文書による十分な裏付がなく、根も葉もない誇張された話である可能性が高い。

石井の強烈な働きかけの結果、一九三四年には、「石井式濾水機に類する機能」を備えた濾水機の開発整備を上申する「無菌濾水機整備に関する件」が出された。また、一九三九年、石井式濾水機は、陸軍での仮制式化（実質的には制式兵器扱い）に成功している。石井式濾水機は、陸軍の「衛生濾水機」として正式に認可され、次々と戦場へ送られた。

この濾水機は、戸山の陸軍軍医学校のすぐ近くあった日本特殊工業株式会社という民間会社で、独占的に製造され、軍に納められた。この会社は、蓋を開けてみると石井四郎の御用企業で、社長の宮本光一《みついち》は、石井を特別に取り計らった。石井は、自らの濾水機を一手に製造、販売する権利を与える見返りとして、この会社から莫大な賄賂報酬を受け取っていたと伝えられている。

　　裏で交わされた合意の一部では、石井に支払われる特許権使用料に加え、彼が、日本軍に納入
　されるる各濾水機につき無報告の金額を徴収するようになっていた。（本書一九〇頁）

当時、日本特殊工業の生産設計顧問に就任した石井が、この会社から受け取った顧問料は少なくと

も五万円だったと伝えられている。当時としては、桁外れの「顧問料」である。また、この会社が法人組織化すると、石井は、他の七三一部隊員らと共に別名で株主となり、配当金で多額の利益を得たとも伝えられている。他にも、平房の複合施設建設時には、この会社が七三一部隊の研究器材を一手に請け負ったという話もある。話を元に戻すと、石井が受け取った賄賂報酬の額は、今日、正確な数字が分からない。しかし、賄賂が石井式濾水機の独占的な製造、販売の見返りとして与えられた点を考慮するなら、それが莫大な金額にのぼっただろうことは想像に難くない。

石井式濾水機

> 石井は、濾水機の製造、販売、そしてこの会社からの賄賂で大金を手にしたようである。この会社は、戦争のほぼ全期間、石井の特許の使用許可を独占した。各濾水機には番号が付けられた。数千台に及ぶ濾水機が製造され、中国、南太平洋全域に送り届けられた。（本書一〇六頁）

石井と宮本のこのような金銭的な腐れ縁から、戦時中の軍産複合に歪んだ経済が垣間見られる。この宮本なる人物は、戦時中は日本特殊工業社長を務め、戦後は日本ブラッド・バンク取締役に就任している。それは、「薬害エイズ事件」を引き起こしたミドリ十字社（一九六四年改名）の前身企業であった。

石井式濾水機は日本兵らに清潔な飲料水を供給するために大東亜共栄圏各地に送り届けられた。（本書一〇七頁）

石井式濾水機による濾過プロセスを経ると、一見、きれいな水が作り出されたが、それはウイルスを除去できていなかった。戦場に展開する日本軍は、この濾水機によって、様々な伝染病を引き起こす病原体を除去しようと多大な注意を払った。石井式濾水機によって「濾過」された水は、一見、驚くほどきれいで澄み切っていた。したがって、戦場の日本兵らには、その中に含まれた未知の疾病の存在など想像すらできなかったかもしれない。にもかかわらず、ウイルスは微小で、ＤＮＡレベルで水分子に付着し、「濾過」された液体の中に残った。感染症は取り除かれず、それは完全な無菌の浄水とはならなかった。日本兵らは、未知の疾病にかかり続けたはずである。もちろん、石井は、自らの「無菌濾水機」によってウイルスが完全に除去されず、疾病が予防されないことを知っていたであろう。というのも、彼は、一九二四年に、香川県で自らが調査した脳炎を引き起こす病原体が、それを濾過しようとする企てをすり抜け、濾液の中に残ることに気づいていたからである。そうであれば、石井が、他のいくつかの病原体も同じようにそれを濾過しようとする企てをすり抜け、濾液の中に残るかもしれないと考えるまではもう一歩である。

……石井式濾水機ではウイルスは除去されず、石井はそのことを知っていた。つまり、もしこの話が正しければ、石井は濾水機でウイルスは除去されないと知りながら、ただそれを売るためだけに不純物混じりの水を飲んでいたことになる。（本書一〇五頁）

この濾水機によって除去されなかったのは、ポートの述べるようにウイルスだけではない。「無菌濾水機」と銘打たれた石井式濾水機では、実は、病原体の総量を減らす効果はあれど、細菌さえ完全に除去することができなかったのである。

石井四郎と七三一部隊の犠牲者は、しばしば細菌兵器の研究、開発を目的とした人体実験や生体解剖で殺された中国人、朝鮮人、モンゴル人、ロシア人（背陰河・一〇〇〇人以上［ハリスによる推定死者数］、平房・最低三〇〇〇人以上）だと言われている。あるいは、常徳作戦（死者数七六四三人）のような細菌兵器の大規模散布によりペストなどの伝染病に感染し、殺された中国人だと言われている。だが、石井式濾水機で「濾過」した、一見澄み切ってはいるが、浄水でない水を口にし、伝染病に感染して死んでいった日本兵らのことは忘れられている。一体、どれほどの日本兵らが、石井式濾水機の犠牲者として歴史の闇に消えていったのだろうか？　これは、今後の近代史研究の一つの課題として残る。綿密に調査、研究され、実態解明が進められるべき部分である。

浙贛作戦

本書には、一九四二年五月から九月にかけて、陸軍によって展開された浙贛作戦のことが、七三一部隊との関連で論じられている。「浙贛」という名称は、一般の読者には馴染みないかもしれない。それは、浙江省の「浙」と江西省の略称「贛」を結びつけた中国中部地域の呼び名である。浙贛作戦とは、浙江省と江西省にまたがる中国中部地域に展開された日本軍の作戦のことである。この作戦は、七三一部隊にとって最大の躓きになったと言われている。

米軍は、一九四二年四月一八日にいわゆるドゥーリトル空襲を開始した。太平洋上に浮かぶアメリカ空母、ホーネットから発進した、ドゥーリトル陸軍中佐率いるB-25一六機が、東京、横浜、名古屋などを次々と空襲した。空襲後、B-25は、ホーネットに帰還することなく、日本海を越えて中国大陸へと飛び続けた。浙贛地域にはいくつかの空港があり、日本空襲後、B-25は、浙江省の飛行場に着陸する予定であった。距離的に考えると、その後、米軍が日本本土への空襲を目的としてこの飛行場をふたたび利用する可能性があった。換言すると、中国に敵飛行場がある限り、日本本土が同じような攻撃を受ける危険性があったのである。したがって、日本軍は、米軍による、その後のこの地域の飛行場の利用を封じるために、それらを破壊し、浙贛地域を占領するよう大軍を動員して作戦を開始したのである。

石井機関も、六月下旬には現地入りし、八月下旬までペスト蚤のPX形態での謀略的使用やコレラのような消化器系の病原体を、水源、井戸、貯水池等に大規模散布している。この作戦には、七三一部隊の姉妹部隊で、「多摩部隊」としても知られる栄一六四四部隊も参加しており、浙贛作戦での細菌戦は、石井四郎指揮下の共同作戦だったことが分かっている。この時、日本軍（第一三軍）は、浙江省の杭州から浙贛鉄道沿いに南下している。六月七日、日本軍は衢州を占領した。しかし、八月下旬、作戦を終了させ撤退している。日本軍が撤退する時、石井機関は、麗水、上饒、広豊、玉山、江山、常山、衢州、金華でペスト菌、コレラ菌、チフス菌、赤痢菌、炭疽菌などによる細菌攻撃を行っている。日本軍の部隊が撤退した後、大量の細菌兵器で地域一帯を汚染しておけば、敵が自軍を追跡することはできないはずであった。だが、実際には、連絡の不十分から、石井機関は、細菌兵器を日本軍の撤退前に散布してしまった。その結果、日本軍が侵入し、占領した地域は細菌兵器で汚染されていた。占領後、短時間のうちに一〇〇〇〇人以上の日本兵が、コレラなどの消化器系の疾病に感染した。一部には、赤痢やペストに感染した兵士も混じっていた。この時、石井式濾水機が使用されたが、濾過され浄水となったはずの水には消化器系の病原体が混じっていた。一見きれいで澄み切ってはいたが、実際には汚染されていた水を飲んだ日本兵らは、コレラの主症状である下痢を発症した。重症化した場合、彼らは脱水症状から意識を失い、最後には息絶えた。一七〇〇人を超える日本兵が、七三一部隊の散布した細菌兵器の犠牲となり死亡したと伝えられている。正確な死者数は分かっていない。それは、旧日本軍によって低く見積もられていた可能性がある。作戦は大失敗であった。にもかかわらず、石井四郎は、この作戦が「成功だった」と部隊員に伝えている。

浙贛作戦は、石井式濾水機の化けの皮が剥がれ、その諸矛盾が鋭い形で露呈した大惨劇であった。「無菌濾水機」というのは、石井四郎の完全なホラで、それは自軍兵の一七〇〇人を死に追いやる凄惨な結果に終わった。

不運にも、太平洋で連合国軍との戦争に従事した多くの日本兵は、自分たちが石井式濾水機で濾過された浄水を飲んでいると信じ込んでいた。アメリカの対日戦争研究の第一人者、ジョン・ダワーは、実際の戦闘で出た戦死者は［全体の］三分の一に過ぎず、大多数が病と飢餓によるものだったと推定している。戦時中、二〇〇万人以上の日本人が亡くなった。それは、一三〇万人以上の日本人が、戦傷以外で亡くなったことを意味する。餓死者は多かったが、予防できたはずの感染症による死者も多かった。これらの疾病を予防する最も重要な方法は、浄水を飲むことだったはずである。石井が石井式濾水機に放尿し、その結果できた清潔でないが浄水らしき液体を飲んだ時、軍司令部や天皇さえも彼の証明を信じたかのようであった。この話はしばしば事実として語られるが、石井自身が自分の尿から「病毒」が濾過されないことを知っていたため、この話はさらに空想的なものに思われる。（本書一〇九頁）

医学と暴走する軍隊の出会い

訳者は、冒頭で、七三一部隊が「満州事変のただ中で産声を上げた部隊」だと書いた。そもそもあの「満州事件費」による予算上の裏付けがなければ、陸軍軍医学校内に防疫研究室が開設されることも、背陰河に防疫班が新設されることも、平房のあの巨大な複合施設が建設されることもなかったはずである。満州事変以前、陸軍軍医学校は組織存亡の危機に瀕していたのである。七三一部隊の場合、医学が政治的な統制を失った軍隊と出会うことで、我々が想像すらできないような暴力的で凄惨な結果がもたらされた。「人体実験」と言っても、それは関東軍のテロリズムの一部であり、「特移扱」をした憲兵隊との共謀であった。風邪薬の治験などとはわけが違うのである。本来、人の病を治療し、人命を守るべき医学が、統制を失い暴走する軍隊と出会うことで、人を病にし、殺す学問に転じたことは皮肉という他ない。医学者らが人権による統制を失い、国家権力の手先となって人命と人としての尊厳を危機にさらす時、我々市民は、彼らを尊敬してはならないというだけではなく、厳しく批判すべきですらある。戦後の文民統制が次第に蝕まれていく今、訳者は、七三一部隊のテロルから十分教訓を汲み取り、その歴史認識から自らの思考と行動を律することとしたい。また、読者諸氏にもそうするよう切に望む。

原書の誤りについて

原著者のケネス・L・ポートは、私の知る限り日本について少なくとも三冊の本を著している日本通ではあるが、原書を読んでみると、日本語に不慣れな外国人にありがちな誤認や不注意からくる誤記も少なくはなかった。明らかな誤りと考えられる部分には、訳者が訳註を付し訂正している。これはあくまでポートの著作であり、その内容が訳者の意見と重なる部分ばかりだとは限らない。読者諸氏には、この点を十分に踏まえてお読みいただければと思う。

本書の美点について

大雑把に言うと、今日、日本人が抱いている石井四郎像の根幹となった部分は、一九八〇年代以降に作り上げられたものである。それはちょうど、アメリカで、それまで機密扱いにされていた七三一部隊の細菌戦研究、開発、実戦使用に関する英文資料が次々と機密解除され、公開されるようになり、謎の細菌戦部隊のことが学者らの狭いコミュニティのみならずジャーナリズムでも盛んに取り上げられるようになった時期に当たる（「ダグウェイ文書」の機密解除は一九七八年）。例えば、石井が、一九二八年から三〇年までに、二五に及ぶ国々への海外出張を行った見識豊かな国際人だと思う人々は今日でも少なくない。だが、実はそれについて立証できる証拠資料は存在しない。戦後、石井自身が、アメリカから派遣されて来日した調査官の一人、アーヴォ・T・トンプソン獣医中佐に提出した履歴書以外に、彼の海外出張に触れた話はほとんどないのである。にもかかわらず、常石敬一、青木冨貴子、シェルダン・ハリスのような学者やジャーナリストらは、それをあたかも自明の事実であるかのように前提して議論を進めている。石井の話以外ほぼ何の資料もないのに、彼が二五に及ぶ国々への海外出張を行ったと断定することはできないはずである。もしかしたら、本書に掲載されている「S・S・マジェスティック号」の乗船名簿に見られるように、石井はドイツのベルリンくらいには滞在していたのかもしれない。あるいは、フランスのシェールブールやアメリカのニューヨークの港くらいは訪れていたのかもしれない。だが、この「乗船名簿」も得体の知れない紙切れで、歴史家なら、それが偽造されたものではないか、と一度は疑ってかかるべきである。もちろん、読みものとしては面白い話ではあるのだが……ただ、石井が、実際に二五カ国を訪問、視察したと言い切ることはできないはずである。もしかしたら、それは終戦直後に戦犯者としての裁きと処刑を恐れた石井が、一九四六年に、キャンプ・デトリック（後のフォート・デトリック）から彼を尋問するために来日したアメリカ人の獣医、トンプソン中佐に、自分が世界の細菌戦事情に通じた熟達した細菌学者だという印象を与え、それを一つの材料として自らを米軍に売り込み、「戦犯免責」を手に入れるためにしたホラ話だったかもしれない。実際に、後の一九四七年、来日した調査官、ノバート・フェルに対して、石井は、戦犯者としての訴追からの「免責」を書面で約束するという条件で、自分が二〇年にわたって蓄積した細菌戦の研究成果と経験をアメリカ側に提供しよう、それを来るべき対ソ戦に利用すればいいではないか、という申し出をしている。この時、彼は、恥知らずにも細菌戦の専門家として米軍に雇われたいとまで述べている。彼は、戦時中に、自分が皇国日本のために犯した同じ戦争犯罪（細菌兵器の実戦使用）を、今度はアメリカの対ソ戦、反共戦で繰り返すと主張しているのである。石井四郎とは、こういう男なのである。戦後になっても彼には、自分が戦時中に医学者として加害行為に加担したことへの反省は微塵も見られなかった。皇国日本の無惨な敗北の後、彼のなかに残ったものは、自らの生存にまつわる強烈なエゴイズムだけであった。いや、彼のなかには、はじめからエゴイズム以外に何もなかったのかもしれない。そのエゴイズムを貫き通すためになら、彼はいかなる嘘をつくことも躊躇しなかった。そもそも我々は、ウイルスどころか細菌すら完全に除去できなかった濾水機を「無菌濾水機」と銘打って軍に売り込み大金を儲け、細菌兵器の研究、開発を目的とした人体実験、生体解剖を、「防疫給水活動」に偽装して繰り返した男の話を、そう易々と信じ込むわけにはいかないのである。本書で、著者のケネス・L・ポートは、証拠書類が欠如しているにもかかわらず、長い間あたかも「事実」であるかのように扱われ、自明視されてきた「歴史」を対象化し、相対化する分析を与えている。彼の分析には、先行する研究者らの盲点をつく鋭さ、そしてそこから来る一種の鮮やかさがある。本書が、様々な誤認や誤記を含んでいながら、石井四郎と七三一部隊について真に批判的な視点を与え、我々が抱いてきた石井四郎像にかなり大きな修正を迫るものであるのは、こうした理由からである。

もう一つある。戦後日本の教育空間には、石井四郎も七三一部隊も存在しなかったに等しい。彼らの戦争犯罪とその「免責」は、戦後、日米両政府にとって「臭いもの」であり、そのため、長い間蓋がされてきたのである。日本の学校教育で、七三一部隊の戦争犯罪の事実が具体的に教えられたことはない。そうしたなかで、七三一部隊とは何か、石井四郎とは誰か、そして彼らが犯した戦争犯罪の深刻さとはいかなるものかを具体的に知るためには、本書のような研究書を「教科書代わり」に読むことが求められるのである。

七三一部隊による戦争犯罪の最高責任者は、一体誰だったのか？　本書の主人公、石井四郎軍医中将だったのか？　あるいは、彼の上にいた内地の参謀本部のお偉方だったのか？　それとも、もっと上に誰かいたのだろうか？　検証しなければならない、怯むことなく。

結び

最後になったが、本書の原書をご紹介くださり、解説まで書いてくださったジャーナリストの近藤昭二氏に、心より感謝申し上げる。また、訳者の乞いを聞き入れ、本書の翻訳出版を引き受けてくださった花伝社の佐藤恭介氏と、本書の担当を務めてくださった家入祐輔氏に、心よりの感謝を申し上げ、ここに謝辞としたい。

戦後八〇周年の節目の年に　　阿部　海

引用文献

（1）SHELDON H. HARRIS, FACTORIES OF DEATH: JAPANESE BIOLOGICAL WARFARE, 1932-1945, AND THE AMERICAN COVER-UP 23 (rev. ed.2002)

参考文献

青木冨貴子「７３１・石井四郎と細菌戦部隊の闇を暴く」（新潮社）
常石敬一「７３１部隊全史・石井機関と軍学官産共同体」（高文研）
松村高夫「７３１部隊と細菌戦：日本現代史の汚点」（慶應義塾経済学会）他

本書刊行に寄せて——寸描・石井四郎

近藤　昭二

石井四郎が最初に頭角を現すのは、大正九年（一九二〇）、京都帝大医学部の寄宿舎暮らしで、もっぱら端艇部（ボート部）の運営、新興に熱中していた。

後輩の選手も「（石井君は）変わった人だった。恐らく何千人に一人というぐらいの珍重さであった。その熱意の強さに誰もが敬意を表した。ことに京大ボート部にとっては屈指の功労者だったといえよう」と敬服している。（「濃青」第九号）

東大との対抗戦を創立するにあたって、石井は一つの案を提出した。「その根本方針とは、すなわち全国の中等学校を琵琶湖に集め。その優秀なる選手を各高等学校に送り。高等学校の一粒選りを大学において鍛え、東西両大学のスライディングレースを創立し範を天下に垂れ。東大は関東を京大は関西を指導し、恰も剣橋・牛津［Cambridge・Oxford］のレースを我が国に創立せしむることが、我が国漕艇界のため最も意義あることであり、かつ将来の理想としては、更に日本全国が一団となり、選良をえりすぐり英米と国際的に覇を争わん」というものであった。（『京大端艇部史』石井四郎）

石井の抱く大きな構想は、のちの満州大陸での細菌戦ネットワーク構築につながっているという気がするが、思い過ごしだろうか。

また京大ボート部で石井と無二の親友だったＳ・Ｎが、学生新聞の取材に応じてエピソードのひとつを語っている。

「石井についてはずいぶん思い出が多い。豪傑だが、奇策縦横、私はしばしば彼にかつがれてとんでもない目にあった。ある時、寄宿舎の彼の部屋を訪ねるとあいにく留守である。座り込んで待つうちにいいものを見つけた。書棚の上にブドー酒のビン……、とってみたら手応えがある。

『こいつぁ気がきいている』と一口あおった。

次の瞬間、何とも言えぬ悪臭が突き上げてきた。ああ何をか況や、私は小便を飲んだのである。して胸焼けとゲップに苦しんで。のたうちまわっているところへ石井が帰ってきた。その場の情景でそれと察したらしいが。ニコリともせず、『うん、飲んだか』と一口言ったきり、減ったビンへ新鮮なところを補給しだした。完全な敗北だった」（新聞ＯＢ放談）

これまたのちの「石井式濾水機」、天皇巡察時の噺につながる「大風呂敷」については、「訳者あとがき」参照のこと。

そして次の文書は、アジア太平洋戦争が終結して、アメリカ軍の占領時代に入り、連合国軍最高司令官マッカーサーが極東国際軍事法廷を設立して法廷憲章と手順を制定したころに、司令部宛に石井のことを通告してきたものの一つだ。

差出人は匿名だが石井とはかなり面識のある先輩軍医らしい。400字詰め原稿用紙に手書きで英単語混じり2枚のもの。

「石井四郎君（陸軍軍医中将）

1．彼は京都帝国大学医学部の卒業（1920？）である。従って個人的の交際はあまり深くない。

2．非常にclever で仕事にも熱がある。しかし、学問的な頭は決してよくない。相当野心家で、大きいことが好き（若干ホラ吹き?!）。功績をあげ、自分の位置をpromote することには極めて熱心である。

3．態度は少々rough である。先輩に対しごうまんであった。

4．彼に比較的最近にあったのは学会（聯合微生物学会）毎年4月の時位である。その前には彼がまだ軍医学校にゐる頃あった。特に私の皮下種痘の事で話をした。

5．彼に関する良くないRumour は寧ろ彼自身によって撒かれたといってもよい。何となれば、非常に残忍（cruel）なmoving picture（日本兵が重なりあって戦死している実況）を見せたりしたし、又よく秘密だ秘密だといって何でもない話を聞かせる癖があった。

6．ハルピンに於ける彼の研究の内容に就いては知らない。Civilian は一切近づけなかったから。われわれの学会に彼が発表したものは　ペスト（plague）の防疫の如き、またコレラの食塩水治療の如き全く普通の scientific のものでしかなかった。
7．彼のやった研究として誰でも知ってゐるのは能率のよい濾水機を作ったこと、細菌を大量に培養する装置を考按したりしたことである。」

アメリカの日本に関する方針と政策は国務・陸軍・海軍の三省調整委員会（swncc）に決定され、トルーマン大統領に提出して批准された後、アメリカの最高権力機関がマッカーサーに伝達することになっていたが、SCAP、GHQ、CICなどで石井についての案件が殺到して100部隊と混乱したりした。

一九四六年一一月二九日になってようやく内藤良一にたどり着いている。翌年一月に入って突然ソ連のヴァシリエフ検事から国際検察局を通じてG2に石井ら731部隊幹部三人の尋問を要求してきた。

以来五ヵ月、米ソの間で暗闘がつづき、著者ポート氏のいわば「法の商品化」が進んだ挙句、アメリカ側の立会い人ありでならと、ようやく六月半ばに本国から石井の尋問が許可された。

石井は折からの病身というなりで応じた。

尋問するスミルノフは東京裁判・国際検察局のソ連検事。

立会うマクウエール中佐というのは、GHQ参謀2部のウイロビーの右腕、細菌戦関係でもかなりの情報通だ。

スミルノフは、細菌戦に必要な大量の菌を培養していたかどうか、７３１の製造能力という面から始めた……

「極東軍総司令部翻訳尋問部尋問センター」

尋問日：１９４７年6月13日

当事者：石井四郎

尋問者：スミルノフ大佐

証人：マクウエール中佐

通訳：吉橋太郎上級准尉

通訳：シュヴァイツェル大尉

書記：野田一郎

Q．第４部［７３１部隊製造部］の任務や活動について、これまでに手応えがある。陳述されなかった事を更に詳しく述べなさい。

A．第４部の任務の事か？　私が現役当時ロ号棟は北棟と南棟に分かれていたが、建築中に私は職務の移動があった。私の移動は１９４２年であったため、この建築物が竣工したかは知らない。

Q．設備が完了したのは１９４２年ではないか？

A．建設は完了しておらず、稼動はしていなかった。然るに南棟の稼動が不十分で、北棟を使用した。それらは同じ建物内にあった。

Q．第１式製造のための設備は完了していたか？

A．していた。

Q．第1式のシステムではどのような方法で、細菌が製造されていたか？

A．赤痢菌を培養する過程は、中央倉庫〔近藤註：実は特設監獄の偽装名〕から原料が引き出され準備室で重さを量り、蒸気釜で熱せられる。蒸気にかけられた後、必要に応じてガラス管か培養管に入れられ、圧力釜で15ポンドの圧力で完璧に殺菌された後、水で冷やされる。長期処理の場合は常温で24時間かけて冷やす。

Q．細菌を培養するのに、どんな容器を使用したか？

A．目的によって種類は異なる。様々な容器が存在する。3種類のガラスの容器があり、1つは亀の甲シャーレといって亀の様な形をしたボトルで、その他には長いものや細いボトルもある。これらのガラス容器以外に培養缶や金属製の四角い箱等がある。

Q．細菌は特別な部屋で培養されたか？

A．そのとおりだ。

Q．これらの培養器具は特別なコンベヤーで配達されたか？

A．そのようなシステムを導入して必要人員の削減を計画していたが、コンベヤーが効果的に稼動しなかったので、短期間しか使用できなかった。常に修理を必要としたため、ほとんど使用しなかった。

Q．コンベヤーはサーモスタットで温度調節した部屋に細菌を入れるための培養器具を運ぶ目的で設置されたのか？

A．そのとおりである。

Q．第１式には何台の蒸気釜があったか？

A．２台だったと思う。

Q．どの位の大きさだったか？　幅何センチか？

A．60センチ。２台だったと思うが、４台ほどあった可能性もある。

Q. 高さは？

A. 当初は大きかったが、時間がかかるのと、完全消毒が不可能だという事が判ったため、蒸気釜は繰り返し改良された。最終的には、時間の短縮や外部からの汚染物資の進入のおそれが少ない小型サイズが製造された。

Q. 最終決定は60センチ位？

A. その位だ。

Q. 高さは？

A. だいたい1メートルだと思う。

Q. この蒸気釜でどの位の細菌が培養されるのか？

A. そのような詳細は知らない。

Q. 蒸気釜の内容量はどのくらいか?

A. 1立方メートルが1トンであるから、5分の1位であろう。計算すればよい。

Q. 第1式の生産量はどの位か?

A. 生産量といった様な情報は必要が無いので知らない。一時は生産効果を確認するため24時間稼動を考えていたが、その必要が無いため中止となった。

Q. 培養器具は誰が発明したか?

A. 培養器具とは寒天培地を挿入する器具の事か?

Q. 培養器具とは容器のことだ。誰が発明した?

A. 私が発明した。

Q. この培養器具について、細かく説明せよ。

A．四角い箱で、上から見ると10の仕切りがある。それらの各区画にさらに仕切りが挿入されていて、空間ができている。そこに溶かした寒天液を入れる。

Q．液が凝縮したらその仕切りは取り除かれるのか？

A．そのとおりだ。しかしこの器具は欠陥が多く、ムダな材料や経費を浪費するため、さらに良い品質でシンプルな物が作られた。しかしユニットは能率が悪く古いモデルしかなかった。

Q．この改良されたモデルは何処で使用されたか？

A．改良された物は軍医学校で使われた。この改良の真意は内科で赤痢菌を大量に必要としたが、しばしば試験管が破損したのと要求された量を入手するのが難しかったため改良品が作られた。

Q．この培養器具で培養されたのは赤痢菌だけか？

A．いかなる菌も培養できる。

Q．培養器1つで30グラムの菌と50グラムのチフスの病原菌が培養されると言って正しいか？

A．疫痢菌はその位と言えるが、チフスは違う。

Q．疫痢菌の約30グラムは正しいか？

A．20グラムの時もあり、40グラムの時もあった。強いて言えば、疫痢菌は24時間では培養採集できない。培養には48時間を必要とする。最高量は約40グラムで、最小量は15から20グラムであった。培養の過程に於いて多くのチフス失敗があったため、確実な量は未知である。場合によっては凝固した寒天が砕けたり、外部からの細菌が混入したため過程を中止せざるを得ない場合もあった。であるからして、実際的な統計を調べなければ、確実な培養量を知る事は難しい。チフスの場合は約40グラムの培養が可能だった。全ての条件が合えば50グラム位も可能である。チフスには24時間、疫痢には48時間を要する。

Q．1つの培養器で18-20時間で最高60グラム程のコレラ菌が培養可能だと聞いているが、正しいか？

A．コレラについては、寒天液中の糖分の有無やPH濃度、コレラ菌の種類（3種あり）等数々の要因が製造量に影響する。従って製造量が50なり60なりの様に確実な数値を述べる事はできない。状況が良好ならば60ないし70程の量を18-20時間で培養可能か?

A.不可能である。培養器に24時間入れられた後、取り出されてホルマリン等が入れられるため、少なくとも1日半から2日は必要とする。

Q.第4部の生産能力について読み上げる。「1ヶ月のフル稼働で、疫痢菌150キロ、コレラ菌と炭疽菌は500キロ、パラチフスは200グラムが生産可能である。加えて不当な細菌を生むことなく以上の生産量を達する事ができる。」これは正しいか?

A.人員や材料が十分配慮されれば、挙げられた数値の生産は可能であるが、生産過程全てが、妥協されたであろう。外来菌の数は本来の数値の半分を占めたにちがいない。

Q.元来の計画はここに挙げた数値ではなかったか?

A.疫痢ワクチンに必要な量は、通常に生産される30-50倍であった。生産量を増加する必要があった。当時はワクチンが不足しており、1940年時点で難事があり、24時間体制のフル稼働が必要だった。

Q．あなたの考え方だと、事実毎月3–5トンのワクチンが必要だという事になるが、正しいか？

A．以前にも述べたように、1940年9月から12月にかけて、疫病が長春やピンガンで流行したため、我々に500，000人分のワクチンを製造せよとの命令が下された。いや、1，000，000人分である。500，000人分は疫病予防研究用で、1，000，000人に接種する。一人当たり30㎎で1，000，000人分に十分な量を製造するよう命令された。当時の疫痢に必要なワクチンは通常の10倍の量が必要な事実が判明した。大量生産の命令が下されたにもかかわらず、我々は要求された量を製造できなかった。必要量の半分は製造できたと思われる。必要量を製造するには設備の規模が小さすぎた。

Q．以前質問した、3–5トンが必要だという事は？

A．5トンも製造する必要はない。疫病が流行すれば必要だが、そうでなければ必要ない。

Q．では、第4部の設備ではワクチンのみを製造していたという事か？

A. そうである。

Q. では、細菌戦に利用されるための細菌は製造されたか?

A. 以前述べたように、非病原性の細菌は航空機から散布されたと思われる。これを攻撃を目的とした攻撃的実験だと誰ひとり認識していた部隊員はいなかった。非病原性の細菌は部隊の防疫に携わるのみであって、それ以外の目的はないとの報告を聞いている。

Q. 第4部で細菌戦目的で製造された細菌についてはどうなのか?

A. そのようなことを彼らが秘密に行っているとすれば、それは任務以外であり私は知らない。

Q. 第4部に、細菌戦を余儀なくされた場合の細菌製造の設備はあったか?

A. ナンセンス。全く問題外である。その様な事業を遂行するには今の100倍もの完全設備が必要である。ただでさえワクチン製造の器具が少なく、疫痢、コレラ、チフスの製造命令が出たとしても、それに従事できるすべもなかった。さらに防疫ワクチンを開発中に細菌戦用の細菌開発命令が出たとしても、その様な任務を果たす事は不可能である。我々は必要とされたワクチンの製造もままならず、北棟へも拡大したがそれでも必要量のワクチンを製造できなかった。関東軍が拡大した時点で朝鮮や中国にワクチンをを送らなければならなかった為、ワクチンを製造しながら細菌戦用の準備をするのは不可能であった。おとぎ話のような話だ。

Q．しかし、もし細菌戦用の細菌製造が要望されたならば、ワクチンを製造する器具を用いて同じような過程で製造することはできたはずではないか？　さらに非病原性の細菌を同じ培養器具、コンベヤー、圧力釜、蒸気釜を使って製造できたはずではないか？

A．製造方法は全く異なる。ワクチンは人体に接種されるため、必要外の細菌が入った場合は廃棄される。それゆえ厳重な配慮が必要とされる。しかし細菌戦用の細菌にはそのような配慮は必要ないためシンプルである。ワクチンは人体に接種されるので、炭疽菌はもちろんいかなる菌も入ってはならない。厳重な管理の下に完全な消毒を施さねばならない。しかしながら、自分は細菌戦に関わった事がないのでその分野については知識が全くない。細菌が使われるとすれば、何が混入していてもかまわないであろうと思う。関わりがないので解らないが、このように自分は思う。

Q．答えの内容が多少逸れているようだ。ワクチンの製造方法は非病原性の細菌を製造するのと同じ器具や機械を使うということを尋ねている。もちろん製造過程において一方はより厳重な配慮が必要であるが、ワクチン製造と類似の器具や機器で賄える。さらに必要とあれば、細菌は製造できたはずだ、そうではないか？

A．製造した事が無いため解らないが、多種の細菌の製造には多種の培養器具が必要であろう。細菌の毒性を強めるにはそれなりの増強可能な培養器具が必要となる。温度変化も必要とされる。細菌戦を目的とするならば、このような配慮が必要である。

Q．同じ器具ではないのか？

A．そう単純ではない。大幅に違うと推測する。

Q．今の私の2つの質問に対して、似通った方法や培養媒体を使って細菌の製造が可能であるということが言える、そうではないか？　であるからして、ワクチンにしろ細菌にしろ、それらの製造には似通った器具や機器が使われるという事ではないか？

A．それは解らない。簡単には説明できない。まず細菌戦用とワクチン製造の様々な要素が似ているかどうかはやって見なければ何も述べることはできない。ワクチンの場合、免疫価値がある限りそんな事は関係ない。細菌の状況が異なるからして、そのような事が可能かどうかはわからない。細菌戦用の細菌を同じ方法で製造できるということを確信できる者は誰もいないだろう。

Q．７３１部隊以外で細菌戦研究に関係した部隊は存在したか？

A．他には無いと察する。知らない。

Q．７３１部隊だけが関わったのか。

A．他の部隊については何も知らない。

Q．私の知る限りでは、日本軍内で石井中将の率いる部隊のみ細菌戦計画や研究をしていたとの事。

A．他の部隊が何をしていたかは知らないが、我々は細菌戦を考えた事は無い。我々の任務は自衛上のみであったことをはっきり言っておく。我々の思想は部隊や軍隊の自衛に集中していた。攻撃的思想を持った事は無い。我々は必要以上のプロパガンダによる誤解には、はなはだ不愉快である。

Q．私の知る限りでは、あなたは1933年以来細菌戦に関与しており、積極的に問題に取り組んでいると理解する。

A．1933年の末にパラチフスが流行し、1932年にコレラが満州で流行し、これらは日本に持ち込まれた。疫病も満州で1933年と1934年にはやり、1934年には3000頭の馬が炭疽で死んだ。そして1936年浜松で1000人がGXX菌に犯された。これらの疫病はほぼ自然に発生したため、日本人の恐怖をかきたてた。さらにその恐怖は1934年ごろに開かれた細菌戦のうわさで高まった。

Q．では、1934年から考えていたということですね。

A．我々軍医は軍事攻撃に対して大砲やタンク、飛行機を持ち合わせていない。ゆえに細菌戦に対して防衛政策を持つ責任があると判断した。私は細菌戦研究には懸念があった。

「我々は細菌戦を考えたことはない。われわれの思想は軍隊の自衛に集中していた。攻撃的思想を持ったことはない」

「私は細菌戦研究には懸念があった」

懸念？　何をか言わんやである。

（以下略　擦れで読み取り不能）

今日までこの記録が埋もれていたのは、ヴァージニア大学にある東京裁判の「タヴェンナー文書」の保存資料の山に隠れていたからである。

原注

序文

(1) Sheldon Harris, *Japanese Biological Warfare Experiments and Other Atrocities in Manchuria*, 1932-1945, *and the Subsequent United States Cover Up: A Preliminary Assessment*, 15 CRIME, L. & SOC. CHANGE 177-91（1991）.

第一章 はじめに

(2) 150 CONG. REC. H6522（daily ed. July 21, 2004）（statement of Mr.Leach）.

(3) Sheldon Harris, *Japanese Biomedical Experimentation During the World-War-II Era*, in 2 MILITARY MEDICAL ETHICS 463, 463-06（Edmund D. Pelegrino, et al. eds., 2004）.

(4) ERNA PARIS, LONG SHADOWS: TRUTH, LIES AND HISTORY, 137（2002）.

(5) JOSEPH NEEDHAM ET AL., REPORT OF THE INTERNATIONAL SCIENTIFIC COMMISSION FOR THE INVESTIGATION OF THE FACTS CONCERNING BACTERIAL WARFARE IN KOREA AND CHINA 12（1952）.

(6) Bruce B. Auster, *Unmasking an Old Lie: A Korean War Charge is Exposed as a Hoax*, USNEWS. COM（Nov. 16, 1998）, http://www.usnews.com/usnews/news/articles/981116/archive_005192.htm; Kathryn Weathersby, *Deceiving the Deceivers: Moscow, Beijing, Pyongyang, and the Allegations of Bacteriological Weapons Use in Korea*, in COLD WAR INTERNATIONAL HISTORY PROJECT BULLETIN 11, at 176（Christian F. Ostermann ed., Winter 1998）; Milton Leitenberg, *New Russian Evidence on the Korean War Biological Warfare Allegations: Background and Analysis, in id.* at 185（[ここでは,] アメリカが, 朝鮮戦争中に中国, 朝鮮で生物兵器を使用したという話が, 手の込んだ情報操作キャンペーンだったと主張されている）. しかし, STEPHEN LYON ENDICOTT&EDWARD HAGERMANN, THE UNITED STATES AND BIOLOGICAL WARFARE : SECRETS FROM THE EARLY COLD WAR AND KOREA（1998）を参照せよ.（著者らは, この主題に関する独自の徹底的な調査を行い, 実際に朝鮮戦争中に中国で生物学的病原体が放たれたという結論に至っている. 興味深いのは, 彼らが, 石井四郎の研究, 使用した精密な運搬手段とその応用の一部について説明していることである）. エンディコットは, 批判的な吟味を免れてはいない. 例えば, JEANNE GUILLEMIN, BIOLOGICAL WEAPONS : FROM THE INVENTION OF STATE-SPONSORED PROGRAMS TO

CONTEMPORARY BIOTERRORISM 99-105（2005）を参照．（[ここでは，] エンディコットが，その著書で依拠した情報が偽造されたものだと主張されている）．

(7) **常石敬一＆朝野富三「細菌戦部隊と自決した二人の医学者」**87 頁（1982）．

(8) ERNA PARIS, LONG SHADOWS : TRUTH, LIES AND HISTORY, 137(2002).

第二章「生い立ち」

(9) MARIUS B. JANSEN, THE MAKING OF MODERN JAPAN 365（2002）．

(10) TAKIE SUGIYAMA LEBRA, JAPANESE SOCIAL ORGANIZATION 51（1992）．

(11) *Id.*

(12) *Id.*

(13) WILLIAM G. BEASLEY, THE MEIJI RESTORATION 428(1972)(「華族」は，用語解説で定義されているが，本文での議論はない）．

(14) HEIDE FEHRENBACH&UTA G. POIGER, TRANSACTIONS, TRANSGRESSIONS, TRANSFORMATIONS : AMERICAN CULTURE IN WESTERN EUROPE AND JAPAN 49（2000）．

(15) LEBRA, *supra* note10, at 52.

(16) *Id.*

(17) ANDRÉ SORENSEN, THE MAKING OF URBAN JAPAN : CITIES AND PLANNING FROM EDO TO THE TWENTY FIRST CENTURY 57 (2004)(「ほとんどの場合，土地改革によって納税者は土地の所有権を与えられ，その結果，小規模な自作農階級が形成されると共に，改革を実施するために設置された委員会との交渉では，大地主が優位に立つ傾向があったので，地主層が制度化された」）．

(18) JOHN W. DOWER, JAPAN IN WAR AND PEACE, SELECTED ESSAYS 112（1993）．

(19) FRÉDÉRIC, LOUIS&ROTH, KÄTHE, JAPAN ENCYCLOPEDIA（2002）．

(20) 一般的には，ALBERT M. CRAIG, CHOSHU IN THE MEIJI RESTORATION（2000），PAUL AKAMATSU, MEIJI : REVOLUTION AND COUNTER-REVOLUTION IN JAPAN（2010）を参照．

(21) KENNETH L. PORT, TRANSCENDING LAW: THE UNINTENDED LIFE OF ARTICLE 9 OF THE JAPANESE CONSTITUTION（2009）．

(22) Ben Hills, PRINCESS MASAKO: PRISONER OF THE CHRYSANTHEMUM THRONE, THE TRAGIC STORY OF JAPAN'S CROWN PRINCESS（2006）．

(23) 例えば，**社団法人霞会館定款**（http://www.disclo-koeki.org/02a/00286/1.pdf で閲覧可能）；Mary Jordan, *The Last Retreat Of Japan's Nobility; A Tokyo Club Preserves The Remnants of the Past*, WASH. POST FOREIGN SERVICE, May

21, 1997 を参照.
(24) 霞会館の住所は, 東京都千代田区霞ヶ関 3-2-5.
(25) 社団法人, 前掲注（23）.
(26) WILLIAM D. HOOVER, HISTORICAL DICTIONARY OF POSTWAR JAPAN 111（2011）.
(27) **平成新修旧華族家系大成**, **霞会館華族家系大成編輯委員会**（1996）
(28) 社団法人・前掲注（23）3 条.
(29) 霞会館の保有する株式の詳細な内訳については, http//www.disclo-koeki.org/02a/00286/5.pdf を参照.
(30) **青木冨貴子「731：石井四郎と細菌戦部隊の闇を暴く」**30 頁（2005）.
(31) 同上.35 頁.
(32) この名前は,「タケオ」,「アヤオ」と読むこともある. しかしながら, この名前は一九世紀後半には「トラオ」と発音されていた.
(33) 青木, 前掲注（30）28 頁.
(34) 同上.20 頁.
(35) Steven Hauser, *Field of Dreams — Filled with Concrete*, TOKYO JOURNAL（Feb.2000）, http://www.tokyo.to/backissues/feb00/tj0200p6,7,8,9/.
(36) *Narita Gets its Second, but Short, Runway*, THE JAPAN TIMES（Apr. 18, 2002）, http://www.japantimes.co.jp/text/nn20020418a1.html.
(37) The New Tokyo International Airport Public Corp. v. Sanrizuka Shibayama Union to Oppose the Airport, Chiba Chihō Saibansho [Chiba Dist. Ct.] Jan.31,1990, Sho 52（wa）no.403, 1356 Hanrei Jiho [Hanji] 121（Japan）.
(38) SHELDON H. HARRIS, FACTORIES OF DEATH : JAPANESE BIOLOGICAL WARFARE, 1932-1945, AND THE AMERICAN COVER-UP 14（rev. ed. 2002）.
(39) 青木, 前掲注（30）39 頁.
(40) HARRIS, *supra* note38, at 15.

第四章「学業」

(41) *Id.* at 16.
(42) *Id.* at 16-17.
(43) **常石敬一「七三一部隊:生物兵器犯罪の事実」**(1995)（[ここでは,]**「日新医学」**（1925 年 4 月 4 日）に掲載された清野謙次のはしがき,**「京大研究班一同の嗜眠性脳炎に関する研究を傍観するの記」**から引用されている）69 頁.〔訳註・原典は清野謙次先生記念論文集第三輯随筆・遺稿, 清野謙次先生記念論文集刊行会,104 頁〕,「日新医学」（1925・4・4）.

(44) 常石「真実」, 同上, 前掲注(43)72 頁.
(45) つまり, 消費者物価指数を調整してドル換算すると, 石井はこの研究に一五〇〇〇ドル近くを投じたことになる. 青木は, [「731」の六〇頁] で, これが六〇〇〇円だったと述べている.
(46) 常石「真実」, 前掲注(43)72 頁([ここでは,]「**御通夜回想座談会**」が引用されている).
(47) 同上.73 頁.
(48) **常石敬一「七三一部隊」**75 頁(1995).
(49) A.P. WATERSON&LISE WILKINSON, AN INTRODUCTION TO THE HISTORY OF VIROLOGY 27(1978).
(50) Ton Von Helvoort, *When did Virology Start?*, 63 ASM NEWS 142(1996).
(51) WATERSON, *supra* note 49, at 25.
(52) *Id*. at 27-28.
(53) *Id*.
(54) Von Helvoort, *supra* note 50, at 143.
(55) **石井四郎「ぐらむ陽性双球菌ニ就テノ研究」,「日本微生物学会雑誌」**[電子版] 29 頁(1927)[以下に「石井博士論文」と略記する].
(56) 同上. pt. Ⅲ 29 頁.
(57) U.S. DEP'T OF HEALTH AND HUMAN SERVS. CTR. FOR DISEASE CONTROL, JAPANESE ENCEPHALITIS VACCINE INFORMATION STATEMENT(Dec. 7, 2011), *available at* http://www.cdc.gov/vaccines/pubs/vis/downloads/vis-je-ixiaro.pdf.
(58) 石井博士論文, 前掲注(55), pt. Ⅰ 2 頁.
(59) JONATHAN D. MOREMO, UNDUE RISK: SECRET STATE EXPERIMENTS ON HUMANS 103(2001).
(60) Dr. Masashi Miyake, *The Pathology of Japanese Encephalitis*, 30 BULL. WORLD HEALTH ORG. 153(1964); *Encephalitis*, U.S. NAT'L LIBR. MED., http://www.ncbi.nlm.nih.gov/pubmedhealth/PMH0002388/;*Japanese Encephalitis: Frequently Asked Questions*, CDC.GOV, http://www.cdc.gov/japaneseencephalitis/qa/index.html(last updated Nov. 12, 2012)を参照.
(61) *Encephalitis Lethargica Information Page*, NINDS, http://www.ninds.nih.gov/disorders/encephalitis_lethargica/encephalitis_lethargica.htm(last updated Feb. 12, 2007); *Encephalitis Lethargica*, NAT'L INSTS.ON HEALTH, http://rarediseases.info.nih.gov/GARD/Condition/6332/Encephalitis_lethargica.aspx を参照.
(62) 例えば, 常石敬一「七三一部隊」, 前掲注(48)68 頁を参照.
(63) 同上.77 頁.
(64) **清野謙次&清野謙次先生記念論文集刊行会, 清野謙次先生記念論文集刊行会**

「**第三輯随筆・遺稿**」104 頁（1956）.

(65) 同上 .

(66) 同上 .

(67) TAKAGI ITSUMA, 5 JAPAN M.WORLD 147（June1925）.

(68) 清野等 , 前掲注（64）104 頁 .

(69) **日本学士院** , http://www.japan-acad.go.jp/japanese/activities/jyusho/50on_all.html.

(70) *Graduate School of Medicine/Faculty of Medicine/School of Public Health/School of Human Health Sciences*, KYOTO U, http://edb.kulib.kyoto-u.ac.jp/bull/html/pdf/03_schools/grd06_med.pdf.

(71) *Id*.

(72) **日本学士院** , http://www.japan-acad.go.jp/japanese/activities/jyusho/001to010.html#anker001.

(73)「**（哈爾浜近郊に七三一部隊の研究所をつくった）その時に先生が一番力を入れてくれたのが人的要素であります .（中略）その都度簡潔に御報告をしますと , 今度は , 次は , とどこまでも先生が拍車をかけられまして , 段々に , 最後に大東亜の全面にわたって , この民族線防禦の第一次完成をみたのであります**」清野他 , 前掲注（64）104 頁（Canon Ltd. v. Kodansha, Ltd., Tōkyō Chihō Saibansho [Tōkyō Dist. Ct.] Dec. 25, 2008,2033 HANREI JIHŌ [HANJI] 26,28（Japan）に引用されている）.

(74) ANN B. IRISH, HOKKAIDO: A HISTORY OF ETHNIC TRANSITION AND DEVELOPMENT ON JAPAN'S NORTHERN ISLAND 23（2009）.

(75) **樋口隆康「日本人はどこから来たか」**（1971）.

(76) 清野他 , 前掲注（64）542 頁 . また , **清野謙次**他「**古代人骨の研究に基づく日本人種論**」（1949）も参照；ICHIRO HORI, FOLK RLIGION IN JAPAN: CONTINUITY AND CHANGE 3（1968）.

(77) 清野等 , 前掲注（64）542 頁 .

(78) 樋口 , 前掲注（75）205 頁 .

(79) **清野謙次「日本人種論の変遷史」**66-72 頁（1944）.

(80) 同上 .

(81)「**日本石器時代人研究**」（1928）.

(82)「**南方民族の生態**」（1942）.

(83)「**スマトラ研究**」（1943）.

(84)「**太平洋に於ける民族文化の交流**」（1944）.

(85)「**日本考古学・人類学史**」（1954-55）.

(86) Takagi, *supra* note 67, at 150.

(87) PETER WILLIAMS&DAVID WALLACE, UNIT 731: JAPAN'S SECRET BIOLOGICAL WARFARE IN WORLD WAR Ⅱ 31（1989）.

(88) HARRIS, *supra* note38, at 18.

(89) *Id.*

(90) ADACHI ET AL., ADVANCES IN IMAGING AND ELECTRON PHYSICS: THE GROWTH OF ELECTRON MICROSCOPY 679-81（1996）.

(91) 常石「七三一部隊」前掲注（48）82 頁 .

(92) 同上 .

(93) **個人情報保護法** Law No.57 or 2003.

(94) Masanori Tabata, *Daughter's-Eye View of Lt. Gen. Ishii, Chief of 'Devil's Brigade'*, JAPAN TIMES, Aug. 28, 1982, at 12.

(95) *Id.*

(96) 青木 , 前掲注（30）62.

(97) Arvo T. Thompson, LTC, V.C., Report on Japanese Biological Warfare（BW）Activities, at 2（May 31, 1946）[以下に「トンプソン・レポート」と略記する］.

(98) WILLIAMS&WALLACE, *supra* note87, at 7.

(99) HARRIS, *supra* note38, at 20.

(100) 青木 , 前掲注（30）66 頁 . だが , 同書 ,63 頁（出張が「不可能」だったと述べられている）を参照 .

(101) Thompson Report, *supra* note 97, at 2.

(102) 常石＆浅野 , 前掲注（7）48 頁

(103) 筆者は , リトアニアのカウナスにある戦争博物館のアーカイブをインターネットと現地訪問によって調査したが , 何も出てこなかった .

(104) MASSACHUSETTS INSTITUTE OF TECHNOLOGY, REPORT OF THE TREASURE（1929）.

(105) Letter from Norman M. Covert, Chief, Public Affairs, Department of the Army, Headquarters, Fort Detrick（July 11, 1991）.

(106) **豊島区史編纂委員会編「豊島区史地図編」**（1974）.

(107) 清野他 , 前掲注（64）542 頁 .

(108) 東郷四郎 , 東郷ハジメ , 東郷平八郎等 , 石井がしばしば使った日露戦争の偉大な海軍大将に因んだ偽名も含む . 実際に , 当初石井は , 秘密の七三一部隊を東郷部隊と名付けていた . 青木 , 前掲注（30）75 頁 .

(109) 同上 .63 頁 .

(110) **常石敬一「消えた細菌戦部隊」**80 頁（1993）.

(111) 実際 , 当時 , 生物兵器の使用禁止を拡大し ,［それに］生物兵器を使用するための研究やその他の準備を禁止することも含めようと多大な努力が払われた . MALCOLM R. DANDO, PREVENTING BIOLOGICAL WARFARE: THE FAILURE OF AMERICAN LEADERSHIP 4（2002）.

(112) 青木 , 前掲注（30）64-65 頁 .

(113) 同上 . 63 頁 .

(114) 常石「七三一部隊」前掲注（48）73 頁 .

(115) 青木 , 前掲注（30）.

(116) 同上 . 66 頁 .

(117) 常石「七三一部隊」前掲注（48）73 頁 .

(118) HERBERT BIX, HIROHITO AND THE MAKING OF MODERN JAPAN 362-64（2001）.

(119) **吉見義明「七三一部隊と天皇・陸軍中央」**8-9 頁（1995）.

(120) 常石 ,「七三一部隊」, 前掲注（48）79 頁 .

(121) Jeffrey K. Smart, *History of Chemical and Biological Warfare: An American Perspective*, in MEDICAL ASPECTS OF CHEMICAL AND BIOLOGICAL WARFARE 9-29（Russ Zajtchuk et al. eds., 1997）.

(122) Tsuneishi Keiichi: *C. Koizumi As a Promoter of the Ministry of Health and Welfare and an Originator of the BCW Research Program*, 26 HISTORIA SCIENTARIUM 94（1984）.

(123) Sheldon Harris, *Japanese Biological Warfare Research on Human Beings: A Case Study of Microbiology and Ethics*, 666 ANNALS OF AM. POL. &SOC. SCI. 21, 22（1992）.

(124) 同上 ; 常石＆浅野 , 前掲注（7）を参照 .

(125) **太平洋戦争研究会「『二・二六事件』がよくわかる本：20 ポイントで理解する首都を震撼させた反乱はなぜ起きたのか？」**(2008）.

(126) EDWIN P. HOYT, JAPAN'S WAR: THE GREAT PACIFIC CONFLICT 111-14（1986）.

(127) *Id.*

(128) EDWARD J. DREA, JAPAN'S IMPERIAL ARMY: ITS RISE AND FALL, 1853-1945, at 168（2009）.

(129) *Id.* at 168-69.

(130) *Id.* at 169.

(131) BEN-AMI SHILLONY, REVOLT IN JAPAN 26-37（1973）.

(132) DREA, *supra* note128, at 170.

(133) *Id.* at 177.

(134) *Id.* at 179.

(135) *Id.* at 176.

(136) 日本の民間人 , 今地［節］から CIS への翻訳された書簡（1945 年 12 月 21 日）2 頁 .

(137) GORDON ROTTMAN, JAPANESE ARMY IN WORLD WAR Ⅱ : CONQUEST OF THE PACIFIC 1941-42, at 8（2005）.

(138) DREA, *supra* note128, at 176.

(139) *Id.* at 179.

(140) *Id.* at 180.

(141) SHILLONY, *supra* note131, at 138.

(142) **高橋是清「高橋是清自伝」**（1936）.

(143) **大蔵省大臣官房調査企画課編「大蔵大臣回顧録」**130-36（1977）;MILTON W. MEYER, JAPAN: A CONCISE HISTORY181（1993）; SABURO IENAGA, THE PACIFIC WAR 1931-1945 at 43（1978）.

(144) RICHARD J. SMETHURST, FROM FOOT SOLDIER TO FINANCE MINISTER: TAKAHASHI KOREKIYO, JAPAN'S KEYNES 227（2007）.

(145) *Id.*; Myung Soo Cha, *Did Takahashi Korekiyo Rescue Japan from the Great Depression*, J. ECON. HIST., Vol.63, No.1, Mar., 2003.

(146) SHILLONY, *supra* note131, at 136.

(147) DREA, *supra* note128, at 180.

(148) SHILLONY, *supra* note131, at 198.

(149) 1 DOCUMENTS ON THE TOKYO INTERNATIONAL MILITARY TRIBUNAL: CHARTER, INDICTMENTS AND JUDGEMENT 118（Neil Boister&Robert Cryer, eds. 2008）.

(150) RUTH HENIG, THE ORIGINS OF THE SECOND WORLD WAR 41（2d ed. 2005）.

(151) *Id.*

(152) Murray Sanders, LTC,&Harry Young, LT, Report of Scientific Intelligence Survey in Japan: September and October 1945, Volume 5 Biological Warfare 2（Nov.1, 1945）[以下に「サンダース・レポート」と略記する].

(153) 青木，前掲注（30）,76 頁.

(154) MARK RAVINA, THE LAST SAMURAI: THE LIFE AND BATTLES OF SAIGO TAKAMORI（2004）.

(155) WERNER GRUHL, IMPERIAL JAPAN'S WORLD WAR TWO: 1931-1945, at 180（2007）.

(156) Japanese Patent Registration No.103548, issued November 4, 1933.

(157) Japanese Patent Registration No.100615.

(158) Japanese Patent Registration No.145174.

(159) Japanese Patent Registration No.148857, issued March 3, 1942.

(160) Japanese Patent Registration No.153126, issued October 20, 1942.

(161) Japanese Patent Registration No.153127, issued October 20, 1942.

(162) Japanese Patent Registration No.153892, issued on November 27, 1942.

(163) Japanese Patent Registration No.157607, issued on July 12, 1943.

(164) Japanese Patent Registration No.157609, issued on July 12, 1943.
(165) Japanese Patent Registration No.157676, issued on July 14, 1943.
(166) これについて最も甚だしい例は, JOSHUA A. PERPER&STEPHEN J. CINA, WHEN DOCTORS KILL: WHO, WHY, AND HOW 81 (2010) である ([ここでは,] 石井が二〇〇件以上の特許を取得していると誤って述べられている). 当時の特許記録を, 一ページずつ徹底的に分析したところ, 特許ファイルは二〇〇件ではなく, ここに挙げられた一〇件で, それらが人間を拷問する器具でなかったことが判明した.
(167) **常石敬一「消えた細菌戦部隊」**43 頁 (1993).
(168) 例えば, 青木, 前掲注 (30) 100 頁を参照 ; ED REGIS, THE BIOLOGY OF DOOM: AMERICA'S SECRET GERM WARFARE PROJECT 13 (1999).
(169) 石井博士論文, 前掲注 (55) pt. Ⅰ,14 頁.
(170) Interrogation of Masaji Kitano, Doc. No.29581, April 1, 1947 (Declassified on April 8, 1980).
(171) ROBIN MARANTZ HENIG, THE MONK IN THE GARDEN: THE LOST AND FOUND GENIUS OF GREGOR MENDEL, THE FATHER OF GENETICS 144 (2000).
(172) HOWARD ATWOOD KELLY, WALTER REED AND YELLOW FEVER (1906).
(173) HARRIS, *supra* note 38, at 91.
(174) DANIEL BARENBLATT, A PLAGUE UPON HUMANITY 8 (2004).
(175) 常石&浅野, 前掲注 (7) 42-49 頁.
(176) HARRIS, *supra* note 38, at 41.
(177) *Id.* at 41-42.
(178) **金成民, 宋吉慶, 楊彦君編「侵華日軍第七三一部隊罪証陳列館文物図鑑」**(2011).
(179) JOHN DOWER, WAR WITHOUT MERCY: RACE AND POWER IN THE PACIFIC WAR 298 (1986) [以下に「容赦なき戦争」と略記する].
(180) 常石, 前掲注 (48).
(181) Von Helvoort, *supra* note 50, at 142.
(182) Hans R. Gelderblom, *Structure and Classification of Viruses*, in MEDICAL MICROBIOLOGY (4th ed. 1996), *available at*:http://www.ncbi.nlm.nih.gov/books/NBK8174/.
(183) HARVEY CLECKLEY, THE MASK OF SANITY: AN ATTEMPT TO CLARIFY SOME ISSUES ABOUT THE SO-CALLED PSYCHOPATHIC PERSONALITY (1976) ; DAVID J. COOKE, ADELLE E. FORTH&ROBERT D. HARE, PSYCHOPATHY: THEORY, RESEARCH AND IMPLICATIONS FOR SOCIETY 206 (1995).
(184) HARRIS, *supra* note 38, at 65; WILLIAMS&WALLACE, *supra* note 87, at

35.

(185) 常石「七三一部隊」, 前掲注（48）,68-85 頁 .「**陸満密大日記**」の関東軍参謀長から陸軍省副大臣［次官］宛覚書「満州における軍備増強に関する意見書」(1936・4・23）.

(186) Takashi Tsuchiya, *Why Japanese Doctors Performed Human Experiments in China* 1933-1945, 10 EUBIOS J. ASIAN&INT'L BIOETHICS 179-80（2000）, *available at* http://www.eubios.info/EJ106/EJ106C.htm.

(187)［北島規矩郎編 ,］**陸軍軍医学校「陸軍軍医学校五十年史**」(1936）. 日本の占領については多く書かれてきたが , まだまだ書かれ足りない . それでも , 占領のことは石井四郎の伝記の範囲を超えている . 関心のある読者は , 以下の著作を参照 .YUMA TOTANI, THE TOKYO WAR CRIMES TRIAL: THE PURSUIT OF JUSTICE IN THE WAKE OF WORLD WAR Ⅱ（2009）; ROBERT CRYER AND NEIL BOISTER, THE TOKYO INTERNATIONAL MILITARY TRIBUNAL（2008）; TIMOTHY P. MAGMA, JUDGEMENT AT TOKYO: THE JAPANESE WAR CRIMES TRIALS（2001）; ARNOLD C. BRACKMAN, THE OTHER NUREMBERG: THE UNTOLD STORY OF THE TOKYO WAR CRIMES TRIAL（1988）; RICHARD C. MINEAR, VICTOR'S JUSTICE: THE TOKYO WAR CRIMES TRIAL（2001）.

(188) SØREN CLAUSEN AND STIG THØGERSEN, THE MAKING OF A CHINESE CITY: HISTORY AND HISTORIOGRAPHY IN HARBIN 3（1995）.

(189) James Carter, *Struggle for the Soul of a City: Nationalism, Imperialism, and Racial Tension in 1920s Harbin*, 27 CHINA QUARTERLY 91, 92（2001）［以下に "Carter Struggle" と略記する］.

(190) John Wesley Coulter, *Harbin: Strategic City on the "Pioneer Fringe"*, 5 PACIFIC AFFAIRS 967（1932）.

(191) CLAUSEN&THØGERSEN, *supra* note 188, at 116.

(192) ISAAC SHAPIRO, EDOKKO: GROWING UP A FOREIGNER IN WARTIME JAPAN（2009）.

(193) Coulter, *supra* note 190, at 971.

(194) *Id.*

(195) JAMES HUGH CARTER, CREATING A CHINESE HARBIN: NATIONALISM IN AN INTERNATIONAL CITY 1916-1932 95-96（2002）［以下に "CARTER NATIONALISM" と略記する］.

(196) GEOFFREY JUKES, THE RUSSO-JAPANESE WAR 1904-1905（2002）.

(197) Carter Struggle, *supra* note 189, at 92.

(198) 同上 . この時期に哈爾浜に住んでいたアメリカ領事が ,「中国化」"Chinafication" という用語を使用した .

(199) CARTER NATIONALISM, *supra* note 195, at 111.

(200) *Id.* at 111-12.

(201) Thompson Report, *supra* note 97, at 2.

(202) HARRIS, *supra* note 38, at 85.

(203) FRANCO DAVID MACRI, CLASH OF EMPIRES IN SOUTH CHINA: THE ALLIED NATIONS' PROXY WAR WITH JAPAN, 1935-1941（2012）.

(204) *Id.*

(205) KENNETH B. PYLE, JAPAN RISING 205（2007）.

(206) DICK WILSON, WHEN TIGERS FIGHT: THE STORY OF THE SINO-JAPANESE WAR, 1937-1945（1983）.

(207) AKIRA IRIYE, POWER AND CULTURE: THE JAPANESE-AMERICAN WAR, 1941-1945, at 64（1981）.

(208) RAYMOND A. ESTIUS, THEODORE ROOSEVELT AND JAPAN 71（1966）

(209) JOSEPH BUCKLIN BISHOP, 1 THEODORE ROOSEVELT AND HIS TIME SHOWN IN HIS OWN LETTERS 382（1920）.

(210) Ronald Dore, *Textbook Censorship in Japan: The Ienaga Case*, 43 PACIFIC AFFAIRS 549（1971）; Lawrence W. Beer, *Education, Politics and Freedom in Japan: The Ienaga Textbook Review Cases*, 8 L. JAPAN 67, 70（1975）.

(211) **教科書検定訴訟を支援する全国連絡会（家永等）編「家永・教科書裁判：第三次訴訟 地裁編：裁かれる日本の教育」** http://books.google.com/books?id=rbw0AQAAIAAJ&q= **侵略** %E3%80%80 **進出** #search_anchor.

(212) 例えば, Ienaga v. Japan, Saikō Saibansho [Sup. Ct.] Aug. 29, 1997, Hei 6（o）no.1119, 1623 Hanrei Jiho [Hanji] 52（Japan）を参照.

(213) HARRIS, *supra* note 38, at 29.

(214) *Id.*; EDWARD BEHR, HIROHITO: BEHIND THE MYTH 57（1989）.

(215) HARRIS, *supra* note 38, at 28.

(216) 中国, 哈爾浜, 平房の侵華日軍第七三一部隊罪証陳列館に展示されている.

(217) WILLIAMS&WALLACE, *supra* note 87, at 15.

(218) DREA, *supra* note 128, at 109.

(219) *Id.* at 40-45.

(220) 小笠原長生「東郷元帥詳伝」12 頁（1934）

(221) 同上 .16 頁 .

(222) 同上 .

(223) *Id.*; JOHN MAN, SAMURAI: THE LAST WARRIOR 143（2011）.

(224) 小笠原, 前掲注（220）53 頁

(225) 同上 . 55 頁 .

(226) 同上 . 56 頁 .

(227) DREA, *supra* note 128, at 35.
(228) 小笠原, 前掲注（220）62 頁.
(229) MIKISO HANE&LOUIS G. PEREZ, MODERN JAPAN: A HISTORICAL SURVEY 230-31（2010）.
(230) DREA, *supra* note 128, at 45.
(231) 小笠原, 前掲注（220）63 頁.
(232) 同上. 385[445] 頁.
(233) 同上.459 頁.
(234) GEORGE BLOND, ADMIRAL TOGO 252（1960）.
(235) *Id*.
(236) *Id*.
(237) BARENBLATT, *supra* note 174, at 23.
(238) HAL GOLD, UNIT 731 TESTIMONY 33（1996）.
(239) HARRIS, *supra* note 38, at 31.
(240) *Id*. at 32.
(241) *Id*.
(242) *Id*. at 37.
(243) *Id*. at 33.
(244) BARENBLATT, *supra* note 174, at 27-28.
(245) *Id*.
(246) HARRIS, *supra* note 38, at 33.
(247) *Id*. at 34.
(248) 常石＆浅野, 前掲注（7）48［80］頁.
(249) BARENBLATT, *supra* note 174, at 30; HARRIS, *supra* note 38, at 34.
(250) BARENBLATT, *supra* note 174, at 30; HARRIS, *supra* note 38, at 34.
(251) GOLD, *supra* note 238, at 36-38.
(252) HARRIS, *supra* note 38, at 36.
(253) *Id*. at 39; THOMPSON REPORT, *supra* note 97, at 2.
(254) 常石＆浅野, 前掲注（7）72 頁.
(255) WILLIAMS&WALLACE, *supra* note 87, at 39（[ここでは,] 榊亮平「細菌戦争」,「サンデー毎日」第一六八二号一九五二年一月二七日号掲載から引用されている）.
(256) 金成民・宋吉慶・楊彦君編「侵華日軍第七三一部隊罪証陳列館文物図鑑」に掲載されている写真は一部だけである, 前掲注（178）.
(257) 哈爾浜市社会科学院, 中国侵略日本軍第七三一部隊罪証陳列館副館長, 楊彦君へのインタビュー（2012・9・27）.
(258) 二〇一二日九月二八日から二九日までの二日間に, 筆者に提供された見学ツアーと説明から. 哈爾浜市社会科学院, 中国侵略日本軍七三一部隊罪証展示館副館

長，楊彦君が見学を案内してくれた．
(259) **森村誠一「悪魔の飽食」**(1981)．
(260) War Without Mercy, *supra* note 179.
(261) 青木，前掲注（30）99頁．
(262) HARRIS, *supra* note 38, at 42.
(263) “The Crime History of Japan Unit 731”, pp.25; HARRIS, *supra* note 38, at 33-34.
(264) HARRIS, *supra* note 38, at 67.
(265) JAMES J. COOKE, BILLY MITCHELL（2002）．
(266) FREDERIC P. MILLER ET AL., BATTLE OF NANKING（2010）．
(267) IRIS CHANG, THE RAPE OF NANKING（1997）．
(268) KATSUICHI HONDA, THE NANJING MASSACRE: A JAPANESE JOURNALIST CONFRONTS JAPAN'S NATIONAL SHAME 127（1999）．
(269) Harris, *supra* note 38, at 32.
(270) *Id*. at 42（[ここでは,] Han Xiao&Zhou Deli, *Record of Actual Events of the Bacteriological Factory in Ping Fan*, PEOPLE'S CHINA, vol.3, 1971が引用されている）．
(271) Tabata, *supra* note 94.
(272) HARRIS, *supra* note 38, at 68; JEFFREY LOCKWOOD, SIX-LEGGED SOLDIERS: USING INSECTS AS WEAPONS OF WAR 94（2008）．
(273) Tabata, *supra* note 94.
(274) [北島規矩郎編，] 陸軍軍医学校，前掲注（187）．
(275) PHILLIP RIFE, THE PARIAH FILES: 25 DARK SECRETS YOU'RE NOT SUPPOSED TO KNOW 123（2003）．
(276) HARRIS, *supra* note 38, at 55-56.
(277) **吉見義明・松野誠也他「毒ガス戦関連資料Ⅱ」**28頁（1989）．
(278) Till Barnighausen, Data Generated in Japan's Biowarfare Experiments on Human Victims in China 1932-1945 and the Ethics of Using Them, *in* JAPAN'S WARTIME MEDICAL ATROCITIES: COMPARATIVE INQUIRIES IN SCIENCE, HISTORY AND ETHICS 83（Jing Bao Nie, ed. 2010）．
(279) HARRIS, *supra* note 38, at 110.
(280) 例えば,CHANG, 前掲注（267）を参照．
(281) HARRIS, *supra* note 38, at 110.
(282) *Id*.
(283) Application No.5055 filed on January 26, 1932.
(284) Sanders Report, *supra* note 152, at 29 E-d-1 through 29-E-d-2.
(285) ALVIN D. COOX, NOMONHAN: JAPAN AGAINST RUSSIA, 1939, at 81

（1985）.

(286) Sanders Report, *supra* note 152.

(287) WILLIAMS&WALLACE, *supra* note 87, at 63.

(288) Sanders Report, *supra* note 152, at 29-E-d-2.

(289) *Id.* at i.

(290) [この情報は,] 内藤からサンダースへ密かに伝えられたようであり, その後ピーター・ウィリアムズ & デヴィッド・ウォレスへと渡された. WILLIAMS&WALLACE, *supra* note 87, at 63 n.2.

(291) GOLD, *supra* note 238, at 184.

(292) 例えば, **星亮一「ノモンハン事件の真実」**（2010）を参照.

(293) RICHARD WICH, SINO-SOVIET CRISIS POLITICS: A STUDY OF POLITICAL CHANGE AND COMMUNICATION 187（1980）.

(294) RYUKICHI ENDO, JAPAN, CHINA AND MUNCHUKUO, THE KINGLY WAY（E. Asiatic Soc'y Press, eds., 1933）.

(295) S.K. PRASAD, 3 BIOLOGICAL WEAPONS 36（2009）.

(296) COOX, *supra* note 285, at 299.

(297) *Id.* at 191.

(298) GEOFFREY JUKES, THE RUSSO-JAPANESE WAR 1904-1905（2002）.

(299) COOX, *supra* note 285.

(300) FRANK JOSEPH, THE AXIS AIR FORCES: FLYING IN SUPPORT OF THE GERMAN LUFTWAFFE: FLYING IN SUPPORT OF THE GERMAN LUFTWAFFE 262（2012）.

(301) DIMITAR NEDIALKOV, IN THE SKIES OF NOMONHAN, JAPAN VERSUS RUSSIA MAY-SEPTEMBER 1939, at 48（2005）.

(302) TIMOTHY NEENO, NOMONHAN: THE SECOND RUSSO-JAPANESE WAR（2005）.

(303) *Id.*

(304) *Id.*

(305) COOX, *supra* note 285, at 579.

(306) *Id.*

(307) NEENO, *supra* note 302.

(308) *Id.*

(309) この事件に関する日本側の詳細な調査がまだ行われていないので, 絶対的な数字は不明である. これらの数字は推定である. 例えば ,Katsu H. Young, *The Nomonhan Incident: Imperial Japan and the Soviet Union*, MONUMENTA NIPPONICA, Vol.22, No.1/2（1967）, at 82-102 を参照.

(310) G.F. Krivosheeva, Grif Sekretnosti Sniat': Poteri Vooruzhennykh Sil SSSR v

Voynakh, Boevykh Deystviyakh i Voennykh Konfliktakh 77-85（Moskva: Voennoe izd-vo, 1993）.

(311) BARENBLATT, *supra* note 174, at 129.

(312) WILLIAMS & WALLACE, *supra* note 87, at 64.

(313) CHRIS HOLMES, SPORES, PLAGUES AND HISTORY: THE STORY OF ANTHRAX 145（2003）.

(314) BARENBLATT, *supra* note174, at 37-38, 45; GOLD, *supra* note238, at 39; HARRIS, *supra* note38, at 42-45.（当初の設計図には七六棟の建物しかなかったが，完成した敷地内には一五〇棟以上の建物があったことが示されている）. 文化的設備の詳細については，BARENBLATT, *supra* note 174, at 46 と HARRIS, *supra* note 38, at 43, 61 を参照.

(315) 青木，前掲注（30）9 頁.

(316) より完全な器材のリストについては,Harris, *supra* note38, at 69 を参照.

(317) 青木，前掲注（30）40 頁.

(318) HARRIS, *supra* note 38, at 61-62; BARENBLATT, *supra* note174, at 48.

(319) **日本の戦争責任資料センター［編］「季刊戦争責任研究」**第 7-14 号 ,1995,61 頁.

(320) 常石＆浅野・前掲注（7）167 頁.

(321) THOMAS W. BURKMAN, JAPAN AND THE LEAGUE OF NATIONS: EMPIRE AND WORLD ORDER, 1914-1938, at 168-72（2008）.

(322) テキサス州の保健福祉省は，この話が真実であると主張している .HOUS. DEP'T OF HEALTH&HUMAN SERVS., DEFINITION, HISTORY, AND THREAT OF BIOTERRORISM 2, *available* at http://www.houstontx.gov/health/OSPHP/Definition%20History%20and%20Threats%20of%20Bioterrorism.pdf.

(323) 常石＆浅野・前掲注（7）105 頁.

(324) HARRIS, *supra* note 38, at 65; 常石＆浅野，前掲注（7）32-40 頁.

(325) セクションごとの分析は，HARRIS, *supra* note 38 に依拠している.

(326) HARRIS, *supra* note 123, at 23.

(327) ROBERT E. CARTER, ENCOUNTER WITH ENLIGHTENMENT: A STUDY OF JAPANESE ETHICS（2001）; 21ST CENTURY TEXTBOOKS OF MILITARY MEDICINE—MILITARY MEDICAL ETHICS—FOUNDATIONS AND THEORIES, PRACTICAL EXAMPLES, NAZI AND JAPANESE HUMAN EXPERIMENTS（U.S. Defense Dept. Ed. 2011）; Wilbur M. Fridell, GOVERNMENT ETHICS TEXTBOOKS IN LATE MEIJI JAPAN, J. ASIAN STUDIES, vol.29, No.4, 1970, at 823-33.

(328) 常石＆浅野，前掲注（7）50-51 頁.

(329) M. Cherif Bassiouni, *International Crimes: 'Jus Cogens' and 'Obligatio Erga Omnes', in* L.&CONTEMPORARY PROBLEMS, vol.59, No.4, at 68.

(330) WILLIAMS&WALLACE, *supra* note 87, at 31.

(331) BARENBLATT, *supra* note 174, at 131.

(332) *World Battlefronts: Japan's Heroes*, TIME（Oct. 26, 1942）, *available at* http://www.time.com/time/magazine/article/0,9171,850186,00.html?promoid=googlep.

(333) **金鵄勲章**,NAKANO LIBRARY, http://www.geocities.jp/nakanolib/giten/kinshi.htm.

(334) **金鵄勲章**,http://mmsdf.sakura.ne.jp/public/glossary/pukiwiki.php?%B6%E2%F2%F7%B7%AE%BE%CF

(335) 一般的には,JOHN HUNTER BOYLE, CHINA AND JAPAN AT WAR, 1937-1945: THE POLITICS OF COLLABORATION（1972）を参照.

(336) *Mondale Receives Japanese Imperial Decoration*, U. MINN. LAW（Feb.26, 2009）,http://www.law.umn.edu/news/mondale-receives-award-02-25-09; *Former Senator Howard Baker Honored by Japan*, NASHVILLE POST（May 23,2008）, http://nashvillepost.com/taxonomy/term/18732.

(337) JAMES W. PETERSON, ORDERS AND MEDALS OF JAPAN AND ASSOCIATED STATES（2000）.

(338) WILLIAMS&WALLACE, *supra* note 87, at 65.

(339) WILLIAM HENRY CORFIELD, THE ETIOLOGY OF TYPHOID FEVER AND ITS PREVENTION 29（1902）.

(340) WILLIAMS &WALLACE, *supra* note 87, at 65.

(341) また, HAL GOLD, NEUTRAL WAR: A NOVEL OF SOUL-CHILLING BARTER, BIOTERROR, AND HIGH-STAKES INTERNATIONAL POKER 101-03（2003）も参照.

(342) Nichinichi（Nov. 15, 1941）, available at http://www.lib.kobe-u.ac.jp/das/jsp/ja/ContentViewM.jsp?METAID=00724223&TYPE=IMAGE_FILE&POS=1. 記事の右端の写真は, 石井四郎が金鵄勲章を受賞した記事と共に「東京日日新聞」に掲載された写真である.

(343) WILLIAMS&WALLACE, *supra* note 87, 65.

(344) MATERIALS ON THE TRIAL OF FORMER SERVICEMEN OF THE JAPANESE ARMY CHARGED WITH MANUFACTURING AND EMPLOYING BACTERIOLOGICAL WEAPONS 203（1950）[以下に "KHABAROVSK" と略記する].

(345) WILLIAMS&WALLACE, *supra* note 87, at 65.

(346) *Id.* at 65（[ここでは,] KHABAROVSK, *supra* note 344, at 203-04 から引用されている（しかし正確な引用は,Khabarovsk 269 から）.

(347) KHABAROVSK, *supra* note 344, at 526.

(348) WILLIAMS&WALLACE, *supra* note 87, at 66.

(349) PETER LI, JAPANESE WAR CRIMES: THE SEARCH FOR JUSTICE 293 (2002).

(350) ウイリアムズ&ウォレスは,一九八四年一二月に石橋直方にインタビューしている. WILLIAMS&WALLACE, *supra* note 87.

(351) KHABAROVSK, *supra* note 344, at 526.

(352) BILL EMMOTT, RIVALS: HOW THE POWER STRUGGLE BETWEEN CHINA, INDIA AND JAPAN WILL SHAPE OUR NEXT DECADE 191 (2009).

(353) KHABAROVSK, *supra* note 344, at 262, 287, 253&116.

(354) 一九四九年一二月二九日付の「ニッポン・タイムズ」紙,ユナイテッド・プレスの記事には,マッカーサーの外交局長だったウイリアム・ジョゼフ・シーボルトの「裁判の話はただの作り話かもしれず,ソ連当局者らが行方不明になっている日本人捕虜らに関する説明を拒否している事実を覆い隠すための「煙幕」だったことは明らかだ」というコメントが掲載された.

(355) *Id.* at 262.

(356) *Id.*

(357) *Id.* at 287-88.

(358) BARENTBLETT, *supra* note 174, at 131.

(359) *Id.* at 220-21.

(360) WILLIAMS&WALLACE, *supra* note 87, at 24.

(361) KHABAROVSK, *supra* note 344, at 534.

(362) HARRIS, *supra* note 38, at 81.

(363) WILLIAMS&WALLACE, *supra* note 87, at 68.

(364) HARRIS, *supra* note 38, at 60.

(365) *Id.* at 60-61.

(366) 常石&浅野,前掲注(7)56[91]頁(筆者による英訳).

(367) Yuki Tanaka, *Poison Gas: The Story Japan Would Like to Forget*, BULL. ATOMIC SCIENTISTS, Oct. 1988, at 17.

(368) Chen Xiuzhi et al. v. Japan, Tōkyō Chihō Saibansho [Tōkyō Dist. Ct] Aug 27, 2002, Nos. 16684, 27579, *available at* http://www.anti731saikinsen.net/en/bassui-en.html.

(369) GEOGRAPHICAL DICTIONARY OF THE WORLD 1865 (Angelo Heilprin&Louis Heilprin, eds. 1990).

(370) BARENBLATT, *supra* note 174, at 144.

(371) MILITARY INTELLIGENCE SERVICE, INTELLIGENCE RESEARCH PROJECT: JAPANESE BIOLOGICAL WARFARE 30-31 (July 26, 1945).

(372) HARRIS, *supra* note 38, at 167.

(373) CHRISTIAN W. SPANG&ROLF-HARALD WIPPIC, JAPANESE-GERMAN RELATIONS, 1895-1945: WAR, DIPLOMACY AND PUBLIC OPINION 207 (2006)；また, UTE DEICHMANN, BIOLOGISTS UNDER HITLER 283 (1999) を参照.

(374) DEICHMANN, *supra* note 373, at 283.

(375) EDWARD REGIS, THE BIOLOGY OF DOOM 13 (1999).

(376) 例えば, John W. Powell, *A Hidden Chapter in History*, BULL. ATOMIC SCIENTISTS, Vol.37, 1981, No.8, 44, 47 を参照.

(377) *Id*.

(378) BARENBLATT, *supra* note 174, at 145.

(379) MITSUO FUCHIDA&MASATAKE OKUMIYA, MIDWAY: THE BATTLE THAT DOOMED JAPAN, THE JAPANESE NAVY'S STORY 15 (1955). [淵田美津雄 & 奥宮正武「ミッドウェー」(1951). ミッドウェー海戦を理解する者があるなら, それは真珠湾攻撃の攻撃総隊長だった淵田［海軍］大佐であろう.

(380) MAX HASTINGS, INFERNO: THE WORLD AT WAR, 1939-1945 (2012).

(381) BARENBLATT, *supra* note 174, at 70.

(382) Tabata, *supra* note 94, at 12.

(383) HARRIS, *supra* note 38, at 80. LOCKWOOD, *supra* note 272, at 118.

(384) BARENBLATT, *supra* note 174, at 64.

(385) Tsuneishi Keiichi, *Unit 731 and the Japanese Imperial Army's Biological Warfare Program, in* JAPAN'S WARTIME MEDICAL ATROCITIES, *supra* note 278, at 23.

(386) DAVID C. RAPOPORT, TERRORISM AND WEAPONS OF THE APOCALYPSE, IN TWENTY-FIRST CENTURY WEAPONS PROLIFERATION: ARE WE READY? 19-29 (James M. Ludes, Henry Sokolski, eds., 2001).

(387) 老子,「道徳教」56 章.

(388) 青木, 前掲注 (30) 61 頁.

(389) LEO J. DAUGHERTY, FIGHTING TECHNIQUES OF A JAPANESE INFANTRYMAN, TRAINING, TECHNIQUES, AND WEAPONS 24-27 (2002)；PHILIP WARNER, THE JAPANESE ARMY OF WORLD WAR Ⅱ 3-4 (1973).

(390) DAUGHERTY, *supra* note 389, at 27. 現在, 自衛隊の中将［相当者］の定年年齢は六〇歳である.THE DEFENSE OF JAPAN 318 (The Defense Agency ed., 1995).

(391) ANDREW LANGLEY, HIROSHIMA AND NAGASAKI: FIRE FROM THE SKY 45 (2006).

(392) KHABAROVSK, *supra* note 344, at 387; WILLIAMS&WALLACE, *supra* note 87, at 69.

(393) HARRIS, *supra* note 38, at 175.

(394) *Id*. at 178.
(395) Thompson Report, *supra* note 97, at 2.
(396) 淵田 & 奥宮, 前掲注 (379) 38 頁.
(397) WILLIAMS&WALLACE, *supra* note 87, at 82.
(398) PRASAD, *supra* note 295, at 249.
(399) Tokyo Metropolitan Government Disaster Prevention Homepage, TOKYO METROPOLITAN GOV'T, http://www.bousai.metro.tokyo.jp/english/e-knowledge/tachikawa.html (last visited June 3, 2009).
(400) JAPANESE WAR PRODUCTION INDUSTRIES 13 (U.S. Strategic Bombing Survey ed., 1946).
(401) **洋泉社編集部編「知られざる軍都多摩・武蔵野を歩く」**(2010).
(402) AM. SCH. JAPAN, http://community.asij.ac.jp/Page.aspx?&srcid=-2 (last visited Jan. 30, 2013)
(403) INT'L CHRISTIAN U., http://www.icu.ac.jp/info.html.
(404) 捜索救助という概念は,［当時の］日本の航空学にとっては極めて異質なもので, 日本の零式艦上戦闘機の操縦士の実話を扱った主要な著作の一冊では,「捜索救助」という用語やそれに類する表現は使用すらされていない.DAN KING, THE LAST ZERO FIGHTER (2012) を参照.
(405) JUSTUS D. DOENECKE&MARK A. STOLER, DEBATING FRANKLIN D. ROOSEVELT'S FOREIGN POLICIES, 1933-1945, at 48 (2005).
(406) JOHN RAY SKATES, THE INVASION OF JAPAN: ALTERNATIVE TO THE BOMB 54 (2000).
(407) 5 THE ARMY AIR FORCES IN WORLD WAR II 712-13 (Wesley Frank Craven & James Lea Cate eds., 1953)(書簡の完全なコピーを含む).
(408) MIKE MOCHIZUKI, JAPAN AND THE UNITED STATES:TROUBLED PARTNERS IN A CHANGING WORLD 34 (1991)(一九八三年当時, 同時通訳者が「不沈空母」と訳したため, しばしばそう誤って引用される. さらなる分析から, 中曽根が「不沈」ではなく「最大の」と述べていたことが決定的に証明されている. 中曽根は不沈空母という言い回しを使っていない. 一九八〇年に, 彼は, 原子力と, とりわけ二〇一一年にメルトダウンに達した福島第一原発を表現するためにこの言い回しを使った. 中曽根康弘「自省録」(2011) を参照.
(409) M.M. CHANTILOUPE, IRAQ: THE WAR THAT SHOULDN'T BE—YOU DECIDE 444 (2006).
(410) **岩崎昶「占領されたスクリーン」**(1975).
(411) 一般的には, 竹前栄治「連合軍の日本占領とその遺産」(2003) を参照.
(412) JOHN W. DOWER, CULTURES OF WAR: PEARL HARBOR/HIROSHIMA/9-11/IRAQ 338 (2011).

(413) STEPHEN C. MERCADO, THE SHADOW WARRIORS OF NAKANO 175 (2002).

(414) Purnendra Jain&John Bruni, *America's "Unsinkable Aircraft Carriers"*, ASIA TIMES (June 4, 2003), http://www.atimes.com/atimes/Japan/EF04Dh02.html ([ここでは,] 一九八〇年代の中曽根元首相の発言が引用される.) それ自体が驚くべき発言である. 硫黄島は日本侵攻の足場として「不沈空母」と呼ばれていた.MOCHIZUKI, *supra* note 408. 中曽根自身が, この出版物で記録を訂正しようとしたにもかかわらず, 人々はいまだに彼の言葉を誤って引用している. 例えば, Martini Fackler, *Nakasone is Silent No Longer*, NY TIMES, Jan. 9, 2010 を参照). この誤謬は今なお続いており, 中曽根はこの発言に対して, その偉大な知恵を称賛されている. J. A. A. STOCKWIN, THE COLLECTIVE WRITINGS OF JAA STOCKWIN (PART1) 377 (2004) を参照.

(415) Emmett Ryan, *The U.S.-Japan Alliance*, AMERICAN VIEW (Fall 2011), http://amview.japan.usembassy.gov/e/amview-e20111101-02.html ([ここでは,] 元上院議員で駐日大使のマイク・マンスフィールド [の発言] が引用されている).

(416) JOHN DOWER, EMBRACING DEFEAT: JAPAN IN THE WAKE OF WW Ⅱ (1999).

(417) PRASAD, *supra* note 295, at 34.

(418) HARRIS, *supra* note 38, at 92.

(419) BARENBLATT, *supra* note 174, at 169.

(420) **毎日新聞「靖国」取材班「靖国戦後秘史：A 級戦犯を合祀した男」, 粟谷憲太郎「東京裁判の被告人はこうして選ばれた」.**

(421) **太田昌克「731 免責の系譜・細菌戦部隊と秘蔵のファイル」**(1999).

(422) *Records of General Headquarters Supreme Commander for the Allied Powers*, GHQ/SCAP, RNAVI. NDL.GO.JP (Dec. 20, 2012), http://rnavi.ndl.go.jp/kensei/entry/GHQ.php (Tokyo War Crimes Tribunal record); *Records of Allied Operational and Occupation Headquarters, World War* Ⅱ, NAT'L ARCHIVES, http://www.archives.gov/research/guide-fed-records/groups/331.html (last visited Jan. 30, 2013).

(423) 上木寛からの書簡 (一九四六年一〇月一一日) ; 匿名の書簡 (一部の人々は北野のものとする) には日付がないが, RG331 (Allied Operational and Occupation Headquarters, WW Ⅱ) Supreme Commander for the Allied Powers (SCAP) Legal Section, Law Division Miscellaneous Classified File 1945-52 Box#1434, File#13 として United States Military Archives に所蔵されている.

(424) BORIS SLAVINSKY, THE JAPANESE SOVIET NEUTRALITY PACT: A DIPLOMATIC HISTORY 1941-1945 (1995).

(425) *Id.*

(426) RUUD VAN DYKE, ENCYCLOPEDIA OF THE COLD WAR 968-69 (2008).
(427) ALAN J. LEVINE, THE PACIFIC WAR: JAPAN VERSUS THE ALLIES (1995).
(428) DAVID GLANTZ, LTC, SOVIET OPERATIONAL AND TACTICAL COMBAT IN MANCHURIA, 1945:AUGUST STORM (2003) を参照.
(429) Howard W. French, *Pearl Harbor Truly a Sneak Attack, Papers Show*, N.Y. TIMES (Dec.9,1999), http://www.nytimes.com/1999/12/09/world/pearl-habor-truly-a-sneak-attack-papers-show.html.
(430) LTC DAVID M. GRANTZ, AUGUST STORM: THE SOVIET 1945 STRATEGIC OFFENSIVE IN MANCHURIA xii (1983).
(431) 一般的には, GRANTZ, *supra* note 429, at 155-56 を参照.
(432) Treaty of Portsmouth, art. IX, Sept. 5, 1905.
(433) Maria Svela, *Sakhalin:The Japanese Under Soviet Rule*, HISTORY TODAY, vol. 48, Jan. 1998.
(434) *Id.*
(435) GLANTZ, COMBAT IN MANCHURIA, *supra* note 432, at 259.
(436) *Id.* at 309.
(437) 竹前, 前掲注 (411) 88 頁.
(438) JOSEPH FERGUSON, JAPANESE RUSSIAN RELATIONS:1907-2007 (2008).
(439) D. M. DIANGRECO, HELL TO PAY: OPERATION DOWNFALL AND THE INVASION OF JAPAN, 1945-1947 (2009); GLANTZ, SOVIET OFFENSIVE, *supra* note 431.
(440) MAYUMI ITOH, JAPANESE WAR ORPHANS IN MANCHURIA (2010).
(441) GEORGE ALEXANDER LENSEN, THE STRANGE NEUTRALITY 170 n.1 (1972).
(442) YEESHAN CHAN, ABANDONED JAPANESE IN POSTWAR MANCHURIA: THE LIVES OF WAR ORPHANS AND WIVES IN TWO COUNTRIES (2011).
(443) *Id.*
(444) JOSHUA A. PERPER&STEPHEN J. CINA, WHEN DOCTORS KILL: WHO, WHY, AND HOW 80 (2010).
(445) THE OXFORD TEXTBOOK OF CLINICAL RESEARCH ETHICS 37 (Ezekiel J. Emanuel et al., eds., 2008); 森村, 前掲注 (259).
(446) TOSHIYUKI TANAKA, HIDDEN HORRORS: JAPANESE WAR CRIMES IN WORLD WAR Ⅱ (1996).
(447) 青木, 前掲注 (30).
(448) Tabata, *supra* note 94.

(449) Tabata, *supra* note 94.
(450) *Id*.
(451) MEIRION&SUSIE HARRIES, SOLDIERS OF THE SUN: THE RISE AND FALL OF THE IMPERIAL JAPANESE ARMY 437（1991）.
(452) GOLD, *supra* note 238.
(453) **郡司陽子「証言：731 石井部隊」**228 頁（1982）.
(454) 同上, 230 頁；青木, 前掲注（30）387 頁.
(455) 郡司, 前掲注（454）332［232］頁.
(456) 青木, 前掲注（30）387 頁.
(457) 竹前, 前掲注（411）165 頁.
(458) 同上.
(459) SHIRO OKAMOTO, THE MAN WHO SAVED KABUKI: FAUBION BOWERS AND THEATRE CENSORSHIP IN OCCUPIED JAPAN 37 (Samuel L. Leiter trans., 2001）.
(460) *The Code*, THINKQUEST, http://library.thinkquest.org/J002073F/thinkquest/The_code.htm（last visited Jan. 1, 2013）.
(461) MERCADO, *supra* note 413; **有末精三「有末機関の手記・終戦秘史」**(1987）.
(462) Faubion Bowers, *Japan Revisited; A Vignette of World War* Ⅱ, COLUM. LIBR. COLUMNS, vol. 13, Nov. 1963, at 3, *available at* http://www.columbia.edu/cu/lweb/digital/collections/cul/texts/ldpd_6309312_013/ldpd_6309312_013.pdf.
(463) *Id*.
(464) EDWARD DREA, ET AL., RESEARCHING JAPANESE WAR CRIMES RECORDS: INTRODUCTORY ESSAYS 199（2006）.
(465) Michael Petersen, *The Intelligence that Wasn't:CIA Name Files, the U.S. Army, and Intelligence Gathering in Occupied Japan, in* RESEARCHING JAPANESE WAR CRIMES RECORDS 197 (Nat'l Archives&Records Admin. Interagency Working Grp. ed., 2006）.
(466) 郡司, 前掲注（454）233 頁.
(467) 同上, 235 頁.
(468) 同上.
(469) 同上, 134 頁.
(470) 同上, 235 頁.
(471) 同上.
(472) 青木, 前掲注（30）13-14,162 頁.
(473) 同上.
(474) 同上, 165 頁.
(475) **731 部隊隊長の日記初公開**, ASYURA2.COM（Jan. 9, 2006）, http://www.

asyura2.com/0601/war77/msg/446.html.
(476) GEOCITIES.CO.JP, http://www.geocities.co.jp/technopolis/9073/zinkotuhp/newspic/news120.html で部分的に閲覧可能 .
(477) 青木 , 前傾注（30）162 頁 .
(478) KHABAROVSK, *supra* note 344, at 41.
(479) 青木 , 前掲注（30）168 頁 .
(480) 同上 .
(481) 同上 .
(482) IMPERIAL GENERAL HEADQUARTERS ARMY HIGH COMMAND RECORD, MID-1941-AUGUST 1945（Headquarters Far East Command, Military History Section, eds. 2012）.
(483) HARRIS, *supra* note 38, at 244-45.
(484) IMPERIAL GENERAL HEADQUARTERS, *supra* note 483, at___.
(485) **井出孫六「終わりなき旅」**（2004）.
(486) 青木 , 前掲注（30）169 頁 .
(487) 同上 .
(488) 同上 .
(489) 同上 .
(490) 郡司 , 前掲注（454）—頁 .
(491) 青木 , 前掲注（30）172 頁（[ここでは ,]「**昭和史講座**」一九四五年八月から引用されている）（**大本営編**）.
(492) 青木 , 前掲注（30）173 頁 .
(493) 同上 , 173-74 頁 .
(494) RADHEY SHYAM CHAURASIA, HISTORY OF JAPAN 211（2003）.
(495) 青木 , 前掲注（30）174.
(496) 同上 , 175 頁 .
(497) 同上 , 176 頁 .
(498) 同上 , 175-76 頁 .
(499) **越定男「日の丸は紅い泪に : 第 731 部隊員告白記」**（1983）.
(500) 郡司 , 前掲注（454）236 頁 .
(501) Memorandum from Counter Intelligence Corps Metropolitan Unit 80, GHQ 1（Dec. 3, 1945）.
(502) 青木 , 前掲注（30）460 頁 .
(503) 吉永春子制作 , 一九七六年一一月二日放送の TBS のテレビ・ドキュメンタリー「魔の七三一部隊」. このドキュメンタリーは , ヨーロッパで放送されたが , アメリカでは放送されなかった . 一九七六年一一月一九日付の「ワシントン・ポスト」には , この映像作品に関する長文の記事が掲載されている . 著者のジョン・

ザールは，記事を書くために吉永を取材している．細菌戦部隊の元隊員五名が，アメリカ当局関係者に協力する見返りとして完全な保護を約束されたと語った，と彼女は主張している．吉永は，「すべての重要な文書はアメリカへ渡された」と主張している．

(504) Gray K. Reynolds, *U.S. Prisoners of War and Civilian American Citizens Captures and Interned by Japan in World War II : The Issue of Compensation by Japan*, Aug. 29, 2002, at 22.

(505) Sanders Report, *supra* note 152.

(506) 結局，サンダースは，一九四五年八月末に日本へ向かう途中に米艦船スタージス号に乗船していた時，米軍の軍事計画担当者らから簡潔な説明を受けたと報告している．

(507) ECKART, *supra* note 420, at 173.

(508) WILLIAMS&WALLACE, *supra* note 87, at 131.

(509) *Id.*

(510) *Id.*

(511) *Id.*

(512) Sanders Report, *supra* note 152.

(513) 常石「七三一部隊」，前掲注（48）

(514) WILLIAMS&WALLACE, *supra* note 87, at 131.

(515) *Id.*

(516) *Id.*

(517) このことについては数箇所で報告されているが，内藤が［黄熱病の］サンプルを入手しようとした［当の］ロックフェラー研究所には，彼の依頼や［サンプル提供を］断られた事実を記録した［文書］は一切保管されていない．この話もまた，石井に由来するようである．ロックフェラー・アーカイヴ・センター副所長，ドナー・リレーションズ，また蔵書構築部長のリー・R・ヒルツィック博士によって行われた調査に従う．だが,Ralph C. Smith, LTC, *Japanese Attempts to Secure Virulent Strains of Yellow Fever*（Feb.3,1941）（390/18/24/02, RG#112, Entry#295A,BOX11,Folder47B, JWC#059）を参照．

(518) WILLIAMS&WALLACE, *supra* note 87, at 85-86.

(519) *Id.* at 132.

(520) *Id.* at 133.

(521) *Id.*

(522) WILLIAMS&WALLACE, *supra* note 87, at 133.

(523) *Id.*

(524) *Id.*；BARENBLATT, *supra* note 174, 207.

(525) Protocol for the Prohibition of the Use in War of Asphyxiating, Poisonous

or Other Gases, and of Bacteriological Methods of Warfare, June 17, 1925, 26 UST 571, 94 LNTS 65.

(526) 例えば, The Paquete Habana, 175 U.S. 677, 700（1900）を参照.

(527) Sanders Report, *supra* note 152, at iii を参照.

(528) *Id.* at 2.

(529) *Id.*

(530) *Id.*

(531) *Id.*at i.

(532) *Id.*at 3-4.

(533) *Id.*at 4.

(534) *Id.*

(535) *Id.*

(536) 中国人による未確認の主張.

(537) Sanders Report, *supra* note 152, at 6-7.

(538) *Id. at* ii.

(539) War Without Mercy, *supra* note 179.

(540) KHABAROVSK, *supra* note 344, at 372.

(541) Sanders Report, *supra* note 152, at 11.

(542) *Id.*at 12.

(543) *Id.*at iii.

(544) WILLIAMS&WALLACE, *supra* note 87, at 134.

(545) *Id.*at 135.

(546) *Id.*

(547) INTERNATIONAL HUMANITARIAN LAW: ORIGINS, CHALLENGES, PROSPECTS 14（John Caret et al. eds., 2003）.

(548) *Id.*

(549) WILLIAMS&WALLACE, *supra* note 87, at 139.

(550) *Id.*at 137（一九八六年七月にウイリアムズ&ウォレスが東京でした新妻へのインタビューに基づく）.

(551) *Id.*

(552) **太田昌克「731 免責の系譜：細菌戦部隊と秘蔵のファイル」**, 190-94 頁（2006）.

(553) WILLIAMS&WALLACE, *supra* note 87, at 140.

(554) PACIFIC STARS&STRIPES, Jan 6, 1946.

(555) WILLIAMS&WALLACE, *supra* note 87, at 142.

(556) Peter Kalisher, *SCAP Locates and Questions General Ishii*, PACIFIC STARS&STRIPES, Feb. 27, 1946.

(557) George W. Merck, Biological Warfare:Report to the Secretary of War by Mr.

George W. Merck, Special Consultant for Biological Warfare（January 3, 1946）（490/01/10/07, RG#330, Entry#1016, Box1, JWC Item#003）.
(558) *Id.*（WILLIAMS&WALLACE, *supra* note 87, at 142 に引用されている）.
(559) *Died*, TIME, Nov. 18, 1957.
(560) 常石敬一「七三一部隊」, 前掲注（48）86 頁.
(561) Kalisher, *supra* note 557.
(562) REGIS, *supra* note 375, at 100.
(563) Kalisher, *supra* note 557.
(564) REGIS, *supra* note 375, at 100.
(565) *Id.*at 99.
(566) 私が情報公開法によって請求した結果, いかなるファイルもないという回答であった.
(567) JOHN PARKER, THE KILLING FACTORY: THE TOP SECRET WORLD OF GERM AND CHEMICAL WARFARE 85（1996）.
(568) Paul Rusch, *LTC, GHQ, AFPAC Report on Whereabouts of Shiro Ishii*,（Jan. 8, 1946）（270/84/16/05, RG#319, Entry#184B, Box 549, IRR File 441st201, JWC#315/38）.
(569) WILLIAMS&WALLACE, *supra* note 87, at 294.
(570) 郡司, 前掲注（454）293 頁.
(571) H.W.Allen, Directs the Japanese Government to Immediately Produce Gen. Ishii for SCAP（Jan. 9, 1946）（290/12/25/04,RG#331, Entry#1331, Box1762, JWC#242/10）.
(572) Thompson Report, *supra* note 97, at 1.
(573) *Id.*
(574) Tabata, *supra* note 94.
(575) 郡司, 前掲注（454）294 頁.
(576) Tien-wei Wu, *A Preliminary Review of Studies of Japanese Biological Warfare Unit 731 in the United States*, FREE REPUBLIC（Sept. 23, 2001, 4:03:24 pm）, http://www.freerepublic.com/focus/f-news/530696/posts.
(577) Thompson Report, *supra* note 97, at 2-3.
(578) 郡司, 前掲注（454）235 頁.
(579) 太田, 前掲注（553）[552] 190-94 頁.
(580) Thompson Report, *supra* note 97, at 1.
(581) *Id.*
(582) *Id.*
(583) 郡司, 前掲注（454）.
(584) 同上, 240 頁.

(585) 同上．

(586) Thompson Report, *supra* note 97, at ii-iii, 1-2.

(587) Kalisher, *supra* note 557.

(588) 柄沢十三夫［軍医］少佐の供述（1946・9・12）．

(589) HARRIS, *supra* note 38, at 115.

(590) DREA, *supra* note 128, at 261.

(591) Summary of Information on Shiro Ishii from Col. McQuail, WD, G-2（June 10, 1947）（270/84/16/05;RG#319;Entry#1848;BOX549, Doc ID#Ser.30, Ref File#IRR File 441st201, JWC Item#315/25）．

(592) *Id*.

(593) Gen. Charles A. Willoughby, Motoji Yamaguchi, et al.（Apr. 17, 1947）（290/12/04/06,RG#331,Entry#1294, BOX 1434, Doc ID# Notes on Case 330, Ref. File No.Folder#17, JWC Item #315/25）．

(594) MICHAEL GRAHAM FRY, ERIK GOLDSTEIN&RICHARD LANGHORNE, GUIDE TO INTERNATIONAL RELATIONS AND DIPLOMACY 315（2002）．

(595) Memorandum for Record re W-94446（May 6, 1947）（270/02.13.07, RG#153, Entry#145, BOX 73, Doc ID# C-52423; Ref. File#File 107-0; JWC Item# 154）．

(596) Dr. Norbert H. Fell, Brief Summary of New Information About Japanese B.W. Activities（June 20, 1947）（290/03/19/02, RG#175, Entry#67A4900, Box196,Doc ID#TSD No.333;JWC Item# 123）[以下に "Fell Report" と略記する].

(597) ECKART, *supra* note 420, at 173.

(598) Pat. No.2,301,532

(599) Fell Report, *supra* note 597, at 1.

(600) *Id*.

(601) *Id*.

(602) *Id*. at 3.

(603) *Id*.

(604) *Id*. at 4, ¶［この文書に関する国防総省からの情報公開法の回答を待っている］．

(605) *Id*. at 1.

(606) *Id*. at 3.

(607) Edward Wetter&H.I. Stubblefield, Interrogation of Certain Japanese by Russian Prosecutor（July 1, 1947）（250/68/04/05, RG#353, Entry# 503, Box 53, Doc ID#Serial#000542, JWC Item# 247）．

(608) Memorandum for Comdr. J.B. Cresap: Interrogation of Certain Japanese by Russian Prosecutor（July 15, 1947）（270/02/13/07;RG#153;Entry#145;Box73;Ref. File#File107-0;JWC Item# 162）．

(609) *Id.*

(610) Gen. Charles A. Willoughby, Report of Bacteriological Warfare (July 22, 1947) (270/04/18/02,RG#319, Entry#154, Box5, Doc ID#WD/G-2 1947 (TS) 385;JWC Item#032).

(611) *Id.*

(612) *Id.*

(613) 1930年代,ナチスが電磁波で街や都市を破壊できる一種の「殺人光線」を開発したという噂が流れた.イギリス人技師,ロバート・ワトソン=ワットは,ナチスの航空機を[電磁波によって]追跡できるレーダー・システムを開発した. *Inventor of the Week Archive:Robert Watson-Watt*, MIT.EDU (Jan 2004), http://web.mit.edu/invent/iow/watsonwatt.html.

(614) ENDICOTT&HAGERMAN, *supra* note 6, at 251 n.44 ([ここでは,] General Headquarters Far East Command, Military Intelligence Section, General Staff, Civil Intelligence Section, Counter Intelligence Division, Subject:Ishii, Shiro, 7009196, File 201 Book 1, RG331, NAから引用されている).

(615) *Id.* at 195.

(616) Till Bārnighausen, *Data Generated in Japan's Biowarfare Experiments on Human Victims in China, 1932-1945, and the Ethics of Using Them, in* JAPAN'S WARTIME MEDICAL ATROCITIES, *supra* note 278, at 81, 83.

(617) *Id.*

(618) Edwin V. Hill&Joseph Victor, Summery Report on B.W. Investigations, at Tab D (December 12, 1947) (290/03/19/03, RG#175, Entry#67A4900, Box217, Doc ID#6909-C-A, JWC Item#035/02) [以下に "Hill Report" と略記する].

(619) *Id.*

(620)「調査された」用語は全て,クロストリジウム(略称Cl.)として知られる細菌科の一種である.この科には,ガス壊疽の最も一般的な原因であるCl.ウェルシュ菌やCl.悪性水腫菌,Cl.ノビイ菌,Cl.ヒストリチクムが含まれる.

(621) Hill Report, *supra* note 619, at Tab L.

(622) [筆者:紅斑は,毛細血管の充血による皮膚の異常な発赤である.]

(623) [筆者:腫れて出血しているのは,内出血の可能性が高い.]

(624) Hill Report, *supra* note 619, at Tab V.

(625) *Id.* at 4.

(626) *Id.*

(627) Gen. Willoughby, Russian Request to Interrogate Japanese on Biological Warfare (Feb.7 1947).

(628) HARRIS, *supra* note 38, at 291.

(629) *Id.*

(630) Kastigar v. U.S., 406 U.S. 441 (1972).

(631) 一部の評論家らはこの司法権が「疑わしい」と評してきたが,それは法廷にとっては助けになった.THOMAS P. ROHLEN&CHRISTOPHER BJÖRK, 1 EDUCATION AND TRAINING IN JAPAN 242-43 (1998).

(632) THE TOKYO WAR CRIMES TRIAL: AN INTERNATIONAL SYMPOSIUM 10 (C. Hosoya et al. eds., 1986) (判事五名が異なる意見書を書いたが,判決に反対したのはバーナード,パル,レーリング三名だけであった).

(633) J. SAMUEL WALKER, RECENT LITERATURE ON TRUMAN'S ATOMIC BOMB DECISION: A SEARCH FOR MIDDLE GROUND (2005).

(634) OFF THE RECORD: THE PRIVATE PAPERS OF HARRY S. TRUMAN 55-56 (Robert H. Ferrell ed., 1980) ([ここでは,] 一九四五年七月二五日のトルーマンの日記から引用されている).

(635) ROBERT M. GATES, NUCLEAR POSTURE REVIEW REPORT 26 (2010).

(636) Willoughby, *supra* note 594.ATIS は,連合国軍翻訳通訳局 " the Allied Translator and Interpreter Section" の略称である.

(637) Neal R. Smith, Report of the Investigative Division, Legal Section, GHQ, SCAP: Motoji Yamaguchi, at 2 (18 April. 1947).

(638) Gen. Willoughby, General Headquarters, Far East Command, Check Sheet:Legal Section Invest Div Report 330 (Apr. l7, 1947).

(639) Neal R. Smith, Motoji YAMAGUCHI alias Honji YAMAGUCHI, Yujiro WAKAMATSU, YASAZUKA, Yasutaro HOSAKA alias Yasutaro HOZAKA, Shiro MATSUSHIDA alias Shiro YAMASHITA, Shiro ISHII alias Majime [Hajime] TOGO (Apr. 4, 1947); Smith, *supra* note 637, at 2; Willoughby, *supra* note 638 を参照.

(640) Digest of Letter from Nishimura of Nagano-ken, General Headquarters, Supreme Commander for the Allied Powers, Military Intelligence Section, General Staff, Allied Translator and Interpretative Section, BMS/YI SI, 14609 (Location 290/12/04/06, RG#331,Entry#1294, Box 1434, Folder #18, JWC Item# 258/07a).一九四五年八月の文書では,西村[武]が山口本治という人物を実質的に戦争犯罪に相当する行いで告発しており,このような文書は他にも多数ある.それゆえ,SCAP が七三一部隊で行われた残虐行為に気づいていなかったという意見は,とりわけ信じがたい.山口本治《ほんじ》(山口本治《もとじ》とも知られる)の正体の究明は,戦後すぐに広まった.一九四七年一二月五日,ニール・スミスは,さらに山口本治と,哈爾浜の実験部隊との彼の関わりについて報告している.ニール・E [R]・スミス(中尉)の報告,法務局 No.2232(一九四七年一二月五日).ニール・スミスの弁によれば,彼は,一九四七年一〇月二四日に,ファイルのメモを起草し,生物兵器研究の問題が自分の管轄から外されており,「調査部事件番号 333」"Investigation Division Case #330" が自分の手に戻り次第,再び追跡を開始するこ

とを示した.感染症研究所調査部 1117, ニール・E［R］・スミス中尉による報告（一九四七年一〇月二四日）. さらに, ファイルには「非公開」"CLOSED" の印が押されている.

(641) Smith, Motoji YAMAGUCHI, *supra* note 639.

(642) WILLIAM D. LEAHY, I WAS THERE（1950）.

(643) HARRY S. TRUMAN, 1 MEMOIRS OF HARRY S. TRUMAN: YEARS OF DECISION 18（1955）.

(644) Thomas Haycraft, Masters Dissertation on file with the author.

(645) THE OXFORD TEXTBOOK, *supra* note 446, at 43.

(646) メモのコピーと引用は ,Powell, *supra* note 376, at 47 に掲載されている.

(647) Ishii Shirō（**石井四郎**）, GEOCITIES.JP,http://www.geocities.jp/iom1960hn/chinaphoto/731-butai/isii-731-butai.html（last visited Jan. 31, 2013）.

(648) 判例時報 1211 号, 東京高等裁判所 ,30 頁（1986・9・10）.

(649) NIOSH *Pocket Guide to Chemical Hazards*, CDC, http://www.cdc.gov/niosh/npg/npgd0005.html（last updated Nov. 18, 2010）.

(650) 2 ORGANIC SYNTHESES COLLECTION 7（1943）.

(651) 例えば, **常石敬一「謀略のクロスロード」**（2002）を参照.［以下に『常石, 謀略』と略記する］.

(652) **平沢貞通「遺書帝銀事件・わが亡きあとに人権は甦えれ」**（1979）.

(653) 同上, 279 頁（森川の文章）.

(654) 同上, 133 頁.

(655) **「旧日本軍が毒薬人体実験帝銀事件捜査資料に研究員証言弁護団解読『平沢氏無罪の根拠』」**, 中日新聞, 一九九二年一月一九日.

(656) 同上.

(657) http://www.gasho.net/teigin-case/index.htm.

(658) 常石,「謀略」, 652 頁.

(659) 同上.

(660) 竹前, 前掲注（411）269 頁.

(661) Dower, *supra* note 18, at 11（追放は, 将校団を除くと「新しい日本」の発展にほどんど影響しなかったと述べられている［部分］）を参照.

(662) *Id.*

(663) ENDICOTT&HAGERMAN, *supra* note 6.

(664) *Id.* at 195.

(665) *Id.*

(666) *Id.* at 251 n.35（［ここでは, ］U.S. Fifth Air Force, 3rd Bomb Group, 90th Squadron, Mission No.3-17643, 20/21 May1952 Box 149, RG 342, NA から引用されている）.

(667) *Id*. n.42（[ここでは,] Photographs（Secret）, File 1280S 1953, Box 256, RG 175, NA から引用されている）.

(668) PEOPLE'S CHINA, No.18, Sept. 17, 1952; ENDICOTT&HAGERMAN, *supra* note 6, at 194-95 も参照.

(669) Interview with Rabbi Abraham Cooper, Wiesenthal Center, Mar. 5, 1999; Mike O'Sullivan, *Japan Germ Warfare Records*, FAS.ORG（Mar. 5, 1999, 3:31 pm）, http://www.fas.org/news/japan/990305-japan.htm.

(670) BIKEN, http://www.kyobiken.or.jp/st_jigyosho/enkaku.html（last updated 2009）.

(671) **懇心平等万霊供養塔**（七三一部隊の元隊員らの奇妙な隠語）, PLALA.OR.JP, http://www6.plala.or.jp/guti/cemetery/GRAVESTONE/konshin_tou.html（last visited Feb. 2, 2013）.

(672) EDWARD DREA, IN THE SERVICE OF THE EMPEROR: ESSAYS ON THE IMPERIAL JAPANESE ARMY 280（2003）.

(673) **岩崎昶「占領されたスクリーン」**（1975）.

(674) http://www.asahi.com/national/update/1014/TKY201110140749.html.

(675) 以下の石井の墓碑の写真を参照；*Shiro Ishii*, WORLD WAR II DATABASE, http://ww2db.com/person_bio.php?person_id=541（last visited Jan. 31, 2013）; THE OXFORD TEXTBOOK, *supra* note 446 at 35.

(676) GEOCITIES, *supra* note 648.

(677) 清野謙次先生記念論文集刊行会, 前掲注（64）657-58 頁.

(678) 氏名不明の月桂寺職員への電話インタビュー（二〇一二月九月一一日午前一〇時）. 石井四郎軍医中将の墓参りができるかどうか訊くと, 受付の女性は苛立ち, 墓参りや写真撮影ができるのは家族だけだと述べた.

(679) 一九八九年, 東京で六〇体の人骨が発見された.Elizabeth Jackson, *Mass Excavation to Reveal Japan's Wartime Past*, ABC（Mar. 5, 2011）, http://www.abc.net.au/am/content/2011/s3155982.htm.

(680) AP, *Work Starts at Shinjuku Unit 731 Site, Digging Follows Nurse's Grisly Account*, JAPAN TIMES, Feb. 22, 2011, http://search.japantimes.co.jp/cgi-bin/nn20110222a1.html.

(681) *Id*. at 1.

(682) *Is Japan's Apology a New Beginning?* CHOSUN MEDIA（August 11, 2010）, http://english.chosun.com/site/data/html_dir/2010/08/11/2010081101050.html.

(683) Canon Ltd. v. Kodansha, Ltd., Tōkyō Chihō Saibansho [Tōkyō Dist. Ct.] Dec.25, 2008, 2033 HANREI JIHŌ [HANJI] 26, 28（Japan）.

(684) *Id*.

(685) Mariko Yasu, *Canon President Will Step Down as Annual Profit Forecast Misses Estimates*, BLOOMBERG（Jan. 30, 2012, 3:47 am）, http://bloomberg.com/news/2012-01-30/canon-president-steps-down-as-forecast-misses.html.

(686) *Canon Camera Story*, CANON.COM, http://www.canon.com/camera-museum/history/canon_story/1937_1945/1937_1945.html（last visited, Jan. 31, 2013）.

(687) *Fujio Mitarai*, REFERENCE FOR BUS.,http://www.referenceforbusiness.com/biography/M-R/Mitarai-Fujio-1935.html#b（last visited, Jan. 31, 2013）.

(688) **東京地裁平成一一年九月二二日判決**, HIRAOKA ROSE, http://www.hiraoka.rose.ne.jp/C/t990922tky.htm（last visited Feb. 2, 2013）.

(689) *Id*.

(690) ROGER J. DAVIES&OSAMU IKENO, THE JAPANESE MIND: UNDERSTANDING CONTEMPORARY CULTURE 202-03（2002）.

(691) *About Yasukuni Shrine*, YASUKUNI.ORG, http://www.yasukuni.or.jp/english/about/index.html.JOHN BREEN, YASUKUNI, THE WAR DEAD AND THE STRUGGLE FOR JAPAN'S PAST（2008）.

(692) *Japanese Cabinet Members Visit Tokyo War Shrine*, AFP（Oct. 17, 2012）, http://www.google.com/hostednews/afp/article/ALeqM5hhVSjxrho9Zzj-R7K1Qs97HgEYKA?docId=CNG.9ea42b0f26426d3b6ee6839f5207de88.01.

(693) *Id*.

(694) *Id*.

(695) 靖国神社から筆者に届いたファックス；*About Yasukuni Shrine:Deities*, YASUKUNI.ORG,http://www.yasukuni.or.jp/english/about/deities.html も参照（[ここには,][靖国神社には,]祖国を守る公務のために自らの命を犠牲にした人々だけが祀られていると述べられている）.

(696) 石井の墓は,新宿区の**月桂寺**にある.**新宿平和委員会**は平和を促進するために,東京の第二次世界大戦関連施設を見学するツアーを企画している.見学ツアーのプランには,月桂寺にある石井の墓の訪問が含まれている.そのプランには,靖国神社訪問も含まれる.

月桂寺：http://www.tesshow.jp/shinjuku/temple_kawada_gekkei.html

新宿平和委員会：http://www7.ocn.ne.jp/~hagw/heiwa.htm

(697) DENISE M. BOSTDORFF, PROCLAIMING THE TRUMAN DOCTRINE: THE COLD WAR CALL TO ARMS 136（2008）.

(698) ELIZABETH SPALDING, THE FIRST COLD WARRIOR: HARRY TRUMAN, CONTAINMENT, AND THE REMAKING OF LIBERAL INTERNATIONALISM（2006）.

［著者］
ケネス・L・ポート（Kenneth L. Port）
一九六〇年生まれ。元ウィリアム・ミッチェル・カレッジ・オブ・ロー法学（商標法、日本法）教授。日本各地の大学でも教鞭を執る。日本に関する著作は、本書の他に“Trademark and Unfair Competition Law and Policy in Japan”（Carolina Academic Press），“Transcending Law: The Unintended Life of Article 9 of the Japanese Constitution”（Carolina Academic Press）がある。二〇一九年、逝去。

［訳者］
阿部 海（あべ・かい）
一九七八年生まれ。翻訳家。一九九九年、渡欧。以降、七年半を西欧、北米に過ごす。帰国後は、七三一部隊関連英文資料（北条円了、菊池則光ファイル［尋問報告書］、「満州におけるアメリカ人捕虜の処遇に関する公聴会［米下院］」等）翻訳に従事。

［解説者］
近藤昭二（こんどう・しょうじ）
一九四一年生まれ。ジャーナリスト。NPO 法人七三一部隊・細菌戦資料センター共同代表。著書に『細菌戦部隊』（共編、晩聲社）、編著に『七三一部隊・細菌戦資料集成』（柏書房）、『真相七三一部隊』（社会評論社）、訳書にシェルダン・H・ハリス『死の工場：隠蔽された七三一部隊』（柏書房）がある。

軍医・石井四郎——731部隊「謎の男」の知られざる真実

2025年２月10日　初版第１刷発行

著者 ——ケネス・L・ポート
訳者 ——阿部　海
発行者 —平田　勝
発行 ——花伝社
発売 ——共栄書房
〒101-0065　東京都千代田区西神田2-5-11出版輸送ビル2F
電話　03-3263-3813
FAX　03-3239-8272
E-mail　info@kadensha.net
URL　https://www.kadensha.net
振替 ——00140-6-59661
装幀 ——佐々木正見
印刷・製本—中央精版印刷株式会社

ISBN978-4-7634-2157-9 C0021

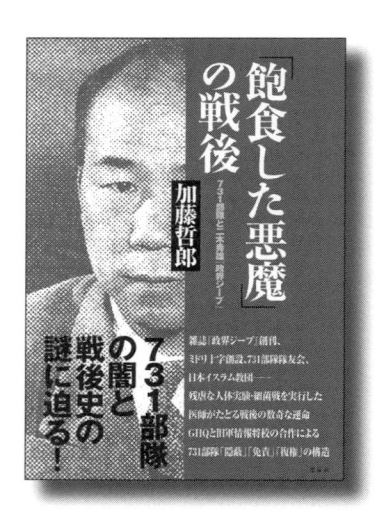

731 部隊と戦後日本

隠蔽と覚醒の情報戦

加藤哲郎　定価　1870円

●ゾルゲ事件、731 部隊、シベリア抑留　すべてが絡み合う戦争の記憶

ソ連のスパイ、ゾルゲが握った細菌戦の情報。プリンスと呼ばれた首相の息子・近衛文隆の、戦犯収容所での不審死。『政界ジープ』、ミドリ十字、731 部隊戦友会、日本イスラム教団教祖……。残虐な人体実験の中心的医師、二木秀雄がたどる戦後の数奇な運命。明るみに出た 3607 人の名簿。